论語趣注

赵继璀 著

中国出版集团 现代出版社

图书在版编目(CIP)数据

论语趣注 / 赵继璀. —北京:现代出版社,
2020. 10
ISBN 978-7-5143-8900-5

Ⅰ. ①论… Ⅱ. ①赵… Ⅲ. ①儒家②《论语》–注释
Ⅳ. ①B222. 22

中国版本图书馆 CIP 数据核字(2020)第 204581 号

论语趣注

作　　者	赵继璀
责任编辑	田静华
出版发行	现代出版社
地　　址	北京市安定门外安华里 504 号
邮　　编	100011
电　　话	010 – 64267325　64245364(传真)
网　　址	www. 1980xd. com
电子邮箱	xiandai@ vip. sina. com
印　　刷	新乡市豫北印务有限公司
开　　本	787mm×1092mm　1/16
印　　张	24.75
字　　数	427 千字
版　　次	2020 年 11 月第 1 版　2020 年 11 月第 1 次印刷
书　　号	ISBN 978-7-5143-8900-5
定　　价	97. 00 元

序　　一

随着改革开放以来祖国的日益强盛，历经几千年积淀的中华优秀传统重新得到重视，民族文化自信心又得到极大的恢复，这是值得欣慰的幸事。

说到传统，这让我想起了一本书，名叫《论传统》，是一位叫希尔斯的美国学者写的。他认为："传统是围绕人类的不同活动领域形成的代代相传的行为方式，是一种对社会行为具有规范作用和道德感召力的文化力量，同时也是人类在历史长河中的创造性想象的沉淀。因而一个社会不可能完全排除其传统，不可能一切从头开始或完全取而代之以新的传统，而只能在旧传统的基础上对其进行创造性的改造。"传统文化既然是推动人类历史发展的精神动力，那么每个社会人都需要有担当地做传承的使者。

中国古代文明是独立起源发展起来的，其影响之深远，在世界文明发展史上是少见的。夏、商、周三代积年共 1800 余年，它可以说成一气呵成的历史序列，其文化发展的高峰期皆汇合于中原，在文化内涵上存在着相当多的共同点。史载夏、商、周本是自黄帝时代以下平行存在的三个部族集团，根据上古神话传说，夏的始祖禹源于黄帝子孙里颛顼这一支，商的始祖契源于黄帝子孙里帝喾这一支。按照《史记》的说法，夏、商、周三代的祖先禹、契、后稷都在帝尧、帝舜的朝廷里服务，三代的立国制度彼此相袭。《礼记·礼器》云："三代之礼一也，民共由之，或素或青，夏造殷因。"《论语·为政》亦云："殷因于夏礼，所损益可知也，周因于殷礼，所损益可知也。"

世界上其他文明古国的文字，如埃及的象形文字，西亚的楔形文字，印度的哈拉帕文字等，这几种古老文字都没有被后人沿袭下来，因种种原因而被历史风云湮没。唯独我们的汉字经久不衰、一直沿用至今。历史上的汉字和以汉字为精神纽带的华夏文化，几千年记录和传播着汉语及不同时代形成的厚重的民族文化。我国各种手迹、墨拓和印刷的古代典籍汗牛充栋，历代藏书文化更成为汉字文化的重要内容，它们是研究中国历史文化的重要资料，体现出汉字在中国历史文化积累、传承方面的重大贡献。通过汉字典藏，我们可以品味到包括老庄的自然观、孔子及诸子百家思想，还可以阅读到周代的诗歌、屈原的骚赋、司马迁的史书乃至脍炙人口的唐诗、宋词、元曲、明清小说等，其数量之多是任何人一辈子也读不完的。汉字还替我们保留下来了丰富的科学文化知识，如天文学、地理学、医学等。中国的语言文字具有与中国文化同样古老、独特的传统，它几乎涵盖了中国文化的所有用以区别西方文化的鲜明个性。

作为一个研究中华古汉字的学者，自己也把汉字的研究看成中国传统学术的重要领域。我们的汉字是一种自源性的文字符号体系。就文字符号的功能来说，从先民发明古汉字开始，就赋予了它强大的生命活力，至少从我们三千多年前的商代开始，古汉字就具有足够多的数量来记录语言，具有完整的形、音、义三位一体的文字符号系统。在漫长的历史长河中，汉字从起源至今，经历数千年的演变。汉字的演变、发展，像人类化石一样，形成了一脉相承的演化序列，从未有过任何变革上的断层。如今通过新石器时代的各种远古符号，可以略窥汉字形成的曲折进程。从殷商时期的陶文、玉石文、甲骨文、金文到周秦时期的篆系文字、六国文字，还有秦汉以后的方块汉字（包括古隶、八分隶、楷书及发明印刷术之后的宋体字等），各时期的汉语文字资料丰富完备，全方位地体现出汉字发展演进的历史轨迹。

东汉许慎所撰写的《说文解字》，既是我国第一部系统解释古代汉字的重要字典，也是一部总结自春秋战国以来有关经学、小学的研究成果，进而探究汉字字源，并根据汉字的构形特征从理论上加以阐发的经典性文字学著作。自《说文解字》问世以来，历代都有学者致力于汉字的研究，形成了独具特色的中国文字学。历代研究中国文字的学者和他们的研究成果，都为揭示汉字的构造及其发展演变规律，为汉字教育和汉字文化的传播做出了重要贡献。据我们统计，汉字在殷商时期已有4100个字头，能和今天的字联系起来的字有1580多个，这些存活着的古汉字多为人、首、口、大、小、山、川、艸（古草字）、木、虫、鱼之类的基本字，它们是汉字的基础，后世通过它们又不断地孳乳出新字。

我们说性格决定命运。一个民族的文化根脉体现了一个民族的性格和灵魂，文化之根脉不可丢，民族的精神动力不可丢。今天的文化自信是个好现象，我们必须把握好自己的文化命运，只有这样，民族的复兴才有希望，国家的兴盛才有保障。早在两千多年前的春秋时期，孔夫子删诗书、订礼乐、赞周易、作春秋，为我们民族文化的传承发展做出了极大的贡献。他缔造的儒学是中华传统文化的中心内容，而《论语》则体现了儒学的核心。正如日本学者津田左右吉所说："欲知中国之思想，必先知儒家思想；欲知儒家思想，必先明孔子思想；欲明孔子思想，必先研读《论语》。"

《论语》承载了更多中国人的思想。作为现代中国人，在研读《论语》时，有一本可心怡的注解就显得尤为重要。赵继璀先生自幼好读古圣贤书，平时不乏学问上的真知灼见。我曾跟继璀先生探讨过一些《论语》里面的内容，比如"学而时习之，不亦说乎"的"学"字，我说这个"学"字有"学""教"两层含义，他接话说，繁体字的"學"的上面就是两只手，寓意是手把手有人教有人学，这样的注解就很到位。但我担心说，你的书名里的"趣注"两个字，会不会感觉降低了这本书的学术价值，他说有这个可能。不过赵先生用他独有的语言、思路、风格，用幽默的语气来解读《论语》，有时还有意站在工商人士视角注解，的确为今天的人们阅读《论语》增添了一个选择，这样做反而也让更多的人能够在读这本书时受益。是为序。

王蕴智

己亥腊月初五于河南大学

注：王蕴智，现任河南大学教育部人文社科重点研究基地黄河文明研究中心首席专家、省部共建黄河文明协同创新中心甲骨学与汉字文明研究平台牵头人、中国殷商文化学会副会长、河南省特聘教授、河南省文字学会会长。中国文字博物馆专家组牵头人、中国甲骨学家。

序　二

《论语趣注》的"注"，讲究的是"注明，讲清"。

记得小时候，父亲讲解成语"胸有成竹"，他说他学俄语的时候，俄国老师解释为："肚子里有一根竹竿。"这让我笑了好一阵子。字面注解没有问题，只是我们中国人本有的"事前的设想和安排"的含义，他没翻译出来。咱们中国人心里都明白，他必须在了解成语背后的故事以后，才能知晓其喻义是什么。比如在《论语》里，孔子说："不践迹，亦不入室。"如果仅仅是在字面上解释："不用踩着他的足迹，也不能走入他家内室。"这好似是说小偷想偷东西，你从哪儿能理解，这是孔子在解释"善人之道"？

既说到"趣注"，就考虑注的有趣，不想那样刻板，偏重说文解字。所以，"注"的时候尽量使用口语，用轻松的语气、幽默的语言、时尚的言辞，使读者在阅读的时候，有舒心的愉悦感，回味起来觉得有趣儿。比如《卫灵公篇》里，说到"君子不可小知而可大受"时，就有这么一段注解："大材小用会误事；小材大用会坏事。比如小材大用，我们说'打虎要用枪，打狼要用棒'，你又不是武松，拿个棒子去打虎，那就是去喂老虎呐，老虎要是不吃你，都对不起你手里拿的那根棍儿。"再比如："说'楚王好细腰，宫中多饿死'。楚王就喜欢 A4 腰，那时没有什么减肥药，就靠饿，宫女们争宠啊，比着不吃饭，体质差的可不都饿死了。这事人们都信，你非要说村里王老汉好细腰，那饿不死人。"这经书要都这么注，您不得多翻几页啊?！

颜路、曾皙二位属于孔子最早的一批弟子，他们的孩子颜回、曾参长大后也都拜倒在孔子门下，成了孔子的弟子，而且还都特别优秀。想来颜回、曾参接受的胎教内容都应该是孔子的学问。只可惜颜回短命，四十出头就去世了，没留下任何著作。倒是曾参留下了《孝经》《大学》两部著作，还都对后世影响极大。到了宋朝，曾参的这部《大学》被朱熹摘出来编入"四书"，还被排在第一，作为读书人的必读内容。到了明朝，也正是这部《大学》还为阳明心学搭建起了理论平台。从元朝起，直到清末，朱老夫子注解的《四书集注》一直作为中央政府考取公职的标准答案。中国历史的长河中，儒家思想，包括《大学》《论语》，就是我们民族航船的帆、航道的灯。

在《论语》中，曾参的名字出现了十七次，录有曾参的言论达十五条之多。孔子在论及关于自己学问"一以贯之"的核心时，只跟子贡和曾参谈论过。基于此，我们有理由相信，孔门弟子中，曾参非常不一般。

如果说曾参的《大学》很好地继承并发扬了孔子的思想，那么，《大学》里的思想根基应该在《论语》里。我们可以说，《大学》里的"三纲""八目"在《论语》里是有出处的，甚至我们可以说《论语》能够"明明德、亲民、止于至善"，能够"格物、致知、诚意、正心、修身、齐家、治国、平天下"。

宋朝的宰相赵普真是读懂了孔门学问，敢说："半部《论语》治天下。"我们可以理解赵普真的用半部《论语》把赵匡胤送上了帝王宝座。

孔门儒学是内圣外王之学，曾参《大学》里的"八目"正是内圣外王的修行路径。从"格物、致知、诚意、正心"的内圣，到"修身、齐家、治国、平天下"的外王，完成了一个王者的人生升华。

孔子离我们而去已经两千五六百年了，我们不可以，也不可能照搬他的学问去行事，但是孔子的思想光辉完全可以照耀我们前行的道路，比如，"礼乐之治"的理念，在要求我们建立健全法制的同时，还要讲求社会和谐。再比如，孔子学问里一以贯之的仁道，是每个公民自我塑造高尚人格的目标和方向。作为个人的人格高尚也好，社会的法制、社会的和谐也好，是需要孔子的仁道在其中一以贯之的。所以，我们说孔门儒学的现实意义从未贬值。

赵继璀

己亥年冬月初七于郑州

目　录

引　言

　　1981 年，高考复读的那一年，有一天，语文老师说：今天我们讲讲孔子语录。什么"有朋自远方来，不亦乐乎""三人行，必有我师""君子坦荡荡"等。突然听到这些，让人只觉得眼前一亮，"原来孔子这么厉害！"后来才知道，老师讲的孔子语录都是《论语》里的内容。

　　1983 年在校图书馆，终于见到了《论语》。尽管是一口气读完的，理解却是泛泛。泛泛是泛泛，那时候流行给校广播站投稿，稿件里总用些个"之乎者也"的句子，平日里也"子曰""子曰"的，以至于毕业那年，二十一岁，就有人叫我"孔夫子"。

　　毕业后在国有大企业机关上过几年班，1991 年辞职下海，开办公司。也是由于在体制内上班的时候搞过几年文字工作，喜欢写些东西，再加上保持阅读习惯 40 余年，以及商海里几十年的激来荡去，什么天上地下、世间的非世间、有了没了没了有了，有些经验体会和感悟。这么多年过去了，也由于随着对《论语》的理解和感悟的加深，就有把这些理解、体会、感悟写成文字的冲动，想给大家分享一下。

　　孔子他老人家讲"述而不作"，我是从十七八岁开始接触《论语》的，几十年的人生沉淀，也想对着《论语》"述说"一番。不是还想说得有趣、耐看点嘛，所以，就有了这《论语趣注》一说。

　　今天的人之所以看古书需要注解、解释，那是因为古人写书跟现代人阅读习惯相差太远。

　　孔子的年代，书都是竹简、木牍、帛书，文字最早都是用刀子刻在木片儿、竹片儿上，或是写在绢帛上。由于绢帛造价昂贵，通常都是刻在竹木上，刻一句话费劲费时。一句话、一个意思，所用文字越少越好，以至于文字和语言完全分离，文字成了大家都看不懂的、只有极少数人使用的工具。再后来，随着文字记载工具、方式的不断改进、创新，记录轻巧了，速度也加快了，而且文字记录离大众语言也逐渐接近，尤其是从五四运动以来，开始提倡白话文，人们读书就显得容易多了。

朱熹是南宋人，比明朝的张居正大了将近四百岁，朱熹注解"四书"的《四书集注》比明朝张居正的《张居正讲评〈论语〉》就难读得多。南怀瑾大师的《论语别裁》读起来就容易了，只是怀瑾大师他老人家，如果还在世，已是100多岁的老人了，语言习惯与今天也有些不一样。

所以，《论语趣注》首先要注解得适合今天人们的阅读习惯，让今天的人更容易看得懂。其次是尽量有趣，有趣了，人们才更愿意读下去。

《论语》是孔子过世后，由他的弟子们，甚至再传弟子们集体共同完成的一部书。他们是把在孔门的学习记忆、记录、感想、感悟汇集编纂，再经筛选过滤，最后成书。出书的学问深浅是孔门弟子的平均水平，这在我们阅读《论语》的时候，就能感觉得到，感觉似乎孔子有好些更为高深的学问没整理出来。

孔子的一个叫子贡的弟子在《论语·公冶长》里记载有："夫子之文章，可得而闻也；夫子之言性与天道，不可得而闻也。"从这里我们可以判断，孔子是讲过更为高深的学问的，比如，"性与天道"之类的内容，尽管我们在整部《论语》里没有读到，但我们从后来的子贡，以及孔子的另一个弟子曾参和子思（孔伋，孔子的嫡孙、曾参的弟子）那里得知，他们是聆听过孔子关于"性与天道"的讲授的，否则，子思哪里来的"天命之谓性，率性之谓道，修道之谓教"（《中庸》）呢？他可是孔门里孙子辈儿的学员。

孔子去世后，全天下，甚至远在燕国的使臣都赶来为孔子送葬。成百上千，最多甚至数千弟子为他们的先生守孝，在这三年的守孝期间，弟子们开始整理老师的教诲，每个人都把各自的学习笔记整理出来，交给子游、子夏（孔门十哲里文学科的优秀分子）两位同学，准备编辑成册，以传后世。

今天，当我们捧起《论语》，我们得承认，我们是幸运的。

学而篇第一

《论语》二十篇的篇名，是选用该篇第一则内容开头的一个词作为篇名，篇名与内容关系并不密切，它只是当时的一种习惯做法。

本篇涉及学习、为人、修养等内容。第一则是孔门学问的三个境界；第二则讲孝，因为孝是孔门学问的核心——仁德的根本；第三则就说到了仁；第四则说的是学习方法——省思，等等。

1.1　子曰："学而时习之，不亦说（yuè）乎？有朋自远方来，不亦乐乎？人不知而不愠，不亦君子乎？"

"说"同"悦"，高兴、愉快的意思。这一则整段文字字面都好理解，只是，这是整部《论语》的开头，深究起来还真不简单。

唐朝大家韩愈感叹"学海无涯苦作舟"，孔子竟然说学习是件愉快的事，他老人家的这个高兴劲是打哪儿来的呢？那么，问题来了，"学海无涯苦作舟"的"学"与让人"说乎"的"学"，不是一码事。韩愈为求功名，受尽"无涯之苦"，所谓的"头悬梁，锥刺股"，如同受刑，当然苦。

孔子"学"得"不亦说乎"，又是怎么个学呢？

甲骨文的"学"是个象形字，两只手抓着算筹（计数用的小木棍儿），也有解释为手把手教如何缝针线。总之其含义是，两只手伸着，有人在教还有人在学，这个"学"包括"教"和"学"两方面含义。孔子的弟子曾参把它落实为"传、习"，到了明朝，王阳明先生更是把它推到了极致，并为我们留下了他仅有的一部著作——《传习录》。

"学习"的"习"字是小鸟在鸟窝上方反复来回练习飞的状态。"学习"两个字连在一起就有在别人示范教导下训练实践的含义（传习），有从不会到会的这么一层意思（阳明先生就说：不会就不是真知）。

从不会到会，从不能到能；从伤口流血不知所措，到可以自己缝合伤口疗伤；从不会上树到熟练爬上果树摘取果子享受美味；从不会游泳到畅游渡河去对岸获取食物；从不习水性到水中遨游抓取鱼虾；等等。再如我们学开车，刚拿到驾照开车上路的时候，那种喜悦和兴奋不就是孔子说的"不亦说乎"吗?!

人们通过学习、训练，掌握一些技能、方法，在教与学的现实中得到运用，从而改善了生活状态，提高了生活的品质、品位、情趣，这大概就是孔子所说的

"学而时习之，不亦说乎"吧。

这个韩愈啊，都"唐宋八大家"了，怎么没把《论语》学好呢？

"有朋自远方来，不亦乐乎？"的"朋"字，《说文解字》的作者许慎解释为"同学"。孔子三十一世孙，唐朝经学家孔颖达解释说："同门为朋，同志为友。"

一位同门师兄，老同学，驱车千里，高速公路上狂奔十个小时来找您叙旧，你们想起了同窗时的岁月：同吃同睡；同喜同乐；同悲同苦；共同学习、共同成长；懵懂的青春，还有尴尬与悲催。你们聊心得、谈感悟，分享成功喜悦，倾诉职场坎坷，细说情感曲折，是在说自己又像谈别人，这不是件十分快乐的事情吗？你会设宴款待，畅饮阔论，说上一句："老同学自远方来不亦乐乎！"这不需要多高的情商就能让您乐上半个月。

玩儿微信有个词儿叫打卡，也叫刷存在感。您打也打了，刷也刷了，就是没人给您点赞，郁闷吧？孔子无所谓，他老人家只管发自己的微信，好的内容就应该给大家分享，该发就发，不求回应，不讲存在感，您爱点不点，不郁闷，也没不高兴。孔子是真君子，所以他会"人不知而不愠，不亦君子乎？"自己不在乎被不被人知，也没不高兴，这样不也很君子吗？

随着境界的提升，我们不再被环境干扰，跨过"心随境转"的臭水沟，每天都是"春暖花开"，或者即便只是荒漠中的一粒沙子、丛林里的一株小草、大海里的一朵浪花，又有什么关系呢？"人不知而不愠，不亦君子乎？"我们是君子，何其欢喜自在。

"学而时习"是指一个人进入了快速成长阶段；"有朋自远方来"是说我们进入了较高的人生境界；"不愠"表明心理健康，无滞无碍，脱离了地球表面的摩擦，自由遨游于碧蓝的天空。

我们说，一个安定的社会是由文化教育完成的。这种安定表现在人们的情绪上，"说""乐"，还"不愠"。"说""乐""不愠"是生活学习的三个层次。先是愉悦高兴，其次是快乐喜庆，再就是不掺杂、不掺假，纯粹的自由欢喜。整部《论语》学下来，我们的心情就应该是这样的自由欢喜。此刻，您还觉得"学海无涯苦作舟"，那就是没入门，再学别的就是遭罪。应该停下来，深深地感悟一下孔子这三句经典，一定要找到愉悦感，再快乐上路。

1.2　有子曰："其为人也孝弟，而好犯上者，鲜矣；不好犯上，而好作乱者，未之有也。君子务本，本立而道生。孝弟也者，其为仁之本与！"

"有子"，孔子的弟子，是本书中出现的第二个人物。有若，有氏，名若，字子有，世称"有子"。古人的名字由姓、氏、名、字、号、谥等组成。

古时候，"子"是弟子对老师的尊称。"有子"应该是有若的弟子对他的称呼，这一则应该是有若的弟子记录的内容。

有若小孔子四十三岁。年龄小不是问题，有若看问题深刻透彻，直视根本。

有子说：能做到孝悌之道，就不会犯上作乱，犯上作乱就可能有牢狱之灾，甚至杀头。不犯上作乱就不会惹是生非，就不会让亲人操心，就不会让关心他的人、爱护他的人担心忧虑、担惊受怕。所以，对于家人来说，这个孝悌分量太重了。

"务"是致力于的意思，有子要我们致力于孝悌这个根本，还说："君子务本，本立而道生。"解决了根本问题，就算上了正道了，其他问题就能迎刃而解。

孔子说：孝悌是仁的根本。仁爱在对待家里亲人的表现，就是孝敬父母，友爱兄弟姐妹。家是一个人最终的情感附着点。中国人讲落叶归根，即便是死了，都要"马革裹尸还"（战士战死沙场，要用马皮包裹着运回家）。

一个人随着年龄的增长，由对父母兄弟姐妹的敬爱、依恋进而向外延伸到家族，以及家族以外的亲朋好友，再由对父母家人的这份感情延伸至其他社会关系所形成的各种情感，这些情感的逐步丰富和完善，就能使你更好地走进社会，融入人群。这种情感继续升华，比如到了孔子的"温、良、恭、俭、让""仁者爱人""为政以德"，这样的情感就能影响到普罗大众。

这个时代是讲影响力的，影响力就是号召力，可以号召人群，也可以号召财富（这在孔门属于副产品）。孔门弟子子贡一不小心就成了当时大周朝的首富。

有子告诉我们说，这一切，孝悌是根本。上海爱心联盟的杨峥老师是个很好的例子，他把对家人的爱，一步步延伸至朋友、同事、学员、联盟成员，直至周围所有的人，以至于喊出了"让一亿个家庭更幸福"的口号。

1.3　子曰："巧言令色，鲜矣仁！"

孔子说了，花言巧语、面貌虚伪的人，很少有仁德。

孝悌是仁德的根本，力行孝悌之道的人，应该是很少花言巧语、面貌虚伪的。如果从小能在父母长辈面前至诚尽孝，在兄弟姐妹当中兄友弟恭，怎么可能长大了以后染上巧舌如簧的恶习？在家里至诚至真、耿直厚道，怎么可能出了门就面相虚伪奸诈呢？所以，仁德的根在家庭里，在孝悌之道里。

"鲜矣仁！"孔子用的是个感叹句，仁德少啊！"鲜"解作少。这个"鲜矣"的感叹，是发自肺腑的。孔子这是警告我们吗？别跟那些"巧言令色"之人玩儿！

　　1.4　曾子曰："吾日三省吾身：为人谋而不忠乎？与朋友交而不信乎？传不习乎？"

第三个出场人物"曾子"。姓曾，名参，字子舆。他和他父亲曾皙都是孔子的弟子。曾子小孔子四十六岁，著有《大学》《孝经》，是一个有传承的人，孔子的嫡孙孔伋是他的弟子，亚圣孟子则是曾参的再传弟子。

曾子说：我每天都会多次反省自己，看看为人做事是否尽忠职守了，在与朋友交往中是否诚实相待了，从老师那里学到的东西是否练习使用了。

有个美籍华裔数学大师，叫陈省身，他先是毕业于南开大学数学系，后又在清华大学研究院读硕士，到美国以后，担任美国数学学会副主席。1995 年当选首批中国科学院外籍院士。他是 20 世纪最伟大的几何学家之一，国际数学联盟为他设立了一个国际数学界最高级别的终身成就奖——"陈省身奖"。牛吧？"省身"这个名字，就是从曾子的"吾日三省吾身"这来的。

学数学的读了《论语》，也不得了。

我们说了，孟子是子思（孔伋）的弟子。宋代明代，甚至汉朝时期，就有人认为孔孟思想失传了，"二程"（程颐、程颢）、朱熹（宋朝儒家理学的代表人物）认为自己接上了，可是王阳明（明朝孔门阳明心学的创始人）不认可，阳明先生更说他直接从孔孟那里继承了"孔孟的真骨血"。所以，阳明先生还活着的时候就应允弟子们，按照《论语》的形式，整理出一本他和他的弟子们的语录。这本语录就叫《传习录》，这"传习"二字也是出自曾子的这个"三省吾身"的"三省"里。曾子问："传不习乎？"两千年后，阳明先生答道："传习。"今天，我们有幸拜读阳明先生唯一的存世著作《传习录》。

王阳明就此开创了阳明心学。

"省身"的第一句是说做事要忠；第二句说的是做人要守信；第三句说的是学习要传承。字字珠玑，难怪人们都抢着用。

　　1.5　子曰："道千乘（shèng）之国，敬事而信，节用而爱人，使民以时。"

　　"道"，领导、治理。四匹马拉的一辆兵车叫一乘，一乘配备三十到七十名士兵。"千乘之国"在孔子所在的春秋末期可以称得上个大国。

　　管理这么一个国家，孔子说了，要"敬事而信"，内心谨慎小心、庄重而诚恳，事无大小、人无贵贱，事前有诺，临事必笃行不改，信守承诺。"敬事"是优秀的职业精神，是责任心、事业心。"敬事"才能取信于同事、取信于客户。

　　据说华为老板任正非先生开了一辆二手"标致"。但是，华为的高管年薪上五百万元的就有千人。任正非这就叫"节用而爱人"。

　　"使民以时"是说要在合适的时机指使人。人们都有自己久处既成的、习惯的行为，这些行为都有它自己的规律。如农民工，农忙的时候，你要允许他回家打理农事；办公楼里的职员，忙了一天了，偶尔加个班可以，多了就会引起反感；孕妇必须得到照顾；经济不景气的时候，多减免些税金；甚至是孩子在和小伙伴玩耍得正开心的时候，不要轻易打断他们安排别的事，等等吧，这都可以作为"使民以时"的范畴。

　　日本著名实业家稻盛和夫先生，在接受媒体采访的时候，被问及成功的经验时，说了四个字："敬天爱人。"

　　其实，八百多年前，道教全真派掌门丘处机在回答成吉思汗的问话时，说的是"敬天爱民"。您能敬天爱人就更容易天遂人愿，所以，稻盛和夫先生每每能够心想事成。

　　1.6　子曰："弟子入则孝，出则弟，谨而信，泛爱众，而亲仁。行有余力，则以学文。"

　　到了清代，山西有个秀才叫李毓（yù）秀，他根据这则《论语》，作了篇三言韵文，取名叫《训蒙文》，后改名为《弟子规》。

　　《弟子规》的总则是："弟子规，圣人训。首孝悌，次谨信。泛爱众，而亲仁。有余力，则学文。"

但凡为弟为子的都叫弟子。"谨"是行为遵循常理、郑重庄严、恭敬谦卑、慎重小心。"信"是言而有信、言而有物、遵守承诺。"泛爱众"是说对普罗大众皆有爱心。"亲仁"是指亲近仁德之人，借以熏染自己，积极进德。这些说的全是对做人的要求，这些方面都做好了再去"学文"也不迟。这个"文"是指文化文学、科学知识等。

《论语》这一则要我们做好孝悌，再去做别的，这叫先做人后做事，是从根儿上做起。曾子在《孝经》里说："夫孝，德之本与。"直接亮明孝就是做人修德的根本。

《弟子规》的能量有多大，咱们讲个故事。

净空法师和他的 30 名弟子，从 2005 年起，用了 3 年时间，投资 2.2 亿元，在净空法师的出生地——安徽庐江 7.8 万人的汤池小镇推行《弟子规》，半年社会风气就有明显改观，基本实现人人懂礼，人人知道忍让，人人谦恭守信，初步实现了移风易俗，初现了"礼仪之邦"的风貌。这在当时吸引了全世界的关注。

现在，小学里也都在逐步恢复《弟子规》的教育。只是这《弟子规》是行的规矩，不能只是作为课程来讲，对于《弟子规》，功夫全在课外。

1.7　子夏曰："贤贤易色，事父母，能竭其力，事君，能致其身，与朋友交，言而有信。虽曰未学，吾必谓之学矣。"

第四个出场的人物，子夏。姬姓，卜氏，名商，字子夏，尊称卜子（夏），孔子的弟子，生于晋国温邑，今河南温县，小孔子四十四岁。相传子夏活了一百零七岁。

孔子去世后，由于子夏和曾参关系不和，就离开了鲁国前往魏国西河郡办学传道，在魏国收李悝（kuī）、吴起为弟子。魏文侯尊其为师傅。子夏河西讲学所开创的"河西学派"是继孔子杏坛讲学之后，春秋战国"百家争鸣"的又一先秦文化盛况，它不仅弘扬了儒家学说，还为之后的法家、纵横家、兵家等的发展奠定了基础或提供了帮助。

李悝在战国初期担任魏国国相，著名的法家，是那个时代改革家的代表人物；吴起是战国初期著名的军事家、兵家，也是改革家的代表人物，著有《吴子兵法》，与兵圣孙武并称"孙吴"；魏文侯是战国时期魏国的开国君主，魏国百年霸业的开创者。

帮着秦国变法的那个商鞅，是魏国国相公叔痤的中庶子（官名，侍从之臣），在魏国从小读着李悝和吴起的著作长大的。公叔痤临死前向魏侯举荐商鞅，魏侯不用，这才去了秦国。商鞅的变法理念深受李悝、吴起思想的影响，而李悝、吴起的思想对子夏颇有传承。

子夏牛吧?!

想拜您为师，您没两把刷子，谁给您磕头？何况还是魏文侯、李悝、吴起这样的风云人物。

子夏名商，"商"的本义就是计算、估量。所以，子夏应该是个易学高人、预测高手。据说子夏精通《周易》。

我的一个中学同学就叫卜夏（医学博士后，如今在美国发展）。我猜想他家老爷子一定是熟读《论语》，甚至"四书"吧，希望儿子能够走入儒学殿堂，做个像子夏那样的人物。

这一则里，前一个"贤"字做好（hào）字解，后一个"贤"字做有仁德的贤人解。"易"解作轻视。"贤贤易色"解作敬重贤人轻看女色。子夏说，侍奉父母应尽心竭力，侍奉君主能为国捐躯，与朋友交往能言而有信。如此这般，即便是未曾学习，子夏说了，他也认定您学了。

老师所讲的学问，子夏都吸收了，变成了自己的语言再讲给自己的弟子们听，这就叫"传习"。子夏做到了。

1.8　子曰："君子不重则不威，学则不固。主忠信，无友不如己者，过则勿惮（dàn）改。"

"重"是厚重。"威"是威严。"固"是坚固。"惮"是畏难的意思。这则的前一句好解释：君子不自重就没有威信，所学就不牢固。"主忠信"解作以恪守忠信为主。只是后面的解释就五花八门了。

有人把"无友不如己者"解作所交朋友没有不如自己的。意思是身边的朋友都要比自己有本事，没本事的一概不认，这种说法有点离谱。孔夫子一定不是这个意思。从交友上说"高处不胜寒"，那是您德行不够。

我们可以把这句话放到整部《论语》里来推敲。在整部《论语》里，孔子的形象是"温、良、恭、俭、让""恭、宽、信、敏、惠""三人行，必有我师"。这样一对照，就太离谱了。所以，"无友不如己者"不能那样解释。

在《论语·公冶长》里孔子说："十室之邑，必有忠信如丘者焉，不如丘之好学也。"孔子很肯定地说，在忠信方面一定有很多跟自己一样的人。这话符合孔子的人格、形象。

顺着这个思路我们分析。"主忠信，无友不如己者"，我们就可以解释为：说到忠信，没有不如自己的朋友。意思是在忠信方面，朋友也都不比自己差。这样的解释就更符合《论语》《孔子家书》里所描述的孔子形象了。

孔子最后说："过则勿惮改"，有过错不怕改正。在忠信方面犯了错，确实摆不到桌面上，太丢人了，此时，羞怯、畏惧也是正常的反应。一个人，如果大家都说他不忠不信，即刻就能令他威信扫地。但是，他能"勿惮改"，敢于面对，愿意承认错误，承担后果，他就有希望。

做人，哪能没个错。

人世间，不要轻易低估人们的宽容心。

1.9　曾子曰："慎终追远，民德归厚矣。"

曾子，那个有传承的人又讲话了：作为君子，要慎重对待亡故的父母，哀悼追念远古的祖先，如此，百姓的德行就会归于淳厚。

曾子这话是对着有地位的人讲的，至少是个大夫吧，他们有号召力、影响力。社会需要他们来引领。

曾子的意思是您感念祖先，感念祖先的造化养育之恩，百姓们也就感念您的恩德，从而德行归于淳厚。

曾子是说，您"慎终追远"了，父母祖先都看着您呢，头上三尺有神明嘛！您要是做什么缺德事，您太爷爷的太爷爷的太爷爷给您托梦，把您太爷爷、爷爷、父亲和您叫到一起，臭骂一通，然后，您的太爷爷、爷爷以及您父亲都冲着您"怒目金刚"，您能受得了吗？您还会做缺德事吗？您只会忙着积德，您积德了，由于您是做团队老大的，是一个有影响力的人，您为百姓做出了榜样，百姓们跟着榜样走，您的臣民、员工们"德归厚"是自然的事。

您和您的团队都"德厚"了，你们一定能厚德载物，能载物就能发财，这年头不都在求财吗?！

但是，孔子"之求之也，其诸异乎人之求之与！"孔夫子之求，可跟别人不一样。这里先卖个关子，以后再说。

1.10　子禽问于子贡曰："夫子至于是邦也，必闻其政。求之与？抑与之与？"子贡曰："夫子温、良、恭、俭、让以得之。夫子之求之也，其诸异乎人之求之与！"

上一则，说卖个关子，这一则"关子"就来了。

前面有子、曾子、子夏，已经出场了三位孔子的弟子，这是第四、第五位出场的两名弟子。一个是子禽，姓陈名亢（kàng），字子禽，小孔子四十三岁，今河南周口项城人，是一个很有想法的人，会经常质问一些事、一些人，甚至对老师提出质疑。按李博文老师讲的九型人格划分，他可能属于6号疑惑型的人格。

子贡，复姓端木，名赐，字子贡，小孔子三十一岁，今河南鹤壁市浚县人。子贡被誉为儒商鼻祖，民间信奉的财神。"赐"也好，"贡"也好，都有个"贝"字，"贝"是钱财的意思，一看就是有钱人。孔子及其弟子周游列国所需的费用，一部分是由子贡提供的。孔子的葬礼以及三年守丧期间，师兄弟们的花费，应该大多也是子贡提供的。在当时，诸侯国间有什么重大事情需要摆平的，孔子总是派子贡去，在这方面，子贡是老师最信任的人。

孔子死后，子贡为老师守孝六年。为孔子守孝时间这么长的，也只有子贡一人。

师弟问师兄，咱老师每到一个国家，必定能够了解到这个国家的政务事项，他老人家是打听来的还是人家主动告诉他的？子贡说，咱老师是靠温和、善良、恭敬、俭约、谦让这样的品德赢得人家的信任，人家主动讲给老师的。咱老师这方面可跟其他人不一样，他所得到的都是他的人格魅力感召来的。

"温、良、恭、俭、让"就能"得之"，这需要我们对这五个字去参悟，每个字参悟透了；再把它们放到一起参悟，参悟出能够"得之"了，就算参到家了。否则，那"学而时习之，不亦说乎"就悦不起来。

关子来了。

做企业的可以把这句话改一下，比如，你企业来到一个新的市场，开创一项新业务，你所需的各种资源、业务指标等就可以试着用你的"温、良、恭、俭、让"去赢取。做好了一定是只赚不赔。

发了财，记着去文庙上炷香。

1.11　子曰："父在，观其志；父没，观其行；三年无改于父之道，可谓孝矣。"

孔子说：父亲还在世的时候，去关注这个人的志向、志趣。他父亲去世以后，去观察他的所作所为，如此观察他三年，如果他没有改变"父之道"，咱就叫他一声大孝子。那么，什么是"父之道"？

《易经》里有一个乾卦，代表天、父亲。卦象说：天行健，君子以自强不息。"自强不息"是"君子之道"，也是"父之道"。

《礼记·礼运》上说："何谓人义？父慈，子孝，兄良，弟悌，夫义，妇听，长惠，幼顺，君仁，臣忠。"按照道德规范去做，就叫义。父亲在子女那里表现出的道德，就是慈。慈就是为父之道（这里和乾卦的为父之道是贯通的），慈父出孝子，不是"严父出孝子"。

什么是慈？这个"慈"字从上往下念：兹心。兹，草木茂盛的意思。兹心，一颗帮助人茁壮起来的心。这是一颗仁心、爱心、善心、同情心。在这样的一颗慈心呵护下，孩子定能茁壮成长。有了这颗慈心，父子之间一辈一辈传下去，这就是"孝慈传家"。

出门能"自强不息"，入门能"孝慈传家"，这就是"父之道"。

1.12　有子曰："礼之用，和为贵。先王之道，斯为美，小大由之。有所不行，知和而和，不以礼节之，亦不可行也。"

接下来还是有子的两则感言。

据《孟子》《史记》等记载，孔子去世后，弟子们思慕老师，而有子的相貌又酷似孔子，所以，当时大家都以师礼事奉有子。

孟子后来还说有子在思想上非常接近孔子。

有子说：礼的施行，贵在和谐。在先王的治世之道里，讲和谐最美好。礼使用的最高境界就是和谐。

有子还说："有所不行，知和而和，不以礼节之，亦不可行也。"有子的意思是，有的时候没有真正按照和谐的精神去做，只为和谐而和谐，把和谐当目的，这样是行不通的。这叫只关注了礼的用（作用），没能顾及礼的体（本体），体用没结合好。

在工作中，更多讲的是实际，表象的东西只能起到表面作用，它代替不了本质。鸡子装扮得再漂亮也成不了凤凰，当然了，掉了毛的凤凰也还是凤凰。礼不讲"和敬"，那就是只鸡。

1.13　有子曰："信近于义，言可复也。恭近于礼，远耻辱也。因不失其亲，亦可宗也。"

"近"解作合乎。"复"可解作践言。"远"作避免解。"因"解作由于。"宗"解作宗亲宗族。有子的意思是，假如我们信守的诺言符合义理，我们曾经为此所说的话、所许下的承诺就可以践行。假如我们恭敬的心态符合礼的规范、恭敬的举止符合礼规，就能避免难堪、免于招致耻辱。由于亲情没有失去，亲人没有失和，宗族、宗亲还是我们的依靠。

上一则有子说了，人一旦失去"和敬"就丢了礼的本质。这里有子又讲，恭敬符合礼的规范就可以远离羞辱。俗话说"抬手不打笑脸人"嘛。

能做到"不失其亲"就还有孝悌在，那个根本还在，力量、精神的源泉还在，依靠还在。依靠在，立于人世间的资本就还有。这个孝悌亲情要靠信义、要靠恭敬礼让、要靠相互尊重来维系。

依据海灵格先生的家庭系统排列理论，我们的父母是我们生命的动力和能量来源。我们和父母之间是否有有效链接，对于我们的个人发展至关重要。

海灵格先生亲口承认，他从中国的老子、孔子那里汲取了许多古老而有效的智慧（在与李博文老师把酒闲聊时，他说他听海灵格亲口说过）。

有子一句"不失其亲"提醒我们，失去什么都不能够失去亲人、亲情，天塌下来都不能把爹妈兄弟姐妹卖了。懂得这个道理，为争遗产、争房争地、争锅碗瓢盆的事，就不会发生了。

有个典故叫"孟子三乐"，第一乐就是："父母俱在，兄弟无故。"意思是假如父母都健在，假如兄弟们没病、没灾、没怨恨，孟子认为这是人间第一快乐的事。

按有子的意思是，没"失其亲"，人就有依靠（"可宗也"）。

所谓打仗亲兄弟，上阵父子兵。

1.14　子曰："君子食无求饱，居无求安，敏于事而慎于言，就有道而正焉，可谓好学也已。"

"敏"解作机敏、快速。"就"解作亲近。"道"解作得道高人。"正"解作匡正。孔子的意思是，不是家里穷，吃不饱；不是家里简陋，睡不安宁，君子为的是追求一种生活状态，让自己保持机敏和审慎的觉知，以便更好地追随有道之人来端正自己，更好地进学。

人们常说，学生准备好了，老师自然就会出现。这种状态的学生最容易教出成绩。学生有个好的状态，机敏谨慎，老师"匡正"起来就容易，孔子告诉我们，这样的学生可谓好学。

难怪那些明白人，吃得那么随便，穿得那么随意，住得那么随性，来往那么随缘，就是为着不昧觉性。他们敏于察觉，谨言慎行，总在追随有道之人，以端正自身。相反，贪吃贪睡，比车比房比穿戴，就没心思、精力用在学问上了。

记得 2007 年在西安城里的一所寺院内观（内观修行），寺里的住持就给我们讲，寺里的床尺寸小、被褥薄，吃饭讲究过午不食（没有晚餐夜宵）。还好，住持对我们这些刚接触寺院生活的人士比较照顾，晚饭还有一个小苹果。

那样的日子其实很好，把一个人在俗世里视、听、感的强度降到极低，少了纷杂干扰，这对安心修行、进学帮助很大。这就像孟子说的："学问之道无他，求其放心而已矣。"把放逐的心找回来，安顿好。

1.15　子贡曰："贫而无谄，富而无骄，何如？"子曰："可也。未若贫而乐，富而好礼者也。"

子贡曰："《诗》云：'如切如磋，如琢如磨'，其斯之谓与？"子曰："赐也，始可与言《诗》已矣！告诸往而知来者。"

这是一段很精彩的师徒二人对话。话题涉及贫富、谄骄、礼乐、诗歌、往来等。徒弟有感而发，老师有点评、有跟进，论述得精妙恰当，直引入精入髓，直觉高妙清爽。

"谄"解作卑屈。"骄"解作自大、傲慢。"乐"解作安乐。"往"解作曾经说过的。"来"解作未曾说过的。

子贡学习颇有心得，跑到老师这里请求老师给以"匡正"。说："老师，假如能够做到贫困却不谄媚，富有而不骄横，怎么样？"有所悟，有所得，是欣喜又惴惴不安的感觉。

孔子说："还可以。"给以肯定。接着孔子方向一转，说："但未有贫困而快乐，富有又好礼的好。"意思是能做到那样还算可以，不过，还配不上一个好字。你如果能够在比人家穷，还能生活快乐；你发财富有了，还能对身边的人彬彬有礼，这样的境界就算可敬可赞，称得上一个"好"字了。

贫穷还能快乐，那到底乐什么？

儒家讲"安贫乐道"，孔子甚至说："朝闻道，夕死可矣。"得了道，高兴死了都行。

孔子话音一落，子贡如醍醐灌顶，豁然开明，了然于心。感叹道："《诗经》里所说的'如切如磋，如琢如磨'就是这个意思吧?!"子贡的意思是做学问潜心修行，应该像工匠做工一样精心雕琢，细心打磨。老师，我如果停留在不谄不骄，还嫌太糙，我需要进一步做到乐道好礼。

孔子一听，好！悟得挺透彻，境界提升了不少，孺子可教。

孔子继续说："赐啊！（喊着子贡的名）可以跟你谈论《诗经》了。告诉你过往的，就能预知将来的。"

我们说老师对学生的最高嘉奖，就是对他的认可，认可他的进步，认可他的进学。

我的毕业论文第一稿交给导师看过，导师对我说：认真修改，争取拿到"优秀论文"奖。那一晚，我半宿没睡着。

1. 16　子曰："不患人之不己知，患不知人也。"

孔子说："不担心别人不了解自己，担心自己不了解别人。"

"学而篇"从"学而时习之，不亦说乎？"开始，到"不患人之不己知，患不知人也"。结束，在本篇最后一则里，孔子告诉我们，学习不是为了让我们四处张扬，是让我们更好地了解这个社会、了解这个时代、了解周遭环境、了解周围的人，"知人者智"嘛！进而使我们对这一切更加地理解、接受和有效应对。

　　孔子在《论语》的开篇就说："人不知而不愠，不亦君子乎？"不被人知也无所谓，作为君子，保持快乐的心态比被人了解更重要。相比较而言，别人了不了解我们不重要，重要的是知不知人。别人不了解我们，我们可能只是失去一次机会；如果是我们不知人，可能带来的就是一场灾难。

　　最悲催的是不知己还不知人，就像打篮球，球没投进去，又被人打了一个反击。正负值一凑，这倒霉系数可就大了去了。

　　世界之大无奇不有，贤愚混杂，是非难辨。《论语》就是太上老君的炼丹炉，我们要练就出火眼金睛，上识明主，下知贤良，交友知损益，做事断吉祥。

　　古人讲：欲知人者，当以清心为本。

　　现代人常常会忘记这一忠告，总想着"他能给我点儿什么呢？"被私欲蒙蔽了眼睛的人，看到的只有利益。至于说，给他利益、好处的人是谁，不知道，这就是不知人。以至于，最后发现刚给他甜枣的那人，回头又给他一闷棍。这让造物主为此蒙羞——"怎么造出了这么个笨蛋玩意儿？"

　　杜月笙说过：人可以不识字，但不能不识人。识人可是个杠杆的着力点，掌握好这个点很重要，我们在以后的篇章里还会讨论。

为政篇第二

本篇通篇都是"子曰"——孔子的语录。论及为政、教化、学习、修养和孝道方面的内容。孔子说："为政以德"，还回答了孟氏父子，以及子游、子夏关于孝的问题，因为，孝是德之本。

2.1　子曰："为政以德，譬如北辰，居其所而众星共之。"

前几天，和一位朋友聊天，他是研究家庭建设的，研究如何让家庭更加和谐。他说，古代中国，一夫多妻，家庭和睦很不容易。尤其在"三妻四妾"中做老大，很不好做。她住正房、尊上位，这就要求她当好领导，能"母仪群小"。她靠什么？权力给她了，钱她最多，论经验她锻炼的时间最长，照理说没有问题，其实不然，没那么简单，她只能靠一样东西——德行，品德好才可以服众，别的都不好使。

当时，我就想起了孔子说的"为政以德"。家政也是政，也能说"为家以德"吧？他说是的，道理一样。文中的"政"解作政令、行政。"北辰"解作北斗星。"居"解作占据、站在。"所"解作处所、地方。"共"解作向着。孔子说："治国靠德行，就好像北斗星，它到哪里，众星指向哪里。"

不是因为您叫北斗星，群星就"众星拱之"，而是因为您处在北斗的位置上，起到了北斗的作用，您才叫北斗星，群星才会"众星拱之"。

"为政以德"也是这个道理。您可以"为政以"别的什么，比如以武力，以财力，以美貌，以谋略，以诈术，等等吧，但是，您都做不到"众星拱之"。

"众星拱之"在于得人心，一定是您内心里的"道"表现出来的优秀品德，您优秀的品德令众人心向往之。您感召了大家，征服了大家，众人真心追随您。

2.2　子曰："《诗》三百，一言以蔽之，曰：'思无邪。'"

前面，子贡有很优秀表现的时候，孔子感叹："赐也，始可与言《诗》已矣。"子贡啊！可以跟你探讨《诗经》了。这个诗不是"唐诗宋词"里面那个诗，这个诗单指《诗经》。

在《论语》中，孔子总是在弟子们表现出较高思想境界的时候，几次这么说："可与言《诗》"。孔子认为《诗经》可以让我们在更高的层面上更好地与人交流。

《诗经》是儒家学说经典"四书、五经"里的一部经书。《诗经》在内容上分为《风》《雅》《颂》三部分。《风》描写的是周代各地的歌谣；《雅》描写的是周人的正声雅乐，它又分《小雅》和《大雅》；《颂》描写的是周朝宫廷和贵族宗庙祭祀的乐歌，又分为《周颂》《鲁颂》和《商颂》。

孔子曾说："《诗经》可以兴，可以观，可以群，可以怨。迩之事父，远之事君。多识于鸟兽草木之名。"但孔子在这里只说重点——"思无邪"。《诗经》里面无邪念。

文中"蔽"字解作遮盖。"思"解作心思。"无邪"解作心思正。孔子说："《诗经》里有三百首诗，用一句话概括：没有邪念。"

我们要问了，"没有邪念"就这么重要吗？回答是肯定的。

讲个佛家的故事吧。一位将军来到寺庙里，见一位老和尚正在打坐，走上前去躬身施礼，问和尚什么是一念天堂，什么是一念地狱。老和尚只管打坐，没搭理这位将军，将军认为没有受到应有的礼遇，顿时耍起了将军脾气，怒从心头起，拔出宝剑，厉声呵斥老和尚。这时，老和尚才慢慢睁开眼睛，对这位将军说道：刚才你进来的时候是"一念天堂"，当下这一刻，就是"一念地狱"。

老和尚话说完了，将军也听明白了，"扑通"给老和尚跪下，咚咚咚磕仨头，站起身走了。

明朝大儒王阳明的状元父亲叫王华。当王华还小的时候，一次在河边玩耍，见到一个人急匆匆赶路，好像是从身上掉下一包什么东西，他走过去把包打开一看，是一袋金子，这时行人已经走远了。他想那人回到家中发现金子没了，一定还会原路找回来，就在这等那人。

机智的王华怕在等人的过程中发生别的什么意外，就把那袋金子沉到河边的水里。两个时辰过后，果然有人着急忙慌一路走来，低头寻找着什么。等到那人走近时，小王华迎上去问："你在找东西吗？""是的，我丢了一袋金子。"小王华走到河边把金子从水里捞出递给了那人，丢金子的人激动万分，从袋子里取出两块金子递给王华表示感谢。王华说："我要是为金子在这里等你，我拿上整袋金子直接走不就成了吗？干吗在这等你这么长时间呢？"说完转身走了。

小王华长大后考中了状元。儿子王阳明后来也考中了进士，还成了"立德、立功、立言，三不朽"的儒学大家，创立了"阳明心学"，影响了千千万万人。

如果历史可以假设，我们假设小王华一念邪起，抱着那袋金子回家了，那个状元郎还会是王华吗？阳明心学还会有吗？之后的千千万万与之有关联的人，他们的命运是不是又该重新书写了呢？

我们的今天，此刻的当下，又不知有多少个"一念"生成。其实，天堂地狱执此一念。孔子告诫我们说，切记："思无邪！"

2.3　子曰："道之以政，齐之以刑，民免而无耻。道之以德，齐之以礼，有耻且格。"

"道"解作引导、驱使。"政"解作法令。"齐"解作整饬。"免"解作逃避。"格"解作正。孔子说："用法令来驱使，用刑法来整饬，百姓们只能闪躲逃避，并慢慢地丧失了羞耻心。假如用高尚的品德去引导，用礼仪去规范大家，百姓们就会有羞耻心，并且正直。"

上一则里说到的王阳明先生，是儒家的心学大师，他说他继承了"孔孟的真骨血"。

我们看看这一则里，孔子就是心学大师。他老人家告诉我们，刑、政是手段，是术层面的东西，你用术的东西对待百姓，百姓们就会躲闪逃避，会变得越来越不好管束，而且会变得没有羞耻心，这时社会风气就坏了，那就离时代风暴的到来不远了。

孔子告诉我们要用德育，讲究礼仪，要"为政以德"（上一则里），只有这样，百姓们才会心存正念、正直知耻，社会风气才会一天天好起来，百姓们才能心舒气顺，安居乐业，你的治理才算有成效。

今天，全世界都在提倡法制，可是，孔子两千多年前就告诉我们，只知法治的结果是老百姓不知羞耻，丧失了良知，人们认为只要躲开法律的刀剑，什么事都可以去做，荣辱不计。

我们要问，真的到了"民免而无耻"的时候怎么办？

那就按照孔子说的，用"道德，齐礼"进行整饬，整出个"有耻且格"来，移了风易了俗，民风定会淳朴而敦厚。作为人，哪能不需要遮羞布呢！

2.4　子曰："吾十有五而志于学，三十而立，四十而不惑，五十而知天命，六十而耳顺，七十而从心所欲，不逾矩。"

这是孔子七十岁过后，给自己做的一个极为简短的一生进学和修行方面的总结。

孔子说："我十五岁立志做学问，三十岁能自立，四十岁不惑于心，五十岁知晓天命，六十岁不管听到什么都觉顺耳，七十岁随心所欲不会超出规矩。"

孔子的父亲叔梁纥老来得子，指望孔子传宗接代，延续孔家香火。所以，合理的推测是即便叔梁纥去世了，所留家业多半给了孔子的母亲颜徵在。叔梁纥是大夫，好歹是个贵族身份，孔子从小的教育还是得到了基本保障，否则，孤儿寡母从邹邑搬进都城，又能十五志于学就不合逻辑了。

十五岁尚属懵懂少年，孔子就能清晰知道自己这辈子要追求的是什么，实在是天赋异禀，家教有方。孔子十七岁时母亲去世，不到二十岁就自己做主，去宋国学习了"六艺"（小六艺：礼、乐、射、御、书、数）。学成回国，所学"六艺"中的各种礼仪礼节马上就派上了用场，经常作为司仪主持各种仪式。尤其是祭祀，那时大事就两件：战争和祭祀，而懂得这些礼仪的人才稀缺。甚至国君鲁昭公都前来祝贺。孔子也借此接触到更为高端的人群，顺势进入了主流社会。

孔子曾经对儿子伯鱼说："不学礼，无以立。"孔子三十岁的时候在礼学上就有了不小的成就，已经小有名气了，甚至有粉丝找上门来。

据记载，孔子三十岁那年，齐景公和宰相晏婴来到鲁国向孔子问礼。靠着精通礼规、礼仪，孔子算是有了一份体面的事业。所以，孔子说："三十而立。"

"三十而立"也是入世的心态，有着朝气蓬勃的兴奋状态和只争朝夕的奋斗精神。

作为"十有五而志于学"的孔子，三十岁是"学而不思则罔"（学习却不思考，就会迷惑而无所适从）的时候，容易被表面现象遮挡、蒙蔽，"朝气蓬勃，只争朝夕"中，时常恍惚，对事物背后的东西不能通透，常常受困于此。现实逼迫他去思考、去探索。

十年光景一晃就过，"四十而不惑"。终于明白了。

不惑就不会被困扰，诸事通达，能够轻松上阵，潇洒走一回了。

四五十岁正是甩开膀子做事业的大好时光，孟子在《孟子·尽心上》里描述的境况，特别适合这个年龄段应有的状态。孟子说："万物皆备于我矣。反身而诚，乐莫大焉。"这段话的意思是，世间万事万物之理皆由上天赋予了我，我什么都具足了，如果我反躬自省，踏实诚恳去做，就能获得莫大的快乐。

没有困惑，可不就是快乐吗！

快乐的人生，转眼来到了五十岁。

孔子说："五十而知天命。"

我们都知道天命不可违，可是，有违天命的事儿还真没少做。不是我们不到五十岁，是我们对天命还不真知，真知道了，一定不去跟老天作对。老话儿说，那不是跟老天过不去，那是跟自己过不去。

知天命做事就能笃定，内心笃定就不会被俗世搅扰。哪些该做哪些不该做，心里明白。

一颗心安定地度过十年，所见所闻从熟视无睹，进到了一个更高的境界——所遇皆有缘，能随圆就方，缘起缘灭。

万事的发生都有它的合理性，每天都用一种欢喜的心情迎接太阳的升起。清晨，那一声清脆的鸟鸣，孔子轻缓地说道：顺耳！

孔子说完"六十而耳顺"，转眼奔七十了。

孔子周游列国，漂泊在外，终于又回到了自己的父母之邦。尽管孔子少问政事，可是，他删诗书、订礼乐、赞周易、论春秋，忙得不亦乐乎！

门下还有弟子三千，今天你走了，明天他来了。孔子他老人家不仅"有教无类"，还"因材施教"，繁忙中孔子迎来了自己七十岁生日，感叹道："七十而从心所欲，不逾矩。"

孔子此时在想什么呢？怎么把尧舜禹汤、文武周公留下来的文献整理出来，完成自己的心愿，并"得天下英才而教育之"，剩下的就只是"发愤忘食，乐以忘忧，不知老之将至"了。

不管怎样，人过五十岁，谁都愿意如此度过自己的余生。

我的计划是写一套系列丛书，取名叫"人生直道"。这是有感于"秦直道"取的名，意思是让今生的自己能够顺利地走到更为高远的地方。书的内容就是按照孔子总结的人生的时间节点，把以儒学为主的包括儒释道在内的那几部经典整理成趣注形式，奉献给大家，以便于人们对照着年龄节点修行成长，我也可以"不知老之将至"。

2.5　孟懿子问孝。子曰："无违。"樊迟御，子告之曰："孟孙问孝于我，我对曰'无违'。"樊迟曰："何谓也？"子曰："生，事之以礼；死，葬之以礼，祭之以礼。"

公元前693年，鲁桓公为齐襄公所杀，次年，嫡长子姬同继位，是谓鲁庄公。桓公共有四个儿子，其余三个世袭鲁大夫爵位，分别是孟孙、叔孙、季孙。因为都是桓公的公子，时人称他们为"三桓"。后来"三桓"逐渐做强做大，结伙从大哥手中篡夺了鲁国政权，史称"三桓霸政"。

孟懿子就是"三桓"孟氏后裔，姬姓，名何忌，世称仲孙何忌，谥号懿，是孟子的六世祖。孟懿子算是第六个出场的孔门弟子。

《为政》一篇，开篇孔子就说"为政以德"。儒家讲，孝是德之本，这里把孟懿子问孝的内容放进来，十分合理。

孟懿子是世子。所谓世子就是承接他父亲的爵位，继承他父亲的职位，无需自己奋斗的主。他父亲孟僖子曾经随鲁君出使楚国，因为不懂礼仪，备受屈辱，去世前告诫这两个儿子，去拜孔子为师，好好学礼。

《左传·昭公七年》也记载："故孟懿子与南宫敬叔师事仲尼。"兄弟俩拜孔子为师。在这种情景之下，孟懿子前来问孝，孔子直接告诉他："无违。"不要违背你父亲的遗愿（"去拜孔子为师，好好学礼"）。这是父命。我们前面讲了，"天命不可违"，古时，也讲"父命不可违"。这是第一层含义。

孔子说完"无违"，孟懿子走了，孔子认为话还没说到位。尽管孟氏拜自己为师，可孟氏地位高于自己，不合适呼来唤去。由于弟子樊迟素与孟孙氏来往频繁，就借着外出的时机，让樊迟给自己驾车，把该给孟懿子说的话，让樊迟捎过去。这也就是孔子想说的第二层含义：不可违礼。

怎么个不可违礼呢？孔子对樊迟说："父母在世的时候，依照礼的规矩侍奉他们；等到他们去世了，依然按照礼的规定安葬他们，祭祀他们。"

中国很长一段历史实行的都是宗法制度。在这个体制内，儿女对父母生死的关怀至关重要，这是孝悌之道的体现，它是这种制度维系的重要因素，是礼乐治天下的重要基石（注：孝悌是礼的重要组成部分）。同时，对父母的生死关怀，也是一个人的社会情怀（比如悲悯）的源泉，它最终决定了你来到这个社会，面对社会大众、社会人群乃至某个同学、同事、室友或者路人甲、乙、丙、丁，所呈现出的人文情怀、情感模式。再往重了说，它决定你的命运。

2.6 孟武伯问孝。子曰："父母唯其疾之忧。"

孟武伯，鲁国大夫，姓仲孙，名彘（zhì），"武"是谥号，孟懿子之子，孟僖子之孙。

前面父亲来问孝，做孙子的也来问孝，这个家庭蛮重视孝道的。爷爷临终时嘱咐父亲好好跟着孔子做学问，父亲问孝时，孔子告诉他不要违背父命、不要违礼（"无违"）。父亲在大夫爵位上，作为孙子的孟武伯，就不要给重任在肩的父亲添乱了，照顾好自己，首先是不要生病。孔子说："父母唯其疾之忧。"父母只有在子女生病的时候最为他担忧。总让父母担忧还算什么孝呢？

子女的健康是最让父母牵肠挂肚的事。

如果我们往更深一层去探讨，这个"父母唯其疾之忧"投射到孙子孟武伯的大夫身份上，他为政就要像父母忧心子女一样，忧民之疾苦，忧民之劳伤，他就能"为政以德"。

孟子就曾说：让老百姓生活幸福，是地方官基本的职责。

2.7　子游问孝。子曰："今之孝者，是谓能养。至于犬马，皆能有养；不敬，何以别乎？"

"子游"是第八个出场的孔门弟子（樊迟是第七个出场）。他也问孝。孔子说："今天的人尽孝，认为只要能给口饭食，能养活父母就算尽孝了。其实狗马也都是这么被饲养的，作为人如果对父母没有恭敬心，奉养父母和饲养狗马还有什么区别呢？"

确实有养宠物比养父母尽心的人。孔子知道了一定骂他们犬马不如。

然而，现实就是现实，现在还有个词叫"啃老"，吃父母的、花父母的、住父母的、用父母的。

前些日子听到这么一件事，说孩子出国留学回来，谈了个女朋友，要求父母给买套房。其实父母早有计划，就把商量好的结果告诉了孩子，这孩子一听，马上不高兴了，说："一百多平方米，跟鸡笼子似的，打发要饭的呀？"母亲也很生气，就说了一句："你这啃老啃得也太霸气了吧？！"当晚，这孩子离家出走了。

搞传统文化教育的人，任重而道远哪！

子游，姓言，名偃，字子游，小孔子四十五岁，今江苏常熟人，孔子唯一的南方弟子。上海市的奉贤区所奉的这位"贤"就是子游，"孔门十哲"之一。孔子去世后，子游又回到了南方，授徒，传播孔子的思想。孔子给子游讲孝讲得非常生动，用的比喻也很形象。所以，这一则的内容在民间传播得很广，人们张嘴就能说出："犬马皆能有养，不敬，何以别乎？"

2.8　子夏问孝。子曰：　"色难。有事，弟子服其劳；有酒食，先生馔
（zhuàn 吃喝），曾是以为孝乎？"

这是《论语》里第四个问孝的。孔子根据不同的人给予了不同的回答，而且
回答得越来越深入。从不违背礼，到不让父母担忧，再到孝讲敬，最后讲"色难"。
子游和子夏的悟性、理解力、思维的厚度以及延展性都优于他人，这二位还是
"孔门十哲"里"文学"最突出的。所以，孔子就给他们讲点稍难一些的内容。
这里的"色"解作容貌、表情。"难"解作困难、不易。"先生"解作父兄。
"曾"解作竟然。孔子对子夏说："尽孝难就难在脸色上。当事情来了，做子女
代劳，有好酒好饭先让长辈们享用，这样就认为是尽孝了吗？"孔子不这么认为。
前面说了，假如对父母不敬，所谓的奉养跟饲养犬马没什么区别。有些做儿
女的，不想背个不孝之子的恶名，勉强也做了，只是碍于面子；还有的人，心里
忌惮法律的威严，不做不行；还有的是怕丢了继承权，勉为其难，等等吧。
要么为了名声，要么为了利益，在这种心理驱使下，脸色好看的了吗？
所以，孔子说："色难。"这个"色"是装不出来的，思想意识扭转不过来，
装的脸色更难看。因此，孔子对子夏说，去修心吧，修出一份孝心来，那是对父
母的一份敬重心。这是孝的学问的难点、重点，也是要点。
佛家讲："相由心生。"《礼记·祭义》上说：孝子"有深爱者必有和气，有
和气者必有愉色，有愉色者必有婉容"。
真的深爱着自己的父母，说话一定和气，说话和气表情就会有愉悦之色，愉
悦之色就能养出"婉容"，这个"婉容"就是姣好的面容。不"色难"了，都
"婉容"了，韩国就不用去了，美容养颜也都省了。
我们发现，孔子讲孝，讲的是"孝道"，内涵更多的是敬，我们常说对长辈
要孝敬。可是我们也常说"孝顺"，为什么我们没有在孔子（包括孟子）这里看
到听到"孝顺"呢？因为，"孝顺"这一概念一直到清朝才出现的。
二十四孝是元朝提出的，"孝顺"这一概念应该是在二十四孝的基础上提出
的。清末又有人夸张地搞出"百孝图"，此做法虽有助于孝道的实践应用推广，
但确实有失偏颇。

2.9　子曰："吾与回言终日，不违，如愚。退而省其私，亦足以发。回也不愚。"

这个"回"字指的是颜回。孔子说："我给颜回讲课，他整日整日没有过疑问，看上去好像智商有点低。等他回去后，我发现他私下里能够自省，还能自己生发一些新的东西，原来颜回一点都不笨。"

颜回，曹姓，颜氏，名回，字子渊，孔门七十二贤之首，小孔子三十岁。颜回十三岁拜孔子为师，终生师事孔子，是孔子最得意的门生。

颜回应该是孔子姥姥家门里的人，只可惜死得早，死在了孔子前面，那是孔子最伤心的事之一。

这个笨头笨脑的颜回（"如愚"），后来孔子发现他一点都不笨（"不愚"），不仅不笨，还特别聪明智慧。老子说的"大智若愚"，孔子也这么认为，尤其是颜回。

看来，修炼大智慧，必须先得"如愚"。要在安静中，认真吸收高人的智慧，默默地增长学识（"默而识之"），耐得住寂寞，像佛家渐修顿悟一样，等到某一天突然开悟了，大彻大悟，大醒大觉，修得大智慧。

颜回是修得大智慧了，但是，颜回的"学而时习之，不亦说乎？"的悦没了。学在孔子是既有教又有学的成分，在教与学的互动中才有"悦"，才有乐趣。在这方面，颜回比较无趣。

2.10　子曰："视其所以，观其所由，察其所安，人焉廋（sōu）哉？人焉廋哉？"

"以"解作为。"由"解作经由。"安"解作习惯。"廋"解作隐藏。孔子说："看他的所作所为是为什么，查看他过去的经历，了解他安于什么，如此一来，这人还能隐瞒什么呢？这人还能隐瞒什么呢？"

本篇开篇就说"为政以德"。"为政以德"需要会用人。这里孔子告诉我们用人前先要会识人。

如何识人？孔子说："视其所以"，意思是要知道他来的初衷是什么，所为何来，别招来个间谍、特务、叛徒什么的。如果他的目标、理想和公司正好合拍，就有可能成为"潜力股"、一匹黑马、未来新星。

"观其所由"是要了解他的过去。您说您能胜任，您经历过什么？做过最得意的成就是什么，有什么经验和教训？

"察其所安"是说他习惯什么，喜欢干什么，什么情况下能够令他心安。令他安心的事做起来才会长远，才可以考虑给他一个长期的"职业生涯规划"。

工作做到这一步，孔子说了，这人在您面前就是个透明人，对于他，您就算是"知人"了，至于说怎么用他，那就非常容易了。"知人者智"，这种智慧可以帮助我们成事儿。

这则内容，做人力资源的如果能够把握住要领，那工作就能得心应手。

2.11　子曰："温故而知新，可以为师矣。"

"温故知新"，很熟悉。孔子的意思是："温习旧的学问，能够从中获取新的学问，如此就可以当老师了。"

孔子给出了一个当老师的基本标准。达不到这个标准，没资格当老师。

这个"故"字，不仅指我们自己旧有的知识学问，它还包括，我们想完成一个新的项目，所要查的资料，寻找的依据，这些也是属于旧有的学问。我们要在这些旧有学问之上生发出新的学问来，这就是"温故知新"了。"温故"需要智慧，"知新"需要更高的智慧。

当我们能做到温故知新的时候，孔子说，我们就可以做老师了，可以带徒弟了。《论语》里，许多情况下，孔子是因人而异，总有答所不同的现象，甚至还有当时回答弟子问询不周全，过后补足的情形。比如《为政》篇孟懿子问孝的时候，孔子当时没能全面回答，过后让弟子樊迟捎话补上，以求完满。这是孔子温热故知，有所新知，及时教授的例子。

如今讲创新，创新就不仅仅只是"温故而知新"，"创新"有别于"知新"，"创新"更上一层。现在到处都在提"吸引创新人才""引进创新项目""发展创新经济"。创新绝不像有些人想的那么简单，它通常不是基于已有的某个方面或是某个点，生发、创造出一个新的事物来，这个过程不同于"温故知新"。它是基于对一个并不存在的事物的假设，继而进行辩证思考、逻辑推导而产生的全新的事物，属于超验的范畴。

创新工作首先要做的是培养创新人才，培养创新人才前，先要筛选人才，筛选出具有创新性思维的人才或是具有创新性思维潜质的人才，然后培养、挖掘出他们的创新能力，这样才能成就所谓的创新人才。

这里可能是孔子的弟子们没有记录全面。孔子一定还说了，不是每个人都能"温故而知新"的，所以，不是每个人都能达到"为师"的标准。

能"温故而知新"的朋友，请您千万记住了，能当老师，就别干别的，因为，不是每个人都能像您那样有这个天赋的，且珍惜！可别辜负了造物主的此番美意（造物主也不总出精品。滥竽充数的不能算）。

2.12　子曰："君子不器。"

"器"解作器物。"不器"不做一件器物。孔子的意思是君子不要像一件器物一样，功能单一，作用有限，不能只在某一种技能、某一门知识上用功。

这话听起来好像有问题，我们今天的博士、硕士、专家、教授、行业标兵、技术能手不都是在各自的专业方面精、尖、专吗？没错，的确如此。但是，这些人在孔子那里都不能算是君子。

孔子在《周易》里说："形而上者谓之道，形而下者谓之器。"意思是君子"行道"一定是要在"形而上"的，不能在"形而下"做个"器"，所以"君子不器"。这个"不器"就是不能"精、尖、专"，"精、尖、专"多属于形而下的范畴。

其实，在商朝的时候，君子是单指国王的，国君即是君子。后来，到了周朝，君子的范畴被扩大了，被扩大以后的君子范畴，一时还不好界定。所以，我们在《论语》里看到，君子的定义很模糊。这里，我们也不急着一眼看清。不妨先理解为，君子是个有道德追求的团队老大，他懂管理，能带团队，可以眼观六路耳听八方。这样的人通常不会"精、尖、专"，至少不只是个专业人士。

人就是这么一群有趣的动物，你让他管物他就管不好人，管人的他又管不好物。所以，你让他太专业的话他就不合群，还不会聚人，他"不合群，不聚人"就不好开展他的管理工作。所以，孔子说：这样的人要"不器"。

有个朋友，企业做得挺大，在他本省属于行业的龙头老大。他有个毛病，厂子里的事，无论大小他都要管，也都能管，很是"精、尖、专"。占地五百亩的厂子，说得极端点，哪里有颗螺丝钉他都知道，听起来很玄乎，但是人家真就能做得到。他细致，他就会要求别人也细致。有句话叫水至清则无鱼，去年，员工们集体辞职。"鱼"都跑了，偌大个厂子，一时间空无一"鱼"（人）。

这个朋友就是没做君子，做了非君子。他没整明白，老板不可以管得那么具体、那么细。孔子说了，"君子不器"的。他这一"器"，把员工们都给气跑了。

2.13　子贡问君子。子曰："先行其言而后从之。"

子贡是生意人，反应快，老师刚说作为君子要"不器"，他就问做到什么样才算君子。孔子告诉他："做一件事，要先有了经验、体会，再去谈论这件事。"

孔子的意思是没有亲身经历，没有实践，没有感受，没有体会不行，那样就只能是凭空而论，甚至人云亦云、道听途说，所得信息虚空不实，不足以做依据，最后只能是草率判断，敷衍行事，这样的人成不了君子。你子贡想把生意做大，成为"儒商第一人""春秋首富"门儿都没有。

您开口谈的是体会，说的是感受，得出的结论有依据，言谈话语逻辑缜密，这是君子风范。

经验论讲"实践出真知"，媒体经常做"经验访谈"，都是这个道理。

当老板，搞实业，做事业，更要"先行其言而后从之"。坚持没有调查就没有发言权；没有经历过就不要乱发言；没有体会就不要乱发感慨。尤其是团队带头人，一定要有君子风范，去营造踏实、诚恳的工作风气。等到团队营造出了踏实、真诚、守信的工作作风，这个时候的您就有底气了，您再说点什么，大家就容易接受了。

我们常说，管理就是管人，管人就是带作风。巴顿将军的一句名言是："兄弟们，跟我来。"不是："兄弟们，给我上。"

2.14　子曰："君子周而不比，小人比而不周。"

孔子接着继续说君子。"君子讲团结而不结党，小人只愿结党不讲团结。""周"解作合、周全、普遍。"比"字最早出见于甲骨文，从形状结构上就可以看出，左右相似，其原始意思是两个亲近的人并肩前行，这里解作攀比、结党。

在《论语》里，说到君子，总会把小人拿出来做比较，这样做的好处是，特别适合大众学习后拿来辨别是非对错、正邪美丑、长短高下。

在孔子眼里，君子一定是放眼大众的目标、利益，小人只顾自己及小团体的利益。君子在创造和谐，小人在制造矛盾。君子是"公天下"，小人是谋私利。

团队里面，通常是既有君子又有小人，您既要给君子开路搭桥，又要提防小人捣乱拆台；既要倡君子之风，又要按得住小人不致失控，失控前要清理队伍，给君子们清空路障，让好人更有希望。

一旦发现团队风气不正，内部小团体活跃，结帮拉派，蝇营狗苟，这时候集体利益、公司利益就要遭受损失。究其原因，那一定是君子失位，小人得宠。各级老大就该做检讨了。

2.15　子曰："学而不思则罔，思而不学则殆。"

"罔"是困惑、被蒙蔽的样子，昏而无得。"殆"解作疑惑、危险，危而不安。这是孔子的一句非常经典的名言。尤其在校园里经常可以看到，用以警醒学子们学思不可偏废。这样做的现实意义非常重大，但愿每个学子都能深解其意。

春秋战国时期，百家争鸣，很多人就犯了这种毛病，要么学而不思，要么思而不学。战国末年思想家荀子就曾站出来提醒大家，说："吾尝终日而思矣，不如须臾之所学也。"这是荀子践行孔子教诲的深刻感悟啊！

"只是学习，不去思考，道理难明，就会茫然困惑。只是思考却不学习，功夫不实，就会虚幻危机。"

孔子所说的学习更多的是指在生活工作实践中，去感知感悟，去觉知领会。

孔子所谓的学习在人们大脑中更多的是形象思维、具象的呈现。思在孔子这里则更多的是指抽象思维，讲究结构、逻辑和假设，是归纳，是演绎，是推理，是判断，是概括，更多的是虚拟的东西。

学习吸收但不思考消化，还是罔然无措，没有真正收获。只是一味苦思冥想，不去学习实践，一定会出现犯难困顿。

我们学习观察，看到许多现象，学到很多知识，这时候，我们是需要了解其成因，分析其缘由，看清其真相，探索其内在关联性、逻辑性的，这需要一系列的思考。就如人们对"思维"一词的解释："思维就是思考的维度，即思考的能量层级；思考则是在不同维度里进行多时空角度的问与答。"

说到形象思维和抽象思维，想起上学的时候，有一门课叫机械制图，有平面图也有立体图和刨切图。有个同学缺乏形象思维，尤其在大脑里没有立体概念，没有三维空间概念，不管什么图，在他的大脑里一律都是二维的、平面的。他大脑里好像只有二维空间，几年下来，到最后大脑里还是没能建立起三维模型。

　　而我的另一个同学，其他各科成绩平平，只有这门机械制图成绩突出，后来才知道，他从小画画，对着石膏像画几何体、画人物，大脑里从小就有立体感，形象思维非常好。

　　我曾经开过设计室，跟设计师们打过几年交道。搞设计的过程就是一个创作的过程，这是一项创造性工作，需要设计师具有创造性思维，否则，这项工作几乎无法进行。巧的是，正好碰到几个缺乏或是根本没有创造性思维的同事。我真不知他们是怎么拿到这个专业的毕业证的，怎么就走进了这个职业的大门？那期间，一度让我头疼不已。

　　形象思维离不开动手动脚身体力行，抽象思维需要系统的逻辑训练，需要大量的演绎、推理和判断。

　　形象思维、抽象思维都是需要从小培养训练的。过了成长中的最佳学习训练期，再去补救，那就难于登天，这可是教训多多。

　　真要感谢那些把这句"学而不思则罔，思而不学则殆"写满校园的学校老师们，更要感谢那些有意识把这项工作落实到教学中的园丁们。

　　说到这里，我们可能就明白了，为什么《为政》篇里会有这么一则有关学习的内容。您的职员、下属如果在学思方面有所缺失、偏废，您推进工作就会遇到很大的困难，甚至无法进行。所以，"为政"也需要学思兼顾。

　　可能是由于孔子的这句关于学思论辩的教导吧，孔子的另一个弟子子夏，颇为感慨地说："仕而优则学，学而优则仕。"

　　2.16　子曰："攻乎异端，斯害也已。"

　　"攻"解作专攻、专治。"端"解作顶头、极端。孔子说："做学问不从大道处着力，专攻异端邪说，最后一定是祸害。"

　　孔子这句话牵出一个概念——系统思考。

　　很多年前就已经发展出了系统学，而且系统学又进一步发展出了许多新的分支。美国人彼得·圣吉出了一本书，叫《第五项修炼》，它里面讲的主要是系统思考。2019 年 9 月 19 日去世的德国人伯特·海灵格创立了系统排列。那是系统学的延伸和应用，可以有效治疗许多心理疾病，改善心理健康和人际关系。

　　香港教授郑立峰老师是海灵格最得意的弟子之一，我在 2006 年师从郑老师学习了一年，收获很大。在郑老师的课堂上我也做过个案，受益匪浅。

记得学习即将结束的时候，我向郑老师提问，问为什么老师讲的有"家庭关系系统排列""组织关系系统排列"，而我认为还应该有"社会关系系统排列"。我问是否有此排列，老师您讲过没有？在哪里讲的？为什么不给我们讲？郑老师一一做了回答。他说确实有，他也讲过。

我们在工作生活中所遇到的问题几乎都不是孤立的，就事论事的做法作为策略没有问题，要根本性解决问题就必须上升到更高一层的系统层面去处理，这时，系统思考就显得尤为重要，运用起来能让人感觉神奇、有意思。

在家庭、在企业、在国家，都存在许多系统性问题，如果我们没有在系统层面去解决，就会留下了隐患、祸根，这是很让人担忧的。

孔子他老人家更是在两千五六百年前就告诫我们："攻乎异端，斯害也已！"不系统思考，那都是祸患啊！

2.17　子曰："由，诲汝知之乎！知之为知之，不知为不知，是知也。"

"由"，指仲由。此人姓仲，名由，字子路，又字季路，入孔门较早，也是跟孔子最亲近的弟子，小孔子九岁（第十个出场）。子路性情刚直，好勇尚武。孔子周游列国期间，追随的弟子里子路和颜回、子贡最为忠实。"诲"解作教诲。

一天，孔子对子路说："仲由啊！我告诉你什么叫作'知'吧！（什么是知呢？）知道就是知道，不知道就是不知道，这就是知。"

也有人把最后一个"知"解作智慧的智。然而，对于子路这个人，放到整部《论语》里，这个知解作智，似乎不妥。我们会在以后的章节里看到，子路更多地不是在智慧层面跟孔子探讨问题，而是探讨知与不知的情况居多。比如，孔子一行人在卫国的时候，子路说话鲁莽，孔子就说他："野哉，由也！君子于其所不知，盖阙如也。"孔子叫着子路的名字说：仲由啊！你可真粗野啊！君子对于自己所不知道的事情，总是采取存疑的态度。你怎么张嘴就来呀？孔子在这里说子路在不知道事实真相的情况下，胡扯八道。

在这一则，孔子主动给子路讲"知"。子路的确有这个需要。我们可以想见，随性的子路经常对不熟悉的事情或是在不知情的情况下也随意说，经常在事后被证明说错了，说得不合适，或者说的场合不对，等等，孔子这才"诲汝"——教教你，专门给他讲关于"知"的道理。

人们通常应该是，知了再道，再去说。

朋友聚在一起探讨问题的时候，该谁说？谁有发言权？不是你地位高就一定由你来说，而是要看对这个问题谁更专业、谁更内行、谁知情，班门弄斧总归不是一件体面的事，万一说得不合适，有哪位专业人士忍不住把话接过去矫正你的时候，是很没面子的。

现在的一些人，上上网、看看手机，了解了一些支离的、琐碎的、浅表的信息、知识，就自以为懂了很多，全不管是否真正知与不知，张嘴就来，随口就说。这样做只会助推自己的浮躁和焦虑，于事无助，搞不好被娱乐界的朋友们拿去当素材，作为笑料也说不定。真要在CCTV3的"综艺喜乐汇"一播，那丑可就出大了。

还是要记住孔子说颜回的："如愚。"（《为政》篇）

2.18　子张学干禄。子曰："多闻阙疑，慎言其余，则寡尤；多见阙殆，慎行其余，则寡悔。言寡尤，行寡悔，禄在其中矣。"

"干"解作求，求职的意思。"禄"解作官俸。"阙"解作去除。"尤"解作罪过。"殆"解作不安。"悔"解作懊悔。子张，复姓颛（zhuān）孙，名师，字子张，孔子的弟子，小孔子四十八岁（第十一个出场的弟子）。子张才能过人，就是有些偏激。

子张是来学习如何当官做公务员拿薪水的，目的非常明确。孔子做过鲁国的大司寇，对当官（"禄"）有经验。

孔子问明来意，对子张说："对于不明白的多听，就能消除疑惑，对有把握的话也要慎重地讲，这样就会少犯错误。对于不懂的多看，就能消除内心的不安，余下有把握的也要谨慎行事，这样就能减少后悔。说话少犯错，做事少后悔，这就是你求取官职拿俸禄的要诀。"

上一则是孔子给子路讲关于"知"的学问，教子路要"知之为知之，不知为不知"。这里孔子教子张做官，官场上更是要言行谨慎。因为你的一言一行会影响到百姓大众，同时也影响着上级对你的评判。百姓的福祉、个人的升迁，都在里面。尤其作为子张这个官场准新兵，平时就说话过分，办事过激，孔子告诫他更是要多听多看，谨言慎行。你说错话少了，办错事少了，你的官位就稳了，官帽才会越戴越高。

孔子对子张说的这些话，放到现在，官场上、职场上，一点都不过时。

经书的价值在这里就体现出来了，不管岁月的尘封多么久远，即便是在两千五百年后的今天，在我们抖落尘埃的那一刻，依然放射出智慧的璀璨光芒。

2.19　哀公问曰："何为则民服？"孔子对曰："举直错诸枉（wǎng），则民服；举枉错诸直，则民不服。"

"哀公"指的是鲁哀公。哀公在鲁国国君的位置上坐了二十七年，享年五十四。他小孔子三十岁，孔子去世的时候他还在位。

哀公有一次向孔子请教，问："怎么做才能让人民信服？"

孔子对他说："您选用正直的人，让他们位居邪曲小人之上，这样百姓就会对您信服了。您若选用那些邪曲小人，让他们给正直的人当领导，百姓们就不服您。"孔子所说的"枉"是邪曲不正的意思。"错"解作位置。

当头儿，做老大，手下人对您服与不服很重要，如果是不服，不合作或是消极合作还在其次，给您捣乱、拆台，负面影响就大了。手下人对您不服，您要检讨自己，您要尽早觉察到哪些方面存在不足，尽快加以提升。

面对鲁哀公，孔子为什么会这么说呢？作为一国之君，操一国之心，忙一国之事，成年累月要处理纷繁复杂的事务，心情轻松不到哪儿去。假如遇见那么几个溜须拍马、专拣好听话说的主在身边伺候着，那情形就不一样了，一高兴，兴许就有可能把这些说好听话的"枉"人给提拔上来了。这样，"枉"人高兴了，鲁君一时也高兴了。邪曲不正的人主事，那这事儿还有个好啊？百姓一定不服。

孔子提醒哀公，您得注意了。一代霸主齐桓公，在宫里死了 60 多天才被人发现，为什么这么惨？就是没听忠良之言，把一帮奸佞小人——竖刁、易牙、开方之辈弄上大位，才遭此厄难。

我们知道，历史上正直的大臣得到重用，社会就会得到很好的发展，国家就富强。唐太宗李世民力排众议，起用李建成旧部魏征，他所看中的就是魏征的刚正，可当大任，可作栋梁之材。

后来，李世民"多次于卧榻召见"，魏征能直言不讳，先后上谏两百多次，李世民全然接纳。君臣默契，君臣和合，所开创的贞观之治为后来大唐全盛的开元盛世奠定了坚实的基础。

魏征死后，李世民伤心地说："夫以铜为镜，可以正衣冠；以古为镜，可以知兴替；以人为镜，可以明得失。今魏征殂逝，朕遂亡一镜矣。"魏征这面镜子，伴随太宗李世民走过了太多的风风雨雨，才迎来了贞观之治的大好局面。

有魏征这样的"直"人在，当皇帝的李世民都还要"明得失"呢，您不得让那些"枉"人"退避三舍"呀?! 清退"枉"人，自然就达到了"清君侧"的目的，如此，万民岂有不服之理?

2.20　季康子问："使民敬、忠以劝，如之何?"子曰："临之以庄，则敬；孝慈，则忠；举善而教不能，则劝。"

季康子，姬姓，季氏，名肥。谥康，史称"季康子"，鲁国正卿，"三桓"之一。鲁国自鲁宣公起一路衰弱，后来，鲁国国政实际操控在以季氏为首的"三桓"手中。

前一则记录的是鲁国国君向孔子请教如何赢得民心，这里是鲁国的权臣也来向孔子请教。请问夫子，"要使人民敬畏、忠诚、勤勉，我该怎么做才是呢?"（"勤勉"解作勤劳不懈。）

孔子告诉季康子说："您在百姓面前庄重严谨，百姓就会对您敬畏；您孝敬父母，百姓就会对您忠诚；您选用能力强的，培育能力弱的，百姓们就会相互劝勉。""劝勉"解作劝导勉励，相互鼓励的意思。

孔子是要季康子在态度上庄重；心理上慈善；行为上友好。

孔子收弟子是要交学费的，后面孔子自己就会说出他收徒弟的收费标准。像鲁哀公、季康子这样的，算是一对一咨询，放到今天，收费是很高的，我琢磨着鲁哀公、季康子这二位不一定付费，这就类似于吃霸王餐。还好，孔子本不为赚钱，所以乐得其所。

不管怎么说，这二位还都是为工作而来，都想把国家治理好，让老百姓过上好日子，这种情况下，孔子绝无不高兴的道理。

这里我们可以看出，孔子回答的依然仁厚中肯，孔子告诫季康子对自己要求一定要严格，为民众做表率，只有这样才能赢得民心。

2.21　或谓孔子曰："子奚不为政?"子曰："《书》云：'孝乎惟孝，友于兄弟，施于有政。'是亦为政，奚其为为政?"

"奚"解作为何。有人问孔子："您为什么不从政呢？"

鲁定公初年，孔子四十岁出头，正忙着他的教学，没兴趣参与国家治理。有人认为，孔子有思想、有抱负，应该参政，所以就过来问孔子。孔子引用了《尚书》里的一句话为自己做辩护。

孔子说："《尚书》上说：'孝敬父母，友爱兄弟，营造这种风气去影响当政者。'这样做也属于参政啊！为什么一定要去衙门里当官呢？"

孔子所讲的"孝敬父母、友爱兄弟"就是孝悌之道，讲的是推行孝道以"孝治天下"。

孔子认为"其为人也孝弟，而好犯上者，鲜矣！不好犯上，而好作乱者，未之有也。君子务本，本立而道生。孝弟也者，其为仁之本与！"孔子讲的"为政"是要为"仁政"，这是孔子一以贯之的大道。

孔子这番回答，放在今天，我们可能无法理解接受，甚至认为孔子是在胡搅蛮缠，人家问您为什么不去参政，您扯什么孝悌之道啊？

实际上，孔子的这番回答意义深远，以至于影响了中国治政几千年，直到清朝也还是如此。这里指的就是"举孝廉"，举荐孝道廉洁之士出来做官，是一种由下向上推选人才做官的制度。

孔子说，他在家里不出门就能影响政局，还真不是诳语。

孔子不到三十岁就在鲁国开办私学，而且是大周朝第一所私学，全天下有志于学的人士都跑来跟孔子学习，三十岁的孔子甚至吸引了齐国国君前来讨教问礼。鲁国的大夫、上卿和国君更是这个前脚走那个后脚来，孔家可谓门庭若市。

这时候，我们不难想象四十岁的孔子影响力能有多大，他的言行举止都是大家学习效仿的榜样、楷模。他要说他不去官府上班也能对政局有所影响，有谁会质疑呢？

我们说影响力决定吸引力。今天，如果您的吸引力能够吸引六亿八亿粉丝，就像"抖音"那样，CCTV 也会找上门来跟您谈合作。

2.22　子曰："人而无信，不知其可也。大车无輗（ní），小车无軏（yuè），其何以行之哉？"

"而"解作如果、若。"信"解作诚实、信用。"輗"是古代大车车辕和横木衔接的活销。"軏"是古代车上辕前端与车横木衔接处的销钉。

　　现代人生活中很少用销钉，也不大理解销钉的作用。但是，销钉在古时候的各种器具上普遍应用，它体积小，作用大，被称作"关键"。就是我们常说的"关键是您不出面，问题解决不了"的那个"关键"。

　　一架车，在古代是个大物件，车在当时是一个体积非常大，结构非常复杂的器物，各种零部件数量多、种类杂，部件组合要求精确、牢固。

　　这里所说的牢固是说各部件连接不可以松动脱落，如果牢固程度不够，往轻了说无法正常使用，往重了说彻底散架。散了架的车子就是一堆柴火，烧火做饭还行。

　　一辆四匹马拉的车，在泥土路上狂奔，如果车子突然散了架，那还不把您老人家摔个好歹。销钉就是起着这个关键的作用，不让这些个零部件脱落，保证车子不会散架，确保您老的出行安全。

　　孔子说，信用对于一个人就像销钉对于车一样，一旦失去了信用，它能让一个人"彻底散架""名誉扫地""人设崩塌"、一文不值、狗屁不是。

　　我们上一则探讨了影响力、吸引力，如果一个人信用没了，他的这些个力都归零，他将寸步难行，终将失去立锥之地。"为政"一篇里放入关于"信"的内容，用意深刻。对于团队各级老大来说，信用没了，就像将要散架的车子，除了喇叭不响，剩下的哪儿都响。那还值钱吗？您还有前途吗？

　　2.23　子张问："十世可知也？"子曰："殷因于夏礼，所损益，可知也；周因于殷礼，所损益，可知也；其或继周者，虽百世可知也。"

　　在古代，三十年称一世，朝代更换也叫一世。

　　这里的"世"解作朝代更迭。"殷"是殷商，和夏、周都是朝代名称。

　　一次子张向孔子请教，问："老师，从今往后十代的情况能够预先知道吗？"

　　孔子说："殷商承袭了夏朝的礼仪制度，对制度的删减和增加都是可以查找的。周朝承袭殷商的礼仪制度，它对制度的删减和增加也是可以查找的。如果今后有继承周朝统治的一朝，即便是历经百代也可以知道。"

　　孔子的逻辑是知道过往的就能推知今后的，看到现在的就能知道将来的。孔子还对周公建立的制度推崇备至，认为周的礼乐之治非常完美，继承周礼就能保持一个更为长久的社会稳定和繁荣，就能历经百世而不衰。

　　孔子说的礼，包括文化、体制和制度。夏商周一千多年下来，有继承、有发展、有改变，腐败的废止，有益的加强，需要的创新，任何人不可能把现在与过去割裂。

未来人看现在，就如现在的我们看过去，历史有其固有的规律，有一个历史脉络可供我们追寻，孔子告知来者，继承周朝的人哪！我保证你们可以历经百世而不亡。

可惜了！周公的礼乐之治，愣是没几个人整明白。

2.24　子曰："非其鬼而祭之，谄也；见义不为，无勇也。"

这《为政》篇最后一则很有意思，我认为是对为政者的警示、告诫。"谄"解作谄媚。孔子说："不是自家的鬼神，你跑去祭拜，这叫谄媚；遇见正义之事，你袖手旁观，那是没有胆量的表现。"

孔子的意思是谄媚和胆小是为政的大忌。谄媚是因为你有私欲，你为政的人应该以"天下为公"，私欲重了干不好工作。胆小是因为你没有担当，"为公"的差事你没有担当，那还"为"个什么"公"？私欲过重和没有担当不仅祸害一方百姓，还会误事误国。

八佾篇第三

本篇基本为孔子语录，内容包括礼、乐等。在这里，孔子高度赞美《韶乐》，说《韶乐》"尽善尽美"。

3.1　孔子谓季氏："八佾（yì）舞于庭，是可忍也，孰不可忍也。"

"佾"，古代乐舞的行列。八佾是八行八列。

文王被纣王关押在羑里城（今河南安阳汤阴县），这期间，文王潜心钻研七年，在伏羲八卦基础上推演出六十四卦。周公制礼作乐时，又怀念父亲，按照父亲周文王的六十四卦，每个人扛着一卦，列队奏乐，行动演变，变幻多端。

朱熹的《四书集注》解释说："佾，舞列也；天子八，诸侯六，大夫四，士二。"天子用八八六十四人的八佾舞；诸侯用六六三十六人的六佾舞；大夫用四四一十六人的四佾舞，士用四个人的佾舞。这是周公制定的礼制。

中国古代社会等级分明，社会秩序井然。最为体系的礼制始建于周朝，由周公主持建立，这是稳固周朝八百年基业的基石，至关重要。孔子一辈子不干别的，就想推行周礼。百姓需要安定的生活。

春秋末年，祸起萧墙的有，邦国间相互征伐的有，多国混战的有，多国对一国的群殴也有，悲天悯人的孔夫子痛心疾首，就想尽快恢复原有的秩序，期盼天下太平，百姓们能够过上安定的日子。

要说这礼崩乐坏的根由，我们可以回想一下"周幽王烽火戏诸侯"，周天子失信于各路诸侯的故事。

在上一篇里，孔子就说："君子不重则不威。"做君王的不自重，还有什么威信可言？"周幽王烽火戏诸侯"之后，西域犬戎入侵，再无诸侯过来勤王，长安失陷，最终导致周平王东迁至洛阳，史称东周。这是周王朝走向衰败的开始。

周王室衰微了，诸侯们开始相互征伐、兼并，原有的秩序荡然无存，孔子说那是"礼崩乐坏"。

周天子失信于天下，诸侯看不上天子，大夫们也开始犯上作乱。在鲁国，就出现了三桓霸政，鲁国国君成了傀儡。

鲁国的大夫季氏，竟然在自己家的庭院里用起了天子的八佾舞。孔子万分愤慨地说："大夫季氏在他的庭院里用天子的八佾舞，如果这种僭越礼制的事情都能够容忍，还有什么事情不能容忍呢？"

这件事是东周政治礼崩乐坏最典型的事件，孔子知道后痛心疾首，悲愤中说出："是可忍，孰不可忍？"孔子的意思是，你当权者都肆意妄为，那这个国家还有救吗？简直是"岂有此理！"

3.2　三家者以《雍》彻。子曰："'相维辟公，天子穆穆'，奚取于三家之堂？"

"三家"指的是孟孙、叔孙、季孙三家，所谓的"三桓"。《雍》是《诗经·周颂》的篇名，是周天子祭祀宗庙结束时，撤下祭品所用的乐歌。"彻"通"撤"，撤除的意思。"相维辟公，天子穆穆"是《诗经·周颂·雍》里的诗句，孔子用它证明《雍》是天子专用乐歌。什么意思呢？"相"解作协助。"辟公"是诸侯。"穆穆"解作深远而美好。这句诗的意思是"诸侯助祭，天子开始了庄严壮美的祭祀"。

孔子说："演奏《雍》曲，怎么能用在孟、叔、季氏三家的厅堂之上呢？"这是天子专用的《雍》曲，你们做大夫的怎好这般胆大妄为？

面对"八佾舞于庭"也好，"三家者以《雍》彻"也好，孔子在大声疾呼：礼崩乐坏了！"是可忍也，孰不可忍也？"这是要出乱子的。

后来，没多久，不就"战国"了吗？

3.3　子曰："人而不仁，如礼何？人而不仁，如乐何？"

孔子认为礼崩乐坏的局面是君上仁心丧失的结果。

那么，什么是仁呢？孔子告诉樊迟说："爱人。"

那谁是"仁者"？这个"人"又指的是谁呢？有一种观点认为"仁"字的解释是位高者对地位低于自己的人的关心和爱护。并且解释说，在甲骨文中，"仁"字的右半边是个"上"字，意思是人之上者对下面的人的关爱之心叫作仁。

这个观点比较容易让人接受。原因我们可以继续往下分析。孔子说了，在上位的您如果不仁，礼乐就没什么作用了。

为什么会这么说呢？我们看看礼乐的推行如何进行，假设从下往上推，先在基层百姓中普及，而后逐级上推，让下级给上级先做个表率，再让上级照着下级的样子去学习。有谁会认为这样的工作能有一个满意的结果呢？也就是说，这种事只能自上而下。

《韩非子·外储说左上》记载："齐桓公好服紫，一国尽服紫，当是时也，五素不得一紫。"

还有，"邹君好服长缨，左右皆服长缨，缨甚贵"。就如我们前面说的影响力号召力一样，说"楚王好细腰，宫中多饿死"。楚王就喜欢 A4 腰，那时没有什么减肥药，就靠饿，宫女们争宠啊，比着不吃饭，体质差的可不都饿死了。这些事情人们都信，但是，您非要说村里王老汉好细腰，那饿不死人。

如此推理，我们前面所疑问的那个"人"是谁，也就明朗了。这个"人"，就是"仁"字左半边的那个单人旁所指的那个人，也就是前面我们所说的那个"君上"——团队老大。

分析到这里，翻译起来就轻松多了。作为君上、领导、老大，您对下面的百姓、员工、下属没有仁爱之心，即便是想去推行礼乐，又有什么意义呢？自个儿逗自个儿玩儿吗？

3.4　林放问礼之本。子曰："大哉问！礼，与其奢也，宁俭；丧，与其易也，宁戚。"

"林放"，鲁国著名学者，商末贤士比干的后裔，一生都在从事礼的研究。

林放对礼的研究是颇有造诣的，他来找孔子不是简单的问礼，而是请教"礼之本"。他要问的是礼的根本、本意、本质，是要刨根问底儿。

林放的话具体怎么问的没有记载，孔子的弟子们只是记录了句"林放问礼之本"。孔子回答也很好玩儿，"大哉问！"我们可以想见孔子当时的表情一定是既夸张又兴奋的。"您问的太重大了呀！对于礼而言，与其奢侈铺张，我宁愿俭省节约。"孔子喜欢这种究根追底的人。

但是，孔子好像没回答呀？这只是说了礼的外在要求啊！这也不是什么"礼之本"呀！其实，古人就是这么个语言习惯。

孔子继续说："就丧礼来说，与其讲究条理规范，我宁愿选择悲痛哀伤。""易"解作和易，和顺规整的意思。"戚"解作悲戚。这回我们听明白了，礼的根本在"俭"、在"戚"。但是，从哲学逻辑讲，如此说来也尚不究竟，"俭""戚"也不根本，枝干而已。

"俭"的意思是满足最基本需求就可以了，以对得起上苍神灵；"戚"的意思是内心的悲戚，以对得起逝者。对得起上苍是敬天；对得起逝者是敬人。由此，我们说礼之本该是这个"敬"字。

这也正应了孟子那句话："礼者，敬人也。"

孔子难道不知道礼之本是敬吗？当然知道。

如果孔子只是告诉林放："敬者，礼之本也。"林放回去会怎么做呢？似乎是无从下手。孔子说"俭""戚"，林放回去就能做。这是"因材施教"。

那年跟我师父"打七"（禅七），过后几个师兄在一起交流，其中一位师兄修行"藏密"多年，谈到此次"打七"的内容时，说到什么"轮涅无别""大手印""大圆满"，我是一头的雾水，后来师兄解释说，这些内容咱都学了，咱师父不讲这些个名相，就是不想让咱们一脑袋扎到那里面，那就耽误了。

只是沉醉于表面、虚名，就会丢掉、淡化实质根本，可不就耽误了吗？

北宋史学家范祖禹，对礼也有一番解释，值得借鉴。

他说："夫祭，与其敬不足而礼有余也，不若礼不足而敬有余也。丧，与其哀不足而礼有余也，不若礼不足而哀有余也。礼失之奢，丧失之易，皆不能反本，而随其末故也。礼奢而备，不若俭而不备之愈也；丧易而文，不若戚而不文之愈也。俭者物之质，戚者心之诚，故为礼之本。"

我们说礼贵得中，俭奢、戚易都有偏颇，只是相较而言，敬哀、俭戚更为实质。现在，我们所见到的婚礼葬礼，大操大办，讲风光，讲面子，却丢了内涵。比如婚礼上，都说"夫唱妇随""相夫教子"，实则只剩台词了，并不真知其内在含义。

本丢了。

3.5 子曰："夷狄之有君，不如诸夏之亡也。"

"夷狄"，指中国周边的少数部族国家。习惯称呼东夷、西戎、南蛮、北狄，总体叫作夷狄（有些许贬低之意）。当然，很多只是部落，不能算是国家。

"诸夏"指中原夏族（华族）各国。"亡"解作无。

孔子说："如今夷狄各国都有君主了，不像我们中原这些国家，君主已经是名存实亡了了。"

还有一种解释是："即便是你夷狄也有了所谓的君主，哪怕是诸夏中的国家亡国了，可文化还在呀，可以重新复国，夷狄是比不了的。"因为，在中国古时候，"兴灭国，继绝世"是华夏民族固有的信念，人们不那么忧心亡国。

孔子的意思是一个国家灭亡了，其他国家有义务帮助他重新复国。一个家族的世袭断绝了，也要在他的族群里找一个人出来继承祖业，不可使其绝世。商朝人灭了夏，把杞地封给夏人的后裔，让他们在那里生活繁衍；周灭了殷商，又把宋地封给殷商的后裔，这都是"兴灭国，继绝世"传统的做法。

儒家传统文化反对赶尽杀绝。如今的商场上也不讲你死我活了，讲的是市场细分和强强联合。

记得电视剧《大染坊》里小六子说过的一句话："虞美人"是咱们的民族品牌，不能毁在我的手里。

一个大字不识几个的人，商场上，面对比自己强大的竞争对手，能够站在民族大义的高度看问题，谁能说他没文化？从小听评书长大的小六子，懂得仁义，明白温良恭俭让。

我们要说，那些传承传统文化的说书艺人们，是真正的传统文化传承人。

3.6 季氏旅于泰山。子谓冉有曰："女弗能救与？"对曰："不能。"子曰："呜呼！曾谓泰山不如林放乎？"

"旅"解作祭山。冉求，字子有，又称冉有，尊称"冉子"，鲁国人，孔子的弟子（第十二个出场的弟子），小孔子二十九岁，"孔门十哲"之一，擅长理财，此时担任季氏宰臣。

冉有曾率领鲁国军队抵抗齐军入侵，并取得了胜利。得胜之时趁机说服季康子迎回了在外漂泊十四年的孔子。

前面说了，季氏"八佾舞于庭"，气得孔子说"是可忍，孰不可忍"。这次又要祭祀泰山。祭祀泰山也是只有天子和诸侯才可以做的事，他季氏只是个大夫，又是在违反周朝的礼制。

孔子听到这事后，把冉有叫过来，问冉有："你不能阻止这种事情的发生吗？"冉有回答道："不能，我做不到。"孔子叹道："哎呀！你们竟然认为泰山还不如林放懂得礼仪吗？泰山怎可能接受这种不合礼制的祭祀呢？"

孔子认为，季氏祭祀泰山实属无礼，你冉有作为季氏家臣有责任阻止。再者，泰山乃五岳之至尊，五岳之神更是聪明正直，岂有不知此等行为属于非礼？

"神不享非礼"，你季氏去有何用？难道泰山不如林放吗？林放还知道跑到我这里来请教"礼之本"，你冉有怎么就不知道拉着季氏过来，让我孔丘给你们讲讲什么是"礼之本"吗？

孔子这话既是教训弟子冉有的，也是要冉有传话给季氏听的。

在《为政》篇里我们看到了，有人问孔子："子奚不为政？"夫子您为什么不参政呢？孔子回答："奚其为为政？"为什么一定去做官才算是参政呢？孔子过问季氏祭祀泰山，并且极力阻止如此非礼行径，其实也是参政，区别就是不享受俸禄，没人给开工资。

3.7 子曰："君子无所争，必也射乎！揖让而升，下而饮，其争也君子。"

商战之争、官场之争、家产遗产之争、名次地位之争等，据说跑到终南山上还争个名分呢："告诉你，爷是从终南山下来的。"

我还真就遇见过这么一个人，说自己悟透了大道，下山普度众生来了，就是学费有点高。用渴望的眼光扫射了我等群小一番后，说：就看你们的实力了。

还好，把"经济"二字隐掉了，全露出来实在是不够体面。

老子对于"争"，论述非常高妙，后来成了道家遵奉的一则金句："夫唯不争，故天下莫能与之争。"只要你处事不争，普天之下没人能与你争。

隋朝著名哲学家王通的门人仇璋问王通："君子有争乎？"王通回答道："见利争让，闻义争为，有不善争改。"这种争是不争之争，对此，我们可以找件事情感受一下这个境界。阳明先生就特别提倡"事上练"。

明朝人云霞所著《云霞心印真经卷一》里记载有："而君子亦有争乎！君子之争，明中而得，小人之争，暗中求之。君子以礼节之，小人非礼行之，其争也凶。"

要争也只跟君子争，别跟小人争。不跟小人争，不是说怕什么，是不屑与他争；不跟小人争，是由于小人不按礼数出牌。

穿鞋的遇见光脚的，躲慢了，就可能溅你一身泥，不是可惜那身衣裳，是嫌恶心。

孔子接收弟子，讲究的是"有教无类"，因此，水平参差不齐，故而，孔子极少发高论，怕误人子弟。所以孔子总是多讲故事，寓理于事，大家都能听得懂。

孔子说："君子没什么可争的，一定要争，那就比赛射箭吧！作揖行礼，辞让再三，然后才登台比试，射完箭下来，举杯共饮，这种争不失君子风度。"

没有狂奔庆祝，没有痛哭失声，没有咬牙切齿、怒目圆睁，无所谓输赢，更谈不上伤害。孔子说："其争也君子。"

3.8　子夏问曰："'巧笑倩兮，美目盼兮，素以为绚兮'何谓也？"子曰："绘事后素。"曰："礼后乎？"子曰："起予者商也，始可与言《诗》已矣。"

"倩"解作面容姣好。"盼"解作黑白分明。没染的白绢为"素"。"绚"解作有绚丽的色彩。

这三句诗是《诗经·卫风·硕人》里的句子，翻译成现代文是："微笑的面容美好动人啊！美丽的眼睛黑白分明啊！素绢上绘制了绚丽的色彩啊！"

子夏读到这三句《诗经》时有所感悟，跑到孔子这里求证。孔子说："先要有素绢作底子，而后在上面绘画。"

子夏接着问："是说做事要在学礼之后吗？"意思是行为一定要先有礼来规范，有礼的行为眉目清晰，不仅悦目还会舒心。

孔子很是高兴，说：　"启发我的是卜商啊！现在，可以跟你谈论《诗经》了。"

我们前面提到了，《礼记》中说："孝子之有深爱者必有和气，有和气者必有愉色，有愉色者必有婉容。"意思是孝子内心如果有深爱，性格一定会很和气，这样和气的性格，一定会面带愉悦之色，常有愉悦之色的人，一定有姣好的容貌。

这样姣好的面容说明她品质好，有很好的德行。眼睛黑白分明，说明精神状态好，自信，心地纯洁善良，无忧无虑。第三句说洁白的素绢上绘制了漂亮的纹样色彩，这是表层意思。

人们说某人"面目可憎"，不是说那人长得难看，是看出他内心肮脏，令人憎恶。

孔子告诉子夏，诗中所表达的意思是：要绘制美丽的图案，必须先有一块洁白的素绢，等到绘画完成之后，你再看看那块素绢的烘托作用。这都是隐喻，没直接表明。

子夏此时似乎明白了其中的道理，这才又问："是说一切行为的背后要有礼做支撑吧？"这才是第三句的深意。

孔子这才欣慰地说：咱们以后可以谈《诗经》了。明白人交流不需要一句不落地什么都说出来，这样做并不妨碍沟通质量。

不过，孔子说这话之前，先说了句："子夏你也启发了我呀！"我们不难感觉到孔子的坦诚、率真和极高的情商。

有人说，至诚可以通神，那么，高情商可以与神共舞。

3.9　子曰："夏礼吾能言之，杞不足征也；殷礼吾能言之，宋不足征也。文献不足故也，足，则吾能征之矣。"

"杞"指杞国，是夏朝的后裔聚居地，在今开封东面。"宋"指宋国，武王灭商后，给商末三贤之一微子的封地，作为商朝的后裔安置地，也是孔子的祖居地，在今河南商丘市一带。"文"指典籍；"献"指贤才，所谓"文献"就是通晓掌握历史典籍之人。"征"解作证。

孔子继续就礼再做阐述："夏朝的礼，我能说得出来，作为夏朝后裔的杞国人，如今，不足以出来做证；殷商的礼，我也能说得出来，作为殷商后裔的宋国人，今天，也不足以出来做证。这是杞宋两国的文献和贤才不能满足的缘故，如果这两点充裕足够，那么我就能够引证说明。"

孔子为什么这么说呢？因为，那时候礼的传承，主要靠口授心传，其次才是文字记载。比如远古时期的十六字心传（人心惟危，道心惟微；惟精惟一，允执厥中），最早在《尚书·大禹谟》中才有记载，起先是尧舜禹口口相传下来的。

孔子的意思是时间太过久远了，能够口授心传的贤才没有了，文字记载也难寻了，夏商的许多文献丢失找不回来了。

所以，尽管子贡说："文武之道，未曾坠地。"但是，那个时代文化的遗失还是很严重的。孟子说："天不生仲尼，万古如长夜。"孟子是真正体会到了。

文化就是明灯，一个民族文化遗失了，就如夜行长路，举目如盲，盲人一个。

现实中，不是没有摸黑走夜路的民族，咱们都乘着高铁满世界跑了，那边还衣不蔽体，甚至是刀耕火种呢。不敬宗祭祖，心安吗？

3.10　子曰："禘（dì）自既灌而往者，吾不欲观之矣。"

"禘"解作祭祀始祖。"灌"指一种斟酒浇地降神的献酒祭祀仪式。"往者"

解作过去。孔子说："看到用禘礼祭祀，当献酒一开始，我就不想往下看了。"

为什么？因为禘祭之礼是天子祭祀始祖用的祭礼，作为鲁国国君这么做是超越标准的，属于僭越行为，孔子的拂袖而去表明了自己的态度。

"八佾"记载季大夫用天子礼，这里鲁君也用天子礼，都不是"为臣之道"应有的表现。春秋末年的混乱程度可见一斑。

孔子前面说了不争（"君子无所争"），并不是不辨是非。孔子在礼的方面从不模棱两可，从不含糊妥协。礼乱用今天的话说就是秩序乱了。社会也好、组织也好，秩序乱了，都不可能正常运转、健康发展。

3.11　或问禘之说。子曰："不知也。知其说者之于天下也，其如示诸斯乎！"指其掌。

"说"解作解释。"示"解作视。有人想请孔子解释一下禘祭之礼。孔子说："不知道啊！知道禘礼的含义，对于天下事，就像一样东西放到手心里。"孔子一边说一边指着自己的手掌心。

我们常说的"了如指掌"的出处就是孔子解答禘祭之礼时所做的比喻。

为什么孔子会说，知道禘礼的人就能知天下事呢？孔子的意思是禘礼意义重大而深远，如果把禘礼搞明白了，人世间的道理就能了然于心，了如指掌了。所谓"五岳归来不看山，黄山归来不看岳"。

"禘"是"祭祀鼻祖"的意思，其本意是各种大祭的总称。"禘"字右边的帝是指原始的、根本的意思，是指祭祀者最早的血脉祖先。而我们所说的嫡系，是指家族的正支嫡长系的血脉。

禘礼是说，祈祷所有的嫡系正传，一脉延续，祈盼能够千秋万代。禘、嫡的作用，在于别人不知道、不懂的事情、学问、知识，嫡系的家人都懂、都知道，都能够传承下去。

孔子的讲解总是那样生动形象，肢体语言丰富多样，以便接受教育的人理解得更为精准、透彻，还能够兴趣盎然。

3.12　祭如在，祭神如神在。子曰："吾不与祭，如不祭。"

祭祀的时候，有这么一个要求，"祭祀祖先的时候，好像祖先就在眼前；祭祀神的时候，就如神在眼前"。

佛家密宗诵经念咒时，对诵者的要求也近似于此，讲究"身口意三密加持"。"身密，脚跏趺而坐，手结印不动；口密，嘴巴绵绵密密不停地持咒诵经，而不可说话；意密，就是思想、意念都集中在所持之经文或咒上。"

孔子对祭祀的态度是："如果我不能亲自参加祭祀，我是不会找人代为祭祀的，那跟没有参与祭祀有什么两样？"

儒家所讲"至诚通神"不知是否源自孔子，孔子是否通神也不得而知。但是，这里可以看出，孔子在祭祀这件事上是至诚至真的。

孔子并非无神论者，他能"祭神如神在"，证明心中有神。孔子只是做到了"不语怪、力、乱、神"，只是不说而已。

真诚是一种能力，也是一种修为。您对这个世界真诚，这个世界对您就会格外明净、鲜艳、灿烂。

3.13　王孙贾问曰："'与其媚于奥，宁媚于灶'，何谓也？"
　　子曰："不然，获罪于天，无所祷也。"

"奥"指房屋西南角，尊者所处之地。"灶"解作灶神，一家之主。王孙贾，卫国大夫，是当时很有权势的人物，最善治军，实权派。

王孙贾由于孔子与之交往少，心生不快，对孔子说："有句话，说：'与其献媚于尊贵的奥神，不如献媚于一家之主的灶神'，这话是什么意思呢？"

孔子当然知道王孙贾话背后的意思。您总跟我们老大国君来往，瞧不上我这个大夫是吧？

孔子说："不是这样的。假如得罪了上天，您祈祷什么也没用。"孔子所说这个"天"，指的是上天、神。

孔子的意思是如果有违天理，做什么也没用。孔子对王孙贾说，您想多了，我只是就事论事，按礼行事，没想着巴结领导，您尽管把心放到肚子里好了。

孔子这里的论述有"天即神、神即理"的意思。阳明先生的"心即理"，该是源于此吧。

常言说得好：善有善报，恶有恶报，报不报天知道，福祸自有天降，孔子有什么好担忧的呢？

孔子这里就应了那句话：君子坦荡荡。如果纠结于奥神、灶神，纠结于君王、大夫，无时无刻不在权衡自己的利害得失，不就成了戚戚小人了吗？君子交往，依礼而行，左不离仁，右不离义，荡荡乎坦然以对。三十岁的孔子就能"而立"了，此时更是淡定从容。

3.14　子曰："周监于二代，郁郁乎文哉！吾从周。"

"监"通"鉴"，解作借鉴。"二代"指夏商两代。孔子说："周朝借鉴夏商两代的典章制度，那是多么丰富完美的典章制度啊！我会奉行周朝的典章制度。"

禹启父子开创了夏，延续了四百七十多年。商汤灭夏桀，开创殷商，历五百余年而不衰。

从尧舜禹以后的历朝历代，持续时间最长的朝代当数周朝，历时八百年，这绝不是偶然。文武周公"为政以德"，周公制礼乐和谐万邦以至于此。

孔子一辈子都在推行周公的礼制，他认准了，这是最好的选择。"郁郁乎文哉！"的感叹是由衷的，"吾从周"一定是孔子的心声。《论语》往后还会说到孔子睡觉，每有梦境必现周公。临终前还叹："甚矣吾衰也！久矣吾不复梦见周公。"感叹自己衰老得太厉害，太长时间没有梦见周公了。

心中充满梦想，生活才会洒满阳光。心中有梦想，双腿才有力量迈向远方。就是因为有梦想，孔子才会"发愤忘食，乐以忘忧，不知老之将至"。

3.15　子入太庙，每事问。或曰："孰谓鄹人之子知礼乎？入太庙，每事问。"子闻之，曰："是礼也。"

有人注意到孔子进了太庙，每件事都要问，于是对孔子产生了怀疑。"鄹"是鲁国的一个邑，孔子父亲叔梁纥做过那里的行政长官——邑宰，所以人们习惯称叔梁纥为鄹人，孔子自然就成了"鄹人之子"了。

"是谁说孔子懂礼？"有人质疑，"进了太庙，件件事都要问。"

孔子听说有人质疑自己，解释道："这是礼啊！"不是我孔丘不懂礼，我这么做本身就是礼呀！在太庙里工作的人，是专职人员，专业的，就太庙里的事问问太庙里的人，这是对人家的尊重，是礼貌，是礼的要求。

鲁国太庙就是周公庙，孔子最敬重的人就是周公，不难想象孔子进入周公庙的心情。

古语有云："礼莫大于祭，祭莫先于敬。"至高至伟的鲁国太庙，那么庄重神圣的地方，不允许出现任何的差池，必须谨慎小心，每件事都要落实清楚。

职场上，您做事严谨，人家就会敬您三分。

对某个事物把握不准的时候，切记不能装大瓣蒜，丢了面儿是小，里子也丢了，想捡起来可就费劲了。

3.16　子曰："射不主皮，为力不同科，古之道也。"

射箭的箭靶子叫"侯"，用皮或是布制成。侯的中心叫正，或是鹄（gǔ）。"正点"，中心的点，原本是形容事物恰到好处的，后来被香港同胞拿来形容姑娘漂亮。"主"解作主要。"为"解作因为。"同科"解作同等。

孔子说："射箭，比的不是能否射穿皮靶子，由于每个人的力量大小不同，射箭是以射中靶心作数，这是自古以来的规矩。"射箭比的是技艺，不是力气，否则就去举鼎了，那是比力气的。

孔子年轻的时候，到宋国学习"六艺"，其中就有射箭。所以，孔子射箭是很专业的，开口就讲关于射箭的传统规矩（"古之道"）。我判断这是孔子教弟子们射箭前，先讲的"理论课"，就像我们学开汽车时的科目一。

3.17　子贡欲去告朔之饩（xì）羊。子曰："赐也！尔爱其羊，我爱其礼。"

每一年的秋冬季交替时，周天子都会把来年的历书颁发给各诸侯国，各国会在初一举行祭祀活动中宣布历书。祭祀中还要宰杀一只羊作为祭品，这个用羊做祭品的祭祀活动就叫告朔。祭祀用的那只羊就叫饩羊。

子贡认为祭祀活动该搞还是要搞，但不一定每次都杀一只羊做祭品。子贡想把祭品清单里的那只饩羊去掉，孔子知道后，把子贡叫过来对他说："赐啊！（叫子贡哪）你看重那只羊，我更在乎祭祀礼呀！"

孔子是提倡节俭，但孔子说的是"俭"，它不是减少的"减"，礼仪规定的内容还是要有的，不能随意去掉。把那么隆重的祭祀礼搞得不像那么回事，失去了祭祀所要达到的肃穆庄重，以及敬告神灵、祈佑平安的目的，那样就起不到祭祀所应有的作用了。

这时的子贡还未悟到祭祀礼的真正用意，对礼的理解还处在浅表层面。再者，子贡是个商人，中华儒商第一人，在这方面，师徒的价值观有些许不一样也是正常的，商人有商人理解问题的角度和特有的成长、进步路径。我们在矫正不当行为的同时，需要多一份理解。

3.18　子曰："事君尽礼，人以为谄也。"

这好像是孔子在给弟子们讲礼的时候，提醒弟子们注意，在礼数周到的同时，别人有可能对你产生误解，比如："对待君王礼数周全的时候，有人就可能以为你是在谄媚。"

礼本身就有讲究，跟君上、领导相处的时候就应该谨慎小心、恭敬周到。孔子讲要"尽礼"，尽到礼数。这个"尽"字是"力求达到最大限度"的意思，不尽就是不诚。但是，有人就是不解其中真意，误认为"尽礼"是取悦讨好。这通常是小人以其小人之心度人，小人常行取悦之事，无恭敬之心。

谄的目的在于求取私利。孔子曾说："君子义以为质，礼以行之。"意思是说：君子以义作为根本，用礼加以推行。君子即便求利也是以义为依据，依礼而行，绝无谄媚之心。面对戚戚小人，君子坦荡就好。他戚戚说您，您戚戚受之，那不成了小人俱乐部了？

3.19　定公问："君使臣，臣事君，如之何？"孔子对曰："君使臣以礼，臣事君以忠。"

杏坛之上，孔子开坛讲学，阐述"君君臣臣"以及"仁政"。对此，鲁定公非常认可，派人前去召见孔子。孔子给出的建议是结好强齐，重振君威。

自此，定公开始重用孔子。齐鲁夹谷之会，孔子随定公前往，帮助鲁国全面收获。夹谷会盟后，孔子取得了鲁定公更进一步的信任，出任大司寇。

就在这个背景下，定公向孔子请教，问："君主指使臣子，臣子侍奉君主，君臣各自如何行事呢？"

孔子答道："君主应该给予臣子足够的礼数，臣子回敬以忠心侍奉君主。"君主不以至诚之礼对待臣子，傲慢无礼，怎么能说是为君之道？臣子不能忠心事君，欺罔隐瞒，又岂能算是为臣之道？

上一则里，孔子说："事君尽礼"，这里孔子说："事君以忠"，孔子的意思是说对待君上、领导既要礼数周全，又要忠心耿耿。

说到"尽礼、尽忠"，不能不提子夏和曾参，这二位都是非常有建树的孔门弟子。子夏对孔门学问通达无碍，曾参对孔门学问参悟至深。他们分别开"礼学""心学"二门，为孔门儒学的继承发扬做出了很大贡献。

"君使臣以礼，臣事君以忠。"有个先后顺序跟因果关系。

老板对员工有了充分的尊重在先，员工才会对老板有足够的敬畏和忠诚。

佛家常讲：功在因上找，莫向果上求。各级做老大的要经常检讨自己才是。

孔子讲到这里，为臣也好，为君也好，都要仁至义尽。不至不尽就会离心离德。那就麻烦了。

3.20　子曰："《关雎》乐而不淫，哀而不伤。"

《关雎》是《诗经》里的一首诗。"淫"字的本义是水太大了，把地都给淹了，引申为过分以致失当。"伤"是哀痛过分以致伤害了身体。"淫""伤"都有过分的意思。过分就偏了、邪了，所以，前面孔子会说："《诗》三百，一言以蔽之，曰'思无邪'。"

《关雎》是赞美周文王夫人太姒的盛德。作为文王的正妻，她的第一要务就是为文王生养更多的继承人，更好地延续夫君家的香火。

作为文王夫人，她不仅自己要为文王生养更多继承人，还要为文王进选更多淑女，这叫进贤，以便文王可以有足够多的后人继承大德。

太姒对于进选淑女不仅不嫉妒，还为自己进贤求之不得而辗转反侧，夜不能寐。她的这种柔顺之美，和谐之美，被《关雎》的诗和乐表现得淋漓尽致，恰如其分。每选有淑女得以进贤就快乐，了无所获就哀愁；快乐的时候高兴但不过分，哀愁的时候哀婉但不悲伤。

《关雎》这首诗的时效性早已不复存在，放到现在，那是公开找"小三儿"。但是夫人太姒的心胸和盛德为今人做出了表率，她母仪天下，仁德布于四海，她表率族众引领群贤，倡世风日上抚慰万民，这是值得称道的。

有人认为《关雎》是一首求爱诗，那的确是一个不大不小而有趣的误会。

3.21　哀公问社于宰我。宰我对曰："夏后氏以松，殷人以柏，周人以栗，曰使民战栗。"子闻之曰："成事不说，遂事不谏，既往不咎。"

　　宰我，姬姓，宰氏，名予，字子我，亦称宰予，鲁国人，孔子弟子（第十三个出场），小孔子二十九岁。宰我思想活跃，擅长言语辞辩，善于提问，是孔门弟子中少有的敢于正面对孔子学说提出异议的人。

　　"社"解作土神。社"为坛以祭地"，代表土地，是国家的象征，就是我们常说的"社稷"的"社"。

　　鲁哀公询问宰我社坛周围种什么树。宰我回答道："夏朝栽松树，殷商栽柏树，周朝栽栗树，栽种栗树是想让百姓战栗恐惧。"

　　孔子听到宰我的解释，心有不满，就把宰我叫过来说："既成事实不要再去说它，结束了的事情不要再去谏止，过去了的事情不要再去追究。"

　　社稷坛，天子诸侯祭祀土神的地方，商周直至清代的帝王，每年春秋仲月上戊日清晨，都要会聚臣下于此举行大祭。所以，如此重地，当然不允许任意妄为，要中规中矩，这自在情理之中，栗树取战栗恐惧（栗果外表多毛刺）之意，就是为了阻止不知礼者的不当行为。

　　社坛祭祀之事非同小可，妄加评论显然不当，这里有责备宰我的意思。别说周公没错，即便错了也都是过去的事了，事已至此，再说无益，所以"成事不说"；事之未遂，尚可谏止，过去了的事情，谏之无用，所以"遂事不谏"；事已既往，咎之无益？所以"既往不咎"。

　　事前，孔子说，要做个喜欢谋划而能成事之人（《述而篇第七》："好谋而成者。"），事后要能"成事不说""遂事不谏""既往不咎"。如此才叫善事之人。

　　社坛之上一定要种树吗？不好说。不过，花木在我们生活中常常被赋予一定的象征意义，倒是满有意思的。这件事从何时开始，不知道，不过，很有可能是从周朝开始的，是周公的创意。

　　在当代，各国好像都有这样的做法，像是：银杏象征古老文明；松柏象征坚强伟大；芝兰象征正气清远；并蒂莲象征夫妻恩爱；牡丹花象征荣华富贵；梅花象征坚贞不屈；荷花象征无邪；等等。孔子也说："岁寒然后知松柏之后凋也。"

　　种什么花，栽什么树，心里要有想法。花开了，树高了，愿望实现了。生活中的情趣和意义感不能没有。

3.22　子曰："管仲之器小哉！"

或曰："管仲俭乎？"曰："管氏有三归，官事不摄，焉得俭？"

"然则管仲知礼乎？"曰："邦君树塞门，管氏亦树塞门；邦君为两君之好，有反坫（diàn），管氏亦有反坫。管氏而知礼，孰不知礼？"

管仲，齐国大夫，曾辅佐齐桓公，早于孔子。管仲从小玩到大的一个好朋友叫鲍叔牙，两个人非常默契，只是管仲家比较穷，鲍叔牙家里相对富有，两个人合伙做买卖，管仲出的本钱少，可是到分红的时候，管仲却拿得多。

需要记住的是，和穷朋友打交道要有充足的心理准备。

"管仲这个人啊！器量小。"孔子在和弟子们谈到管仲时，如此评价。

有人问孔子："管仲这个人节俭吗？"孔子回答道："他管某人收取那么多市租，所用家臣都不兼职，个个拿着俸禄清闲得很，哪能看得出他节俭呢？"

"三归"指的是市租（也有说法是宰相府），这本该是国君收取的租税，齐桓公恩赏给了管仲。"摄"解作兼。"官事不摄"是说他的办公人员不兼职，因为有钱，任性，不用兼职。所以，孔子说他："焉得俭？"谁能说管仲这么做叫节俭？

那人又问："那么，管仲懂得礼吗？"

孔子答道："国君门前立了个照壁，他管仲也立一个照壁。国君宴请外国国君，在堂上垒一个酒樽专用台，他管仲也照着垒一个。管仲这种人都算懂礼，还有谁不懂礼呢？"

高调、张扬，太不讲究了。要是放到现在，早有人举报了。

我们可以看到，孔子说话有根有据，从来都是"先行其言而后从之"。对所要说的话先澄清了，落到实处了，然后再说出口。这样做事，让人心服口服。

3.23　子语鲁大师乐，曰："乐其可知也。始作，翕（xī）如也；从之，纯如也，皦（jiǎo）如也，绎如也，以成。"

"语"解作告诉。"大师"解作乐官。孔子从卫国回到鲁国，和鲁国掌管音乐的太师谈论起音乐。孔子说："音乐是可以领会的，比如演奏开始时，五音和鸣；等到展开以后，音韵和谐，节奏清晰，连绵不绝，最后告以成功。"

由此可见，孔子对音乐理解感悟的境界是极高的，他能和鲁国音乐大佬在一起探讨音乐，而且说得如此专业，实在是了不起。难怪孔子听一曲《韶乐》就能"三月不知肉味"。还真是醉了。

孔子在音乐方面的天赋跟造诣，帮助了他对周公"礼乐之治"的感悟和理解。（这个话题后面会再说。）

3.24　仪封人请见，曰："君子之至于斯也，吾未尝不得见也。"从者见之。出，曰："二三子何患于丧乎？天下之无道也久矣，天将以夫子为木铎。"

"仪"是卫国的一个地方。"封人"是诸侯邦国戍边的将领。"从者"指孔子的随行弟子。"丧"是指失去官位。"木铎"是铜制木舌铃铛，用以召集众人。

孔子辞去大司寇的官职，开始了周游列国。这天，孔子一行来到了卫国一个叫仪的边关小镇，边关统领请求觐见孔子，说："但凡有君子来到我们这个地方，我从来没有不得拜见的。"

看来这位典守封疆的统领比较喜欢交朋友，而且喜欢和君子打交道。都说"读书、行路不如阅人无数"。

"仪封人"见过孔子出来，对大家说："诸位为失去官位犯愁吗？天下无道的状况很久了呀！我以为上天将以孔子为木铎，号令天下百姓。"

他知道孔子在鲁国刚辞了官，原有的待遇都没了，一时间成了白身，孔子倒是无所谓，弟子们还都没从沮丧中走出来。这一切还都被这位边关小吏看了个明白。除了看出大家的沮丧，他还看出了孔子的不平凡。

我们不知道孔子面对一个没名没姓的边关小将，能说点什么，怎么一席话就把这无名小将拿下了，断定孔子将要号令天下。我们只能凭想象来说：孔夫子温文尔雅的个人魅力，稳定如山的笃实定力，淡定自若的高雅谈吐，对时下形势的透彻分析，对未来前景的清晰描绘，等等，彻底征服了这位边关小将。

后来，还真是应了他的预言，孔子用儒学号令天下数千年，还有可能更长时间。

3.25　子谓《韶》："尽美矣，又尽善也。"谓《武》："尽美矣，未尽善也。"

正说着音乐，突然跳出个边关小将，打发完边关小将又回来，继续谈论音乐。

《韶》是舜帝的音乐。《武》是周武王的音乐。孔子评论《韶》乐，说："美到极致了，也善到极致了。"孔子接着又评论《武》乐，说："美到极致了，但不能说尽善了。"

孔子为什么这么说？因为舜帝对天下的治理，是"公天下"之下的"无为而治"，是"为政以德"，普天之下一派祥和，这样的时代里，那《韶》乐怎么会美不到极致？怎可能善不到极致？

再说《武》乐，周武王要做盟主，"八百诸侯会孟津"，预备伐纣。讨伐纣王时，有人说武王以下犯上这叫"不忠"；父亲文王未曾安葬就起兵征战，有人说武王这叫"不孝"。武王已经穿上了战袍，跨上了战马，却遭到了伯夷、叔齐的拦马劝谏。好在牧野大战一战定乾坤，推翻了残暴的纣王统治。作《武》乐，武王那一腔热血还在沸腾。不管众人议论的对与错，这事儿总归是不够完美。所以，孔子评论《武》乐尽管很美，但未能尽善。

孔子能听出《武》乐的"未尽善"，也理解武王的伟大与不足。这是孔子在音乐上的高度。

在孔子所在的春秋，"美"字上面一个"羊"字，下面一个男人，是指雄壮，漂亮，好看，事情完美；"善"（譱）字上面一个"羊"字，下面两个"言"，"言"字是说"有人说"的意思，"羊"是指驯良美好的品性，"善"是说像羊一样温顺讲话，吉祥美好。

在解释音乐时，孔子用"美"和"善"两个字分别来表述。在字义里，"美"表述得较为表面，而"善"表述得更为深刻。用视、听、感就能察觉美的存在，而"善"不仅停留在视、听、感上，还要分析判断、逻辑推理得出有关性质、道德及哲理层面的理性结论。善的观察一定是完满的，美的观察可以不够完满。孔子在这里拿捏得恰到好处。

以后，谁要说您善，您应该感到高兴；谁要是夸您美，您要好好想想了。

3.26　子曰："居上不宽，为礼不敬，临丧不哀，吾何以观之哉？"

"宽"解作宽厚。"临丧"解作吊丧。孔子说："居上位当领导的人不能宽厚，行礼做不到恭敬，吊丧时内心里没有哀伤，这样的景象我怎能看得下去呢？"

您为官一方或是为人父母，居上位宽以待人是您的本分。您在外是首长，在家是家长，为事以礼，真诚恭敬这是处世之道；哀悼亲人或朋友，内心悲痛哀伤，这是人之常情。如果这些都做不到，那么您要把大家带向何方？您想让这个社会走向何处？您想把儿女培养成什么样的人？孔子有些痛心疾首。

礼的传播一定是从"居上"的人开始的，因为只有"居上"之人才更有影响力，才能引领社会风潮。"君子之德风，小人之德草"，咱们都是跟着您老大走的，您说往哪儿就往哪儿。孔子这是在批评那帮诸侯、大夫们行为失当。

孔子愿意看到的是：居上宽，为礼敬，临丧哀。

里仁篇第四

本篇二十六则，前二十五则都是孔子语录，只是最后一则为子游所言。内容有仁、义、礼、孝、利、事君、交友等。孔子在这里由衷地感叹道："朝闻道，夕死可矣。"

4.1　子曰："里仁为美，择不处仁，焉得知？"

孔子说："让自己保持在仁的境界里是一件美好的事。如果你没有选择让自己处在仁爱的世界，哪能算得上明智呢？"

这样的解读，我是借鉴了怀瑾大师的思路，我也认为这样的解读才更合乎孔子一贯的思想，才更合逻辑。之前解读为：有仁者居住的环境才算美。没有选择仁者居住的环境居住，怎么能算是明智呢？一定要找一个有仁者的地方居住？太难为自己了吧？

今天我们安家的时候也会挑环境、挑邻居，但一定做到与"仁者"为邻可就难了。整部《论语》的主线是仁，到处充满仁爱的大同世界是孔子的梦想。孔子在世时就已经被称作圣人了，作为一代圣人，孔子一定比普通人更加注重内心的成长，精神的追求，境界的提升。比如上一则里"居上不宽，为礼不敬，临丧不哀"，讲的都是对内心的要求。所以，这一则解释为对外部环境的选择应属不妥。

孔子告诉我们"里仁""美"，要求内心里充满仁爱，"室、里"都有"内在"的意思。心理学家说，人们只有站在道德的制高点时，才更为自信、才更有影响力、才更有号召力、才更有统治力。所以，孔子说"里仁"，是说心里"美"当然没有问题。

孔子讲的"择不处仁"和"择处仁"，其关键在一个"择"字上。在这方面大家都是有体验的：你选择善待某个人，或者不必善待某个人；你选择原谅他，或是选择报复他；你选择"举手之劳"，或是选择袖手旁观；你选择真诚相待，或是虚假欺瞒……

面对"仁处"与"不仁处"，我们天天都在做选择。孔子在这里告诉我们，我们有时候明智，有时候不明智。孔子说："里仁为美"，喜好"美"吗？去追求内心的仁爱吧！

谁要说我不明智，我通常认为他是在说我傻，有"仁处"而不"处"，那就是傻。孔子还是希望我们明智，别老傻着。

4.2　子曰："不仁者，不可以久处约，不可以长处乐。仁者安仁，知者利仁。"

孔子说："不仁的人不能久处于贫困，不能长处于安乐。仁者安处于仁，机智者利用仁。"这里"约"解作贫困。

仁者能够安于快乐，也能够安于贫困。孔子认为，对于不仁者，让他们处于贫困，很难做到长久，让他们处于安乐中，也难长久。

为什么那些个不仁者处于安乐也难长久呢？因为不本分，由于不守本分，富贵安逸了就志得意满，便开始娇淫奢侈，这就难以长久了。为什么不守本分？因为不仁。这是个互证的关系。

而机智者往往利用仁，因为仁能让机智者更加聪明和智慧。机智者其心机敏灵动，若常以仁爱熏染它，少被利欲遮蔽它，那颗心会更加聪明智慧，这是机智者需要的。智者知仁道之善，善用仁道，笃定坚守，所以孔子说："知者利仁。"

工商业社会，做企业盈利是老板的责任，能够很好地做"智者"，还能很好地去"利仁"，最后就有可能成为"当代子贡""世界五百强"。

这一则里有个很有趣的现象，孔子说到了"仁者""不仁者""智者"，就是没说"不智者"。孔子曾说："举一隅不以三隅反，不复也。"（指给他房子的一角而不能说出另外三个角的，我就不再教诲他了）看来，孔子认为那些个"不智者"是不值得一提的（"不复也"）。

智与不智，在孔子这里，是条红线。

4.3　子曰："唯仁者能好（hào）人，能恶（wù）人。"

这一则的译文，分歧较大，请细细品来。

分歧在于对"能"和"好、恶"的理解。大多数人把"好、恶"解释为动词，作为喜欢、厌恶理解。这样解释得出的结果是：唯有仁者能喜欢人也能厌恶人。现实当中，把能喜欢人也能厌恶人的人看成仁者，确实有点荒唐。

也有人解释为：只有仁德之人才能正确地喜欢人、厌恶人。逻辑上说得过去，但不够儒。如果不是这样，最有可能是把"好、恶"当作名词，做好人、坏人解释。这样"能"字的解释也就好确定了，它可以解释为与之友好、与之亲善、与之和睦。

如此下来，这句话可以解释为：唯有仁者既可以与好人和睦相处，也可以与恶人相处和睦。

这时候下结论还嫌太早，孤证不立吗！

孔子还曾说过，"不仁者不可以久处约"，而仁者可以，不仅可以与"约"（贫困）久处，还可以与"恶人"久处，而且与"恶人"久处的人"唯仁者"。

为什么会是这样？因为仁者至公无私，以天下为公，而"天下"有"好人"也有"恶人"。"好人"也好，"恶人"也罢，他们都是天下的子民，"都是咱老百姓"，仁者对这些子民是不会厌弃的，一定会包容他们。

仁者是要行王道，而非霸道，他需要包藏万物。您好坏都能包容，可不就成了"仁者无敌"了吗。

这个话题在下面还要论及。

4.4　子曰："苟志于仁矣，无恶也。"

孔子说："假如有志于仁德，就不会有恶行了。"

仁德之人不做恶，理所当然。这里孔子讲的是有志于仁德的人，也不作恶。

孔子讲自己"吾十有五而志于学"，十五岁开始"志于学"，十五年后，"三十而立"，到了三十岁就能立起来了，正是"有志者事竟成"。

这里孔子又说志于仁，"仁者爱人"就不会害人，就不会作恶，时间一长，只"爱人"不"害人"，就接近于那个"诸恶莫作，重善奉行"的境界。

唐朝大诗人白居易来到杭州的西湖边上，向鸟窠（kē）禅师请教何为佛教时，鸟窠禅师告诉白居易的就是："诸恶莫作，众善奉行，自正其意，是诸佛教。"这个号称"诗魔"的大诗人，还真有佛缘，竟然也皈了依，向了善，做了居士——香山居士。

诸葛亮《诫子书》中写道："非淡泊无以明志，非宁静无以致远。"孔明先生强调，要让孩子"明志"，这个"明志"比"有志"更进一步。孔明先生还告诉我们说，能淡泊名利就可以帮助我们树立明确坚定的志向。

在儒说志，在佛说愿，功夫是一样的。佛家讲"信、愿、行"，有什么愿做什么事，大愿大行，小愿小行。志和愿一样，除非非志，那就不是您的志，或许只是您的想法而已。

仁者志在为善，不会作恶，所以，孔子才会说："苟志于仁矣，无恶也。"

4.5　子曰："富与贵，是人之所欲也；不以其道得之，不处也。贫与贱，是人之所恶也；不以其道得之，不去也。君子去仁，恶乎成名？君子无终食之间违仁，造次必于是，颠沛必于是。"

"造次"解作仓促，急遽（jí jù 急速）。"颠沛"解作倾覆、仆倒。"恶乎成名"的"恶乎"解作于何处、哪里。

孔子说："富与贵，是人们所期望的，不走正道获得富贵，我不会接受。贫与贱，是人人都厌恶的，不走正道脱去贫贱，我也是不会接受的。"不管富贵还是贫贱，只要走正道就可以。

孔子说："朝闻道，夕死可矣。"死都不足惜，还在乎什么富贵贫贱。这就是"志于道"。

孔子还说："君子离开了仁德，又能去哪里成就名声呢？君子哪怕是一顿饭的时间也不会违背仁德的，急切的时候必定如此，颠沛流离时也一定如此。"君子"终食""造次""颠沛"也不离仁，无论发生什么情况都不会离开仁，这叫"依于仁"。这是修行法门，仁道的修行法门，对于仁者来说，"道也者，不可须臾离也，可离非道也"（《中庸》）。意思是道是不能离开片刻的，能离开它就不是道了。

仁、道润心，富贵贫贱都动它不得，这就做到了孟子所说的："富贵不能淫，贫贱不能移。"

"志于道，依于仁"富贵贫贱都得心安。

如今得道难了，得仁也不容易了，不管富贵不管贫贱都难心安。挣不来钱，着急失眠；发了财，膨胀了、飘了也失眠。最近专家告诉我们，抑郁症患者发病率在直线上升。餐桌上遇见一哥们儿，他说他们一百多人的公司今年都有三个抑郁了，其中一个还跳了楼。

怎么就舍得了呢？如果心中有仁，一定不会的。

4.6　子曰："我未见好仁者恶不仁者。好仁者，无以尚之；恶不仁者，其为仁矣，不使不仁者加乎其身。有能一日用其力于仁矣乎？我未见力不足者。盖有之矣，我未之见也。"

"尚"解作加。"盖"解作大概。在这一则里，人们习惯的断句是"我未见好仁者，恶不仁者"。解释是：我没见过喜好仁德的人，也没有见过厌恶不仁的人。

这样解释，在我们通常的认知里有些说不过去，怎么就没有喜欢仁德的人呢？扪心自问：我不喜欢仁德吗？这不是胡扯八道吗！

孔子的意思应该是："我没见过喜好仁德的人厌恶不仁的人。"为什么？前文孔子就说："唯仁者能好人，能恶人。"唯有仁者既可以与好人和睦相处，也可以与恶人相处和睦。

有仁德的人是不会厌恶不仁之人的，孔子没见过这样的人不也正常吗？

读经书，如果不能一以贯之，就容易犯逐字逐句解释带来的弊病。逐字逐句解释，似乎说得通，可是一旦往整部书的思想体系里一放，你会发现不协调、不匹配、不兼容，驴唇马嘴不相对。

既然喜欢仁德之人不会厌恶不仁之人，孔子继续说："喜好仁德的人，那没什么可以附加的了；厌恶不仁者的人，在修行仁德的时候，他不会让不仁之人影响到自己。"为什么？因为他喜欢仁德、厌恶不仁者，他还不是一个真正的仁者，他这样做可以减少负面影响，让自己精进更为顺当，而修行到位的仁者是不会厌恶那些不仁的人的，仁者不仅不厌恶不仁者，还要教育感化他们。

孔子继续说："有谁能整天致力于仁德的吗？我没有见过力所不及的人。大概有吧！可惜我没见过。"孔子问谁能终日为仁？如果能，那他就能"无恶也""能恶人"了，不做坏事，还能与恶人相处和睦。

孔子说："用力于仁"需要坚持，这不费劲，不存在"力不足"的情况发生，只看你有这个意愿没有。

这方面，到孟子的时候，阐述得更为透彻。比如齐宣王对孟子说自己"好货"还"好色"（贪财好色），孟子说，你只要能和百姓们同甘共苦，你还是个好国君。如此，孟子就能与齐宣王这样的"恶人"和睦相处。

再者说，仁者做了国君，还要杀尽天下不仁之人不成？孔子一定第一个站出来质问你："焉用杀？"怎么还动用起杀戮了呢？（《颜渊》篇12.19）

4.7　子曰："人之过也，各于其党。观过，斯知仁矣。"

孔子说："人的过错，都有其归属类型。观察一个人的过失，就可以知道他属于哪一类的人。"这里"党"解作类，"仁"通人。

很多当领导的遇到部下犯错，逮着就是一顿臭骂，孔子说这样不好，你观察一下他的错误，就可以判断出他是哪一类人，把他归归类就好管理了，不用着急上火。

孔子在教我们识人。《弟子规》里把过错和作恶给我们分得很清楚，说："有心非，名为恶；无心非，名为错。"明知道是错还去做，这是恶；不知道是错却做了，这是过。

通常我们都会原谅一个人的过错，闪出一条路，让他过去，给个改错的机会。对待恶人，孔子是采取拒之千里的态度，在《阳货》篇里，有个叫阳货的恶人想见孔子，孔子就是躲着不见。

对于错，有知错就改的，有知错不改的，有明知故犯的，也有不知所错的。总之，大错重罚、小错轻罚，惩前毖后、治病救人是原则。赏罚不明乃管理之大忌。重奖轻罚，奖要及时，罚不过夜，这是讲究。

诸葛亮挥泪斩马谡，斩是正军法，挥泪也是真情流露。

了解一个人，从观察他周围的朋友开始，物以类聚，人以群分，知道他属于哪一拨的。一个低级错误经常犯的人，应该是比较浅薄。相反，可能就是深刻，出于有意为之。判断上出问题可能是经验不足导致，也可能是能力问题；决断上出问题，可能是能力，也可能是性格导致。

孔子告诉我们，从一个人所犯的错误中，更容易了解一个人。孔子的意思是允许下级犯错误，不允许上级视而不察，察而不觉，觉而不为。您不作为，老板就会请您喝茶去。

4.8　子曰："朝闻道，夕死可矣。"

孔子的这一句话几乎人人张嘴就来，只是"闻道"太不易了。早上"闻道"了，晚上死了都行。没有对道的切身体悟，这样的话无论如何是说不出来的，这就是心底里的那点东西。

"闻"解作闻知。闻不只是听到了，它还有知，感知、觉知、灵知。"道"乃事物当然之理。所谓当然就是本该如此：当了父亲就知慈，做儿子就知孝，遇见伤亡就悲伤，遇见贫弱就怜悯，男情女爱，上尊下卑，本该这样吧，但是就有人做不到，死而有憾。

所谓本该这样，就如佛说："人皆有佛性。"尘劳封锁，佛性不见，待到尘尽光生时，山河就会更为鲜艳明亮。所以，修行者尽力去感知；竭力去觉知；妙悟遇灵知，一旦一以贯之，灵知妙用，事事通达，样样欢喜，虽死心安，了无遗憾。

我也曰："朝闻道，夕死可矣。"得了道，即便是即刻死去，哪还有什么遗憾？

4.9　子曰："士志于道，而耻恶衣恶食者，未足与议也。"

孔子说："读书人有志于道，却耻于破衣粗粮，此人不足以与之讨论学问。"

读书之人，其志在学，学以成道。贪于美服美食，其志消沉，哪里还能寻得到道的踪迹？道在心中，生而有之，由于物遮欲蔽，虚荣掩映，其心昏聩不明，早已无心于学问，与之讨论无益。所以，孔子说："未足与议也。"这种人不足以与之讨论学问了。

我们有句老话叫"三句话不离本行"。意思是说干什么吆喝什么，一个读书人不关注学问，把心思花在吃穿上，实在说不过去。某知名女教授参加北大举行的活动，被学生往下轰的视频我们都看了，穿着实在是不讲究，或者说"太讲究"（中国话嘛，你得会听），离"为人师表"着实远了点，去参加个什么歌手舞手什么手的颁奖晚会还差不多。

作为学者，这是在玷污学问，或者我们问一句您的学问打哪儿来的？那些个万世师表千世师表们还不得拿棍子敲你。

一天到晚讲吃讲喝，您说您志于道，甭说两千多年前孔子不乐意跟您玩，就现在，周围的人（包括北大学子）也不带您玩。

4.10　子曰："君子之于天下也，无适也，无莫也，义之与比。"

孔子说："君子生活于苍天之下，没有什么必须这样，也没有必定不那样，一切都要以义为标准、依据。"这里"适"解作必行，"莫"解作必不行，"义"解作事之宜，"比"解作依靠、依据。

我们倒着去理解孔子的这句话，先从"义之与比"，做事一切以义为依据。义是最适合事情本该那样的情形状况。如果不以这个最为适合的义为依据，您

"适也""莫也"的，"必须这样""必定不那样"，您千万不要告诉我们，您这么做什么都不为，就图一好玩。

我们判断您存在"意必之私"，您有私心。

物欲私心左右着您一定这样或者必定那样，您就是做不出一个正确的判断，您被那个私心带跑偏了。所以，您有没有私心，放到义的面前，立马就能现出原形了。

苍天之下，做君子，要守着这个义，就能大义凛然，小义也可以凛然。凛然是形容令人敬畏的神态，您如果私心作怪，还好意思凛然吗？剩下的只有猥琐——戚戚一小人。

4.11　子曰："君子怀德，小人怀土；君子怀刑，小人怀惠。"

孔子说："君子关心的是道德，小人在意的是土地；君子关心的是法律，小人在意的是实惠。"这里孔子一定不是说，君子就不要土地，就不讲实惠了。关键在于这个"怀"字，孔子一连用了四个"怀"字。"怀"字有心里藏着、存有、想念的意思。

一个人心里惦记什么很关键。君子自觉自省，敬天爱人，心中装着天下、国家，自然是怀德、怀刑；小人只会关心眼前看得见摸得着的利益、实惠，所以，他们怀土、怀惠。

人们总说"心想事成"。心里惦记的事就容易呈现。您心存道德就显得高尚；您法律意识强底气就足。做一个有高尚人格的底气十足的人，踏实。

姜太公坐在河边钓鱼，鱼没钓上来，倒把周武王招来了。什么原因？因为太公根本就没想着钓什么鱼，钓鱼只是摆个样子，心里想的是让武王过来请他，他好辅佐武王结束纣王暴政，创造和乐太平。

所以，这个"怀"太重要了。"怀"对了是君子，"怀"错了，就成了小人。

4.12　子曰："放于利而行，多怨。"

前面两则告诉我们，"义之与比"，放于义而行，就会"怀德、怀刑"，成就君子事业。

"放"解作把心放到那个地方。孔子说："把心放到私利上去行事，就会遭遇更多的埋怨。"通常讲利就忘了义,讲义就公平,公平就和顺;讲利就偏私,偏私就容易多占,你占多一点别人就少得一点,少得者就会多生怨气,怨久生恨,恨深了就会产生敌意,树敌多了就会招致祸患。惹火烧身不是明智之举。

和于义的收益本来是养家糊口,改善生活品质的,如今为此带来了诸多麻烦,太多困扰,实在是得不偿失。

这个"放"很有意思,弄明白这个放字,这则《论语》就清楚了。我们试着用一则歇后语来说明。说:"不怕贼偷,就怕贼惦记。"这个"惦记"就特别接近"放"的意思。这个"惦记"特别重要。

您惦记着为人民服务,您就能够成为一个优秀的公务员;您惦记着客户的需求,您就能成为一个好商家;您惦记着别人兜里的钱,您就可能变成一个小偷;您把心"放于厨而行",您就可能成为一个好厨师。

没有进过厨房的厨师,绝不是一个好厨师。

4.13　子曰:"能以礼让为国乎?何有?不能以礼让为国,如礼何?"

孔子说:"能够用礼让治理国家吗?这样做有什么问题吗?如果不能用礼让治理国家,还说这礼让干什么?"礼让文化在中国根基很深,到现在也还是优良品行的重要指标。

古时候,往大了说,有能够让权让国的。《史记·伯夷列传》里就记载了这么一段故事。说:伯夷、叔齐是商末孤竹君的两位王子。相传孤竹君遗命立三子叔齐为君。孤竹君死后,叔齐让位给大哥伯夷,伯夷不受;叔齐尊天伦,不愿打乱长者即位的规则,也不即位。于是,伯夷、叔齐哥儿俩先后出国前往周国考察。周武王举兵伐纣时,二人还扣马谏阻。武王灭商后,哥儿俩耻于食周粟,采薇而食,饿死在首阳山上。

这礼让再往小了说,有"孔融让梨"。一筐梨放到桌子上,谁先吃?哥哥说了:"要想好,大让小。"这时候弟弟拿起一个大个儿的梨走到哥哥面前,"哥哥大吃大的,弟弟小吃小的"。大的小的哥哥弟弟都在礼让。

这礼让就是修身,礼让就能让家里的气氛祥和,就是齐家。家庭家族治理好了,"修身、齐家、治国、平天下",接下来就可以去"治国、平天下"了。

全国全天下都能礼让,邦国和谐,和谐万邦,一派和谐,岂不是国家得治、天下得治?这就是为什么孔子会说,"能以礼让为国"的原因。

4.14　子曰："不患无位，患所以立。不患莫己知，求为可知也。"

孔子说："不用担心没有职位，要担心自己何以立身。不用担心没有人了解自己，操心让别人知道你的本事有多大。"这里"位"解作爵位、职位。"所以立"解作可以立身的本领。"为可知"解作让别人知道你的本事。

孔子的意思是，如果您的立身之本智慧高明、行为光大，他不用您是他的损失，您用不着着急上火。话又说回来，您本事不到，不能胜任，对上有愧于领导，对下有负众望，如果名声先抖搂出去了，赶鸭子上架也好，勉为其难也好，遭罪的可是您自己。

孔子三十而立，强调"为政以德"，非常年轻就已立德，完成了老子所说的人生三不朽（立德、立功、立言）的第一步。所以，孔子三十岁的时候，齐国宰相晏婴就领着齐景公来到鲁国向孔子问礼。孔子这就是"求为可知"，用今天的话说，叫：找上门的生意。

在这里，孔子更深一层的意思是，要我们踏实做学问，切记所学为己的圣训。

4.15　子曰："参乎！吾道一以贯之。"曾子曰："唯。"
子出。门人问曰："何谓也？"曾子曰："夫子之道，忠恕而已矣！"

孔子说："参哪！我的学问里有一个贯穿始终的道。"孔子叫这个"参"指的是曾参。曾子回答说："是啊！老师。"

说完孔子出了门。弟子们一头雾水，都没明白什么意思，就问曾子："师兄，老师说的是什么呀？"曾子答道："咱老师一以贯之的道，就是忠恕二字啊！"

忠道、恕道，明明是两个道啊？怎么能说是一个道呢？这就是孔子的学问之所以能够落地的原因——因材施教。

孔子会根据弟子的初始学问、禀赋差异给予不同的教诲。

忠恕之道是曾子讲的，孔子没这么讲过。我们通读了《论语》及儒学经典就能得出一个结论，孔子的道就是仁道。

那为什么曾子不说仁道呢？是曾子不懂吗？当然不是，因为那不是一句话的事儿，仁道在孔子那里都是掰开来揉进去地讲，即便那样，还总怕弟子们不理解呢，作为曾子绝不是一句话就能给师弟们说清楚的，所以他求其次，先说忠恕之道。曾子是在变通。

讲忠恕，曾子能讲明白，师弟们也能够听明白。

孔子与曾子的交流只是透漏出那么一毫蛛丝，我们通过这一毫蛛丝可以想见，孔子只是拿出弟子们能够接得住的学问讲给大家，接不住的可能还在我们的那位伟大的"至圣先师"那里。

什么是忠恕之道呢？为什么曾子会说起忠恕之道呢？

从解字上讲，中心为忠，如心为恕。朱熹注解为："尽己之谓忠，推己之谓恕。"竭尽自己所有所能就是忠，把自己推想到他人的境遇，去感受、体悟、理解、接受就是恕。既能尽己又能推己，这忠恕就是仁爱的最实际、最现实的应用。

有句话叫人同此心，心同此理。有人总想让别人竭尽所有所能对待自己，以便自己有更好的收获、成就；当有过失或不足时，也想让别人给予理解和包容，好让自己过得去。这是和"忠恕"背道而驰的，是没有仁心的表现。

在这里，曾子以忠恕为一以贯之的道，"传习"给师兄弟们，对于那几位师兄弟来说，很接地气，相当实用。只是这忠恕之道也是需要悟、需要修的。

4.16　子曰："君子喻于义，小人喻于利。"

自古以来，义利之辩的声浪此起彼伏，应该在孔子之前就有了吧。

时间来到了春秋末年，孔子也回避不了，亮出了自己的观点。孔子说："君子更在意义，小人更在意利。"（君子总是在义上把事情讲明白；小人总是在利上说清楚。）这里"喻"解作知晓、明白、清晰、直接、在意，"利"解作人情之所欲。

现代人与古人在思维上有一个明显的不同。由于现代人生存竞争压力的增加，不单是非此即彼没那么中庸，而且这个非此即彼是在一根细细的棍子的两端发生的，这种情况非常容易极端化，容易产生矛盾和冲突。今天的现实让我们深刻感受到，冲突、矛盾随时随地都可能发生，而且还很难调和。

在中国的古人不是这样。太极图在老子、孔子之前的几千年前就有了，那时伏羲氏带领着他的族人从甘肃天水来到河南淮阳，在一个四周开阔的水面旁边画出了第一个太极图。从那以后，中国人开始用太极思维来思考问题。

太极图黑白分明，也是非此即彼，但不同的是这是个动态的结构，告诉我们可以阴阳转换，问题和矛盾在这里可以得到缓和、化解。义不是一条道走到黑，利也不是一条道走到白。还没走到头的时候，就已"柳暗花明"了。矛盾、问题的双方，彼此阴阳就如两条鱼，一黑一白，高妙的是白鱼是黑眼，黑鱼是白眼，白中有黑，黑中有白，如同义利。

君子于义也好，小人于利也好，孔子都用了一个喻字，这个喻字有知晓、清晰并接纳，有在意的意思。君子在意义（"喻于义"）并不排斥利；小人在意利，也不全无义。

太极思维模式给我们带来的"喻"的理解，就如孔子说的能跟好人和睦相处，也能跟恶人相处和睦（能好人，也能恶人）（《里仁》篇），不是一味地拒绝与否定或是全然接纳与肯定，不讲绝对。

从伏羲到周文王，再到孔子，义利面前，我们运用传统智慧更容易走出困惑。

上炷香，磕个头，不冤。

4.17　子曰："见贤思齐焉，见不贤而内自省也。"

孔子说："见到贤人了就思忖着向他看齐，见到不贤的人就回去反省自己，看自己是否也有这方面的问题。"

不甘人后，尤其做学问更是如此，讲"日日新"。今天有个词儿被人引用得很多，叫作砥砺前行。当然，我们会找他人的优点去砥砺，可是贤者难遇，今天遇到贤者，还要错过了不成？定是请教一番，思齐赶上，才不失这一天赐良缘。

有一句歇后语叫乌鸦落到了猪身上，就是瞧不见自己有多黑。我们发现自己有问题很难，可是挑别人的毛病就表现得很能干。如果我们在发现别人毛病的时候，反躬自问，我有这个毛病吗？这样想比直接找自己的毛病要容易得多。

"见不贤而内自省"是孔子给我们指出的一条高效率的捷径，我们可以借此迅速补漏。

孔子讲的是"思齐"，没说"思超"，一定有谦虚的成分在。这也让我想起了老子的"三宝"之一：不敢为天下先。老子心里一定也有思齐就好的想法。老子、孔子都是太极思维，都懂"物极必反""否极泰来"的道理。

圣人就是圣人，有什么都给咱们说，不藏着掖着，"至圣先师"的名号当之无愧。

4. 18　子曰："事父母几谏。见志不从，又敬不违，劳而不怨。"

孔子说："侍奉父母时，对他们的过错要婉转规劝。对于规劝不从的情况，要做到恭敬而不违命，担忧而无怨恨。"这里"几"解作稍微、轻缓。"劳"解作忧愁。

曾子在《孝经·谏诤》里有这么一段话："父有诤子，则身有不陷于不义，故当不义，则子不可以不诤于父。"意思是假如父亲有一个敢于劝谏的儿子，那么父亲就不会做出违背道义的事了。

但当父亲要做违背道义的事时，儿子不可以不劝谏父亲。孔子的意思"诤子"能做到"又敬不违，劳而不怨"，就是真正的孝子。

这与宋元以后的儒者大有不同。后儒们认为父母永远都是对的，只能顺从。孔子不是这个观点，孔子认为做父母的也会有过失、过错，需要子女提醒规劝。并指出，这种规劝属于"几谏"，温婉规劝就可以了。孔子还提出要求说，在父母不接受的情况下，恭敬不违命、担忧不怨恨。对父母的"恭敬、担忧"是无论何时何地何种情况都要有的，这是为人子的基本。

后儒把"不违命"发展为顺从，这就过了。不违和顺从是有区别的，不违更多的是说行为上不违背，按长辈的意思去做，但，不是自己没有主见。顺从是对错你都要认这个理儿，自己没主见，听命执行，以至于最后得出"父母不会有错"的荒唐结论。这明显与"不可不诤于父"的观点相悖。

学国学，读懂经典很关键。

4. 19　子曰："父母在，不远游，游必有方。"

孔子说："父母在世时，不去远方游历，即便是出门游历，也必定对父母有一个好的安顿方法。"这里的"方"解作方式方法，而不是方向、方位，那会儿没有 GPS，也没有"北斗导航"。

那时的游历多是游学、赶考、从军或做官，一出门就是成年累月，甚至数年，家中有事鞭长莫及。如今情况不同了，就业、留学、陪读、移民、结婚、旅游等，抬腿就走，迈步又回来了，朝发夕至、早出晚归都很平常，真有事了，通信交通都足够便捷。

"远游"对于今天的我们好像已经不是什么问题了，有问题的是"游必有方"。现在大多是"无方",过去是没娘的孩子可怜,现在成了没孩子的父母可怜。有许多健在的父母很悲凉,七八十岁成了"膝下无子"的留守老人,孩子远在他乡,这样的晚年生活谈何安度?

我的一位老师,他的孩子很早就出了国,定居在国外,老师夫妻两个还能自理的时候就被孩子们接到了身边照顾,这是很好的结局。

暖心的社会,暖心的家庭是幸福的保障,作为子女,给父母提供一个安度晚年的环境是他们的责任和义务。

对于养老,即便国家有保障,但它保障不了亲情。没了亲情的晚年,就如没了绿意的枯木,剩下的只是岁月。

4.20　子曰:"三年无改于父之道,可谓孝矣。"

孔子说:"多年不改变父亲传下来的正道,就可以说你是尽孝了。"

孔子这句话在"学而篇"里已经有了。不再解释。这里的重复,是在讲孝的时候,用以上下衔接。

4.21　子曰:"父母之年,不可不知也;一则以喜,一则以惧。"

孔子说:"父母的年龄不可以不记得;一来因为高寿而为之高兴,二来由于年事已高为之忧惧。"

家有一老好有一宝。每年老爷子老太太过大寿,一家几代人围坐在一起,众星拱月,热热闹闹,亲戚朋友都来祝寿,老人家子孙满堂心喜人安,您人前光彩,还给儿孙们做了表率。这是真正值得高兴的事。

"父母俱在"被孟子视为生命里的第一乐,父母不在了,这一乐也就没了。所以,我们常说:树欲静而风不止,子欲养而亲不待。

父母上了年纪,来日无多,担心着他们的情绪,操心他们的健康,不可有所怠慢,不应有些许疏忽。

有人四处做慈善,其实家里的父母才是我们培养慈悲心的肥沃田园;有人到处去拜佛,其实父母才是我们的真佛活菩萨。

4.22　子曰:"古者言之不出,耻躬之不逮也。"

孔子说："古时候的人，话不轻易出口，怕自己说出来却做不到而丢人。"这里"出"解作发言，"躬"解作自身，"逮"解作到达。

这个"古者"是"古之学者"。孔子曾说："古之学者为己"，他们力在躬行，要么不说，说了必定践行，他们"为己"，不会让自己把话放出去了却做不到（"躬之不逮"），绝不丢了面子又脏了里子。

在这里，孔子一个"耻"字道出了君子心底里的一道鸿沟大壑。跨出去宁愿粉身碎骨，也不忍耻苟活。孔子在《易经》的恒卦中注有这么一句话："不恒其德，或承之羞。"意思是要不能保持高尚的品德，就会承受羞辱。羞耻之心是君子的良知所在。

前几年，社会上提到的荣耻观，其实是很好的倡导。"道之以德，齐之以礼，有耻且格。"孔子之言，如醒世木铎，可以唤醒世人的羞耻心。然而，木铎再响，唤不醒装睡的人。

4.23　子曰："以约失之者鲜矣。"

"约"解作约束。孔子说："由于对自己有约束，所以，出现过失的概率就会小些。"过失带来的烦恼是很折磨人的。

我的一个熟人，由于小时候父母忽略了他的作息时间习惯的养成，成年后，每天早晨都是在紧张慌乱中度过，数十年如一日。看到这情景，既可怜又可恨，可怜的是每天的慌张太虐心了，可恨的是怎么就不能改改毛病呢？孔子说这种人没"约"。

您没这个"约"，您就得受这个罪。

掌控、约束不了自己的人，有谁还会指望他能掌控、约束别人呢？没有能力掌控局面的人，怎么能够委以重任？

佛家讲，人是跟着业力走的。所以，在看重功劳的同时，也看重所犯的错。佛家是讲究修未来、修来世，作恶多端就要下地狱，哪还有未来呢？佛家讲的持戒就相当于孔子说的"约"，您戒了，"约"了，自然就会少犯错误（失之者鲜矣），少受罪。

佛祖涅槃前，弟子阿难问佛祖：佛陀，您走了，我们跟谁学呀？佛祖回答道：以戒为师。

圣人们的智慧都是相通的，法门门径不同而已。

4.24　子曰："君子欲讷（nè）于言而敏于行。"

"讷"解作迟钝。"敏"解作急速。孔子提醒我们说："君子言语上要谨慎迟缓，行为上要勤快敏捷。"

老话讲，说着容易做起来难。意思是不负责任的话谁都会说，可以后的路还得自己走啊！

如果一个人说话随意，张嘴就来，人们会轻看他。如果一个人做事勤快，有活儿抢着干，不讲分内分外，就知道雷厉风行去做，谁遇到都会喜欢。

这话要么不说（"言之不出"），要说也是言语迟钝（"讷于言"），谨慎开口。不是怕说出口又做不到而丢人吗？（"耻躬之不逮"）那就行动敏捷好了（"敏于行"）。

病诊断出来了，药方子也开好了，接下来就剩煎药服药了。几服药下肚，一个疗程过去，问题解决了，有点君子模样了，您再往人堆儿里走，人见人爱了，孔子会告诉您："德不孤，必有邻。"

4.25　子曰："德不孤，必有邻。"

孔子这话的意思是："有德之人不会孤单，人们必定愿意与你为邻。"对此，三国时期，玄学大家何晏《论语集解》的解释是："方以类聚，同志相求，故必有邻，是以不孤。"

想当年周太王迁到岐山，百姓们就跟到岐山，就是因为"德不孤"。孔子对叶公说：要做到"近者悦，远者来"。你叶公要做到"为政以德"，才能实现你的政治抱负。

几个喜欢国学的朋友在一起闲聊，有人接了一通电话，说朋友请他吃饭，我们就开玩笑说他：今天又"德不孤"了。

有一天在微信群里看到一篇文章，题目是《后半生最高级的活法：不与烂人烂事纠缠》这个"烂人"和孔子说的"德人"是正反两个极端。

远离烂人和与德人为邻是明智的，前面讲了"见贤思齐"，见贤思德邻是很好的选择。

4.26　子游曰："事君数，斯辱矣；朋友数，斯疏矣。"

子游说:"侍奉君主的过程中,接触过于频繁,就会招致侮辱;与朋友交往过于频繁,就会被疏远。"这里的"数"解作频繁,"辱"解作羞辱,"疏"是疏远。

人与人之间需要一个合适的距离。保持一个舒服的间距,这种行为和感觉源自动物本能的领地意识。

如果是陌生人,要讲个安全距离;如果是认识的人,要讲个舒服的距离。常言说得好:距离产生美。安全、舒适是感觉,美是视觉,这是人们与外界沟通、联络的基本渠道,近了拥堵,远了劳神,这个渠道是否畅通很是重要。假使您让领导、长辈不舒服、不美,他就会骂您;您让朋友不舒服、不美,朋友就会躲着您。

本篇是"里仁篇",开篇讲仁德。仁德之人满是爱心,他是极少让大家不舒服的。子游的感悟是:君臣之间、上下级之间、朋友之间的关系不可以过"数",不可以过从甚密,切忌来往过于频繁,以致叨扰到对方,而招致厌恶和疏远。

公冶长篇第五

本篇主要记录的是孔子和弟子们的对话、谈论。内容以评论人物为主，所以，涉及的人物比较多。在最后，说到关于好学习的时候，孔子说：我还是很自信的。

5.1　子谓公冶长："可妻也。虽在缧绁（léi xiè）之中，非其罪也。"以其子妻之。

公冶长，复姓公冶，名苌（cháng），字子长、子芝，齐国人，孔子弟子（第十四位出场），同时，也是孔子的女婿。鲁国国君曾多次请公冶长出来做大夫，都被他谢绝了。

公冶长生有两个儿子，一个叫子犁，一个叫子耕，从名字就能看出，他不想让自己的两个儿子在已经礼崩乐坏的世道里面混，就想让他们在田间务农。这里我们了解到，孔子至少有两个外孙。

文中"缧绁"二字是指捆绑犯人的绳子，引申为坐监狱的意思。这是古人讲话的一种习惯，不说蹲大狱，刺耳，说被绳子捆住了，多么委婉。

传说公冶长懂鸟语，这天，一只鸟飞过来对他说："公冶长公冶长，山南有只羊，你吃肉来我吃肠。"公冶长跑去把羊背回来，烤全羊给吃了。公冶长嘴馋，把羊下水也给炖了吃了，那只鸟什么没吃着，很生气，要报复公冶长。

过了几天，那只鸟又飞过来，"公冶长公冶长，山南有只羊，你吃肉来我吃肠。"公冶长跑去一看，不是羊，是个死人，正在他犹豫之际，差人来了，就认定人是公冶长杀的，把公冶长"缧绁"以后，投进了大狱。

小时候，这个故事是听我爷爷给我讲的，当时只是觉得好玩，记得很清楚。

我们听听孔子怎么说公冶长。孔子说："可以把女儿嫁给他。虽然他坐过监狱，但他没犯罪。"孔子还真就把女儿嫁给了公冶长。公冶长在孔门七十二贤中，位列第二十，十分贤德，孔子就是看重他的人品和能力。

古人认为"人伦莫重于婚姻，匹配莫先于择德"。再者，孔子认为"治政有理，而农为本"。公冶长非常重视农业生产。孔子还认为"生财有时，而力为本。"公冶长个人能力特别强，保障家里过上富裕生活还是不成问题的。

公冶长不仅是个好弟子，还是个好姑爷。只是，我们不知道公冶长娶的是哪个女儿，也不知道孔子到底有几个女儿，但我想一定不止一个。因为，孔子除了有一个哥哥外，还有九个姐姐，孔鲤也该有几个姐姐妹妹才是。

5.2　子谓南容："邦有道，不废；邦无道，免于刑戮。"以其兄之子妻之。

上一则说的是孔子把闺女嫁给了弟子公冶长，这一则是说孔子又把侄女嫁给了另一个弟子南容。《论语》没提儿子侄子娶媳妇的事儿，倒是很重视嫁闺女。

南容，姓南，名宫括，字子容，也称南宫括。孔子弟子（第十五个出场）。孔子提到南容，就说："国家政治清明，他做官不被罢免；国家政治混乱，他又能够免于刑罚。"于是就把兄长孟皮的女儿嫁给了他。

孔子只有兄弟二人，哥哥叫孟皮。

孔子父亲叔梁纥娶有一妻一妾。正室生了九个都是女儿，妾生了个儿子叫孟皮，腿还瘸，照礼无法继承父亲爵位。记载可查，孔子是叔梁纥与颜徵在野合而生。

古时候，人们对大自然的依存程度高，对大自然的感悟也更为深刻、真切，对大自然的敬畏也比咱们现代人真诚。每到春天来临的时候，万物复苏，一派生机，是播撒种子的好时节，许多动物也正是在这时进行交配，人们认为，人的繁衍在这个季节也正当其时。

人们熬过了漫长的冬季，走出家门，感受万物萌发、复苏。当时有这么一个风俗，官府也极力提倡，人们来到郊外，登上春台，赏春游玩，鼓励有情人生儿育女，繁衍后代。

在叔梁纥的请求下，颜父将三女儿颜徵在许配给了年逾花甲的叔梁纥，第二年就有了孔子。

被孔子许嫁出去的这个侄女，就是孟皮的女儿。

这一则里，我们可以看出南容是个知进知退的人，安全系数比较大，把侄女嫁给他，当叔叔的放心。

5.3　子谓子贱："君子哉若人！鲁无君子者，斯焉取斯？"

孔子评价宓子贱说："这个人就是君子啊！假如鲁国没有君子的话，他是从哪里学到君子品行的呢？"这里"若"解作这个，"斯"解作此，前一个"斯"

解作此人，后一个"斯"解作此德，君子之德。

孔子这句话告诉我们：第一，鲁国有君子气象；第二，学做君子，身边要有榜样；第三，孔子在给子夏说"汝为君子儒，无为小人儒"的时候，他的弟子中已经有了君子，宓子贱就是其中一个。

宓子贱，姓宓，名不齐，字子贱，鲁国人，孔子弟子（第十六个出场），小孔子三十岁。《吕氏春秋》记载，宓子贱当单父宰时，实行"无为而治"，政绩突出，孔子极为赞赏，夸他前途远大，并预言宓子贱还可以做更大的官。

《吕氏春秋》里记载了这么一则故事：宓子贱治理单父，害怕鲁君听谗言误事。在去单父就职的时候，请求鲁君再派两名副官一同前往。

宓子贱走马上任来到单父，临朝的时候，命令两个副手，逐一记录到场官员的名字。每当二位副官书写记录的时候，宓子贱从旁边不时地扯拽他俩的胳膊肘，使他们不能正常书写，等到临朝的官员到齐的时候，他把刚才两位副官所写的字展示给大家看，还当众呵斥了二位副官，说他俩工作草率、不称职。

两位纷纷辞职状告宓子贱。鲁君听明白事情原委，说了句："宓子贱以此谏寡人之不肖也。"这句话的意思是说：宓子贱这是谏我做事不利，误纳谗言啊！

这位鲁君鲁首长尽管有过"误纳谗言"的错误，但一定算是个看得透、听得懂，积极正面的好老大，跟着这样的老大干，不憋屈，有前途。

掣肘的典故就来自宓子贱的这段故事，颂扬宓子贱委婉劝谏。

像宓子贱这样的人，既有极好的原则性，又有极高明的方法策略，这就是君子范儿。

5.4　子贡问曰："赐也何如？"子曰："女，器也。"曰："何器也？"曰："瑚琏也。"

子路、颜回、子贡跟孔子关系最密切，感情最好，说话也少了许多拘谨。这天，听到老师把师兄宓子贱比作君子，子贡就跑来问孔子："老师，您看我端木赐怎么样啊？"孔子说："你如同一件器物。"

老师不是说"君子不器"吗？怎么个意思？我子贡非君子呗！

子贡问孔子："那我是什么器物啊？"孔子说："瑚琏。"

瑚琏是古时候祭祀用的器皿，通常用名贵的玉石制作而成，在夏朝叫瑚，在商朝叫琏，到周的时候称作簠簋，也称瑚琏。

北京有一条小吃街，叫簋街，就是簠簋的簋。意思是，在这条街上吃饭，全是上等的可以贡神享用的美味。

我们可以理解瑚琏是一种至尊名贵的器物。

子贡在语言、外交、经商等方面都取得了极为突出的成就。子贡奉师命，"存鲁，齐，破吴，强晋而霸越"，纵横捭阖，叱咤春秋，战国后期鬼谷子的纵横术，该是源于子贡。孔子又特别注重学以致用，子贡把老师所教的学问应用得也最好，孔子评价子贡业已成器。

子贡是一个很执着的人，什么事情都要弄个子丑寅卯。说我是器，可器有大小贵贱，请问老师，我是何等器物？孔子说，你就是瑚琏，置于祭台，受人礼敬，尊贵无比，美玉雕刻，华美至极，你大器已成了。

那一晚，子贡一定做了个好梦。

我们今天所说的：大器晚成、为人大器、恨不成器，这些词儿都是从《论语》里，孔子与弟子子贡这段对话，借鉴推演出来的。

5.5　或曰："雍也仁而不佞。"子曰："焉用佞？御人以口给，屡憎于人。不知其仁，焉用佞？"

这个"雍"字指的是孔子的弟子冉雍（第十七个出场）。冉雍，姓冉，名雍，字仲弓，鲁国人，小孔子二十九岁，前面出现的冉求是冉雍同父异母的弟弟，这兄弟俩同岁。那年，一下添了俩儿子，他爹得多高兴啊！

冉雍品行好，度量大，学问出众，孔子说他仁而有德，可面南称君。文中"佞"解作能言善辩，"御"解作抵挡，"口给"（jǐ）解作口才好（给是丰足的意思）。

有位师兄说："冉雍这个人有仁德，就是口才不好。"孔子说："为什么一定要口才好呢？如果指着能言善辩对付别人，一定会招来别人的厌恶。我不知道冉雍是否称得上仁德之人，但为什么一定要有口才呢？"孔子前后用了两句"焉用佞"来质问这个弟子，想就此矫正这个弟子的错误认知。

春秋末期，人们开始推崇那些能言善辩的佞人。孔子提醒他的弟子们，这不是一个好的现象，还是要把精力放到仁德修养上，不要赶时髦。

到了战国时期，那个自称鬼谷子的人，教出了俩学生，论口才，那叫一个了得，一个从北说到南，说是在合纵；一个从西说到东，说是在连横，直说得狼烟四起，战火纷飞。这二人一个叫苏秦，一个叫张仪。本来是"春秋"，愣是给说成了"战国"。

佞人总是表现得能言善辩，其实很多时候会扭曲事实，掩盖真相，经常会误导众人。孔子是提倡"言寡尤，行寡悔"的，冉雍与时俗不同，谨记师训，仁厚缄默，深得孔子赞赏。

5.6　子使漆雕开仕。对曰："吾斯之未能信。"子说。

"漆雕开"是人名，前几年在成都机场的电子屏上，还真见到过姓漆雕的人。漆雕开，复姓漆雕，名开，字子开，蔡国人（或鲁国人），孔子的弟子，小孔子十一岁（第十八个出场的弟子）。

漆雕开为人刚正不阿，因此而无罪受刑导致身残。他主张"色不屈于人，目不避其敌"，有"勇者不惧"的美德。

漆雕开在学问上提出性善性恶两重性理论，最早提出"天理"与"人欲"的概念。到了南宋，被朱熹发扬光大，朱熹提出"存天理，灭人欲"。这一思想影响了后人一千年。这是后话。

一天，孔子让漆雕开去做官，漆雕开说："老师，我对做官这事还有些信心不足。"孔子听了以后非常开心。

因为孔子一直都在宣扬礼让精神，以谦恭为美德。漆雕开说，我学问不够，德行不足，还需要再行深造，现在让我去做事，我还没有足够的信心。孔子一听，弟子谦恭礼让、目标远大，自是心中欢喜。

大器晚成的背后还有许多故事，比如少年得志大不幸。

刘备卧龙岗三顾茅庐，可谓至真至诚，但诸葛亮也不是端架子，他真是想再等等，等到学问更加纯熟以后再出山，可是他皇叔刘备着急呀！非请不可，带着关张俩兄弟，冒着漫天大雪，跑来好几趟，孔明也真是不得已。假如要是再等上几年，等诸葛亮"吾斯之能信"就不是"自比管仲乐毅"了，诸葛亮可以像张良、刘伯温一样，辅佐一代明君一统天下，创不世之伟业。

要真是那样，哪有三分天下？何来"三国演义"？只可惜，历史没有假如，比方说：假如孔明也深得孔子，哪怕是漆雕开真传。

孔子讨厌那些靠着能言善辩对付别人的人（"御人以口给"），喜欢那些自谦"我对做官这事还信心不足"（"吾斯之未能信"）的人，孔子喜欢这些知进知退、有自知之明之人。

如今的浮躁，不知能有多少人被漆雕开这"吾斯之未能信"所开蒙点化。

5.7　子曰："道不行，乘桴浮于海，从我者其由与！"子路闻之喜。子曰："由也好勇过我，无所取材。"

《论语》里记载，子路有几次对孔子不高兴、耍脾气，这次，孔子也拿子路开回玩笑。

孔子说："如果我传的道行不通，我就乘一只木筏子漂洋海外。到那时，追随我的人，可能只有仲由吧！"子路一听喜出望外。孔子接着说："仲由的勇敢超过了我，但是，这种行为却不可取。"

孔子周游列国，传仁道于四方，上则可报周公，下则服务百姓。但天不从人愿，一路走来，了无收获，孔子说我也避世算了，离开这个暖不热、含不化的顽石般的乱世，乘个木筏出海，漂哪儿算哪儿。我就想啊，只有见义不避险的子路追随我吧！

子路厚道，信以为真，喜不自胜。孔子笑着说，你的勇猛胜我百倍，但是，这不可取呀！子路一听，嗷！原来逗我玩的呀！

5.8　孟武伯问："子路仁乎？"子曰："不知也。"又问。子曰："由也，千乘之国，可使治其赋也。不知其仁也。"

"求也何如？"子曰："求也，千室之邑，百乘之家，可使为之宰也。不知其仁也。"

"赤也何如？"子曰："赤也，束带立于朝，可使与宾客言也。不知其仁也。"

鲁国大夫孟武伯问孔子："子路这个人仁吗？"孔子说："不知道。"

孟武伯不死心，又问一遍，孔子这才回答道："仲由这个人，假如一个拥有一千辆战车的国家，你可以用他来管理军务，就是不知道他算不算仁了。"

孟武伯接着问："冉求这个人如何？"孔子回答说："冉求啊，假如一个拥有千户人家的县（邑），享有百辆兵车的家族，可以安排他去当个县长（邑宰），我不知道他算不算仁。"

孟武伯又问："公西赤怎么样啊？"孔子回答道："公西赤啊，可以让他穿着礼服，站在朝堂之上，去和宾客沟通交流搞接待，我也不知道他算不算仁。"

在这里，公西赤是第一次出场（第十九个出场的弟子），他也是孔子的弟子，小孔子四十二岁。公西赤，复姓公西，名赤，字子华，亦称公西华，出生于河南省濮阳，曾为孔子出使齐国，表现良好，所以孔子说他"可与宾客言"。

孔子心里对于仁的标准设置得很高，您要是与他谈论一些有关仁的道理、学问，他会很乐意，有问必答，只是您说某个人仁与不仁，孔子是不会轻易做出判断的。所以，刚开始，孟武伯问子路是否有仁德时，孔子是回避的，说不知道。可孟武伯直性要问，孔子也只好勉为其难。对于自己教出来的弟子，不能王婆卖瓜自卖自夸呀！

其实，仁的概念、含义真正清晰提出的是和孔子同时代的左丘明，左丘明小孔子二十三岁，孔子去世后，左丘明又活了五十七年，享年八十岁。

左丘明除了注解孔子的《春秋》（《左氏春秋》）外，还写了一部《国语》。在《国语》里，左丘明说："为仁与为国不同，为仁者爱亲之谓仁，为国者利国之谓仁。"左丘明把"仁"解释得就很简单，认为"爱亲""利国"就可称为"仁"。

左丘明所说犹如"入则事其父，出则事其君"，家庭工作两不误，齐家治国都做好了，在家称孝，在外称贤，这算是一个仁者。

曾子在《大学》里说："亡人无以为宝，仁亲以为宝。"子思在《中庸》里也说："仁者人也，亲亲为大。"这些都说明，到了春秋晚期，"仁"字才开始大量出现，含义也有所丰富，"仁"字也开始被用来喻指统治者、"君子"、"仁者"等所具有的一种美德。

对于孟武伯，孔子想，您是实权派"三桓"之一，想选用人才是吧？仁不仁的您尽管放心好了，这都是我孔丘的弟子，人品免检。我告诉您他们都有什么专长吧！子路能带兵打仗，在一个千乘之国可以统领三军；冉求能搞行政管理，可以当个千户邑宰；公西赤能搞外交礼宾，可以在礼宾司做司长。

圣人说话清晰明了，您不知道自个想问什么不要紧，只要您开口说话，孔子就能把您想问的，甚至想问还不知道问什么，都能给您一一作答。

5.9　子谓子贡曰："女与回也孰愈？"对曰："赐也何敢望回？回也闻一以知十，赐也闻一以知二。"子曰："弗如也！吾与女弗如也。"

　　这天颜回不在，孔子问子贡："你与颜回比，谁更强些呢？"子贡说："老师，我哪敢跟颜回比，颜回听一个道理能推知十个道理，我也就听一个道理推知一两个而已。"孔子说："咱都不如他呀！我赞同你的说法，真的不如他。"

　　孔子的意思是，都把你子贡比作"瑚琏"了，你可别飘，可别不知道自个是谁了。子贡听到老师拿自己跟颜回比，立刻诚惶诚恐，说："赐也何敢望回？"往远看、往上看用"望"字，子贡是谦虚到家了。人难得有自知之明，孔子这回心踏实了。

　　自知者不怨天。孔子说："不怨天，不尤人，下学而上达。"上达就是上达天命，知天理。有自知之明的人，脚踏实地，下学礼乐可上达天命，他有足够的上升空间，可以彻悟天理。

　　老师这么有心，弟子又不负老师，自谦自励，真是一幅感人的画面。

　　5.10　宰予昼寝。子曰："朽木不可雕也，粪土之墙不可圬（wū）也，于予与何诛？"子曰："始吾于人也，听其言而信其行；今吾于人也，听其言而观其行。于予与改是。"

　　宰予大白天睡觉。孔子说："腐朽的木头不可以用来雕刻，粪土之墙没有必要进行粉刷，对于宰予，我还有什么可以责备的呢？"文中的"圬"字是用于给墙抹灰的工具，"诛"解作责备、谴责。

　　也有人认为，朽木、粪土之墙是比喻宰予身体虚弱，需要白天睡觉来恢复体力。不过，我更倾向于孔子是在批评宰予，因为，在《论语》中，有关宰予的内容几乎都是负面的事情，他甚至挑战礼法，刁难老师，孔子作为他的老师骂他几句以示警醒亦无不可。况且，这样的骂是善意的棒喝，棒痛了喝醒了对于宰予都是可遇不可求的成长机会。宰予此时需要一个智者前来搭救。我们说，宰予的醒悟之日，即是他得救之时。

　　孔子接着说："起初，我对待一个人，是听其言信其行；如今，我对待一个人，是听其言观其行。这都是宰予令我有了改变的。"孔子的觉知觉醒能力真是了得，他说颜回能做到"不贰过"，其实孔子也是不会在同一处再次被绊倒摔跤的人。

　　5.11　子曰："吾未见刚者。"或对曰："申枨（chéng）。"子曰："枨也欲，焉得刚？"

孔子说："我还没有见过刚正不屈的人。"作为有德君子，首先要品性刚正。在此，孔子也是有意提出这个话题，以便引发这方面的讨论。

孔子话音未落，有人就说："申枨是这样的人吧。"有人接话是好事，证明有人有想法，过脑子了。孔子认为"学而不思则罔"，这种互动式的交流学习孔子喜欢，这也是"学习"二字的本义，它能促进思与学的快速切换，学习效果好，在孔子独创的"游学、行教"中，就有大量这方面的例子。孔子随即回应："申枨也有贪欲，他哪里称得上刚正不屈？"

申枨，姓申，名枨，字周，鲁国人，孔子的弟子（第二十个出场弟子），精通六艺。

朱熹解释《大学》中"明德"一词时，这么说："明德者，人之所得乎天，而虚灵不昧，以具众理而应万事者也。但为气禀所拘，人欲所蔽，则有时而昏；然其本体之明，则有未尝息者。"

有贪欲的人，物引利诱，心为所动，其所言所行必定偏颇。本来申枨是能够刚的，孔子说他就是被欲望遮盖了（"枨也欲"），还晕着呢（"有时而昏"），一时半会儿刚不了。

应该是申枨入孔门时间较晚，还没取到真经、悟到真理。

我们常说的"无欲则刚"，出处就在这里。

5.12　子贡曰："我不欲人之加诸我也，吾亦欲无加诸人。"子曰："赐也，非尔所及也。"

一天，子贡跑到孔子这里自我表白，说："我不希望别人强加给我，我也不希望强加给别人。"孔子听完子贡的表述后，说："赐啊！这可不是你所能做得到的。"

子贡说的"我不欲人之加诸我也，吾亦欲无加诸人"和"己所不欲，勿施于人"意思近似，而这句"己所不欲，勿施于人"，是孔子的另一个弟子仲弓向孔子询问什么是仁的时候孔子说的一句话。

我们知道孔子对仁的标准要求极高，而子贡说的话接近于仁的境界，所以孔子说："赐也，非尔所及也。"孔子的意思是子贡你目前还没达到仁的境界。

既然还没到仁的境界（"非尔所及"），硬要闯，是不会有好结果的。孔子给子贡踩了一个急刹车。

　　现代人热衷一个做法，叫赞美教育。这在古代中国并不提倡。我们的古人最忌矫情。我们看到孔子更多的是指出弟子们的问题所在，极少夸谁。古代兵家最爱讲：骄兵必败，哀兵必胜。甚至老子在他的《道德经》里也说："抗兵相若，哀者胜矣。"两军对垒，实力相当的时候，悲愤的一方更容易获胜。

　　赞美教育也好，非赞美教育也好，这是教育工作者的工作，这里不便多说。只是这赞美出来的孩子总出问题，骄狂也好、轻慢也好，轻者抑郁，重者轻生，的确是件头疼事。

　　5.13　子贡曰："夫子之文章，可得而闻也；夫子之言性与天道，不可得而闻也。"

　　这里"性"解作性命、命运。子贡说："我老师在文献方面的学问，可以听得到；我老师所讲的命运和天道，我们听不到。"

　　子贡此话透漏出一个信息，孔子是讲过命运和天道方面的学问的，只是子贡说这话的时候，他个人的进学还不够。

　　《论语·先进》里说子贡在商场上搞投资"亿则屡中"（每次判断都很准确），总能赚大钱。孔子去世后，弟子们守孝三年，三年后众弟子散去，子贡自己在孔子墓旁搭建一个凉阴（棚子），又多为老师守孝三年。子贡比孔子小三十一岁，孔子去世时他才四十出头，我们可以推测，他在凉阴（守丧住的庐屋）里参悟天道人道，空闲时略施小术，就算是"运筹于帷幄之中"了，他的团队在商场上就能要风得风唤雨来雨，千里奔走，日进斗金。

　　我们前面说到过，《论语》只是孔子学问的一角，整部《论语》里找不到关于"性与天道"的内容，孔子是不会藏着掖着该教不教的，只要你到了那个层次，孔子就会对你"循循善诱""诲人不倦"。

　　如今，我们不能"得而闻之"，我想这一定是子贡的主意，这样高端、深奥、神秘的学问被子贡按着秘而不传了。

　　5.14　子路有闻，未之能行，唯恐有闻。

　　这里的"有"通"又"。记载说："子路获得一些学问，还没来得及去践行的时候，就唯恐又要学新的学问。"

学习忌讳贪多，最怕囫囵吞枣，这不是为己，这是害己。子路如有所学，未能躬行实践，内心里就会焦虑不安，只有践行所学，有了切身体会，"学而时习之，不亦说乎"了，才肯再去学习新的学问。

阳明先生最讲"知行合一"，他说知而不行就不是真知。有文字记载的，能够做到知行合一的人，子路该是第一人（他老师不能算）。

其实，今天的教学就存在这个问题，学校教学做不到因材施教，有些情况就如放羊，鞭子一甩一起出门了，鞭子再一甩一起又回来了，学生们有的学会了，有的没学会，老师不管，"义务教育"嘛，只是"尽尽义务而已"，误人子弟，实在是需要及早纠正。

5.15　子贡问曰："孔文子何以谓之'文'也？"子曰："敏而好学，不耻下问，是以谓之'文'也。"

文中提到的这个"孔文子"，姓孔，名圉（yǔ），"文"是谥号，"子"是尊称。孔文子是卫国大夫，他既是卫灵公的女婿又是卫出公的姐夫，绝对的"皇亲国戚"，此人聪明好学又谦虚恭敬。

一天，子贡问孔子："老师，他孔文子凭什么得到一个'文'的谥号呢？"

孔子说："这个人聪敏好学，不耻下问，因此才给他这个'文'的谥号。"

古时候，大夫这个阶层的人作为很宽泛，每每都有很多故事。他上要对诸侯负责，而诸侯是一国之君，国君的优越感他没有。他对下既要在人格上做表率，又要在工作上出成绩。孔子说孔文子"敏而好学，不耻下问"，这在大夫里面不多见，实在是具备了很好的修为和境界，谥以"文"号，当之无愧。

这个"敏"是机敏、迅捷、灵活的意思。在实践中发现需要掌握的学问，及时抓取，不肯放过。并且，孔子说他"好学"，这个"好"的境界是很高的，这是孔子对这位孔文子极高的评价。

孔子还说他"不耻下问"。"上问"也好，"下问"也好，他孔文子无所谓，能够做到"学以为己"，当仁不让于师，当学不耻下问，只专注自己学问的精进，能够身心笃定。这在佛家属于没有了分别心，已经接近了菩萨的境界，谥之以"文"、有何不可？

5.16　子谓子产："有君子之道四焉：其行己也恭，其事上也敬，其养民也惠，其使民也义。"

这个"子产"，姓姬，公孙氏，名侨，字子产，号东里。何晏在《论语集解》中说："子产居东里，因以为号。"所以，孔子也称他"东里子产"。

子产是郑穆公之孙，曾辅佐过两任郑公，执掌国政多年，是中国历史上第一个把法律刻在石碑上的人。子产提出：天道远，人道迩。做事重实效，讲实用。据此子产在中国法律史、哲学史上都占有一席之地。孔子曾专程去郑国"问道子产"。

郑国北面是晋国，南面是楚国，东有强齐，西有强秦，夹在四强中间不被狼吞虎噬，不能不说与郑国这位贤德的君子宰相有关。君子之道能趋吉避凶。

郑州市有一条路就叫东里路，我还曾经在那里住过几年。

子产为政清廉，死后竟无钱下葬，百姓们得知后，自发送钱送物，被子产家公子婉言拒绝。这种情况下，百姓们了无解忧，只好把许多金银投入他家封地上的一条河里，好让子产家人用时自取。金银财宝在清澈的河水里被阳光一照，金光四射，之后，人们称那条河为金水河，此名一直沿用至今。

如今，金水河穿越郑州市主城区，尽人皆知。而东里路与金水河之间，近处仅相去百米。想必是，孔子"问道子产"时，也该在东里街口、金水河边留下了身影。

据记载，清乾隆年间，还在郑州建立有东里书院。期望有一天，哪位仁公不吝破费重建书院，再引圣贤问道，再现中原大乘气象。

孔子评价子产说："子产具备君子之道的地方有四点：他的修为谦恭，他行事讲礼敬，他教养百姓多施恩惠，他役使百姓合乎道义。"这个评价非常之高，从子产的内在修为，到言行举止，再到为百姓做事，说子产既讲道义又施恩惠。

孔子认为子产内修外用，是在行君子之道。

5.17　子曰："晏平仲善与人交，久而敬之。"

文中"晏平仲"即是晏婴，姬姓，晏氏，名婴，字仲，谥号"平"，史称"晏子"。其父晏弱死后，他继任为齐国上大夫，历任齐灵公、齐庄公、齐景公三朝国相，辅政长达五十余年，功绩卓著。

一次，晏婴作为使臣出访楚国，楚王不怀好意，想羞辱这位大名鼎鼎的齐国宰相，就捆绑一人说是捉到了一位从齐国来的小偷。楚王问晏婴："齐国怎么这么多小偷呢？"晏婴答道：我听说在淮河以南种的一种树叫橘，它的果子甘甜无比，但是，您把它移栽到淮河以北，所结果子酸苦味臭，人们称它为枳，正所谓南橘北枳。看来是环境水土把他变坏了。

晏婴为齐国赢得了尊严。

《晏子春秋》里记载有晏婴的思想和逸事典故。

一次，晏婴陪同齐景公到鲁国访问，把孔子请到馆驿，向孔子问礼，彼此印象深刻。

后来孔子来到齐国，景公想把孔子留在齐国，就要送一块土地给孔子，这事被晏婴阻止了，晏婴的气量还是不够。实则，孔子与晏婴还是有比较多的接触，孔子对晏婴的认识是有客观依据的。

孔子说："晏平仲善于与人交往，你与他交往得越久，你就会越尊重他。"

我们生活中经常会遇到这样的人，刚接触，感觉还行，时间一长，问题出来了，你不仅不想见他，甚至想躲着他。

很多大学生，毕业后走向社会，就想尽快建立自己的社会关系网。他们利用各种渠道、场所，采取各种形式去建立联系，由于个人修养不够，知名度是有了，美誉度差，社会关系惨淡收网。

西汉思想家扬雄曾说："修其身而后交"，意思是把自己修得没毛病了，再出来交际。看来大学教材里没这一课。

由于晏子出生时间和去世时的年龄不详，我们只能推算一下。景公与晏子问礼孔子时，孔子接近三十岁的年龄，晏子应该五十出头，而孔子至少比晏子小二十岁。当时晏子至少在上大夫的位置上坐了二十多年。他的个人修养，以及国际国内的风云历练，致使他的风度、魅力给孔子留下了极好的印象。

所以，孔子说：跟晏子接触交往得越久，他的人格魅力越能更全面地展现在你面前，你就越发地对他佩服、尊重。

人生就是一坛酒，就看我们会酿不会酿了，晏子已经到了唇齿留香的地步。

5.18　子曰："臧文仲居蔡，山节藻棁（zǎo zhuō），何如其知也？"

"臧文仲"，姬姓，臧氏，名辰，谥号"文"，鲁国大夫，世袭司寇，曾事鲁庄公、闵公、僖公、文公四君。执政时主持废除关卡，鼓励经商。其间，正值齐桓公称霸，齐鲁力量对比悬殊，至此危乱之际，斡旋于各诸侯国间，显示出了其卓越的军事、外交才能。

孔子说："臧文仲密藏大龟，府上装修使用山形斗拱，梲柱上绘制藻草，这种做法怎么能算是明智呢？""居"解作藏，"蔡"解作大龟，做占卜用，"节"解作斗拱，"藻"解作水草，"梲"解作梁上面立撑的短柱。

这里要解释一下，古礼上用大龟卜卦是只有周天子才可以做的事，孔子认为臧文仲密藏大龟，有违周礼。另外，古文记有："藻，水草之有文者，以喻文焉。"而古人对于"文"，有很高的标准，比如：须是"敏而好学，不耻下问"才行，孔子认为臧文仲不知谦恭，有自夸嫌疑。

臧文仲在家里搞的那些东西，在孔子看来，实在是不明智，本想抬高自己，结果反而给自己减分了。

假如孔子站在秦岭山上，俯视山下建的那一千多栋别墅，也会问："何如其知也？"这能叫明智吗？可惜了那些砖瓦，本以为可以伴随高贵，身价百倍，谁曾想，旦夕祸福，成了一文不值的残砖碎瓦。

5.19　子张问曰："令尹子文三仕为令尹，无喜色；三已之，无愠色。旧令尹之政，必以告新令尹。何如？"子曰："忠矣。"曰："仁矣乎？"曰："未知，焉得仁？"

"崔子弑齐君，陈文子有马十乘，弃而违之。至于他邦，则曰：'犹吾大夫崔子也。'违之。之一邦，则又曰：'犹吾大夫崔子也。'违之，何如？"子曰："清矣。"曰："仁矣乎？"曰："未知，焉得仁？"

这一则里，子张问了孔子两件事，想通过老师对这两件事的分析、解读，从中得到些学问。

第一件事是楚国的一个叫子文的令尹三次被任用，又三次被罢免，还能保持内心的平静。问这人算不算一个仁者。"令尹"是楚国官职，相当于宰相。这个"子文"叫斗谷于菟（tú），芈姓，字子文。

第二件事说的是齐国发生了一件弑君事件。有个叫陈文子的大夫羞于与之同国，为此愤然离开齐国，四处奔波，寻找可以落脚的地方。他去了几个国家，对那里的为臣不忠极为不满。

那个弑君的主犯名叫崔杼（zhù），齐国大夫，齐丁公的后代。因齐庄公与其妻私通，崔杼一怒之下便杀了庄公，立庄公的弟弟杵臼（chǔ jiù 景公）为君，自己为右相。两年后，齐国内乱，崔杼在走投无路的情况下上吊自杀。

讲了这么多，都是背景，我们来看文章。

子张问："楚国的令尹子文，三次出任令尹一职，没表现出高兴的表情；又三次被罢免，也没有不满愤怒的表情。而且，每次还都把自己任职期间的施政之道毫无保留地告知新上任的令尹。"

我们先问个题外话，是这位叫子文的芈兄启发了徐志摩吗？"悄悄的我走了，正如我悄悄的来；我挥一挥衣袖，不带走一片云彩。"潇洒得有点夸张。

子张感觉有意思，就问孔子："这个人怎么样？"

孔子说："很忠诚。"

子张又问："到达仁了吗？"

孔子说："不知道啊！这算得了仁吗？"

子张再问："大夫崔杼杀了齐庄公，陈文子有四十匹马拉的十辆车，举家出走。来到一个国家，一看便说：'这里的执政者和崔杼是一样的货色啊！'于是又毅然离去。又来到一个国家，再一看，说：'这里的执政者和崔杼是一样的货色啊！'于是再一次毅然离开这个国家。这个陈文子怎么样？"

孔子说："这是个清高之人。"

子张问："到仁的境界了吗？"

孔子说："不知道啊！这算得了仁吗？"

子张是想借着两件事情问关于仁的学问。

楚国的芈子文有极好的职业操守以及对国家的忠诚；齐国的陈文子是足够的清高，绝不苟且，绝不同流合污。这些跟仁没有任何关系。子张还没把忠诚、清高、仁德的概念搞清晰。

芈子文忠诚，陈文子清高，孔子一语道破。

5.20　季文子三思而后行。子闻之，曰："再，斯可矣。"

我们在平日里，对别人也好，自己也好，在需要做出重要决定的时候，常会想到三思而后行。可是到了孔子这里怎么就不对了呢?

其实,我们每每看到孔子在说人的时候,他又是在说事;你看他在说事的时候,他又是在说人,孔子往往借人说事,有时又借事说人。

孔子教育人是"因材施教",因为每个人的情形不一样,你很难用一种方法解决不同人的不同问题。

这一则三思而行是在借事说人,季文子做事犹豫,难于决断,孔子是在就事醒人,告诉他"再,斯可矣"。过一下脑子就可以了,不要优柔寡断。

我是比较急性的那种,比如,去买衣服,整层楼几十家店面,我通常会在走进的第一家店里就把要买的买齐,极少去做更多的比较。而我的一个同学,即便去买一根葱,也要转遍整个菜市场。有人说,这是性格使然。对于我需要的是"三思",而我的那个同学"再,斯可矣"。

当我们对自己有个比较清醒的认识以后,其实是可以进行一些自我调整的,这样可以少一些极端,多一些中庸,时间一长,在我,自然会多一份温良跟圆融;对于我的那位同学,则会多一份果敢和善断。

有一个词儿叫教条。意思是只准相信,不许怀疑,更不许修改。想来我们在生活中时常是相当的教条,总拿一句什么"言"作证词,全不看事实如何。孔子绝无此类现象,即便是如"三思而行"这样的金句也要看着具体事情打个折扣,"再,斯可矣"。

5.21　子曰:"宁武子,邦有道,则知;邦无道,则愚。其知可及也,其愚不可及也。"

孔子在这里提到的这个"宁武子"是卫国的一个大夫,名俞,谥号"武子",朝歌(河南淇县)人。孔子说:"宁武子这个人,当国家政治清明时,他就显得聪明;当国家政治混乱时,他就装傻。他的那种聪明别人可以做得到,他的那种装傻是别人做不到的。"

宁武子经历过一段战乱岁月、非常时期。北狄入侵中原,朝歌失陷,后来还是在齐桓公的帮助下才得以复国。

这时,宁武子开始在卫文公身边供职,成绩出众。此时的卫国也从废墟中崛起,逐渐恢复了元气。

到了卫成公时代，成公在一时的繁荣景象之中迷失了，他远贤人，用佞臣，致使卫国再次陷入混乱之中。许多功臣或遭受迫害，或离家出走，而宁武子则整日装聋作哑，隐忍韬晦，装起糊涂来。

宁武子是个精通智愚之道的人。

智愚之道可谓高明，当智则智，当愚则愚；智求有功，愚得安宁。愚是要韬晦隐忍的，是在等待时机，时机不成熟，藏智于愚，藏不住就会招致麻烦。用智立功容易，藏智成功就难了，所谓大智方能若愚，孔子认为宁武子做到了。

都知道诸葛亮智慧高明，其实更多的是得益于刘备蜀汉的政治环境好，它打出的政治口号"恢复汉室"，这恰逢其时，又恰遇其人其事，还又合乎义理。

司马懿就惨了点儿，曹家人并不完全信任他，曹操是"挟天子以令诸侯"，名不正言不顺，别说他司马家族了，就是他曹孟德，在群臣呼吁他称帝的大好形势下，也没敢称帝。憋屈吗？一定憋屈，只好说我做周文王好了，让我的儿孙们称帝去吧。果不其然，曹操一死，曹丕继位后当年就称了帝。就是因为"邦无道，则愚"的道理在那里摆着，他雄霸天下的曹孟德都只能如此，不敢舒展，你司马懿就得藏着、装着，"则愚"。

说某甲"愚钝至极"、某乙"愚不可及"，闹了半天，都是在夸他们呀！

5.22　子在陈，曰："归与！归与！吾党之小子狂简，斐然成章，不知所以裁之。"

文中"陈"字指陈国，就是"包公陈州放粮"的那个陈州，今天的河南淮阳。"狂简"解作志大而功不遂。"斐然"解作有文采的样子。"章"解作花纹有条理。"裁"意为剪裁端正，解作匡正。

孔子在陈国的时候，说："回去吧！回去吧！我的这些弟子们呀！狂傲不羁，多大志大言，也文采斐然，我还不知如何匡正他们呢。"

那么，孔子这是要回哪儿呢？孔子最初是想行道于天下，可是不得时运，一路走来，齐国、卫国、曹国、宋国、陈国、蔡国、楚国等，孔子先后去过几十个国家，很是不得志。但是，孔子清楚，他的道，他的学问，周公传下来的文明火种，一定可以燎原、光大，他必须把它传下去。他的那些弟子，也和孔子一样，相信大道将行，他们个个信心百倍，志向远大，学问也成绩斐然，就是有点长荒了，需要修剪。他们在孔子的父母之邦鲁国等候着孔子早日归来，他们需要这个老师回来修剪匡正、传道解惑。

孔子回去，除了传授学问、培育弟子之外，还要整理典籍文献，这些都是他的使命，需要他去完成。

5.23　子曰："伯夷、叔齐不念旧恶，怨是用希。"

孔子说："伯夷、叔齐不记旧恨，怨仇因此就少。"这里的"是用"解作因此、是以。"希"解作稀少。

孔子最为推崇的人当中就有伯夷、叔齐。伯夷、叔齐属于极为清高之人。清高的人容易对有问题的人和事产生怨恨，这些清高的人通常缺乏包容心，往往会跟人结下梁子，生成怨恨，埋下仇恨。而伯夷、叔齐不是这样的，他们不仅清廉高尚，而且还宽怀慈悲，对那些旧有的怨恨能够宽容不记。在他们宽恕别人的同时，也使得自己很少遭人怨恨。

没人怨恨的日子才是舒心快乐的日子。

"恶"解作隔阂、仇恨，"旧恶"是旧有的怨恨。

尘世中，人与人之间发生摩擦、碰撞是很平常的事，事情发生了，当下解决了，不往心里去就没问题。

但是，毕竟都是尘世里的俗人，做到"心无挂碍"实在不易，可如果真能做到了，真放下了也无大碍。

孔子说"不念旧恶"，是说那个过去了的"旧恶"，就让它过去好了。"不念"就是不要再起念，或是不因那个"旧恶"生心，生一个怨恨心。一旦那个"旧恶"生了恨，麻烦就会接踵而来。

孔子告诉我们，伯夷、叔齐就能按着那个"旧恶"不起一念，恨就不生了，麻烦也就不会来了。

功夫全在那个不生杂念（"不念"）上。

5.24　子曰："孰谓微生高直？或乞醯（xī）焉，乞诸其邻而与之。"

孔子说："谁说微生高这个人直爽？有人向他借酸味料汁儿，他家没有，去邻居家借来再给人。"

　　微生高，复姓微生，名高，鲁国人，孔子弟子（第二十一个出场者）。

　　"醯"是一种酸味蘸料。周朝的时候，人们吃饭，食物在锅里煮熟之后，捞出来，要在料汁儿里蘸一下再吃（就跟现在吃的涮锅差不多），讲究味道。除了这种酸味料汁儿外，还有一种常吃的酱料，叫醢（hǎi），是一种用各种动物肉制成的肉酱。

　　这天，可能是有个熟人饭烧好了，发现家里的蘸料吃完了，没有及时调配，因为跟微生高熟悉，跑来向他借，微生高家里恰巧蘸料也吃完了，他没直说，就跑到自己的邻居家借了来给熟人。

　　孔子认为微生高这人不够直爽，做人不应该这样，你有就借给人家，没有给人家说一声就行了。孔子提倡做人直来直去，微生高有讨好人家的嫌疑。你借邻居的，就欠邻居一个情，回头那个朋友知道你是跑去邻居家借的，也会心生不安，这事儿就稠了。如果直说："我家蘸料也吃完了。"即刻就翻篇儿了。微生高讨好人那是有求于人，应该是有私心。

　　如果孔子还活着，当咱的央行老大，让人头疼的三角债问题就有可能彻底解决。

　　孔子曾说："众人好之必察焉"，大家都说微生高直爽，孔子就警觉了，别人去他家借料汁儿这件事被孔子知道了，于是作为案例拿来教诲弟子。

　　5.25　子曰："巧言、令色、足恭，左丘明耻之，丘亦耻之。匿怨而友其人，左丘明耻之，丘亦耻之。"

　　孔子说："花言巧语，表情伪善，过于恭敬，左丘明以此为耻，我也认为可耻。隐匿内心的怨恨，表面上又很友好地对待人家，左丘明以此为耻，我也认为可耻。"在这里，"巧言"解作言辞工巧。"令色"解作表面颜色柔和。"足恭"解作恭敬过度。"匿怨"解作私底下怨恨。

　　人际间交往，古今中外没有不讲礼仪的。而礼仪的本质是一个人内心的善良、真诚、恭敬。虚头巴脑，巧舌如簧，谄媚奸诈，周围的人离你而去，到头来把自己的路堵死了，倒霉的还是你自己。

　　没有人一生靠讨好别人过上好日子，那样做，别人不难为你，自己也过不去。这既没有尊严可言又失了人品，更是一种耻辱。所以孔子说，我跟左丘明都以此为耻。

左丘明曾任鲁国史官。他所作的《左氏春秋》，用以解析孔子的《春秋》。那是我国现存最早的、第一部较为完备的编年体史书。左丘明被称作中国史学的开山鼻祖。他双目失明后又作《国语》，这两本书记录了西周、春秋许多重要的史实。

孔子、司马迁均尊左丘明为"君子"。孔子对左丘明非常尊重，所以才拉上他站队，说左丘明都以此为耻，用以加重分量。

为什么孔子要拉上左丘明呢？这要说说古代中国史官的职业操守，以及人格和气节。

前面子张提到的那个齐国大夫崔杼弑君的事，齐国太史伯要将此事载入齐国史记，崔杼问太史伯这件事你准备怎么写，太史伯直言道："夏五月乙亥，崔杼弑其君。"崔杼一听，"弑君"？这可是诛灭九族的大罪，要求太史伯修改，太史伯不从，崔杼拔剑杀了太史伯。

古代历来有"兄终弟及"的传统，太史伯的三个弟弟，二弟、三弟、四弟继续坚持按事实记载。崔杼又先后杀了太史伯的二弟、三弟，在四弟依然写下"夏五月乙亥，崔杼弑其君"时，齐国的正义之士对崔杼怒不可遏，崔杼这才罢手，没杀太史伯四弟。由于史官坚贞的职业操守，我们今天才得以知晓"夏五月乙亥，崔杼弑其君"的历史事实。

由此，我们看到古人对史官的尊敬那确实是由衷的，这也就不难理解孔子为何要说"左丘明耻之，丘亦耻之"了。

5.26　颜渊、季路侍。子曰："盍各言尔志？"子路曰："愿车马、衣轻裘与朋友共，敝之而无憾。"

颜渊曰："愿无伐善，无施劳。"

子路曰："愿闻子之志。"

子曰："老者安之，朋友信之，少者怀之。"

可能是有商务接待，那天子贡不在，颜回、子路侍奉孔子。孔子说："咱们何不谈谈各自的志向？"子路说："老师，我愿意把自己的马车皮衣与朋友共享，即便是用坏了、穿破了我也不觉遗憾。"

子路就是这样仗义疏财。如果是现在，子路肯定是位"单爷"（朋友聚会他买单）。

颜回说:"即便是有了一些成就,情愿不自夸,也不表功。"颜回说起话来总是温文尔雅。

子路说:"愿闻老师您的志向。"

孔子说:"我的志向是,老者得到安抚,朋友获得信任,年轻人受到关怀。"

我们可以听出:子路仗义,颜回温良,孔子仁爱。

我们还能领悟到,老者得安全家就能安;能赢得朋友信任,天下的路就可以任我行;年轻人真能得到关怀,您躺着都能赢天下。孔子所说志向的三个方面,就是仁人君子所应有的作为。

孔子什么时候都是胸怀天下,他的志向就是让天下人各得所需,各得其安。

5.27　子曰:"已矣乎!吾未见能见其过而内自讼者也。"

孔子说:"罢啦!我没有见过能够发现自己的错误,又能在心里做自我批评的人。""内自讼"解作在心里责备自己。

没人会否认每个人都会犯错误,只是对待错误的态度全然不同,有的人从不认错,有的人会狡辩,有的人会掩饰,有的人也会虚情假意地承认却心里不以为然,而真正做到真诚的"内自讼"的人实在是凤毛麟角。

孔子是非常看重这个问题的,用"罢啦!"来加重语气,以引起弟子们重视。可惜的是,在这个方面,后儒们没能就此发挥,循着这个思路去阐发、延展。这是我们文化里的一项缺失,实在是遗憾。

西方文化里补足了这一缺,基督教里就有忏悔这一项,其实和孔子说的"内自讼"有异曲同工之妙。

忏悔是宗教徒对自己的罪过表示痛心和悔改,以求上帝赦免的一种赎罪方式,是一种自我解脱。

"内自讼"是对自己过错的自我批评和自我责备,这样做,对他人是一种公平,对自己是一种疗愈。

电影导演冯小刚也看到了这一点,利用电影艺术的夸张手法,狠狠地幽默了中国人一把。

这部电影的名字叫《非诚勿扰》,葛优饰演的秦奋,随女友来到日本,了结业已失落的情感。汽车行驶在乡间公路上,秦奋发现了一座教堂,这是他第一次走进教堂。好友告诉他,干过什么坏事都可以跟教堂里面的牧师说,牧师是绝不会透露出去的。

于是乎，秦奋抱着牧师的腿从日出说到日落，把牧师都说傻了，只好编造谎言说，我这里教堂太小，装不下先生您那么多的罪恶，您还是换座大一点教堂忏悔吧。

相信看过这部电影的朋友都会印象深刻。

回头，咱也搞个"自讼堂"，由居委会组织，每个月集会三次，上中下旬各一次，每个人都得到"自讼堂"里"内自讼"两个时辰。倒一倒内心里的垃圾，善养一下咱们那颗羞耻心，做一个干净、清明的中华好儿郎。

5.28　子曰："十室之邑，必有忠信如丘者焉，不如丘之好学也。"

孔子说："即便只有十户人家的小地方，也一定会有像我一样忠诚守信之人，只是未必像我这样，那么喜欢学习的。"

孔子以及之前年代的人们，做到忠信是很平常的事，很少因为不忠不信对不起谁。他们没有那些整晚睡不着的，什么神经衰弱、失眠、抑郁，一概没有。

孔子对于学习是十分自信的，认为自己已经到了"好学"的程度。这个好学是说喜欢学，把学习当作爱好。人们总说："好这口。"真好这口就能天天吃也不烦，好了就放不下，念念不忘。

在孔子眼里，算上他自己，再就是他那个最得意的弟子颜回和那个"敏而好学"的卫国大夫孔文子了，这个世界就他们三个人够得上好学的标准。

我肯定算不上孔子说的好学，但能保持天天阅读，也已经坚持了几十年了。一次，朋友对我说，学习是件很苦的事儿呀！我说，我学习不为考学，不为升职，不为加薪，我还能这么做，你认为我会觉得苦吗？朋友不解地问，这到底是为什么？我说：就好这个。

我也希望，将来有一天能像孔子那样，"发愤忘食，乐以忘忧，不知老之将至"。即便坐在了轮椅上也不寂寞。

雍也篇第六

这一篇记录有政治、哲学、人性等内容。说到好学，孔子说颜回能够"不迁怒，不贰过"。孔子还说：中庸是至高无上的道德。

6.1　子曰："雍也可使南面。"

孔子说："冉雍，可以让他当官，治理一方百姓。"这里"南面"是说面朝南方，做官的意思。为什么面朝南方就说是做官呢？

有一回，我在南方大山里旅行，和当地的人聊天，问到他家的田在什么位置时，他给我讲，田的位置很有故事。他说，原先住在山的南坡的，都是很有势力的人家，因为山的南坡日照时间更长，庄稼长得也更好，最没势力的人家都被赶到北坡去了。

在中原，盖房都盖四合院，四合院里朝南的屋子叫堂屋，"堂"就设在此屋，让这家里的长辈住。因为堂屋光线好，不潮湿，还亮堂，对屋主人身体好。

风水学上讲："山南为阳，水南为阴。"活人可不就得住南边好吗！

北宋时，大文豪苏轼被贬黄州，在黄州得了一块山坡地，在山的东面，尽管不及南面好，总是比西北面好些吧。所以苏轼做官尽管一直被贬，人生跌宕起伏，总算还好。他入了佛门，自称东坡居士，苏东坡的名字就是这样来的。

尽管官做得一波三折，好在诗词人生里，不仅乐趣无穷，还成就了鼎鼎大名。就因为有了大名鼎鼎的苏东坡，我们才知道是"大江东去"，也才明白"月有阴晴圆缺"，知道要"老夫聊发少年狂"，尽管"不识庐山真面目"，还好，"夜来幽梦忽还乡"。

这里说的是"山南""堂屋向南"。

官府设置也是这个道理，官府朝堂一定坐北朝南。作为这块土地的最高长官，谁不朝南他得朝南，他往那儿一坐，太阳照着他，其他人面向着他，就他脸上最有光。

这正是："近水楼台先得月，向阳花木易为春。"

中国的老祖先还在远古的时候就懂得了这个道理。所以，能在一个地方面南的，一定是这个地方的最高长官。孔子说："冉雍这人，可以让他面南。"意思是冉雍适合当官，应该当官。

为什么《论语》中孔子单说冉雍能面南做官呢？

《论语》记载的内容，涉及冉雍时，孔子都是在夸冉雍。比如："雍也仁而不佞。"说冉雍这个人仁德而不奸佞；"雍之言然"冉雍说得对呀！"贤哉雍也，过人远也"说冉雍贤德呀！远远超过普通人哪。仁而不佞，贤德出众，话又讲得那么好，孔子认为像冉雍这样的人为政一方，一定造福一方百姓。

作为弟子的冉雍，也真对得住一路看好自己的老师，他与闵子骞等师兄弟，据传共著《论语》二十篇，自己单独还著有六篇，可惜的是，"自经秦火，书已不存"，没能留存下来。

东西是没了，查无证据，真的假的不知道，可都这么说。但有一个结论是可信的，冉雍是个仁德君子，可以当个好官，能够造福一方百姓。

6.2　仲弓问子桑伯子，子曰："可也，简。"

仲弓曰："居敬而行简，以临其民，不亦可乎？居简而行简，无乃大简乎？"
子曰："雍之言然。"

"仲弓"就是冉雍，仲弓是他的字。子桑伯子，复姓子桑，名伯子，鲁国人，做过秦国的大夫，是一位著名的隐士，《孔子家语》上说他"轻世傲物"，"率意任情"。

仲弓由于老师说他"可使南面"当官，而自己的性格又多少跟子桑伯子有几分类似，想借着老师对子桑伯子的评论来修正提升自己，清晰一下为官之道。于是就来到孔子这里，询问子桑伯子这个人怎么样。

孔子说："做人还可以，处事也够简约。"

"居敬"是说一个人自处时内心谨慎恭敬，行为矜持庄重，用阳明先生的话说，这样的人心里有个定盘星。

阳明先生的心学传人，嘉靖、万历年间的李贽曾说："古人一修敬而百姓安，一居敬而南面可。"是说居敬就能当官。

那么"居简"——一个人自处时内心恣意任情，不懂约束，似心中无主，即便当了官也是个昏官。

"行简"是说出来做事简约干练，掌控全局，不会越俎代庖，绝不婆婆妈妈。

仲弓举一反三，说："持身恭敬，行事简略，用这种方式管理百姓，不是也很好吗？持身草率，行事简略，这不是太简约了吗？"

仲弓话音未落，孔子就感叹道："冉雍说得对呀！"

这一则里，孔子所说其实关键处就一个"简"字，被聪明的冉雍一把抓住，了悟其中妙义，将其恰当放到"居、行"中，当简则简，该敬则敬，无过无不及。冉雍这几句话赢得了孔子的肯定，"雍之言然"。

一句"言然"使冉雍忽觉七窍始开，天晴地朗，清明明一个大千世界。

仲弓"南面"当官上任之前，经孔子这么一点拨、梳理，心里清楚明了许多，原本忐忑的心，此刻踏实而笃定。

6.3　哀公问："弟子孰为好学？"孔子对曰："有颜回者好学，不迁怒，不贰过。不幸短命死矣，今也则亡，未闻好学者也。"

鲁哀公问孔子："你的弟子中谁好学习？"

孔子回答道："有个叫颜回的好学习，他从不把怒气转移发泄到其他人身上，相同的过错从不犯两次。不幸的是短命死了，现如今没这样的弟子了，再也没有听说过好学习的人了。"

一件事情经由我们心想意判，情绪上来，就可能怒气生发，这种事情每个人都难避免，颜回也有愤怒的时候，但是，颜回修养极好，平和友善，即便有怨怒上来，随即就能察觉，怒气即刻消散。

觉察力强的颜回，每次有过错，都能觉知明见，知错认错，加之颜回真诚通达，所经历的是非对错，一目了然，所犯过错，绝不让它重新再犯。不幸的是，"黄泉路上无老少"，颜回四十一岁就死了。

从认识论上讲，认识具有反复性，在反复的过程中，认识会不断提升。认识的发展是一条曲线行进轨迹，而颜回有极高的悟性，"不贰过"，他的认识走的近乎直线，类似于禅宗六祖慧能大师的顿悟法门。

古人常说，学习是为了变换气质。气质高雅则行事规整，这样就会少犯错误，而高雅的气质源于内心的纯正。所以说，圣人之学贵在正心，心地纯正气质才会高雅。

我们说，颜回的死是一个无法弥补的损失，说"无法弥补"是因为颜回死后，孔子说："今也则亡，未闻好学者也。"孔门道统绝后了！

6.4　子华使于齐，冉子为其母请粟。子曰："与之釜（fǔ）。"

请益，曰："与之庾（yǔ）。"

冉子与之粟五秉（bǐng）。

子曰："赤之适齐也，乘肥马，衣轻裘。吾闻之也，君子周急不继富。"

这个"子华"就是公西华（或公西赤）。"粟"，谷子，没去壳的小米。"釜、庾、秉"都是当时的计量单位。换算成现代的单位是：一釜为六斗四升；一庾则有十六斗；一秉则有十六斛；一斛为十斗。

这是一段有趣的故事，故事里有四个人物，公西华、冉有、公西华的母亲和孔子。故事说公西华要出使齐国，冉有替公西华的母亲申请些谷子，孔子说："给他一釜。"

冉有申请再多给一些。孔子说："给他一庾吧。"

冉有却给了他五秉。

事后孔子知道了这件事，说："公西赤到齐国去，乘着膘肥大马拉的车，穿着轻巧暖和的皮袍。我听说，君子周济急用的，从不给富人添富。"这里"适"解作往。"裘"解作皮袍。"周"解作周济。"继"解作续。

这一则记录了孔子的用财之道。孔子并不是个吝啬之人，只是孔子做事有他的标准，义当如此，孔子绝不阻止。

公西华家里是富有的，他的马喂得膘肥体壮，穿的袍子轻巧暖和，高档华美。这样的人家再去要吃要喝，说不过去。所以孔子才说："周急不继富。"

应该注意的是，孔子在这句话前面加了"君子"二字，提醒冉有凡事用君子的标准衡量、要求自己。

如今也说："救急不救贫。"救济和周济都有接济的意思。他并不穷，只是这一刻有些急用，向他伸出援助之手是可以的。如果他本就贫穷，就是生活在那个水平线上的人，他的能力、心理、命运限定了他，此时救他无用，甚至起到反作用。这样的人需要自救，需要提升能力、改善心理、转换命运，然后再去比以前"不穷"。

穷是命，命可以改换，可以换好，也可以换坏。人要"贵命"，要善待自己的命。

6.5　原思为之宰，与之粟九百，辞。子曰："毋，以与尔邻里乡党乎！"

　　这一则和上一则接续得比较紧密，都是给人谷子，前面说的是给多了，没有必要。这里说的是，就应该给这么多，多了也是你的，收下好了。

　　这里的"原思"，即原宪，字子思，鲁国人（或宋人），孔子弟子（第二十二个出场），小孔子三十六岁，孔子做鲁国司寇时，他曾任孔子家的总管。

　　原宪做了孔子家的总管，孔子给他九百谷子作为俸禄，他认为多了，不肯接受。孔子就说："不要推辞，拿去分给邻居乡亲吧！"古代邻、里、乡、党都是居民单位的名称。五家为邻，二十五家为里，一万二千五百家为乡，五百家为党。

　　原宪作为司寇家的总管，应得俸禄国家早有规定，推辞不受的行为属于谦让，孔子说你吃不完可以给你的街坊邻居呀！他们当中一定有食物紧缺的。

　　关于给与不给，明朝人张居正说得真好："当与而不与，固失之吝；不当与而与，则失之滥；当辞而不辞，固失之贪；不当辞而辞，则失之矫（矫情）。"

　　作为大明朝的首辅，相当于今天的首相，他眼光开阔，看事全面，说理周密，能够不吝不滥、不贪不矫，真正是天晴地朗。

　　6.6　子谓仲弓曰："犁牛之子骍（xīng）且角，虽欲勿用，山川其舍诸？"

　　仲弓，就是那个孔子说他"可使南面"，可以当官的冉雍。孔子对冉雍说："耕牛生出的小牛，如果长了一身红色的毛和周正的角，我们虽然想不用它来祭祀，山川诸神会舍弃不用它吗？"在这里，"犁牛"解作耕牛，"骍"解作赤色，"角"解作头角周正，"勿用"解作不用来祭祀。

　　古人认为，牛养大了，要么杀了吃肉；要么用来耕田；要么用于祭祀。那个年代大事就两件：战争和祭祀。人们认为能用来祭祀的牛是实现了牛的牛生最大价值。

　　在周朝，赤色最为吉祥。后人认为，夏商时期崇尚的颜色就已经暗合五行生克了。金水木火土，相生相克。在《黄帝内经》里有了更清晰完整的阴阳五行说。

　　五行对应五色，白黑绿红黄，武王伐纣，周灭殷商，殷商崇尚白色，白属金，克金用火，火为赤红，所以周朝崇尚赤红。

　　周朝时，即便是不值钱的耕牛，只要它生出的小牛是赤红，这就尊贵了，此时就可以忽略它的出身了，用来祭祀最上档次，如果外形上再显俊朗些，山川诸神都会愉悦、欢喜。

春秋还是等级极为分明的一个时代，《史记·仲尼弟子列传》中记载说："仲弓父，贱人。"说明冉雍家世低微，家境贫寒，他自然会有不够自信的表现，孔子这些话，就是在给冉雍鼓气，告诉他事在人为，不可自弃，自己肯努力，自强不息，就有出头的一天，像耕牛生出的赤毛小牛，一下子身价倍增。你冉雍就是那头赤毛小牛。

6.7　子曰："回也，其心三月不违仁；其余则日月至焉而已矣。"

孔子说："颜回这个人，他的心能数月不离仁道，其余的弟子们只有偶尔达到仁的境界。"古人把从此至彼叫作"违"，从彼到此叫作"至"。所以"违"解作违背、离去。"三"在古时候作为多解。

我们说过，颜回这个人心性平和稳定，静定极深，少为外界打扰，一心在仁，数月不离。而其他师兄也都全心向仁，只是禀赋不足，功夫不到，偶尔到达仁的境界，难以持久。

晚清名臣曾国藩在总结做人的优秀品质时说，有这三项：庄重、谦虚、有恒。中国人一直都把持久、恒常看作一项好的人品。记得老人们常说，这人没常性，别跟他一起共事。做着做着他跑了，闹心不？

儒家定静功夫被佛门人士拿去使用，叫作禅定。禅是梵音直译，定是从儒家借的（大概是不准备还了）。

南怀瑾曾经说过一件事，他在成都的时候，他的一个佛门好友的弟子前来报丧，说他的师父圆寂了。怀瑾大师是什么都清楚了的人，一听，不对呀！跟随那个前来报丧的弟子，一路狂奔赶到山里，到了以后，怀瑾大师叫不要触动他师父，尽管没了呼吸心跳，怀瑾大师说不打紧，说你师父阳寿未尽，你们好生护法就是。半个月后，他师父果然醒来，这在佛门叫出定。之前是入了定了，不是死了。不是怀瑾大师及时赶到，无知的弟子们差点把师父活埋了。

说到禅定，不是睡着了，也不是什么都不想，而是一念在那里，不再他想。为什么怀瑾大师会说："《金刚经》的核心就三个字：善护念"？是说护着这个念头不再生有杂念。定静的功夫，要练。

颜回是没入佛门，入了佛门至少是个大菩萨。

6.8　季康子问："仲由可使从政也与？"子曰："由也果，于从政乎何有？"
曰："赐也可使从政也与？"曰："赐也达，于从政乎何有？"
曰："求也可使从政也与？"曰："求也艺，于从政乎何有？"

　　季氏在三桓（孟氏、叔氏、季氏）中势力最大。季康子是季桓子之子。季
桓子当政的时候，孔子开始周游列国，鲁哀公二年，季桓子去世，季康子继位。
鲁哀公二十七年，哀公去世，季康子也是在那一年去世。

　　季康子掌政二十六年，在内政、外交、战争等方面都有建树，能做到任人唯
贤，孔门弟子中先后任用了冉有、子路、子贡。

　　鲁哀公十一年的时候，冉有率军在郎地击败了强大的齐军，令季康子刮目相
看。季康子就问冉有，你的军事才能是天生的还是后天学的，冉有告诉他是跟自
己的老师孔子学的。这个时候，季康子才如梦初醒，赶忙派人持重礼从卫国将孔
子迎请回国。那一年，孔子六十八岁，在外周游列国十四年。

　　回到鲁国的孔子，经常会接待像季康子这样的来宾。

　　这天，季康子又来向孔子请教。问："可以让子路从政吗？"

　　孔子说："子路的特点是办事果断，有什么不可以从政的？"

　　季康子又问："可以让子贡从政吗？"

　　孔子说："子贡的特点是通达，有什么不可以从政的？"

　　再问："可以让冉求从政吗？"

　　孔子说："冉求的特点是多才多艺，有什么不可以从政的？"

　　孔子对自己的弟子们，总能如数家珍，觉得个个都是宝。他告诉季康子，我
这三个弟子，一个"果"、一个"达"、一个"艺"，你需要什么样的人才，自
己挑。

　　这个时候，孔子已到迟暮之年，他的主要精力除了修订古籍，就是教授弟
子、接待前来讨教问道之人。

6.9　季氏使闵子骞为费宰。闵子骞曰："善为我辞焉。如有复我者，则吾必
在汶上矣。"

　　"费宰"是费这个地方的长官，而费这个地方属于季氏的封地采邑。闵子
骞，姓闵，名损，字子骞，尊称闵子，鲁国人，孔子弟子（第二十三个出场），

小孔子十五岁。

闵子骞少年丧母，继母又偏爱她那两个亲生儿子。她给自己的孩子做的是棉袄，在闵子骞的棉袄里填的是芦花，这个芦花棉袄的保暖性很差，父亲知道后决定休妻。闵子骞长跪于父亲面前，为继母求情："母在一子寒，母去三子单。"您把继母休了，我们兄弟三个都成了单亲孩子。父亲被说服了，改变了决定，继母从此痛改前非。

"二十四孝"里就记载有闵子骞的这一孝行。孝为德之本，品德这样好的人，从政一定没问题，"为政以德"嘛！

季氏了解情况后，决定让闵子骞去做自己采邑费地的长官。闵子骞说："好好替我辞掉吧。如果再有人推荐我，我一定逃到汶河北岸去。"

人各有志，闵子骞不想做官。

6.10　伯牛有疾，子问之，自牖（yǒu）执其手，曰："亡之，命矣夫！斯人也而有斯疾也！斯人也而有斯疾也！"

笔画多的这个字念 yǒu，窗子。周朝那会儿，开在上方的叫天窗，开在墙上的叫牖。"伯牛"指的是冉伯牛，姓冉，名耕，字伯牛，孔子弟子（第二十四个出场），小孔子七岁，冉氏三兄弟老大，跟冉雍是同父同母兄弟。兄弟三个，冉耕、冉雍、冉求同为"孔门十哲"。伯牛品德好，其德行与颜渊、闵子骞并称，在孔门中威望很高。

一次，冉伯牛得了重病，孔子去探望他，孔子从窗口把手伸进去握住冉伯牛的手，说："要死了，这是命啊！这样的人也会生这样的病?! 这样的人都会生这样的病?!"

探视病人，进屋就好了，怎么还隔着窗子哪？

古时候，睡床习惯是放在北窗下面，有坐北朝南吉祥之意。但是，如果床上有病人，有人来探视，尤其是像孔子这样的尊者，又是自己的老师，你不能让老师面北探视，面北是称臣，不礼貌，他要把床移到南面，这样老师进来才能面南探视，这样做是对老师的尊重。

可是，孔子是最讲谦恭敬人的，尤其是对病重的弟子，讲礼数，是要面北探视的，于是就只好站在室外，隔着窗子探视。由于室内昏暗，看不清楚，孔子就把手伸进去，令弟子伯牛感知到亲切与温暖。

古代中国是礼仪之邦，礼仪周全十分普遍。尤其周朝，周公"制礼作乐"，所有细节都设计得很到位，谁前谁后，先左后右，清晰有序。如今就很乱，常常不懂礼不知所措。比如，吃饭排座位，按现代的商务礼仪，尊者坐定右为上，可在我们传统礼仪中是左为上。历朝历代，大家都知道，皇帝居中，左丞相高于右丞相。宾主落座，宾在左，主在右，以示尊重。可电视上报道的情形，正好相反。

6.11　子曰："贤哉！回也。一箪（dān）食，一瓢饮，在陋巷，人不堪其忧，回也不改其乐。贤哉！回也。"

"箪"是用竹子做的盛饭的容器。孔子说："颜回贤德啊！一箪饭，一瓢水，居住在简陋的街巷，别人忍受不了这里的愁苦，可颜回却不会因此而改变快乐。颜回贤德啊！"

后来，这一则内容引发出了许多故事。比如，曲阜有条街叫陋巷街；颜庙里有口井叫陋巷井；颜庙里有个亭子叫乐亭。

人们由于富贵而高兴快乐；有美食享用而高兴快乐；有富丽堂皇的住处而高兴快乐。这是人之常情。

人在贫苦中总觉煎熬；在简陋里总觉失落；在缺衣少食时总觉卑微，可是颜回早已超越了这些常情，在富贵之外自得其乐，在箪瓢陋巷里不改其乐，他的那颗贤德之心让他无处不乐，无时不乐。

孔子"德牧天地，道冠古今"。颜回跟孔子学的就是可牧天地的德，能冠古今的道，乐的就是牧天地冠古今的道德。

后世说颜回能"安贫乐道"，精准！

后来的一些人念歪了经、错认了道，把"安贫"歪解成"乐贫"，这就差了十万八千里了。

贫是命，能心安就好。您不能说我开心高兴，就是奔着贫穷去的，这也太悖情悖理。孔子绝无此意。孔子曾说，如果能脱贫致富，开出租都乐意。孔子的原话是："富贵可求也，虽持鞭之士，吾亦为之。"

6.12　冉求曰："非不说子之道，力不足也。"子曰："力不足者，中道而废，今女画。"

冉求说："不是不喜欢老师您的学问，是我能力不足啊！"冉求在季氏家当家臣，的确很忙，感觉心有余而力不足。现如今，同样有许多人借工作忙为由，不阅读、不学习、不求进步。

孔子说："能力不足的人会在中途停步，如今你是划限自困啊。"这个"画"是"画地为牢"的"画"，和"划限"都有原地不动的意思。前面《里仁》篇里也谈到过这个话题，孔子说："有能一日用其力于仁矣乎？我未见力不足者。"意思是有谁能一整天致力于仁德的吗？我没有见过力所不及的人。讲的其实都是专注度的问题。

孔子是在帮着弟子们调整心态，不要在学问的道路上给自己找借口，这里不存在没能力走的问题，只有是否专注和走得远近的问题，下功夫深的、禀赋天资好的，更容易出成果，更能走得高远些，仅此而已。

这种情况在禅门里叫高推圣境。这些人总是说，这是圣人境界，我乃凡夫俗子一个，圣境太高，不是不想，只是我能力不及，天赋不够，不敢奢望。

高推圣境耽误了多少青春年华。

但真正圣境现前，如颜回在仁道中行，即便是箪瓢陋巷都能快乐无比。

所以，行道之人当自勉励。如今的各种"二代""三代"（如富二代、官三代）就出现这样的问题，要么目空一切，要么妄自菲薄。妄自菲薄就有点像冉求的"力不足"了。

当父亲的总想让自家儿子每天唱《男儿当自强》。

6.13　子谓子夏曰："女为君子儒，无为小人儒。"

孔子对子夏说："你要做君子之儒，切勿做小人之儒。"

孔子所说的"君子儒"，就是君子儒者，指有志于道的儒者。孔子之前就已经有儒存在了，只是那些儒者未能志于道，孔子把他们称作"小人儒"。

所谓的"小人儒"是指"至于谷"的儒者，读书学习只为谋个差事，挣俸禄维持生计、养家糊口。

记载说，子夏总喜欢跟贤达之人交朋友（"好与贤己者处"）。孔子早有觉察，发现子夏心里有更大的抱负，于是就鼓励他做一个君子儒。

子夏在学习中也颇多感悟，比如，"博学而笃志，切问而近思，仁在其中矣"，他还提出"仕而优则学，学而优则仕"的思想，既有笃定的品德，又有应变的机智，足见子夏最终学有所成。

后来，学有所成的子夏广收门徒，他的弟子中，除了李悝、吴起，还有如《史记·儒林列传》记载："如田子方、段干木、吴起、禽滑厘之属，皆受业于子夏之伦。"子夏河西讲学，吸引了当时中原文化圈的众多大咖级的学者，使整个中原文化重心西移到了魏国。

孔子去世后，子夏努力传播孔子的"君子儒"学。可以说，没有子夏这样的君子儒，就不会有今天的儒学，华夏文明将不会有今日之精彩。

6.14　子游为武城宰。子曰："女得人焉尔乎？"曰："有澹台灭明者，行不由径，非公事，未尝至于偃之室也。"

"武城"是个地名，子游在那里做地方长官，可能是回曲阜给卿大夫们述职的时候，顺道来老师这里问安。

见了面，孔子就问子游："你在那里得到什么人才了吗？"子游说："有个叫澹台灭明的人，走道不抄小路，不是公事，从不到我的住处。"

这里"澹台"是姓，"灭明"是名，后来他也成了孔子的弟子（第二十五个出场）。孔子一生，为华夏民族培养了"三千门人，七十二贤士"，春秋末年按两千万人口计算，今天的一个孔子能够培养弟子二十多万。何其壮观。这还不算再传弟子，单就这个澹台灭明，从孔子那里出来，去到偏僻的吴楚之地，竟然招收弟子多达三百多人。

子游说澹台灭明"行不由径"，是说他做事不侥幸投机，光明正大；"非公事，未尝至于偃之室也"是说他做人不搞阴谋诡计，不搞潜规则。

这样的表现，这个澹台灭明，上孔家大船，船票是有了。

电影《天下无贼》里，重要角色黎叔有句台词很经典，"二十一世纪，什么最贵？人才"。我估计这个黎叔也读了《论语》，知道人才的重要性，同时，也清楚人才难得。但是，官有官道，贼有贼道。黎叔是贼，他把人才的第一要素列为做贼的手艺。

孔子和他的弟子们可不这么认为，他们看重的是能够"行不由径，非公事，未尝至于偃之室也"的君子一样的人品德行。

不管官场、商场，用人，德行一定要放在首位。你要是追捧黎叔，就大错特错了。尽管黎叔也引用《诗经》："知我者谓我心忧，不知我者谓我何求。"像个文化人。

但是，黎叔把经给念歪了。一下车就被公安"缧绁"了。

6.15　子曰："孟之反不伐，奔而殿。将入门，策其马，曰：'非敢后也，马不进也。'"

孔子说的这个"孟之反"是鲁国的一个大夫。

孔子说："孟之反从不自夸，兵败撤退时他殿后。临进城门时，他在马上挥舞着马鞭说：'不是我有胆量殿后，是我这马不往前跑啊。'"这里"伐"解作自夸，"奔"解作败走，"殿"解作殿后，"策"解作马鞭子。

在古代，每次打仗，都要做两套方案，一个是打了胜仗怎么办；另一个是吃了败仗如何处置。而且这两套方案不能由一个人做。吃了败仗，为了把损失减到最小，一定要有人殿后。而殿后的人又是最危险的。

殿后之人通常都是作战勇猛、敢于担当的人物。等大军撤到城里的时候，殿后任务算是完成。此时，殿后之人总是会稍显得意，甚者会耀武扬威。可是孟之反不这样，他不自夸（"不伐"），不但不自夸，该进门了，还故意用马鞭狠抽马的屁股（"策其马"），不但用鞭子抽马的屁股，还故意说："不是我有胆量殿后，是我这马不往前跑啊。"（"非敢后也，马不进也"）不居功，不自傲，何等的高风亮节。

如今建功不易，不自夸也难。人们追求名利，小有功劳便大加吹嘘，以谋求更大私利。孟之反能做到不自夸（"不伐"），实在可嘉。不仅不自夸，孟之反有了功还刻意去掩盖，假借坐下马不给力，掩盖自己的功劳，实在是难能可贵。这件事让孔子知道了，作为案例给弟子们讲解，进行宣扬，弘扬正能量。

《弟子规》里有"扬人善，即是善"。孔子的行为也是在行善。

6.16　子曰："不有祝鮀（tuó）之佞，而有宋朝之美，难乎免于今之世矣。"

"祝鮀"是卫灵公时候的大夫，字子鱼，曾管理过国家的祭祀，此人善于辞令，所以说他佞。"佞"在这里是口才好的意思。"宋朝"是宋国公子，以美貌闻名，放到现在就是帅哥一个。

这个宋朝曾经祸害了两代卫国国君夫人，一个是卫灵公的嫡母（灵公父亲的正妻）宣姜（襄夫人），另一个是卫灵公自己的夫人南子。

南子喜欢宋朝，灵公就把他招为卫国大夫。因为作乱，灵公又把他赶出卫国，后来再召回，并且纵容公子朝和南子在洮（táo）地相会。即使这样，事情还没完。

有一次卫国太子蒯聩献盂地给齐国，回来的路上经过宋国，宋国人向他唱道："既定尔娄猪（小母猪），盍归吾艾豭（jiā 老公猪）？"意思是说：你们那只求子的小母猪（指南子）既然已经得到了满足，为什么还不归还我们那漂亮的老公猪（指宋朝）？（这也就是成语"娄猪艾豭"的由来。）

这对于太子蒯聩简直就是奇耻大辱，他回到卫国就开始谋划刺杀南子，后来事情败露，太子蒯聩逃往晋国。

太子跑了，接班人就需要另选。这给卫国的君位继承埋下了巨大的隐患。

我们看孔子怎么说："没有祝鮀这样的口才，只有宋朝那样的美貌，在今天，也是难免遭遇祸患的。"

我们知道孔子瞧不上那些佞人。有人说冉雍是个仁德之人，就是口才不行，原话是："雍也仁而不佞。"孔子马上接过话说："焉用佞？"为什么一定要口才好呢？可是，怎么就突然转变口风了呢？

其实，尧舜的年代，都痛恨巧言令色，到了春秋时代，人心不古，人们开始"不悦德而悦色"了，被人讨厌的佞人成了香饽饽。基于这种社会背景，孔子感叹：没有辩才，只有美颜，很难吃香，甚至难于避祸。

时代风云变幻，可谓世事难料。

6.17　子曰："谁能出不由户？何莫由斯道也？"

古人说的"户"是指单扇的门，多指室内房门。大门双扇，称作门。"斯道"，这个道，指孔子所推行的仁道。

孔子说："谁能进出屋子不经由门户呢？那些人为什么不行仁道呢？"孔子的意思是都知道进出屋子不能跳窗子，要走门口，怎么就不知道作为人一定要行仁道呢？真是"非道远人，人自远尔"。

今天，在国家层面，投资最大的应该是交通吧，城市间在建高铁，高铁把城市间的距离缩短了；城市里在建地铁，地铁成了城里人出行的首选。这在发展经济上叫要想富先修路。人生也是一样，要想通达，不能没有仁道（"斯道"），只有修好了仁道才能有更好的人生前景。孔门弟子中数子贡最为通达，顺风顺水，子贡的学问事业综合指数最高，用今天的标准来衡量，他的人生最为美满。

佛家讲"悟后起修"是有他的道理的。你都不上道，必定是跌跌撞撞的人生，崴个脚，摔个跤，鼻青脸肿，一定是家常便饭。所以，这里孔子是在强调人一定要"由斯道"。

仁道是真正的人道。

6.18　子曰："质胜文则野，文胜质则史。文质彬彬，然后君子。"

"质"解作实质。"文"解作文采。"野"解作粗俗。"史"解作虚浮不实。"彬彬"是匀称的意思，可解作文质兼备的样子。

孔子说："一个人质朴超过文采就显得粗俗，文采胜过实质就显得浮夸。文质兼备的人才可称得上君子。"

今天，我们生活中，有些远离社会人群的人，质朴是足够的，就是少了些文明气息，气质低俗，行为粗野，就像孔子说的"质胜文"了。

另有一些人，比如娇生惯养的孩子，尤其是再沾染些官宦习气、土豪气息，上一代人的"鲤鱼跳龙门"造成的下一代虚华不实、浮躁夸张、傲慢焦狂，于是再现了一幅"文胜质"的标准像。

张居正在这里点评得很到位，说："唯是内有忠信诚恪之心，外有威仪文辞之饰，彬彬然文质相兼，本末相称，而无一毫太过不及之偏，这才是成德之君子。"

这样文质彬彬的君子，嫁人娶妻就花不了几个钱了。

6.19　子曰："人之生也直，罔（wǎng）之生也幸而免。"

"罔"解作虚假蒙蔽不端正。孔子说："人的生存靠的是正直，不正的人也能生存，他们靠侥幸免于灾祸。"

这里我更想把灾祸理解为惩罚，因为，说灾祸只是个事实，要解作惩罚就有了因果报应在里面，我相信孔子一定也有报应的意思，只是孔子温良得很。

如今是讲概率的年代，我们不会由于怕出车祸就不出门；没有人由于害怕倾家荡产就不做生意；没有人由于害怕烫手、害怕割伤就不进厨房；没有人由于害怕跌落就不走楼梯，但这不属于侥幸，侥幸是贪图偶然得之，这里有一个概率概念。

侥幸赌博也只是财物的一次得与失，倘若侥幸人生，在正直与邪恶之间、君子与小人之间下注，搭上自己也就算了，还要连累家人和朋友，跌入下三道（佛家说的畜生道、饿鬼道、地狱道），成了最不受待见的恶鬼。那不是悲剧，那是惨剧。

满大街都在讲初心，讲不忘初心，初心是什么？初心，最初的心性。人之初，性本善。为什么忘了初心？欲！人们被欲念牵着走，走着走着，不知道自个打哪儿来的了，还善吗？不善就是走偏了，就是忘了初心了。

人小的时候，没有不走正道的，走着走着就上了罔道，如果你修正了，就又正了，只是这修行之路，明白着走的人不多。

6.20　子曰："知之者，不如好（hào）之者；好之者，不如乐之者。"

孔子说："对于学问这件事，知道它的人不如喜欢它的人；喜欢它的人不如乐在其中的人。"古注这里的"之"是指学问（儒家学问）。

知、好、乐三重境界。孔子是在说关于学问的三重境界。

"知"是对学问知道、清楚、通达；"好"是对学问喜欢、迷恋；"乐"是对学问全情接纳、彻底融入、完全陶醉、乐在其中。

孔子"吾十有五而志于学，三十而立，四十而不惑"，完成了"知之者"的征程；孔子又"五十而知天命，六十而耳顺"，完成了"好之者"的旅途；孔子再"七十而从心所欲，不逾矩"，上到了"乐之者"的境界。

孔子说自己，"发愤忘食，乐以忘忧，不知老之将至"。这里用到了"乐"字，乐在学问里，是说没有了忧愁，没了烦恼。孔子确实已经到了"乐学"的境界，成了一个"乐之者"。

家庭、工作、事业，如果能有意识地一步步渐入，从知之进入，而后好之，继而乐之，不同的阶段，带来的不一样的感受，每走一步都是乐土，最后成为一个"乐之者"。

6.21　子曰："中人以上，可以语上也；中人以下，不可以语上也。"

上一则说的是做事的境界有三个，这一则讲的是人的智力分上中下三层。

孔子说："智力中等以上的人，可以讲给他一些高深的学问；智力中等以下的人，不要去给他讲那些高深的学问。"

智商有高低，学问有深浅。为人师者一定不能放羊，一鞭子下去，说去哪儿就去哪儿。

智商不足，讲得高深，累了老师，苦了弟子。禅门五祖弘忍以下者，慧能、神秀南北分野，慧能的法门讲究顿悟，神秀的法门教导渐修。

六祖慧能大师明确告知，悟性高的去他那里修行，悟得"本来无一物"，当下开悟，遁入佛境。在神秀那里教导修行功夫，要"时时常拂拭，勿使惹尘埃"。讲究功到自然成。

时任唐皇的武曌武则天，诏书慧能大师来京，六祖以年迈路远为由，谢绝了圣请，推荐师兄神秀。想来六祖不认为武则天有顿悟根器，所以才予以推脱。

佛门将修行之人分作数等，佛、菩萨、罗汉等，而且一一告知修行法门，比较细致。孔子简单，拦腰一刀，中人以下和中人以上，简便易行，可操作性强。但是，遍观典籍经文，都是殊途同归。

这里孔子只是说"可以语""不可以语"，是对着老师说的，作为学者，自当奋发努力。历史上"下学上达之人"也不少，即便上智之人，甘于堕落，落于下愚的也不乏其人。所以，明白孔子真实意图，实心修学，就能"虽愚必明，虽柔必强"（《中庸》）。

高人访名山，俗人乱市曹，说的是事实，也是规律。

6.22　樊迟问知。子曰："务民之义，敬鬼神而远之，可谓知矣。"
问仁。曰："仁者先难而后获，可谓仁矣。"

樊迟即樊须，姓樊，名须，字子迟，鲁国人。未拜孔子为师之前，他在冉求手下任职。其间，在抗击齐国入侵的战争中，樊迟给冉求谋划的战术被冉求采纳，取得了战争的胜利。孔子周游列国回鲁国后，小孔子三十六岁的樊迟，这才拜孔子为师（第二十六个出场）。

樊迟问孔子，什么是智慧，孔子为樊迟解答道："致力于人民利益的事业，敬奉鬼神而远离它们，这样可称之为智慧。"孔子的意思是，你樊迟当官对鬼神敬而远之的同时，要为人民服务。这样你就算有智慧了。

古人如果对你说敬而远之，有可能视你为非鬼即神了。

子曰："无可无不可。"

《论语》记载，樊迟曾三次向孔子请教仁的学问。

孔子说："有仁德的人，必先经历艰难困苦，再有所得，这样算是具备仁德了。"

"不经一番寒彻骨，怎得梅花扑鼻香？""不经历风雨，怎么见彩虹？""不吃苦，不奋斗，你要青春干什么？""不经历艰难困苦，怎么'仁者无敌'？"孔子的意思是不劳而获的人，绝难成为仁者。

千万不要不劳而获，哪怕是一劳永逸呢！不做仁者，也不能做人渣呀！

6.23　子曰："知者乐，水；仁者乐，山。知者动，仁者静。知者乐，仁者寿。"

孔子说："智者喜欢水的性格；仁者喜欢山的性格。智者喜动，仁者喜静。智者乐观，仁者长寿。"

这一则的注解从古至今都非常丰富，对比起来意义不大，这里的解释只是个人的理解和感悟，拿出来大家探讨。

有一种解释是"智者喜欢水"，其实孩子更喜欢玩水，这样的解释流于浅显。如果问喜欢水的什么？这会更有意思。其实，说起水来，对于智者更加关注的该是它的品性、品格吧。

老子在关于水的品性、品格上论述得更为透彻，比如"上善若水"，比如"水利万物而不争"，说的都是水的品性、品格。"唯其不争，故天下莫能与之争"，这是智者的作为。

朱熹在诗《观书有感》中写道："为有源头活水来。"朱熹说的这"源头活水"，就是不尽的才能、无穷的智慧。

"仁者乐，山"也是如此，仁者喜爱山的巍峨、雄壮、凝重、安定、泰然，恰如仁者的高尚、仁厚、纯粹、镇定、安详。

一个君子，他既是智者又是仁者，在什么场合显什么像，否则，生活中的他会很尴尬，走在山清水秀间反而不知道迈哪条腿了。

孔子是说向智的方向努力，去追求水的品格；向仁的方向进取，去修养山的品格。

水的品格更有助于智慧的增长，山的品格更有利于仁德的培养。

智仁之道，动静相宜，乐寿可享。

6.24　子曰："齐一变，至于鲁；鲁一变，至于道。"

弄懂这一则，搞明白背景很重要，否则不知道孔子在说些什么。

武王灭商，天下初定，齐地封给了姜太公，鲁地封给了周公。姜太公是武王的军师，周公是被武王委以相国重任的亲兄弟，齐鲁两地皆有文武遗风（周文王、周武王之遗风）。

后来，齐桓公九合诸侯实现霸业，齐国的风气发生了变化，偏离了王道。到了春秋末年，整个华夏礼崩乐坏，鲁国也有"八佾舞于庭""季氏旅于泰山"的事情发生。但是，相比较而言，鲁国保有的周礼还是最好的。

周公在给儿子，也就是鲁国第一任国君伯禽训诫的时候说："往矣，子勿以鲁国骄士。吾，文王之子，武王之弟，成王之叔父也，又相天子，吾于天下亦不轻矣。然一沐三握发，一饭三吐哺，犹恐失天下之士。吾闻，德行宽裕，守之以恭者，荣；土地广大，守之以俭者，安；禄位尊盛，守之以卑者，贵；人众兵强，守之以畏者，胜；聪明睿智，守之以愚者，哲；博闻强记，守之以浅者，智。夫此六者，皆谦德也。夫贵为天子，富有四海，由此德也。不谦而失天下，亡其身者，桀、纣是也。可不慎欤？"

我们熟悉的是周公这"一沐三握发，一饭三吐哺"，洗个头、吃个饭都要停下来多次，以处理公务，接见"天下之士"。周公渴求贤才，谦恭下士，忘我工作，三千年来，一直被传为佳话。

周公的"六谦德"实在是君子的作为、王者的风范，正应了八卦里"谦卦"的六爻。在六十四卦里也只有"谦卦"六爻皆吉，卦辞说："亨，君子有终。"顺利，君子有个好的结局。

周公的"六谦德"是把事业做大做强的法宝，是"为政以德"的核心要义，是周礼的核心精神，是王道的圣经。

《左传》记载，韩宣子也认为："周礼尽在鲁矣。"这个韩宣子是孔子同时代的人。

孔子说的这个"道"，是"天下有道，礼乐征伐自天子出"所说的"道"。西周"成康之治"期间，天下秩序井然，礼乐制度按部就班，重大事情由周天子昭告天下。各诸侯仁德治国，百姓们富裕安宁。

就在这个背景之下，孔子说："齐国一转变，就达到了鲁国的景象；鲁国一转变，就走上天下正道了。"

6.25　子曰："觚（gū）不觚，觚哉！觚哉！"

孔子一句话里，共七个字就用了四个"觚"，这在《论语》里面绝无仅有。

觚是中国古代一种用于饮酒的酒具，也作礼器用。圈足，敞口，长身，口部和底部都呈喇叭状。

觚初现于二里头文化（夏文化），到西周中期已十分罕见。二里头文化主要是指河南省洛阳市偃师二里头，及其周边几乎包括整个豫西一代地区的遗址所呈现的文化。

这个遗址的发掘还在进行中，到目前为止，发掘的文物可以证明夏朝的存在。之前，只有文字上的发现，一直不被世界学界认可，随着二里头遗址的发掘，加之二里头夏都遗址博物馆已于 2019 年 10 月 19 日正式开馆，会有不断的惊喜给世人呈现。

孔子说的这个觚有可能在夏商时候就很流行。刚才说了，西周中期孔子所在的年代，觚很少见了，可能只是在贵族中用于祭祀。

孔子这里不是说的喝酒，"喝不喝？喝不喝？喝吧！喝吧！"孔子不是个酒鬼，没那么大酒瘾。

到了周的时候，觚更多的是用作礼器，孔子的意思是："礼都不像原来的礼了！那还能算礼吗？那还能算礼吗？礼呀！礼呀！"孔子还是在为礼崩乐坏叹息。

6.26　宰我问曰："仁者，虽告之曰：'井有仁焉。'其从之也？"子曰："何为其然也？君子可逝也，不可陷也；可欺也，不可罔也。"

宰我这个人非常聪明，口才好，能言善辩，孔子经常派他作为使臣出国访问（记载的有齐国、楚国）。

当然，聪明人提的问题也很有水平，这回宰我就想给老师出个难题。说："一个仁者，假如有人告诉他说'水井里掉进了个仁者'。这个仁者是否会跳进井里，去救掉进井里那个仁者呢？"

　　孔子说："为什么要那样做呢？这有用吗？君子可以让他去施救，不可能被陷害；可以被欺骗，不可以被愚弄。"孔子不仅没被难住，还给宰我讲了君子应该有的做事原则和灵活性。

　　孔子的学问是讲策略的，比如"自立立人"，同理"自救救人"，不能保证自己的安全，怎么去保护人、救人呢？

　　孔子的学问不只是教科书，我们一刻都不要忘了吴道子给孔子画的那个像，叫"先师孔子行教像"，孔子的"教"是"行教"。不行的"教"，孔子不教。

　　见人落井，仁者自会有恻隐之心，有了恻隐之心，就会施救，施救中不被眼前的问题困住，还能把人救出来，这是仁者的智慧。

　　仁者有仁爱之心、恻隐之心是真的，仁者不愚也是真的。

　　仁者之心，智者智慧都是要有的，这就是我们前面讲到的"智仁之道"。

　　6.27　子曰："君子博学于文，约之以礼，亦可以弗畔矣夫。"

　　这里"畔"通叛，叛变、叛道的意思。孔子说："君子广泛学习文献典籍，并用礼来约束自己，如此就不会离经叛道了。"经、道指儒家的经典与教谕。离经叛道就是背离经书，反叛道义，不仅成不了"君子儒"，"小人儒"也不是。

　　不会离经叛道，通俗点讲是说不会再做出格的事了。我们说一个人"不靠谱"，其实是说这人做事总出格，靠不住的意思。

　　君子博览经典、亲贤穷理，又能以礼来约束自己，这便是真君子了。

　　"博学于文"就能避免孤陋寡闻，孤陋寡闻让人见识浅显，见识浅显就很难旁通，不能旁通就可能离经叛道。能够"博学于文"，又能"约之以礼"，检束身心，就不会离经叛道。

　　孔子的意思是知识渊博，还能正确地驾驭所学，这就可堪大用了。

　　古人习惯拜师，热心学问上认祖归宗，就会少做离经叛道的事，少走弯路。

　　6.28　子见南子，子路不说。夫子矢之曰："予所否者，天厌之！天厌之！"

　　南子，一个名声不好，绯闻很多，没出嫁时就和宋朝传出绯闻的放荡女人。《左传》记载，她嫁给卫灵公后，有一天，还对灵公说，她想公子朝了，而卫灵公居然答应了南子的要求，并且安排两人相见。这简直是荒唐至极。

像南子这样一个声名狼藉之人，作为君子唯恐避之不及，孔子却答应要见她。很多人不理解。

南子尽管名声不好，但毕竟还是国君夫人。国君夫人召见，避之不见，于理不合，于礼相悖，孔子一定不会那么做的。孔子很清楚，南子见自己无非想博取眼球，求得关注，满足一下自己的虚荣心而已。

据《孔子家书》记载，南子见孔子还是照礼行事，见面时隔着一层帘子，孔子施礼后，南子回了两次礼。这是孔子自己说的，他说他听到了南子身上的佩玉碰撞的清脆声响，那响声响了两次。

孔子从南子那里回来，子路很不高兴，可能还说了老师几句，于是孔子用手指着天发誓："我的所作所为如有不当，让老天厌弃我吧！让老天厌弃我吧！"

天下第一绯闻就这么传开了。

有人解释说孔子这是心虚。其实圣人也是人，都知道"人言可畏"。孔子绝不会不在意他最信任的弟子的感受，总得让子路对自己放心才好。孔门讲亲民，连自己身边的人都疏远你，还亲个什么民啊。

6.29　子曰："中庸之为德也，其至矣乎！民鲜久矣。"

孔子说："中庸作为道德标准，是至高无上的了！人们缺失中庸之德已经很久了。"

关于中庸，孔子的孙子孔伋，人们尊称其为子思，他参悟得最为到位。《中庸》这部书就是子思的杰作，早先被收录于《礼记》中，到了南宋，朱熹把《中庸》和曾子的《大学》摘出来，与《论语》《孟子》合编成"四书"，广为流传。

所谓"中庸"，就是"无过而无不及"的意思，"持两用中，过犹不及"，没有超过，也没不到，正中。河南人说的那个"中"，就源自这里，正好的意思。

如今，人们惊呼"道德无底线"，是道德堕落了，是道德失去标准的表现。孔子认为"中庸"是道德行为的最高标准。可惜的是，它在人世间极难寻觅了。

孔子感叹"久矣"是有道理的。有多久？那要前推到尧舜禹了。因为禹以后是他儿子启建的夏朝，从之前"公天下"变成了"家天下"，中庸之德就少了。

6.30　子贡曰："如有博施于民而能济众，何如？可谓仁乎？"子曰："何事于仁，必也圣乎！尧、舜其犹病诸！夫仁者，己欲立而立人，己欲达而达人。能近取譬，可谓仁之方也已。"

一天，子贡和老师在一起交流，就说："如果有人做到广施恩惠给百姓，又能周济民众，您认为这样做如何？可称得上仁吗？"

孔子一听，说："事情做到这一步怎么能说只是仁呢？一定能够称圣了啊！尧帝舜帝对此都会犯难呀！所谓仁者，自己想成功就要先帮助别人成功，自己想通达就要先帮助别人也通达。可以在自己身边找到一个这样的例子，推己及人去做，以此作为实践仁德的方法。"

子贡是想探讨作为仁者，应该怎么做，都做些什么，本来是想表达一下仁的境界，一不小心推高到了圣的境界。

广施民众又能周济百姓，这是圣道大爱呀！已经到了忘我无我的高度。我与万众、万物融为一体了，这就是物我两忘的境界，尧舜这样的圣者都还担心是不是做到了位。

孔子最爱讲"不愤不启，不悱不发"。每当弟子们像子贡这样的发问，孔子就显得格外的兴奋，就想给他多说一些，说得透一些。子贡说到"博施、济众"，孔子就告诉他，这是圣人的境界，能够实现当然好了。孔子进一步讲道："夫仁者，己欲立而立人，己欲达而达人。"给子贡讲如何才能达到仁的境界，帮着子贡厘清理念。

现如今，这一"立人立己，达人达己"的思想早已深入人心，成了许多人持守的信念。

孔子更进一步讲："能近取譬，可谓仁之方也已。"这是在向子贡教方法，他告诉子贡，最好在自己身边找一个可以效仿的榜样，观察榜样的一言一行，一举一动，从视觉、听觉、感觉上，充分获取信息，搞明白、弄清楚，再照着去做，这样就能学得更快，进得更快。

多么暖心的教诲。

述而篇第七

本篇里，孔子表达了对古文化的看法和担心，以及他对古文化的热爱。在这篇里，孔子说他很久没有梦见周公了。

7.1 子曰："述而不作，信而好古，窃比于我老彭。"

"述而不作，信而好古"是孔子对上古文化的信条。孔子说："传述而不创作，相信并且喜好古文化。"孔子晚年删诗书、订礼乐、赞周易、作春秋。他这么说，本就是谦恭的表现，是对古文化的尊重，对祖先古文明的敬畏。

为什么孔子会说"述而不作，信而好古"呢？因为在这之前，诗书礼乐以及周文王所演的"八卦"（五百多年后孔子把它整理成《周易》），可以说在文化上达到了极高的高度和极丰富的内涵，天地间的大道，完全呈现，再无需他人多言了。

孔子的"不作"，既有孔子谦虚的成分，更是孔子认为无须作，没必要作了，能传述就很好。

这让我想起了古希腊伟大的欧几里得和他的《几何原本》。欧几里得除了是位伟大的数学家，同时，他开创的缜密周全的逻辑思想方法以及他对事物设定的方法，都能把他送上崇高的哲学殿堂。他在点线面定义的假设基础上，利用演绎推理，穷尽了所有的平面几何定义、定理，以至于两千多年过去了，世人在平面几何学上再无任何的作为。

鲁迅先生去应聘，面试官是蔡元培先生，蔡先生问："先生读过一些什么书？"鲁迅先生回答道："秦汉以后的书我不读。"蔡先生听后笑道："先生你被录取了。"

这秦汉以后的书不用读，意思是能读的书就只有秦汉以前的。想想也只有包括孔子"删述"过的典籍在内的先秦诸子百家了。可见，中华文化的根在先秦就已经扎好了。

孔子接着说："窃比于我老彭。"私下里我自比老彭。这个老彭是谁？有人说是老子和彭祖，我对此有些看法。

先说老子，孔子对老子的评价我们从《史记·老子韩非列传》记载来了解一下：孔子谓弟子曰："鸟，吾知其能飞；鱼，吾知其能游；兽，吾知其能走。走者可以为罔（wǎng，渔猎用的网），游者可以为纶（lún，钓鱼的丝线），飞者可以为矰（zēng，射鸟用的拴着丝绳的短箭）。至于龙，吾不能知，其乘风云而上天。吾今日见老子，其犹龙邪！"

翻译成现代文是：孔子对弟子们说："鸟，我知道它能飞；鱼，我知道它能游；兽，我知道它能跑。会跑的可以织网网罗它，会游的可制成丝线捕获它，会飞的可以用拴绳的短箭去射它。至于龙，我就不知道它是怎么驾着风飞上天的了。我今天见到的老子，他可不就跟龙一样吗！"从这里我们看出，孔子把老子看得如此之高，孔子怎么可能自比老子呢？

再来看彭祖。彭祖又称彭铿，善于养生，传说他活了八百岁。也有人按"六十甲子为一年"计算，实际年龄是一百三十岁。这在今天，也是老寿星。

彭祖在当时倡导养生、节欲，还能做得一手好菜。尧帝在带领大家整治水患时，由于劳累过度，昏倒在河岸边，醒来时彭铿正在喂食尧帝一碗味道极好的汤羹，尧帝问这汤羹是什么？用什么做的？彭铿说这叫雉羹，用小雉鸡炖制而成。

尧帝对彭铿甚为欣赏，便把彭城（徐州）封给了他。由于那碗雉羹，彭铿成了如今许多餐饮界老板们供奉的始祖。先秦时期的庄子、荀子、吕不韦等都对彭祖赞赏有加。再后来传得就神了，道家把他封为了神仙。

对于彭祖，孔子认为还是可比的。说到养生，孔子也活到了七十多岁。对于烹饪，孔子也非常讲究，孔子的五不食："食饐（yì 腐败）而餲（ài 臭），鱼馁（něi 鱼腐烂）而肉败，不食。色恶，不食。臭恶，不食。失饪，不食。不时，不食。"应该是对彭祖餐饮文化的继承和发展。

说到这里，我们可以得出结论，老彭指的应该就是彭祖，加个老字，是尊称。彭祖是孔子的偶像，孔子是彭祖的粉丝。

7.2 子曰："默而识之，学而不厌，诲人不倦，何有于我哉？"

这里"默"解作不言，"识"解作记忆，"诲人"解作教人，"何有"解作还有什么，再无别的。

孔子说："默默地记牢一些知识，勤奋学习而不厌倦，教诲他人不知疲倦，除此之外，我还能做些什么呢？"孔子的意思是：默默地充实自己；持续不断提高自己的学问；不知厌倦地教授他人。除了这三件事我不想别的了。作为"万世师表"，孔子的这个描述很是到位。

"默而识之"的"默"，不说话，先搞清楚，弄明白。"识之"前要先"默"

着，要隅坐随行，处处留心，达至"识之"。

"学而不厌"是不容易的，如果不奔着"好学""乐学"是很难做到"不厌"的。孔子的这个"不厌"是很舒泰的感受，人在其中泰然自若。

孔子曾说："自行束脩以上，吾未尝无诲焉。"没入孔门的不算，入了孔门经过孔子"诲"过的弟子多达三千，还有七十二位"终日不违"成圣成贤的铁杆弟子。真正是"得天下英才而教育之"的那种高兴，多么的劳累都不觉得疲倦。

这"诲人不倦"的境界来自哪里？那他必定是个仁者，具有仁爱天下的"博施，济众"之心，有伟大的使命感和强烈的非我其谁的责任感，可孔子却只是淡淡地说了那么一句："何有于我哉？"除此之外，我还能做些什么呢？这就是孔子的伟大，这就是伟大的孔子。

7.3　子曰："德之不修，学之不讲，闻义不能徙（xǐ），不善不能改，是吾忧也。"

上一则孔子说的是自己，这一则是教诲弟子。

孔子说："（作为学子）德业不修，学业不讲，听到正义的又不能去做，不善的行为又不能改，这些是我担忧的事情。"

古人对于所学是一定要去讲的，认为学问需要去宣讲传播，这叫传习。其实这事儿在今天也是如此，只是大家都不这么讲究了，有敷衍的成分在里面。如果，我们对于所学学问都能用自己的语言再讲出来，就证明那是真正掌握了。可是，今天的我们大都是孔子担心的那种"学之不讲"的学生。

对于"德之不修"，人们内心里认为"无须修"，修了也没用，不是说："德不配位，必有余殃"吗？"老子我'人为财死，鸟为食亡'。"这些人认为自己"不缺德，就缺钱"。

为什么这些年"苍蝇、老虎"多呀？拍死一拨，又冒出来一拨，都是这些歪理惹的祸。你感叹："闻义能徙""慈悲为怀"，他说："慈不带兵，义不养财"；你说："从善如流""好人一生平安"，他说："好人不长命"；你说："要敢于担当"，他说："枪打出头鸟"；如此等等，善恶不分，是非不辨，荣耻不明，这就是为什么传统文化的继承与发扬任重而道远。

禾苗没培育好、看护好，草就会疯长，草长疯了就是荒年，荒得狠点儿，您这一年就算白忙了。人这一生就是这么一年一年过来的。

邪教祸害人，这歪理一样害人，一旦形成歪风邪气，你伸张正义就成了出风头。真是"人间正道沧桑里，多少楼台烟雨中"。

现实的无奈之举，就得杀鸡嗜血请天神了。

7.4　子之燕居，申申如也，夭夭如也。

这一则应该是弟子在回忆孔子时，想到的一个场景——"夫子闲居在家，舒适安详，喜悦自在"。

这里"申申"解作舒适，"夭夭"解作和悦。有人会认为孔子周游列国，四处碰壁，总想把周公的礼乐治天下重新推行开来，就是不得志，甚至孔子自己都说"道不行，乘桴浮于海"呢，怎么就有工夫"申申、夭夭"了呢？

实在是孔子的修为几乎无人能看明白（颜回都说："仰之弥高，钻之弥坚。"）。这一则所描绘的场景就能说明问题。这是圣人闲居在家所呈现的超脱状态，圣者至德，无可无不可，纯粹中和的"有道气象"。

在《论语·先进》里，孔子还说出了自己的理想，他希望的是在春天里，"浴乎沂，风乎舞雩，咏而归"。跳到温暖的河水里洗个澡，沐浴春风、暖阳，然后唱着歌回家。何等的惬意？这是孔子的理想。

周游列国十几年，困苦也好，危难也好，孔子都能淡然面对。

正所谓："宠辱不惊，看庭前花开花落；去留无意，望天上云卷云舒。"

孔子的悲歌是用来唤醒世人的，不是用来折磨自己的。

7.5　子曰："甚矣吾衰也！久矣吾不复梦见周公。"

孔子说："我真是年老了！很长时间没再梦见周公了。"

周公，姬姓，名旦，是周文王姬昌第四个儿子，周武王姬发的四弟，周成王姬诵的四叔。因其爵位上公，故称周公。

周朝开始时，社会等级分明，从天子而后，是公、侯、伯、子、男。公在一般情况下是封给至近至亲，或是功劳至伟至大的功臣，如姜子牙，或是王后的父亲，嘉许他生养了如此优秀的女儿，其他极少封为公的。

周公爵为上公，就是在公的爵位上，也是最为上等。再说明白点，就是除了天子就属他周公了，真正的一人之下万人之上。

周公辅助武王两次伐纣。武王灭商后，把朝歌给了纣王之子武庚作为封地，以安置殷商遗民。

在此同时，还安排了自己的三个弟弟，管叔、蔡叔、霍叔对其进行监督，史称"三监"。不久武王病故，成王继位，此时成王年纪尚幼，由周公摄政。

周公代行天子之职，这引起了管叔、蔡叔、霍叔三弟兄的怀疑和不满，于是管叔、蔡叔、霍叔联合武庚发动叛乱。

周公奉成王的命令，起大军征讨叛逆，"一年救乱，二年克殷，三年践奄"。此次叛乱的主角，武庚被杀，管叔自尽，蔡叔被流放，霍叔被贬为庶民。朝歌旧城被废。参与叛乱的几个东夷部落淮夷、徐夷、奄人等被灭。

周初，周公主持制定完善了宗法制度、分封制、嫡长子继承法和井田制。

武王去世后，作为叔父的周公辅佐成王，制礼作乐，七年后归政于成王，从此开始了中国历史上长达三千年的嫡长子继承制。

成王的继位，是这一以宗法血缘为纽带，把族权和政权融合在一起，把政治和伦理融合在一起的制度，设计了周朝八百年的统治架构，这在人类社会发展史上绝无仅有。

西汉初年著名政论家、文学家贾谊评价周公时说：孔子之前，黄帝之后，于中国有大关系者，周公一人而已。可见，孔子对周公的敬仰不是没有道理的。

迟暮之年的孔子还在念念不忘周公，甚至在这个年龄还为自己长时间没有梦见周公而自责。

7.6 子曰："志于道，据于德，依于仁，游于艺。"

好多喜欢国学的人士、企业，都把孔子说的这十二个字书写在他们认为很能提升自己品位的地方。

这十二个字是孔门学问的总的概括。文中"志"是心之所向，"据"是执守，"依"是倚重，"艺"是指六艺：礼、乐、射、御、数、书。而"游"是涵泳的意思，沉潜其中，反复玩味与推敲。

学问就是要在玩味、推敲中找到乐趣的，这样更有助于人们在进学中升至好学、乐学的境界，这也是我写作《论语趣注》的一个重要原因。

孔子说："立志于'道'，据守着'德'，依据着'仁'，而畅游于礼、乐、射、御、数、书六艺之中。"

做学问首先要立志，这方面阳明先生论述得最为透彻，说："夫学，莫先于立志。"还说："君子之学，无时无处而不以立志为事。"

在阳明先生十一岁时，曾问私塾先生："何为第一等事？"私塾先生说："惟读书登第耳。""登第"就是当官。年幼的王阳明不这么认为，说："登第恐未为第一等事，或读书学圣贤耳。"

一个十一岁的娃娃，就能有如此明确、清晰的志向，阳明心学的诞生就不那么让人意外了。

"道"是人伦事物当然之理。有志于道，专心致志，就不会行邪路。依道而行就是德。体会此道，安心此德，就能成仁。这道、德、仁是君子修齐治平之本，是君子立世之根，务要守着此根本。

无道不德，无德不仁，修得道德仁义，再游心于艺，这就是全面发展的"四好青年"了。

7.7　子曰："自行束脩以上，吾未尝无诲焉。"

在这里要先解释"束脩"二字。古人有十脡（tǐng，条状干肉）为一束之说，"脩"字作干肉讲，所以，一直以来，"束脩"都解作十条干肉。

从人情世故以及逻辑上讲都说得通。这样的解释是："来拜见我的，带上十条干肉的礼品，我没有不给予教诲的。"孔子的意思是说拿十条干肉做学费，我就教你。

可也有清高者认为，孔子是圣人，怎么就那么讲实惠？不会！

据此，倒推来讲，就得出另外的一种解释，"束脩"是约束、自制的意思。说"只要你有最基本的自我约束力，我没有不给予教诲的"。这些解释要看你站在什么角度，这跟立场有关，与事实关系不大，尤其是在事实层面我们无法证实的情况下，这么说也合乎情理。

您不妨在想吃肉的时候，相信前者的解释，在您不缺吃不缺穿，酒足饭饱过后去考虑后者的说法。其结果是一样的，孔夫子都会给予您谆谆教诲的。因为孔子自己说过，他是那种"诲而不倦"的人。

7.8　子曰："不愤不启，不悱（fěi）不发。举一隅不以三隅反，则不复也。"

"愤"解作憋闷，心求通达而未得。"启"解作开导。"悱"解作心里有想法就是不能恰当表达。"发"解作启发。"隅"解作墙角。"反"解作学习后对事物的认知。"复"解作还复。

孔子说："教诲弟子时，不到他渴望通窍却无法实现时，不去开导他；不到他想说却无法表达时，不去启发他。指给他房子的一角而不能说出另外三个角的，我就不再教诲他了。"

"举一隅不以三隅反"，孔子这个比喻非常形象。从羊圈里牵来一只羊，让你认识以后，再把你领到羊圈，你得知道圈里那些也叫羊。如果您说不认识，孔子会说，您这智商我可教不了，"则不复也"，我就不再教您了。

这是孔子教学经验的总结。孔子描述的是，他在教学中遇到的弟子，有着不同悟性所应给予的方法和策略。孔子对"举一隅不以三隅反"的人，明确表态另请高明，给多少钱也不教，把"李刚"（有权势的爸爸）搬出来也没用。

但是，您如果已经到了想表达又不能恰当表达（"悱"）的时候，想说又说不出来的时候，已经有些感悟了，因为还不清晰明了，这时候，孔子认为需要启发点拨您，让您打开思路，继续精进，促使您走进更高的阶段；到"愤"的阶段，快要开窍还没开窍的时候，就差那么一点点了，可以开导、引发您，去推您一把，在您背后猛击一掌，助推您冲破最后屏障，拨云见日。

多谈一点"举一隅不以三隅反"。眼前是独生子女多，又还在学习期间，他们被寄予了过高的期望，成龙成凤几乎是每位家长唯一的想法，要么是希望你成龙成凤，要么是你就该成龙成凤。

对自家的孩子是能举一反三还是举一反二，再或是举一不知反，需要有个清醒的认识。高看孩子其实是高看自己，我们从小被教育"大无畏""王侯将相宁有种乎？""皆有可能"等，我们的"无妄之灾"也就会不期而至。

"龙生龙，凤生凤"是个基本的规律，是千里马还是卧槽驹别人不好评价，必须自己搞清楚。一定要避免"砸了钱财，苦了孩子，虐了自己"的悲剧一再发生。这方面的教育，在眼下我们还是缺失的。

这里可以看出，孔子的"因材施教"不是空洞的说辞、情绪的宣泄，而是教学实践的真实体验。

"不愤""不悱"是您懒，"举一隅不以三隅反"是您笨，如果您又懒又笨，孔子说："我可不当您老师。"

7.9　子食于有丧者之侧，未尝饱也。

这一则应该是记录的孔门弟子的见闻，说："孔子在失去亲人的人旁边吃饭，从未吃饱过。"

失去亲人，悲伤甚至因此昏厥倒地，也是有的。亲人的离去，悲伤思念的情绪，一时间控制着整个人，短期内无法从这悲痛中走出，这都是可以理解的。

中医讲："思伤脾，悲伤肺"，伤着脾肺就不思茶饭。孔子在一个因失去亲人而难以下咽的人面前，给予同情和理解，为了给他一些安慰，他吃什么咱也吃什么，他吃不下，咱也少吃一点，这种同情心会让对方感到温暖和得到抚慰。

歌手苏芮在那首《牵手》里唱道："因为爱着你的爱，因为梦着你的梦，所以悲伤着你的悲伤。"否则，你怎么能牵到人家的手？

能尊重人、理解人、关爱人，有同情心、同理心，那该是一个君子、仁者应有的风范。

7.10　子于是日哭，则不歌。

这一则和上一则情景接近，所表达的意思也接近。

《礼记》上记载："哭日不歌。"哭丧的日子不能唱歌，这是礼的规定。所以，这里说："孔子如果在这一天哭过丧，就不会再唱歌了。"

孔子这样做，至少是对死者的尊重，同时，也是对自己的一种释怀。哭是悲伤的表达，而唱歌是快乐的表达，对逝者的悲伤持续一段时间，是人格健康的表现。如果是刚刚擦干眼泪就表现出快乐的情绪，这看上去人格也太分裂了吧。

悲天悯人是君子应有的情怀。孔子做到"哭日不歌""戒慎恐惧"，这是孔子良好修为的表现。

7.11　子谓颜渊曰："用之则行，舍之则藏，唯我与尔有是夫！"

子路曰："子行三军，则谁与？"

子曰："暴虎冯（píng）河，死而无悔者，吾不与也。必也临事而惧，好谋

而成者也。"

　　孔子心中有"礼乐之志"，所以这个"用之则行"的"用"是天子诸侯之用。否则，孔子怎么能在天下推行礼制？在这里"行"解作礼乐仁道的推行，"舍"解作不用，"藏"解作隐而不出，"暴虎"解作徒手与虎搏斗，"冯河"解作徒步涉水过河。这个"冯"字的金文，表示车马借冬日的冰面通过河湖，发 píng 声，是马蹄在冰面上跑时发出的声响。

　　孔子对颜回的评价有多高我们已经知道了，这里孔子又把自己和颜回并论，可见颜回在孔子心目中地位之高。一天，孔子对颜回说："如果用我，我就想办法实现我的志向；如果不用我，我就藏身于民间，这样的行为，也只有我和你能去这样做。"

　　子路耿直，甚至耿直得有几份可爱。他在一旁听到老师夸颜回，有些按捺不住，老师说的"用、舍、行、藏"没我什么事，打仗总少不了我子路吧！于是说："老师，别人要是让您统率三军，您会带谁一起去呢？"

　　带兵打仗是子路的长项。孔子马上把话风转向子路说："赤手打虎，徒步涉水，冒死涉险也不后怕，这样的人我可不跟他一起共事。我所共事的人，必定是那些遇事小心谨慎，事前又善于谋划，容易成事的人。"

　　本来是想跟颜回聊聊"用、舍、行、藏"的道理，半路上杀出个子路，孔子随机应变，就势教诲子路一番，让我们也跟着受益。

　　其实孔子"不倦的诲人"精神特别可贵，他会不失时机地对弟子们开导、启发、教诲，我们也是都能看得到的，这样的桥段很多，都很精彩。

　　在孔子那个年代，大事就两件，一个是祭祀，另一个是战争。子路说到的统率三军，带兵打仗，那是一定要慎重再慎重的，绝不可马虎草率，随性妄为。孔子说必须要小心谨慎，战前一定要谋划好，要"庙算胜者"，先谋而后动，绝不可贸然行事。

　　不仅是带兵打仗，企业的经营管理也是一样，新产品上市，新的模式推广，新市场的开拓，新项目上马，企业升级改造，产品换代，企业转型，等等，其实都和一场战斗很相似，商场如战场，也都会有成败存亡的事情发生，这里都可以从孔子"好谋而成"的教诲中受到启发。

　　7.12　子曰："富而可求也，虽执鞭之士，吾亦为之。如不可求，从吾所好。"

孔子说："财富如果可以求得，即使是当个马夫，我也会去做的。如果财富不是求来的，那就还去做我喜欢做的事。"这"持鞭之士"就是赶车的，在今天，就是司机。孔子出国留学，学成回国，一个海归开出租也愿意，这应该可以给当今许许多多年轻人一个很好的引导。

孔子的意思是有钱挣就赶紧挣钱，至于说挣什么钱不重要。这句话非常重要，看似简单，其实很有分量，不是每个人都能认得清、扛得住的。比如，在同一个城市，坐办公室，两千元的工资都能招得来人，酒店服务员，管吃管住，给四千元都没人干。

这是人性的弱点，人们都太在意别人如何看待自己了，哪怕日子过得狗屁不是。孔子没那么傻，他已经把这些人性弱点踩在了脚下。

孔子还告诉我们，求财这事不靠谱，所以，孔子一辈子也没去求过财。

中国从古至今，对于财富用的一个字叫招，我们说招财进宝，没人说求财进宝。求误在强取贪得上，而招是使自己达到了对财富的吸引，财富自个找上门来了。一个求，一个招，一字之差，所作所为，孔子说：有参商之别。

孔子深通其理，所以孔子也不缺钱花。周游列国十几年，那么多的花费都有人替他出，而孔子只做他喜欢做的事——行教（教书育人）。

7.13　子之所慎：齐（zhāi），战，疾。

这里"齐"通斋，古时候祭祀前都要斋戒，以清净身心，这是内心虔诚的行为表达。孔子所谨慎小心的事情有：斋戒、战争、疾病。

斋戒，对于古人来说是第一等的大事，因为接下来是要和神灵沟通的，对神灵须有足够的敬重才行。

有信仰的人都知道，神灵给予我们的力量是极大的，它可以帮我们挺过艰难，甚至摆脱对危险的恐惧。同时，也可以帮助我们坦然面对灾难与死亡。

所以，祭祀前的斋戒，要彻底清净自己的身心，了无挂碍地去祭祀。儒家非常讲究至诚通神。

战争，没有经过战争年代的人很难想象。战争给人们带来的痛苦无法形容。亲人瞬间没了，朋友瞬间没了，你居住的房子眨眼成了废墟，你熟悉的街道、房屋、树木等转眼残破不堪，还不说"尸横遍野""残肢断臂""血肉模糊"，就像电影《唐山大地震》里的那句剜人心的台词："没了才知道没了。"那不是痛苦的呻吟、号啕，那是扎人的心、戳人的肺的气绝无语。

所以，民族也好，国家也好，千万不要轻言战争。

在疾病面前，人们有时脆弱得不堪一击。2020 年的庚子大疫——新冠肺炎，感染十天，甚至一周后，一个二十几岁三十几岁完全健康的人，你眼睁睁地看着他死去，甚至握着的手还没来得及松开。一家三代四五口人，甚至一周之内全部离世，那样的绝望是无以言表的。

由于医疗技术的发展进步，现代人和古人已经完全不同了。

古时候，病人们对疾病大多是无可奈何的，疾病给人带来的痛苦，今人无法想象。现代人认为的小病，在古代轻易就能要人性命。生病期间，现代医疗至少可以做到减轻病痛，而古人，很多时候可以做的就只是祷告。

所以，我们的古人聪明智慧，讲究"治未病之病"，讲究养生。记载说，孔子就"薄滋味，寡嗜欲，时节其起居，而不敢宴游无度；和平其性气，而不敢喜怒过当。不幸有疾，则加意调养，审择医药，而不敢有一毫之忽略"。

命是自己的，君子贵命。

7.14　子在齐闻《韶》，三月不知肉味。曰："不图为乐之至于斯也。"

《韶》是舜帝治理天下，在最兴盛的时候所做的乐，它表现的是帝舜的盛德，所以，孔子曾说《韶》乐"尽善尽美"。

舜帝的后代封地在陈，就是孔子困于陈蔡的那个陈国，于是《韶》乐一直被陈国传承，到了陈敬仲这一代，陈敬仲去了齐国，又把《韶》乐带到了齐国。

孔子从鲁国来到了洛阳。在洛阳，孔子先是拜会了老子，问的是道，继而又去拜会了苌弘，问的是乐。史称："问道老子、问乐苌弘。"

苌弘，东周朝中大夫，今四川资阳人。《淮南子》介绍苌弘说："天地之气，日月之行，风雨之变，历律之数，无所不通。"说苌弘学识渊博，忠诚侠义，由于遭人陷害切腹自尽。传说死后三年，其心化为赤玉，其血化为碧玉。

"碧血丹心"就是出自苌弘的故事。

记载说孔子六问苌弘：

一问："演奏《武乐》击鼓鸣示，停顿许久，这是为什么呢？"

　　苌弘答道："武王伐纣，击鼓以振军心，停顿以整军容。"

　　二问："前奏长吟慢叹，此是何意？"

　　苌弘答道："表现众将士视死如归。"

　　三问："舞者踏地顿足，声色俱厉，此何意？"

　　苌弘答道："太公之志，在于一鼓作气击败敌人，故而凶猛凌厉。"

　　四问："舞者单膝跪地，此何意？"

　　苌弘答曰："此非《武乐》原有内容，是后人为表现周召二公大治天下加进去的。"

　　五问："乐中似有贪靡的商音，此又为何？"

　　苌弘答道："此亦非《武乐》原有内容。乃是乐师没能掌握要领，抑或武王年迈昏聩，加入商音。"继而又道，"《武乐》六章，一章出兵；二章灭商；三章开国；四章诸侯归附；五章周召二公分治；六章歌颂天子"。

　　六问："《武乐》与《韶乐》孰为轩轾？"

　　苌弘答道："《武乐》为周武王乐名，《韶乐》为尧舜乐名，舜是继尧而治理天下，武王伐纣以救万民，无分轩轾。然舜之德优厚，故《韶乐》宏大；《武乐》之声虽美，曲中有杀伐之气，稍逊于《韶乐》。故《武乐》尽美而未尽善，《韶乐》尽善尽美。"

　　看来孔子来到洛阳，先听了一场音乐会，而且可以断定，音乐会上演奏有《武乐》。实则，孔子的"乐以发和"就是源自苌弘的理念。

　　第二年，孔子前往齐国，孔子在和齐国的一个乐师谈论音乐时，这位乐师给孔子弹奏了《韶乐》，作为圣人的孔子，其德之盛又和于舜帝，自然能感同身受，产生共鸣，不觉已三日不识肉味，感叹道："没想到这音乐竟如此美妙。"

　　7.15　冉有曰："夫子为卫君乎？"子贡曰："诺，吾将问之。"

　　入，曰："伯夷、叔齐何人也？"曰："古之贤人也。"曰："怨乎？"曰："求仁而得仁，又何怨？"

　　出，曰："夫子不为也。"

　　学习《论语》这一则时，可以从三个维度来思考：一个是人物关系；一个是说话方式；另一个是谈话内容。

　　冉有、子贡和孔子，尽管是师徒关系，但是，冉有、子贡两弟子和老师间的关系是有区别的，有些问题子贡去问比冉有合适。对此，冉有和子贡心里都清楚，所以，冉有把问题提出来，让子贡去问。

孔子周游列国，子贡大部分时间都在孔子身边，孔子在生命的最后阶段想的也是子贡，更有孔子去世后，孔子葬礼的安排以及弟子们守孝的费用，可能绝大多数也都由子贡负责、承担，守丧三年后，众弟子散去，子贡自己又为老师守孝三年，等等。

子贡对孔子的情感，放到现在，做到这一步的人，需要什么样的情形做背景才有可能做到，实在是难以想象。说他们情同父子，这是其他弟子无法与之相比的，大家心知肚明，冉有不便问的问题让子贡去问，论情论理，子贡绝无法推辞。

冉有问子贡：咱老师赞成卫国国君的做法吗？子贡说好，让我去问问老师。

子贡进了孔子的房间问道："老师，伯夷、叔齐是何许人也？"子贡就没提卫君这茬儿，问的是好几百年前的人物。

孔子回答说："这俩可是古代贤人哪！"

子贡接着问："这俩人把王位都让出去了，他们后悔吗？"

孔子说："他们求的不是王位，他们追求的是仁德，最后他们得到了仁德，这又有什么好后悔的呢？"

人这辈子追求什么和自己清楚追求什么很重要，不被路途上的俗事俗物羁绊住同样重要。伯夷、叔齐追求的是仁德，因为王位耽误了仁德，那就叫得不偿失。都知道孝敬父母很重要，兄弟姐妹们不懂事儿，你也跟着不孝敬，这就是不清晰自个要什么。

子贡从孔子房间走出来，对冉有说："咱老师不赞成卫君的做法。"为什么？这就是我们想讨论的第三个话题，交流内容。

在这里，我们还需要交代一下背景。卫太子蒯聩欲杀国君夫人南子，没杀成还被父亲赶出了卫国，蒯聩被迫流亡到了晋国，后来其子辄继位，蒯聩想回来要回王位，儿子辄断然拒绝，为争夺王位父子双方甚至大动干戈。这样的夺位行为无论如何也无法和伯夷、叔齐的让位相提并论。

这样的行为哪里够得上仁，怎么有可能博得孔子的认可。所以，子贡说孔子不会赞成这样的国君。

这一则的内容故事性很强，完全可以拍一个三幕本的短剧。

7.16　子曰："饭疏食，饮水，曲肱（gōng）而枕之，乐亦在其中矣。不义而富且贵，于我如浮云。"

这里"饭"解作吃，"疏食"解作粗粮，"水"是指凉水（热水为汤），"肱"解作手臂（胳膊由肘到肩的部分）。孔子说："吃粗粮，喝冷水，枕着手臂睡觉，这其中就有乐趣呀！用不正当的手段获得的富贵，对我而言就如天上的浮云。"

这一则的前半段是孔子表述自己能够安贫乐道，后半段说的是他对不义之财的观点。这里孔子描述的贫可以说是极贫，只是刚刚能够生存，但孔子可以接受，而且还能在其中找到乐趣。

孔子说这话我信，为什么？孔子和弟子们在陈蔡断粮的时候，"疏食"都没得吃，"藜羹不斟，七日不尝粒"，子路都按捺不住了，孔子照样弹着琴安然淡定。

孔子周游列国，第一站来到的是卫国，卫国国君给孔子一行提供了非常优厚的物质待遇，卫灵公对孔子也极为热情，乐意有这么一位圣人留住在自己国家。孔子一行人不仅吃喝不愁，还很体面，只可惜两人话不投机。

原因是卫灵公和孔子见面没说几句话，就问孔子如何打仗，如何排兵布阵。孔子反感战争，说我可不懂什么排兵布阵，您要问我祭祀方面的问题，我倒是可以给您讲讲。卫灵公一听就知道，这是不愿意教啊！得！不教拉倒，卫灵公耍起了孩子脾气，孔子跟他说话，他就跟没听见似的，仰着脖子数天上飞过的大雁，一只雁，两只雁，三只雁。孔子一看这情景，走吧！第二天就离开了卫国。

不义而富且贵，于我如大雁，走了！

7.17　子曰："加我数年，五十以学《易》，可以无大过矣。"

1973 年，长沙马王堆汉墓出土的帛书中，记载有孔子与弟子研讨易经的情况。

可能就是在那次讨论中，孔子说："如果让我多活几年，在五十岁时去学《易》，我可以做到没有大的过错。"文中"加"解作假借。

我们今天所看到的经由孔子"赞"了的《周易》，它里面的主要内容，《易》里应该都有。《周易》尽管生涩难懂，但是天道人事尽在其中，吉凶消长之理，进退存亡之道，需要我们慢慢玩味参悟。读《周易》，孔子的心得是"可以无大过"。

就如清华大学校训："自强不息，厚德载物"，这是《周易》里乾坤二卦的象辞。它告诉学子们，男生要自强不息，女生要厚德载物，你明白了，方向性的大错就不会犯了，比如，"娘炮"和"女汉子"这样的异样现象就会少发生。

孔子在这里说："五十以学《易》，可以无大过矣。"孔子曾表扬颜回"不迁怒，不贰过"。孔子还给冉雍说："先有司，赦小过，举贤才。"对于过错，孔子的态度很明确：大错不可犯；有错不二犯；小错别计较。

7.18　子所雅言，《诗》《书》、执礼，皆雅言也。

"雅言"现在可以理解为标准普通话。孔子在需要用普通话的时候，比如，在诵读《诗经》《尚书》和行礼的时候，都讲普通话。在这里，我们可以感觉到，孔子不仅注重内容，同样注重形式，讲究仪式感。

今天的我们都有这样的体会，假如一个人上台发言，用的是他们家乡的方言，你会感觉别扭。孔子周游列国，去过那么多地方，能讲普通话是很方便的。

2019年年初的时候，我们组织了一次祭祖活动，在新郑黄帝故里祭祀轩辕黄帝，祭文是我诵读的，由于我从小在部队大院长大，从小就讲普通话，所以普通话说得还算可以。那天的祭祀活动刚一结束，就有一位广东的朋友过来找我，说让我给他家孩子辅导一下普通话。许多场合，"皆雅言"是很必要的。

这里再说一下"执礼"。"执"解作执持，拿着的意思。"执礼"是行礼的意思。礼需要在日常生活中去用，去践行，用《礼经》中的规定来约束自己的言行，其中就有对使用"雅言"的要求。

7.19　叶公问孔子于子路，子路不对。子曰："女奚不曰：其为人也，发愤忘食，乐以忘忧，不知老之将至云尔。"

这个"叶公"就是"叶公好龙"里的那个叶公，叫沈诸梁，字子高，是一位著名的政治家、军事家。今天的河南南阳叶县就曾是叶公的封地。

叶公很是崇拜孔子，他曾试图把孔子引荐给楚昭王，而且约见的事宜都谈好了，这天叶公突然传来话，说昭王在和吴军交战时暴毙于军中，未成年的芈章继位为楚惠王。原本很好的形势突然急转直下。

最初昭王很想把孔子及其弟子留在楚国，还看好了一块七百里的土地，要送给孔子，楚国令尹子西站出来反对。令尹相当于宰相，宰相都出来反对了，楚王也开始慎重起来。

楚王问子西这是为什么，子西反问道："大王您派出去的使者里，有比得上子贡的吗？"昭王说没有。

子西又问："辅佐大王的宰相，有比得上颜回的吗？"昭王回答说也没有。

子西接着问："为大王领兵打仗的将军里，有比得上子路的吗？"昭王回答说没有。

子西还没完，又问："大王的办事官里，有比得上宰予的吗？"昭王这会也泄气了。子西说，这些可都是孔子的弟子，您弄一帮这样大能量的人在楚国，您不担心吗？

土地是不给了，但是昭王很想见孔子，还是想当面向这位圣人请教一番。可是历史再次给孔子开了个玩笑，昭王突然就死了，惠王还年幼，子西辅政，子西对孔子的戒备心又那么重，再去见一个未成年的毛孩子——楚惠王，已经没多大意思了，尽管孔子他们已经走到了楚地负函（今在河南信阳郊区），孔子和叶公商量过后，决定不再去见惠王，孔子一行掉头北上。

这期间，有一天叶公问子路，您老师是个什么样的人啊？子路想了想没回答。可能也是怕说得不合适，首先对圣人本就不好评定，又怕影响老师去见楚昭王的计划。

这件事过后，孔子知道了就对子路说："你怎么不这样说：他这个人呀，发愤学习竟能忘了吃饭，乐观愉快竟能忘了忧愁，以至于都忘了自己是个快七十岁的人了。这样就行。"这是孔子给自己规划的人设。

《礼记·曲礼》里说："人生十年曰幼，学。二十曰弱，冠。三十曰壮，有室。四十曰强，而仕。五十曰艾，服官政。六十曰耆，指使。七十曰老，而传。"大概意思是男人到了六七十岁，给年轻人指导指导，该给晚辈交接班了。可孔子把自个的年龄给忘了，还在那里"发愤忘食，乐以忘忧"呢。

孔子的"乐以"是乐他的仁道。仁心不老，青春永驻。

7.20　子曰："我非生而知之者，好古，敏以求之者也。"

孔子说:"我不是天生就什么都知道的那种人,我喜欢古代文化,我能很快地阅读古代典籍文献,并能迅速地掌握其中的学问。"

首先,孔子不认为自己是"生而知之"。孔子认为自己不是世上最聪明的人,有今天的成就,是由于"好古"和"敏以求之"得来的。前面孔子说自己好学,这里说好古,这样连起来就是"好学古",孔子就是由于专在"学古"上,才有了后天的成就。都说"十年磨一剑",专注对于一个人成就事功至关重要。这"好古"二字就体现了这个十年一剑的专注。

再说这个"敏"字,我是有些体会的。在学习彼得·圣吉的《第五项修炼》的时候,专门学习了一下快速阅读。一本三百页的书两个小时看完。

阅读前需要先清理身心,做到无杂事缠身,无杂念扰心,完全高度集中注意力,等这些工作都做好了,调整到位了,再把书打开。这样做把阅读效率提高十倍是可能的,达到"敏"的效果。所以,我能理解孔子的"敏而求之"。

这句"敏而求之"还告诉我们,孔子的学习能力很强。由于"好古",还由于能够"敏",孔子"求之"了,得到了子贡所说的"未坠于地"的"文武之道"。

今天的我们,可以从孔子的成功经验里学到的是:首先要做到的是"好之",甚至是"乐之",这样才有可能高度集中注意力,才可能有"十年一剑"的坚持;其次是要做到"敏",勤敏,勤奋而迅捷,强而高效。

孔子,真不愧为"文圣人"。

7.21　子不语怪、力、乱、神。

孔子不谈论怪异、强力、悖乱、鬼神。

"夫怪者诡异无据,虚诞不经,最能骇人之听闻,惑人之心志者也。"无从考据的诡异现象,荒诞不经,除了骇人听闻,还容易迷惑人的心志。

强力者倚强凌弱,老子也说:"强梁不得其死",强梁的人不得善终。

这个"乱"解作悖乱,而乱的本身在《说文解字》里就是"不治"的意思,它的反面是治。孔子讲这些话一定是站在天下国家层面说的。一个国家悖了道,而生乱不治了,这样的情景,孔子说不论也罢。

至于鬼神"视而不见,听而不闻"。只能感觉知觉,容易扰乱心性,不言也罢。一个俗人,去触碰超自然的东西,有可能伤害到自己。

这一则"子不语怪、力、乱、神"。是孔门弟子的记录，说的是老师不给他们讲"怪、力、乱、神"。但是，并不意味孔子不懂这些"怪、力、乱、神"。"怪、力、乱、神"不属于"大众传播"的内容，可能到了硕士生、博士生的时候孔子会讲，比如，子贡、曾参等弟子应该学过。

7.22　子曰："三人行，必有我师焉。择其善者而从之，其不善者而改之。"

孔子说："三人同行，一定会有可以做我老师的人。选择他人身上善的一面向他学习，看到他人不善的就反观自己去省察改正。"

其实，孔子的"三人行，必有我师"是一种心态，用这种谦恭好学的心态去和人家交往，会为自己创造一个很好的内里驱动和更好的个人成长环境，这是智慧的行者。

常受批评的那种"好为人师"的人，与之正好相反，可以作为反面教材。

有"三人行，必有我师"的心态了，孔子还告诉我们如何去"师之"。见一个人要想办法去发现他的"善处"，并向他学习，他有不足的地方，就反观自己省察改正，如此说来天下无不可师者。

讲企业管理的总讲："用人所长，则天下无不可用之人；用人所短，则天下无可用之人。"事同此理，心同此境。养一个好心态，调一个好状态，就能"三人行，必有我师焉。择其善者而从之，其不善者而改之"。

注意：前面所说的一切，有个前提。前提是"三人行"，您要是一个"独行侠"就算了。我们需要经常能够"三人行"，如此才有机会遇见老师，才有机会"择其善者而从之，其不善者而改之"。这"三人行"，您可以"旅行"，您也可以"随行""伴行"，您还可以"行酒"。这咱都懂。

7.23　子曰："天生德于予，桓魋（tuí）其如予何？"

孔子周游列国，路经宋国的时候，在宋国都城郊外一棵大树底下，和他的弟子们一起给当地人演示周礼，突然来了一帮宋国士兵，驱散了人群还把大树给拉倒了，并扬言要杀死孔子。

情况很是危机，弟子们都在为老师的安危着急。此时，孔子不慌不忙说："上天把仁德赋予给我，他桓魋能把我怎么样？"何其自信！

　　"桓魋"，又称向魋，宋国（今河南商丘）司马，掌控宋国兵权。他是宋桓公的后代，深受宋景公宠爱，他的弟弟司马牛后来还成了孔子的弟子。

　　宋国人是殷商贵族的后遗，殷商为周所灭，宋国人骨子里是不情愿接受周礼的，即便是孔子，在临终时也交代弟子子贡，他死后的葬礼要使用殷商礼仪，说自己是殷商的后代，应当用殷商礼。

　　面对桓魋的武力威胁，孔子为什么能临危不惧呢？正像孔子自己说的，"天生德于予"，上天把仁德赋予了我，我死了这样的仁德就没了，上天要是想让这些仁德灭绝，谁也没办法。上天是不会失德的，我的使命就是传播这些仁德，如果上天不想让这些仁德失传，他桓魋又奈我何？放心吧徒儿们。

　　弟子们只知道"子不语怪、力、乱、神"，还不知道"子不惧怪、力、乱、神"。拉倒一棵大树，舞刀弄棒，狂呼乱叫就想吓唬住孔子？他们太不懂"三十就立"的孔圣人了。

　　人的真正自信源自站在了道德的制高点。只有站在那个制高点上，您才能知道"小天下"（"孔子登泰山而小天下"）是个什么感觉，您才知道自己有多么大无畏。

　　7.24　子曰："二三子以我为隐乎？吾无隐乎尔！吾无行而不与二三子者，是丘也。"

　　孔子说："弟子们哪！你们还以为我对你们有所隐瞒吗？我可没有隐瞒什么呀！我没有哪些做法不向你们公开的，这就是我孔丘。"

　　看来，在弟子们中间有人误会孔子了。陈亢就曾怀疑孔子教给他儿子孔鲤的学问和教给其他弟子的内容不一样，还跑去问孔鲤，结果并不像他自己想象的那样，孔子是坦荡的，没有什么传内不传外的内外之别。

　　孔子的教学讲究的是因材施教，对每个弟子的问题会有不同的回答，就是要让弟子们都能更好地吸收接受，并不是有意教他不教你。孔子对每个弟子的爱都是相同的，因材施教而已。

　　孔子是人师（不同于经师），他身教重于言教，即便是言教也喜欢使用形象的例子做比喻，比如，"举一隅不以三隅反"，就是拿人们再熟悉不过的墙角做比喻；再比如，"朽木不可雕也，粪土之墙不可圬也"等。什么墙角、朽木、粪土，都被孔子拿来做教具，特别形象，容易理解。

　　禅宗公案里，禅师们也总拿屎尿、狗屁，常人恶心的事物做比喻，弟子们印象深刻。

　　其实，真正的高人是让你感觉不到他的高的，他可以随着你，你高他也高，你低他也低。圣人是可以做到"和其光，同其尘"的。

　　7.25　子以四教：文，行，忠，信。

　　孔子的教学内容包括四个方面：文，行，忠，信。

　　"文"是指《诗经》《尚书》等六艺文章，六艺之文能让我们增加见闻，广博知识。

　　"行"是指躬行实践。学者不能只停留在知识层面，知识需要转化，学习需要转化，"夫子每教人以修行"，孔门学问重在修行。《公冶长篇第五》里有："子路有闻，未之能行，唯恐有闻。"子路学问上有所收获，是一定要去践行的。

　　"忠"是指存心居中，正直不偏，尽心实意。曾子在前面也说了，每日要自省，"为人谋而不忠乎？"曾子还说过："夫子之道，忠恕而已矣。"曾参是个大孝子，他在《孝经》里写道："君子之事亲孝，故忠可移于君。"曾参也很"忠"。

　　"信"指诚信，也是曾子每日三省的必修课。看来曾参深得孔子真传啊！孔子有一句著名的话："自古皆有死，民无信不立。"死不足惜，信不可失。

　　孔子那个时代，掌握这四门学问，做到"而立""不惑"是不成问题的。即便在今天，你大学毕业、行动力强、讲忠守信，在社会上也能"鸢飞戾天，鱼跃于渊"，过上小康生活应该不是奢望。

　　7.26　子曰："圣人，吾不得而见之矣；得见君子者，斯可矣。"

　　子曰："善人，吾不得而见之矣，得见有恒者，斯可矣。亡而为有，虚而为盈，约而为泰，难乎有恒矣。"

　　文中"恒"解作恒心，"约"解作少，"泰"解作宽裕。

　　孔子说："圣人，我是见不到了；能见到君子就可以了。"

　　孔子接着说："善人，我是见不到了；能见到有恒心做善事的人就可以了。有些人没有却装作有，空虚却装作充实，穷困却装作富有，这样的人要他坚持原则是很难的。"

神明不测的人称作圣人，才德出众之人称作君子，相比较，圣人稀少难遇。我们做一件善事容易，能称得上善人的可就难了。

孔子说，想成为善人，却又弄虚作假，这可是太难了，靠造假成不了善人，虚伪成不了善人。

去年遇见一个挣了不少钱的朋友，一起喝酒聊天，他说他准备搞慈善。大家都说先不急，先养养心。他问什么意思，我们说养出慈悲心再去做善事会容易些。他一听有道理，问怎么养慈悲心，我给他讲了一个我的所见所闻。我的老人在养老院，就是医养结合的那种，我每个周末都去看望老人，在那里几乎每次都能见到一位温和干练四十几岁的男士，见了面都会很和善地打个招呼。父亲告诉我，这个人在一家银行工作，每周来养老院帮着打扫打扫卫生，陪老年人唠唠家常，老人们都很喜欢他。

像这个人那样，去照料那些不相干的需要照料的人，一年两年坚持下来，还能在这事上找到欢喜愉快的感觉，这就差不多了，再聊慈善那档子事，就有味道了。

朋友深思良久，说了句：然也。

孔子接着说，见不到善人，见到有恒心做善事的人也可以。意思是那种持之以恒做善事，奔着善人的方向一直努力的人。毛泽东曾说："一个人做点好事并不难，难的是一辈子做好事，不做坏事。"并感叹道，"这才是最难最难的啊！"

真正做善人一定是那种踏踏实实、不吭不响，一条道走到底不舍不弃的人。这就是我们说的"在路上"。

由王利芬、张瑞敏、柳传志、马云、牛根生填词，刘欢演唱的《在路上》，唱哭了多少英雄好汉。

人生没有失败，只有在路上，只要坚持，做任何事情，把它看成"生命的远行"，把坚持养成习惯，把习惯化作一颗恒心，就能走得更高更远，尤其做善人这件事，更显工夫。

7.27　子钓而不纲，弋不射宿。

人在积德的同时，还要不做缺德事。前些日子，碰到俩人聊天，一个人说：多积点德吧。另一个人说：我不缺。不缺您积它干什么？逻辑上还真没什么毛病。

儒家讲到仁德教育时，用的不是"教"这个字，用的是"感化"或"教化"一词。感化是那种"润物细无声"的感觉，在不知不觉中发生的。满世界喊着让人积德，不如闷着头自个儿积，孔子最后积德积到"德侔天地"，到如今，全世界几百万、几千万、几个亿的人跟着他一块儿积德，这就能够万古不枯了。

"子钓而不纲，弋不射宿。"孔子钓鱼，不用那种粗绳多钩的钓具；射鸟不射归巢鸟。钓鱼射猎都是为了生存，生存也讲规则，你生存的同时考虑他人也要生存，同类相惜。今天吃饱的同时还要考虑明天的食物从哪里来，不能竭泽而渔、赶尽杀绝。

"弋不射宿"的"弋"是指的"丝系矢"，就是在箭的尾部系一根丝线，专门用于射飞行中的鸟，由于箭上有根丝线，这样射中飞鸟后目标明显，掉到草丛里容易找到。

"不射宿"是说不射巢中鸟，鸟宿巢中通常巢中有鸟蛋或幼鸟，射杀成鸟，幼鸟也就无法成活，射死了幼鸟就更可惜了。生物界讲究食物链，食物链一断，那可是生物界的灾难。《尚书·大禹谟》里有："与其杀不辜，宁失不经，好生之德，洽于民心。"你不"洽民心"就失民心，失民心就失天下。

大自然对人类的惩罚还少吗？挪亚方舟、新冠肺炎……老天爷说：高级动物们哪！长点儿心吧！

人和自然本应和谐相处，您所过之处不能是寸草不生、一片荒凉，您所到之处是一派祥和与生机，这就积德了，而且积的是大德。

弟子们把孔子的行为总结出来，放到今天，就成了约定俗成的规矩，百姓们随口就能说的口头语：钓而不纲，弋不射宿。

7.28　子曰："盖有不知而作之者，我无是也。多闻，择其善者而从之；多见而识之，知之次也。"

我家夫人喜欢花，于是买来栽种。她是在城里长大的，不懂花木园圃那些事，总也养不活。后来悟出来点什么，就去买了本栽种花木的书来看，没用多长时间就学会了，整了个满园春色，满庭芳香。当时我就想"不知而作之"是一定不行的。

孔子说："确有那么一些道理还没整清楚，事情没搞明白就去动手做的人，不过我不是这种人。我是那种多听，选择好的跟着去学；多看，看明白了就记住，我这属于次一等的知。"

孔子的意思是不懂不能妄为，最好是把相关的知识、技能、工具设备的使用等都掌握了，达到熟练精通了，从中筛选一个最好的途径和方法；再不然就找些懂行的人，跟着人家学学，等到学会了再动手做也不迟。三千多元买盆兰花，半个月后成了一把柴火，这不是造孽吗?!

孔子为什么要说自己是属于"知之次也"呢? 因为这之后《论语》载有孔子的另一则言论："生而知之者，上也。"而他自认为属于"学而知之者"，自然就成了 "次也"了。我们大都属于"次也"之辈，勤奋学习是我们明智的选择，孔子教诲我们说："多闻，择其善者而从之；多见而识之。"

孔子说我不会"不知而作之"，不懂装懂。盲人骑瞎马，太危险。摸着石头过河，河水冲走的不只是泥沙和鱼虾。

孔子说，做事儿不能急，做事前要先把自己变成内行，学会了再去做，最好是那种"好谋而成者"。

7.29 互乡难与言，童子见，门人惑。子曰："与其进也，不与其退也。唯何甚? 人洁己以进，与其洁也，不保其往也。"

"互乡"是个地名。"与"解作取、赞同。"洁"解作弃旧从新。"往"解作过去、以往。

有个词叫移风易俗，移风是由于风气不正；易俗是因为俗事不善。互乡是一个需要移风易俗的地方，那里的人你很难跟他沟通交流。所以，一说是互乡来的人，大家都唯恐避之不急。

某一日，互乡那里来了一位年轻人，受到了孔子的接见，门人弟子都疑惑不解，说这么讨厌的人，老师怎么还非要见他不可呢? 孔子说："我们应该赞美一个人的进步，而不要只看到他的退步。在这些事上何必做得那么过分呢?（人家都来了，见都不见，于情于理都说不过去。）有人洁身自爱以求进步，我欣赏这样的洁身自爱，却不会把他过去的不好记在心里。"

孔子赞赏的是伯夷、叔齐能"不念旧恶"，并且告诉我们，这种"不念旧恶"能够减少招致怨恨。

有报道说，一个水乡，原本"风景如画、民风淳朴"，被人开发成旅游景区，没几年，就只剩"风景如画"了。经济上去了，人成"互乡"的人了。

孔子这个时候在人家互乡人的眼里是圣人，作为圣人你对远道而来的拜访者拒之不见，什么形象？更何况人家是来请教君子仁德的学问呢。人家是来向善的，你这个"善"人却不善地转身离去，你何善之有？君子的待人之道是来者不拒，往者不追。

7.30　子曰："仁远乎哉？我欲仁，斯仁至矣。"

孔子说："仁德离我们很远吗？我只要想做一个仁德之人，仁德就来了。"真是佛圣"所见略同"。孔子讲：欲仁仁至；佛祖说：心中有佛，所见皆佛。

孔子用了这个"欲"字，实在是妙用。修行路上怎一个欲字了得。你心里有什么没有什么，全在这"欲"字里。欲仁则仁在，一欲不二欲，不能有杂念。孔子说颜回，"三月不违仁"，保持仁在心中，仁德的境界自然就出现了，"斯仁至矣"，仁德就来了。所以，孔子才会说：何远之有？仁对于我们哪有那么遥远啊！

苏东坡说佛印像牛粪，佛印回了句，说苏东坡像尊佛，东坡大学士大笑而去，回到家中跟小妹一说，苏小妹说：人家佛家讲心中有什么眼里就有什么。苏大学士顿时哑然。苏牛粪自此得名。

7.31　陈司败问："昭公知礼乎？"孔子曰："知礼。"

孔子退，揖巫马期而进之，曰："吾闻君子不党，君子亦党乎？君取于吴，为同姓，谓之吴孟子。君而知礼，孰不知礼？"

巫马期以告。子曰："丘也幸，苟有过，人必知之。"

"陈司败"是陈国的一个大夫（也有说是齐国大夫）。"巫马期"，复姓巫马，名施，字子期，孔子弟子（第二十七个出场），小孔子三十岁。陈司败看出点问题，去向孔子讨教。

"请问夫子，鲁昭公这个人懂得礼吗？"

孔子说："懂啊！"说完，孔子走了，陈司败就去质问孔子的弟子巫马期。

陈司败走近两步深施一礼，对巫马期说："我听说君子没私心哪，难道君子还会结党营私吗？鲁昭公从吴国娶了一位夫人，都知道两人是同姓，为隐瞒事实还改名叫吴孟子。你要非说鲁君懂礼，那还有谁不懂礼呢？"

　　过后，巫马期把这事告诉了他老师，孔子听后感叹道："我孔丘真是幸运啊，一旦有了错误，人们必定会让我知道。（这样，我就有了改错的机会了。）"

　　孔子对待别人的批评是坦然面对的，知错才有改错的机会，作为圣人，人们对他都是仰而视之。能被仰视当然是人们向往的，但是人们对仰视的人会更加地挑剔。孔子认为这种挑剔对于自己是幸运的。

　　周朝有规定，同姓不得结婚，这在今天也很科学。吴人是泰伯的后代，鲁人是周公的后代，泰伯是周公爷爷季历的大哥，季历是泰伯的三弟，都是古公亶父的后人，姬姓。鲁昭公娶吴国公主属于近亲结婚，有违周朝礼制。

　　这位公主原本叫作吴孟姬，为隐瞒真相，改叫吴孟子。子是宋国的姓，属殷商后代，分明是想掩人耳目。可是没有不透风的墙，说出来就成了丑事，坏了周的规矩。

　　由于鲁昭公娶吴国公主有违周礼，陈司败才有这么一问。你孔子明知鲁君错了，还替他掩盖，不就因为你孔子也是鲁国人吗？这是私心啊！

　　圣人就是圣人，什么事情都不回避，都能直面问题，有问题在自己身上找原因。同时，怀着一颗报德之心，珍惜上苍的护佑、大众的关爱，"丘也幸"，我孔丘真是太幸运了。

　　对于这样的善意提醒，孔子历来都是心存感激、从善如流。

　　7.32　子与人歌而善，必使反之，而后和之。

　　孔子和人家一起唱歌，遇见好听的曲子，就让对方反复唱几遍，然后再与他和一曲。

　　古人有这么一个习惯，您唱歌唱得好，词意曲调他都很喜欢，他会按着您的词意，跟着您的调子现场新作一首，再唱给您听，这在古人叫作和一曲。

　　有一个词叫曲高和寡，意思是您水平太高、境界太高，别人达不到您的高度，能跟您和上一曲的人少。那么什么人能和得上呢？那些跟您一样的才能、一个境界的人。词和曲调都讲个意境，所描绘的意境有意趣、深浅、丰富与否之别，只有那些碰巧相遇、偶然相逢，又学问相当、志趣相投者才会有通灵、神交的感觉。

　　古人把能和上一曲的人称为知音。知己难求，知音难觅。

武汉市龟山脚下有个古琴台，相传就在此处，俞伯牙一曲《高山流水》引来知音一个，钟子期听出了"峨峨兮若泰山，洋洋兮若江河"。俞伯牙、钟子期自此成了知音，二人相约来年还在此处再见，可是伯牙再来时，钟子期已经亡故。伯牙来到子期坟前还是弹那首《高山流水》，曲罢趴在子期坟上大哭一场，砸碎了古琴，从此不复操琴。

遇到孔子是幸运的，既能求知，还能求和。

读到《论语》是幸运的，即便不能和，却也能知。

7.33　子曰："文，莫吾犹人也。躬行君子，则吾未之有得。"

言语成章称作"文"。孔子说："学习掌握文字里的学问，我和别人几乎一样。践行君子之德，我还了无所获。"

做老师有两种：一种是经师，一种是人师。经师是把文献、典籍、经文讲解传授给弟子就算完成任务；人师是自己精通文献、典籍、经文，并能躬行实践，做楷模榜样示范给弟子，还指导着弟子们去做。唐朝著名画家吴道子创作的孔子像，叫"孔子行教像"，其原因正在于此。人师重行教，经师在言教。

孔子身教重于言教，他带领弟子们周游列国或是在自然界游走，就是在游学，遇物遇事，讲解示范，应景教诲，诲人不倦。

孔子自认为，在"躬行君子"方面"未之有得"，这是孔子的自谦，也是在警醒世人，教育弟子，要重在躬行。细思起来，而今世上，多少"大师"夸夸其谈，行走世间被人们嗤之以鼻，实在是一个大大的讽刺。

学习学成书架子，中看不中用，就悲剧了。

7.34　子曰："若圣与仁，则吾岂敢？抑为之不厌，诲人不倦，则可谓云尔已矣。"公西华曰："正唯弟子不能学也。"

孔子在世时，人们就盛赞他是圣人、有仁德的人，对于世人对自己的称赞，孔子当然是谦之不受。孔子说："说到圣与仁，我哪里敢当。只不过做学问从不觉得厌倦，教诲人也从不感到疲惫，如此罢了。""云尔已矣"，孔子说得非常轻松："如此罢了！"

弟子公西华听到后，颇为感慨地说："这些正是弟子们学不到的呀！"

　　"为之不厌"是为什么？是为仁圣之道。张居正解释说："大而化之叫作圣，心德混全叫作仁。"孔子是说，去追求道德高尚的圣人和心德纯然的仁者，对于他来说从未感到过厌倦。这是孔子在追求学问上"发愤忘食，乐以忘忧"的精神所在。

　　"诲人不倦"是孔子仁爱天下的大爱在教育他人时的具体体现。孔子曾说："善人，吾不得而见之矣，得见有恒者，斯可矣。"其实，做任何事都有个能否持之以恒的问题，"诲人"一时一事容易，"诲人不倦"可是要有足够的恒心和坚强的意志，这个志是志于仁圣之道的志，是孔子"吾十有五而志于学"的志。这对于许多修为不够，境界不到的人，是很难做到的。

　　公西华听了孔子的自我表白，颇有感受，由衷而发：老师您谦虚啦！"为之不厌，诲人不倦"这岂是一般人能做得到的？这正是我们这些弟子们作为人生目标，需要去奋斗一生的呀！

　　7.35　子疾病，子路请祷。子曰："有诸？"子路对曰："有之。《诔》（lěi）曰：'祷尔于上下神祇。'"子曰："丘之祷久矣。"

　　子路是个非常感性的人，看到老师病得很重，又束手无策，就请众人及弟子们一起过来祷告。

　　孔子病愈之后知道了这事，就问子路："有这回事吗？"

　　子路说："有的。《诔》文上不是说：'替你向天神地祇祈祷'。"

　　孔子说："我早就祈祷过了。"这里"诔"是向鬼神祈福的祷文。孔子所说的祷告，不是像子路这样临时抱佛脚。天地神明，不是听你说什么，是要看你过去和现在都做了些什么，是你内心对神明有否真正敬畏。孔子这样的圣贤，是日常平素里就做善事、行仁德，就在积福报了，所以孔子说，我早就祷告过了。

　　佛家最讲因果，讲报应。说我们的一切都是业力所致，这个业力就是我们曾经造的各种业果产生的力量，我们的人生是靠这个力量在推着前行。孔子当然清楚这其中的道理。不过，子路这样做也是情急之下的无奈之举。

　　有一年去深圳弘法寺，拜会本焕长老。本焕长老讲了一件事，说前些天的一个早晨，一开寺门看到门前一个装得满满的编织袋，打开一看，全是人民币。本焕长老说寺里已经遇到好几次这种事情了，这些大都是做了不该做的事的人，做完了又后悔，怕灾祸上身，这是拿来赎罪的钱。我们问这样有用吗？本焕长老说有作用，但不如不做。本焕长老说的不做是说不去做那些不该做的事。

7.36　子曰："奢则不孙（xùn），俭则固。与其不孙也，宁固。"

"孙"通逊，解作谦恭、逊让。"固"解作鄙陋，见识浅薄的意思。孔子说："奢侈就不会逊让，节俭就会见识浅薄。与其不知道逊让，我宁愿见识浅薄。"

子贡就曾说过："夫子温、良、恭、俭、让以得之。"孔子是讲究俭朴和逊让的，而且明确表示反对奢侈。在林放问到什么是礼的根本的时候，孔子曾说："礼，与其奢也，宁俭。"奢侈是过高的消费，人们把自己架得太高了，很难谦下，就做不到逊让。奢侈会增加人们的优越感，优越感强的人是必容易看低别人，显出傲慢，这样的人极难谦下。你一旦意识到这一点，收敛自己的奢侈，就会改善傲慢态度，继而可以使自己谦恭起来。

同理，节俭就会简单、省略，物上也好，事上也好，数量上减少了，弊病也就出来了，这是把"双刃剑"。因为你经历少了，见闻也少了，见闻少了见识也就浅薄了，就有了"俭则固"了。

孔子说："与其不孙也，宁固"，是因为孔子更重视礼。孔子曾经埋怨子贡，说："赐啊！你爱你的羊，我爱我的礼。"礼在敬人，在谦恭、逊让，如果做不到逊让，不按礼行事，孔子是接受不了的。孔子认为，与其那样，还不如做个懂逊让的浅见之人。孔子的意思是，有仁爱之心，浅薄点也没什么。

浅薄点儿没什么，只要还有颗仁爱之心。

7.37　子曰："君子坦荡荡，小人长戚戚。"

君子心地宽大敞亮，小人心中纠结幽怨。"坦"解作宽敞平坦。"荡荡"解作宽大广阔。"戚戚"解作忧愁不安、纠结怨恨。

君子有坦荡的胸怀，无愧苍天大地，可温可厉，威而不猛，怀家国天下，念万物苍生，淡然处世，笑对人生。不管吉凶祸福，因为无私，君子都能坦然面对，比如，面对恶人桓魋的武力威胁，孔子就那样淡淡地说了句："天生德于予，桓魋其如予何？"；再比如，遭遇陈蔡之困，许多弟子因绝粮生怨，孔子同样能够淡然处之，在子路怒气冲冲质问孔子："君子亦有穷乎？"的情形下，孔子只说了那么一句话："君子固穷，小人穷斯滥矣。"子路顿时醒悟。

小人心存私利，行险侥幸，纠结得失，算计利害，幽怨焦虑，行不安，坐不宁。由于某人纠结于某个小事情，在那里不停地唠叨，我们就会说他："你嘚啵嘚，嘚啵嘚，嘚啵嘚个啥？"意思是说他纠结于得还是不得之间，一会儿要得，一会儿又说不得，来回捯饬，实在是难受死了。这是私利小人的典型症状——戚戚。

7.38　子温而厉，威而不猛，恭而安。

这句不知是谁记录的，描述得诚实而真切，应该是孔门弟子，说：孔子温和而严肃，威严却不暴戾，恭敬又能安详。"温"解作温和、厚道。"厉"解作严肃。"威"解作威严可畏。"猛"解作暴戾。

温是心里仁德使然，心中有仁爱，语气、面色都会温和、柔顺。厉是胸中正气浩然，近则亲之，远则敬之。齐鲁两国夹谷会盟，孔子于会盟台上立斩戏谑（xì xuè 用诙谐有趣的话开玩笑）艺人和滑稽侏儒，显示了君子威武、凛然的气概，保鲁国鲁君不因国家弱小而遭屈辱。孔子的"温而厉"能使温和不落懦弱。

威严容易猛烈，存养中正，威严就不会出现暴戾、剧烈。威严不容侵犯，不容侵犯也不是可以暴戾的理由。孔子"威而不猛"。

孔子能恭敬庄严而安详，意思是如果仰视对方，恭敬起来就容易产生压力，可能带来不安。假如恭敬的心能够安静、安详，这恭敬就中正平和。如此我们才能见到孔子"申申如也，夭夭如也"。

这是因为孔子有极好的修养和极高的境界，当人们接近他时，就会感觉到"温而厉，威而不猛，恭而安"。温厉、恭安、威而不猛。如此这般，才有普天之下，三千英才云集于孔子门下。这番景象，谁人不趋之若鹜？

泰伯篇第八

本篇里孔子提倡德治，主张禅让以及学习修身等内容。在这里，曾子还盛赞了颜回、子路、子贡三位师兄。

8.1　子曰："泰伯，其可谓至德也已矣。三以天下让，民无得而称焉。"

"泰伯"是周朝先祖古公亶（dǎn）父的长子。亶父最喜欢的一个孙子叫姬昌，面相、气质都很好，聪明伶俐，乖巧可爱，爷爷就想让这个孙子继承大位。

这就有了一个问题，要让姬昌即位的办法就是姬昌的父亲先即位，可是，姬昌的父亲季历在兄弟三个当中年龄最小，即位的概率三分之一都不到，尽管那时长子即位还没有明文规定，但习惯上就是这样的。

这时，作为长子的泰伯看出了老爷子的心思，和大兄弟仲雍一商量，决定主动让位给三弟季历，亶父一时还接受不了，一再犹豫，兄弟俩一合计，咱哥俩远走他乡吧，只有这样才好实现父亲的心愿。于是泰伯带着仲雍假借采药之名，去了遥远的吴地，后来在那里建立了吴国。

老大老二一走，三王子季历顺利继承王位，三王子的儿子也就顺理成章地成了王位继承者。这个王孙姬昌，后来成了伟大的周文王。我们不得不说，还是亶父独具慧眼。

这个"亶"字是天生、本来的意思，亶父就是"本来的父亲"之意，放到现在叫国父。

没有泰伯让位，可能也就没有周文王，就没有伟大的周王朝的"礼乐之治""成康之治"。所以，孔子特别崇敬泰伯，是他的高尚品德成就了周王朝。

我有一个朋友的夫人，接到了一个未来亲家母打来的电话，说你们家是三个孩子，问未来财产的分割是怎么安排的，打这个电话是想说明她家就这么一个姑娘，独生女，提醒我这位朋友的夫人，财产不可以均分。后来两个孩子很悲剧，谈了三年多的对象，就此各奔东西。

如果那位亲家母，能够知道世上曾经有个吴泰伯，还听说了泰伯三让天下的故事，真就明白了谦让的道理，可能早已并蒂花开，龙凤呈祥了。

可惜了了。

孔子说："泰伯呀，可以说是已经达到了至德的境界了。屡次把天下让给兄弟季历，百姓们对他的称赞已经到了无以言表的地步了。"

当然，这些百姓里也包括孔子。

8.2　子曰："恭而无礼则劳，慎而无礼则葸（xǐ），勇而无礼则乱，　而无礼则绞。君子笃于亲，则民兴于仁；故旧不遗，则民不偷。"

"劳"解作烦扰不安。"葸"解作畏惧、懦弱。"绞"解作急躁、率直。"遗"解作抛弃。"偷"解作不厚道，薄情寡义。孔子说："恭敬而不合礼规就会产生烦扰不安，谨慎小心不合礼规就会心生胆怯，勇敢刚猛不合礼规就会生乱违法，简单直率不合礼规就会尖刻伤人。君子待自己的亲人厚道，百姓中就会兴起仁德风尚；君子不遗弃老朋友，百姓就不会待人薄情。"

孔子曾说："礼以节人。"人的行为没了约束就会出问题。

孔子认为恭而无礼，所产生的不安，都是因为不按礼去节制引起的，都是因为没有很好地理解礼的约束作用。同理，"慎、勇、直"也是在礼上出了问题。弟子说孔子"恭而安"，这"恭而安"是由于"恭而有礼"才得以安。这需要起一个真正的恭敬心时时在礼上，对自己约束、节制，才能得安，才能解决问题。

作为君子亲民爱物，垂范天下，尤其是对身边的亲人故友，更不可忽视、怠慢。怠慢至亲的人，至亲会离你而去，兄弟姐妹都不跟你来往，最信任的人对你失去信任，天下人谁还会相信你呢？天下人都不信你了，你又如何混世界？如何闯天涯？如何治国平天下？孔子告诉我们，最简单的做法就是善待亲人故交，这样仁爱之风就会在你身边兴盛，人们就不再薄情寡义。这是君子责无旁贷的责任和义务。

孔子曾说："君使臣以礼，臣事君以忠。"为君的无礼，你再怎么"恭、慎、勇、直"也是"劳、葸、乱、绞"。做老大的尤其要无礼不行，时时处处礼行天下。

8.3　曾子有疾，召门弟子曰："启予足！启予手！《诗》云：'战战兢兢，如临深渊，如履薄冰。'而今而后，吾知免夫！小子！"

"召"解作呼喊、召集。"启"解作开。曾子有病了，把他的弟子们都召集过来，对他们说："看看我的脚啊！看看我的手啊！《诗经》上说：'战战兢兢，如临深渊，如履薄冰。'从今往后，我知道我这一生是躲过刑戮伤害了！弟子们哪！"

　　古时候的刑法里剁脚砍手是很普遍的，曾子认为自己可能要死了，手脚都还齐全．这一生算是躲过了这些酷刑的处罚了，可以安心地走了。

　　曾子还在《孝经》里这么说："身体发肤，受之父母，不敢毁伤。"意思是身体以及皮肤、毛发都是父母给的，不可以有所损伤。为了这个，曾子一生都是"战战兢兢，如临深渊，如履薄冰"，谨慎小心。曾子最后感叹道：弟子们哪！我给你们做了个榜样，你们一定要像我一样不要让身体受到损伤，不要让父母为此担心忧虑。

　　曾子是个孝子，对父母极为孝敬。有一次，曾子随父亲在地里干农活，不小心把秧苗铲断了。他父亲是个暴脾气，抄起一根大棍子就打。曾子这时候是可以跑掉的，他只是想着自己一跑，父亲的气撒不出来，对身体不好，这样做是对父亲的不孝，于是他就站在那里躲也不躲，结果一棍子砸到曾子脑袋上，当时就被打昏了。

　　事后孔子知道了就教育曾子，说如果你父亲要打你，拿的是一根小棍子，打不坏人，你就站在那儿让他打，可是，如果你父亲拿了根大棍子，你要赶快跑，他要是把你打坏了，或者打死了，他还不得心疼死了，那才是大不孝啊！他打你，你一跑，时间一长，他气消了就没事了。

　　曾子快要学成个书呆子了，被孔子一把又拉了回来。

　　注：做父母的家里必备两根棍子，一粗一细，真想打孩子的时候就拿那根细的，如果只是吓唬吓唬孩子，就拿那根粗的。

　　8.4　曾子有疾，孟敬子问之。曾子言曰："鸟之将死，其鸣也哀；人之将死，其言也善。君子所贵乎道者三：动容貌，斯远暴慢矣；正颜色，斯近信矣；出辞气，斯远鄙倍矣。笾豆之事，则有司存。"

　　曾子又生病了。看来曾子的体质不是太好啊！鲁国大夫孟敬子前来探视，曾子对他说："鸟儿快死的时候，它的叫声是悲凉的；人快死的时候，他说的话是善意的。"

　　可能是曾子对孟敬子曾经说了些什么，孟敬子没听进去，曾子认为孟敬子这个人还不错，值得再帮他一把，所以才说出这样的话。我病成这样，快要死的人了，我这会儿所讲的话希望你能认真听进去。

曾子继续说："作为君子待人接物一定要注重这三个方面：修饰容貌，这能使自己远离粗暴和傲慢；面色庄重，这样就会更显诚信；言语注重修辞，这样就会远离粗野无礼。至于礼仪细节方面，可以让专管人员操办就是。"

在这里"鄙"解作粗野、没文化。"倍"通"背"，不合礼仪。"笾、豆"是两种在祭祀中使用的器皿。"有司"是主管具体事务的小官吏。曾子告诫这位世家大夫，注意自己的妆容态度、言行举止、言辞修饰。告诫他，他这样一个身份地位的人，切记不可粗俗野蛮、虚伪傲慢，作为世家大夫必须在这方面加以小心珍重。

我们都清楚，没有自律、不自重的人是很难真正赢得他人的尊敬的。你轻贱了自己，即便有人想抬举你都很难。当然，这一切还要建立在自己修心的基础之上。没有一颗诚敬的心、虔诚的心、谦恭的心，又如何托得起一张无邪的、纯真的、谦恭的、真诚的、阳光的笑脸？

新闻报道说，一个服务窗口里，展现出的是产品化的固定笑脸，尽管训练有素，却依然被众人诟病。问题就在这里。

8.5　曾子曰："以能问于不能，以多问于寡；有若无，实若虚，犯而不校。昔者吾友尝从事于斯矣。"

看来曾子病好了，开始讲课了，这以下三则都是"曾子曰"。这一则是曾子向别人介绍自己的师兄颜回的。颜回不仅是老师孔子的骄傲，同时也是众师兄弟们引以为傲的榜样。

曾子说颜回："能力强还能向能力弱的请教；知识渊博还能向不如自己的人请教；他尽管学问丰富却好似没有学问，他学问充实却好似还很不够，即便受到冒犯也从不计较。从前我的学兄就曾做到了这些。"

曾子说自己能"吾日三省吾身"，看来他不只是"三省吾身"，对他人的观察也很细致，他说的"以能问于不能；以多问于寡"就是老师的"三人行必有我师"的理论践行，他说"有若无，实若虚，犯而不校"就是谦恭无我的进学状态。

当今社会，竞争压力大，人们习惯于把自己撑得很大，用来虚张声势，博得额外收益；同时又神经绷得很紧，异常的敏感，极易触怒受到伤害，"犯而不校"就太难能可贵了。像颜回这样的状态，"以能问于不能，以多问于寡；有若无，实若虚，犯而不校"，就算进入了成长快车道。

如今有人学习"速成""快速发财"，建议他翻阅一下《论语》，查查曾子都怎么说来着，一定会有收获。

8.6　曾子曰："可以托六尺之孤，可以寄百里之命，临大节而不可夺也。君子人与？君子人也。"

在古代，托孤托妻并不罕见，尤其是托孤，父亲临终前将年幼的孩子托付于至亲至近的，或是信得过的忠诚厚道，侠肝义胆，可为朋友两肋插刀的，要么就是那种道德极为高尚之人。历史上有：周成王年幼，周公召公受武王托孤；阿斗年幼，刘备白帝城托孤诸葛亮；唐太宗含风殿托孤长孙无忌；等等。

曾子说："那个可以托付年幼的孤儿，又可以寄希望委以国家政令的，面临重大转折事件又不会动摇意志的，他不是君子吗？他就是君子呀！"

我认为这一则是曾子在赞许师兄子路的。

《左传》记载：卫国内乱时，太子蒯聩要求自己的外甥孔悝给予协助，但孔悝不肯帮这个舅舅，舅舅和外甥之间为此发生了冲突，而此时子路在孔悝那里做朝臣。当时在孔悝那里做朝臣的还有孔子的另一名弟子子羔。子羔眼看形势不妙，又无能为力，准备逃离卫国，在出城混乱的人群当中子羔迎面碰上了正要返回卫国的师兄子路，子羔把发生的变故告诉了子路，说主子孔悝大势已去，他劝子路不要回去，即便回去也无济于事了，赶快逃命。可是子路认为自己当人家的家臣，食人家的俸禄，就应该临危受命，不可贪生怕死一躲了之。所以子路只身进了城。

《左传》还记载了子路在城里与蒯聩的士兵战斗的场面，说子路"以戈击之"，但终归寡不敌众。记载说战斗中子路身中数刀，他的帽缨也断了，临死前还说："君子死，冠不免。"死前最后一刻还将帽子戴好，"结缨而死"。能够不避死，临危受命，这在孔子的弟子中当属子路。子路完全可以做到"临大节而不可夺"。

子路死的时候六十多岁，在那个年代算是老年人了。一个六十多岁的老人，忠于职守，能够在工作岗位上以命相搏，这在任何民族任何时代都是值得盛赞的。"君子人与？君子人也。"子路是真君子啊！

8.7　曾子曰:"士不可以不弘毅,任重而道远。仁以为己任,不亦重乎? 死而后已,不亦远乎?"

我认为这一则是曾子在讲师兄子贡。子贡正是弘毅之人,孔子去世后他任重而道远,给老师守丧也好,维护孔子形象也好,帮老师整理典籍也好,以及最初的收集《论语》素材也好,子贡做了大量的工作。

曾子说:"作为士,不可以没有宽阔的胸怀和果敢的决断力,因为你重任在肩,路途遥远。作为士要以推行仁德为己任,这副担子不是很重大吗? 能为此奋斗终生,这不是一个很远大的志向吗?"

这个士在今天,我们可以理解为有识之士(有才能又有见识的人)。我这里不是说子贡不够君子,在贬低子贡,是子贡的经历更像是一个"仁以为己任"的弘毅之士。有识之士一定要有宏大的胸怀,不满足于现有,不止于眼前,有一个宏伟的志向。同时,有识之士也必须毅然决然、毫不犹豫地向着目标勇往直前。这期间在他们心中必有任重而道远的豪情壮志,笃定前行的强大动力。这动力就是"仁以为己任"的使命召唤,也是孔夫子一生为之奋斗的大目标。

孔子的接力棒要由子贡、曾子这些弟子们接过来,传下去,为之奋斗一生"死而后已"。

孔子及其弟子,能为仁德之道、为周公的礼乐之治奋斗终生,死而后已;后来还有为了大汉的复兴"鞠躬尽瘁,死而后已"的诸葛亮;再后来的周恩来总理,为了民族的团结、国家的昌盛,同样是"鞠躬尽瘁,死而后已",这些人都是"弘毅"之士,他们都应该被后人永远牢记,万世颂扬,成为我们民族的脊梁、精神的楷模。

8.8　子曰:"兴于《诗》,立于《礼》,成于《乐》。"

孔子说:"兴起于《诗经》,立身于《礼经》,功就于《乐经》。"孔子曾说:"《诗》三百,一言以蔽之,曰:思无邪。"

孔子说要从《诗经》兴起,起头如果都是邪的,后面的努力只能带来恶果。学《诗经》就是要解决端正心向的问题。心中所思中正无邪,接下来的行为就是中正直行的。孔子说:"立于《礼经》",正是在心中有一个正念的基础上,生成一个为善的念头,见人礼敬谦恭,这便是礼的本质。"立于礼"就是务本,本立而道生。

《乐经》之乐乃孔子修订，绝非郑声淫乐，皆为雅乐，是导人向善，和人心性的音乐。乐的要旨在和，而和是做人、做事情成功的最好、最有效的保障。礼在治身，乐在治心。《礼记·乐记》里讲："先王之为乐也，以求法制也。"所以，这里孔子说："成于《乐》。"

《礼记·乐记》里还讲："乐行而伦清，耳目聪明，气血和平。"古人对于音乐所寄予的希望是很高的。

礼乐之本在于中和，"和谐"一词就是来自对音韵的要求，作者在创作中务必使乐曲达到音韵和谐。

和谐是把对立或不协调的事物进行统一协调，达成不同事物间的相辅相成、互助合作、共同发展。通过音乐的和谐，去调节人们的心性，促使人与人之间达到和谐共处，继而使家庭、社会以及企业、团队都能和谐，使世间一派祥和，最终缔造大同。这是周公、孔子"礼乐之治"的终极目标。

乐的和谐，是在要求音韵和谐的同时，演奏的乐队也要达到配合的和谐。中国古乐发展到东周时期，已经相当完备。在湖北随县发掘的曾侯乙墓中出土乐器就有九种：编钟、编磬、鼓、琴、瑟、均钟（律准）、笙、排箫、篪，共计125件。能够全部同时使用这套乐器的乐队，至少不下百人吧。

战国时期的齐宣王酷爱的乐器是竽，他的竽乐队人数多达三百人。如此庞大的乐队，如果配合不好，成员间没有一个和谐的关系，要想演奏好，真是难以想象的。

礼乐之治其中最主要的目的，就是要使社会每个成员间、每个组织间像乐手在乐曲的旋律中，协调一致，完美配合，最终和谐圆满。

其实，孔子周游列国回到鲁国，"然后乐正"，这个"乐正"包括正乐章和正乐音。正乐章是确定音乐所适合的场合；正乐音是对节奏、音调给予符合其功能的定位。

今天，基于我们对"和谐"二字的理解，要求我们对日常生活工作所用音乐，一定要去甄别鉴定，做到什么样的音乐适合什么样的场合、人群。你选择的音乐，是和谐关系调养心性的，还是制造困顿、对立、哀伤、麻烦的，还是迎合低俗与堕落的，清晰这些很重要。我们说一定要选择能够"成于乐"的乐，能够带来和谐快乐的音乐，最后把自己、家人、朋友、团队、客户带进和谐世界、快乐天堂。

8.9　子曰："民可使由之，不可使知之。"

孔子的这句话产生过太多的误会，尤其是底层民众看到后，激起过不少义愤填膺的声浪。这其实是个误解。这些人是这样解释的："百姓可以让他去干活，不可以让他知道这是为什么。"这显然不是孔子的意思，至少是不准确的。

另有一种解释是："对于大众，只须让他们知道他们该知道的就行了，至于为什么这样或者那样做，没必要让他们都知道。"这种解释里"由"字是身行其事，"知"是指心悟其理。认为人们天赋悟性各不相同，需要区别对待。这样说倒有点像是孔子的意思。

还有一种解释是："对于百姓们，可以让他们跟着圣贤君子去做，没必要让他们知道那些大道理。"这个解释好像更接近于孔子的一贯说法。

高手总是把复杂的东西搞简单。简单的事情搞复杂就是个麻烦事，比如，一些企业，误打误撞起家的老板，脑子一热，搞了许多所谓的企业文化，到头来事倍功半是小事，有些还带来了很多负面效应。

明白的老板就在基层制定流程，拟定标准，对基层员工只管他怎么做，告诉他干好了如何奖励，出问题怎么处罚，这样的管理模式，最终的效果都还不错。这种情况和孔子的意思基本契合。

8.10　子曰："好勇疾贫，乱也。人而不仁，疾之已甚，乱也。"

孔子说："好勇却憎恶贫穷，这样的人会制造祸乱。做人如果不仁，嗔恨心又很重，这种人也会制造祸乱。"这里的"好勇"解释为勇而无礼。"疾"解作疾恶。不懂礼数、不知节制而又逞强好勇，这本就容易生乱，倘若在贫困中又不安分守己，一定祸害无穷。好勇斗狠的人大多不仁，他的仁爱之心被无礼的嗔恨蒙蔽了。

在各类商品都需配给供应的 20 世纪六七十年代，军队的供给相对会好于地方，部队大院的孩子们吃穿用上也都好于地方，有不少地方孩子心理不平衡，就会因此找部队孩子寻衅滋事，打架斗殴的事会经常发生，这跟孔子说的"好勇疾贫，乱也"的情况很相似。

如今的贫富差距一再拉大，所导致的仇富心理也一再加重。这种局面除了尽快消除贫困、减少差距外，教育也须加强，需要移风易俗，那些"有识之士"

还须做出榜样，倡导"克己复礼""安贫乐道"。只有这样，社会安定才能有保障。

8.11　子曰："如有周公之才之美，使骄且吝，其余不足观也已。"

孔子说："假如一个人的才能美妙到能与周公相比，然而，只要他有骄傲和吝啬的毛病，其他方面再美妙、优异也不值得一看。"这话孔子讲得太对了，说有些人，他骄傲也好、吝啬也好，瞧不起人不说，还铁公鸡一毛不拔，即便是周公在世，咱也离他远远的，不用搭理他。

骄傲就容易失察，吝啬就容易失人，能力再强也是枉然。曹操就是一例。

曹操对关羽的好，那是没的说，"上马一锭金，下马一锭银；三日一小宴，五日一大宴"。曹操既谦恭又厚道。尽管关羽"挂印封金"走了，曹操依然大礼远送。就为这，赤壁之战中，曹操丢盔卸甲大败而归，华容道迎面撞到了关云长，还讨回了一条性命，他曹孟德不还是赚了？但是，西川的张松来献图啦，那一刻的曹操却晕了菜，若是有对关羽一半的殷勤，张松都不会把进川的地图献给刘备，倘若是那样，富庶的川蜀之国就该姓曹了。

那会儿的曹操啊！就表现出了"骄而吝"的德行，天赐的良机啊！让他拱手让给了刘备。

8.12　子曰："三年学，不至于谷，不易得也。"

这个"谷"解作俸禄。孔子说："跟着老师学习三年，还没有急着想当官，是很难得的。"这里"至"通"志"，志向的意思。

有人志于学问，有人志于当官发财，志向不同而已。孔子是想要更多的人志于学问，有大成就了可以更好地服务天下苍生，而不是学个几年，找个稳定的工作领个工资。孔子就曾对弟子子夏说："汝为君子儒，无为小人儒。"这个"小人儒"就是"至于谷"的人。

孔子收了三千弟子，最后成就了七十二位贤者，成才率只有百分之二点四。可见人才的培养自古都不容易。

一个街坊的儿子在英国学习了六年，花了二三百万元，就为了一份稳定的工作，考个公务员。公务员倒是当上了，上班也就是干一些事务性工作，月薪五千元，跟酒店后厨切菜师傅的收入差不多，说有点差别，那就是切菜的师傅还管吃管住，公务员不管这个。我们粗算一下，他不吃不喝退休前还挣不回来那份留学花销。

他志于道也好，志于财也好，怎么算都是赔本的买卖。能干这事的人，只有亲爹亲娘。可悲天下父母心哪！

8.13　子曰："笃信好学，守死善道。危邦不入，乱邦不居。天下有道则见，无道则隐。邦有道，贫且贱焉，耻也。邦无道，富且贵焉，耻也。"

孔子说："要信心坚定，好学上进，用生命去捍卫真理。危险的国家不进，动乱的国家不住。天下政治清明就出来做事，政治昏暗时就退隐闲居。如果国家政治清明，自己还贫穷卑贱，这是耻辱；如果国家政治昏暗，自己富裕尊贵，这也是耻辱。"

孔子对禀赋、修为好些的弟子提出高一些的要求时，通常在开头会带上"君子"二字，比如，"君子怀德""君子坦荡荡"等；在对普通弟子提出一般要求时，会直接说内容，比如，"子曰：人而无信，不知其可也"，比如，本则"子曰：笃信好学"等。

在这里，孔子是说"笃信好学"有本事了，能力也够了，去守善道，而且要死守，牢牢地守住了，不惜付出生命的代价。《三字经》里有："人之初，性本善。"孔子的意思是不管到什么时候，都要守着这个"人之初"。这样，我们的那个本就还在，文明社会给我们界定的人，我们还是，没出圈。

孔子说，对于时局不稳的地区不要去，去了很难有所作为不说，搞不好还搭上性命，那不是明智之举。

孔子继续说，出来做事有个原则，就是看是否有道，天下昌明与否，大的政治环境如何。政治清明就去做些事情，不行就隐匿不出。环境清清朗朗，君子应该大显身手，这叫"盛世无隐士"，这时你穷困潦倒，地位卑贱，那是一种耻辱。

但是，如果遇到动荡昏暗的时局，你出来做事，既升官又发财，那叫为虎作伥、助纣为虐，你富足高贵，耀武扬威，同样也是一种耻辱。大汉奸汪精卫就是这一类，把祖宗十八代的脸都丢尽了。

8.14　子曰："不在其位，不谋其政。"

孔子说："不在那个职位上，不去考虑那里的政事。"每个岗位都有它相应的岗位职责，职责范围内的事务叫分内事，超出这个范围就是越界，越俎代庖的事不能干。尤其是大的单位、公司，职责明确，更是要持守自己的岗位，否则同事关系就难处了，人家的活儿你给干了，人家干什么？我们不能种了人家的田，荒了自家的地。

职责不明是现代管理中最忌讳的事情，您一入职，管人力资源的同事就会让你填写"岗位职责说明书"，明确岗位职责是您入职的第一要务。

孔子讲的"不在其位，不谋其政"。该是人力资源管理的基本法，属于基本要求。看来管理学最基本的东西几千年都没变。

切记，孔子这句"不在其位，不谋其政"决不能成为不合作的理由。各自为政和袖手旁观是缺乏团队精神；幸灾乐祸和落井下石就是组织的毒瘤，那可是有癌变的可能，必须割除。这些不和谐的因素与孔子提倡的"礼乐之治"背道而驰。

8.15　子曰："师挚之始，《关雎》之乱，洋洋乎盈耳哉！"

"师挚"，鲁国的乐师，名挚。乐队演奏到最后，所有乐器合奏齐鸣，这叫"乱"。演奏结尾处用的是《关雎》，所以叫"《关雎》之乱"。"洋洋乎"是指美好盛大的样子。孔子用这十几个字描绘了一场音乐会的盛况。

孔子说："由大乐师挚演奏音乐会的首曲，用《关雎》这首曲子做结尾，整场音乐会盛大而美妙，真是一场听觉盛宴啊！"高手开场，名曲收尾。

后来，师挚去了齐国，大乐师一走，再想听这样美好的音乐就难了。孔子是在回忆美好的过去。

8.16　子曰："狂而不直，侗（tóng）而不愿，悾悾（kōng）而不信，吾不知之矣。"

"狂"解作狂放。孔子是赞赏这种"狂"的。"侗"解作无知。"愿"解作憨厚、厚道。"悾悾"解作愚笨。"狂、侗、悾悾"，是形容这个人狂傲、无知还愚笨；"不直、不愿、不信"，是说这个人不率直、不厚道还无诚信。

孔子说："狂傲而不率直，无知而不厚道，愚笨而不诚信，我搞不懂这种人。"

人的禀赋不同，你笨点傻点没什么，有智吃智，无知吃力。不老实还总想抖个机灵，那就毁了。就像那句台词儿："一个养猪的，总干些个狐狸的事。"打死他都不亏。

8.17　子曰："学如不及，犹恐失之。"

孔子说："学习总怕跟不上进度，跟上进度了又怕所学有失。"有这种体验的人不在少数。

制订一个学习计划，担心到时候完不成，就加快速度。学习进度上去了，又担心学得不扎实，容易忘记。这是一对矛盾，既要顾及进度又要保证学习效果。

比如，学习经书，只是读经很容易停留在说文解字上，不容易做到"一以贯之"。做到"一以贯之"就需要经史共修，把经书所成书的历史背景、事件、人物及人物关系、物料及技术了解透彻，在历史脉络、事件、人物都丰满的情形下再去领悟经文内容，这就相对容易一些、清晰一些。

学习中，"学而为己"是前提，"一以贯之"是关键，得到学问是硬道理，不能"不及"，也不能"熊瞎子掰苞米"。

8.18　子曰："巍巍乎！舜、禹之有天下也，而不与焉。"

以下四则都是在歌颂尧、舜、禹三位伟大的君王。他们是自黄帝之后，黄河流域出现的三位伟大的部落首领，他们以德治天下，为华夏民族文明的发展与传承打下了坚实的基础。

孔子说："高大啊！舜帝、大禹拥有天下，而不谋取私利。"他们贵为天子，富有四海，却以天下为公，以仁德布于四海。孔子盛赞他们的崇高伟大。

嵩山脚下有个非常古老的阙门，至今保存得很好，名为启母阙。

导游小姐会告诉你："启母阙为启母庙前的神道阙。上古时期大禹奉命治理泛滥的河水，三过家门而不入，其妻涂山氏化为巨石，巨石从北面破裂而生启

（大禹的儿子）。西汉光武帝游览嵩山时，为此石建立了启母庙。"

传说，启是从石头缝里蹦出来的，建立了夏朝。首先，从这段解说里我们可以知道，大禹当年确实很忙，忙得没时间生孩子；其次，启母很伟大，伟大的启母生孩子都自个儿想办法；最后，人们说的那句："你是石头缝里蹦出来的。"这话还真就不能不信。

8.19　子曰："大哉！尧之为君也！巍巍乎！唯天为大，唯尧则之。荡荡乎！民无能名焉。巍巍乎！其有成功也！焕乎！其有文章！"

"则"字解作效法。"荡荡"解作广远。"焕"解作发光。"成功"解作大功绩。"文章"解作礼法制度。

孔子说："伟大啊！尧帝他是我们的君主！无比高大啊！唯有天大，唯有尧帝能效法天。宽广浩大啊！百姓们无以言表。多么伟大的成就啊！他制定的礼法制度光芒万丈。"

前一则是说舜帝、大禹，这一则说到尧帝。孔子非常激动，什么"大哉""巍巍乎""荡荡乎""焕乎"，真是无所不用其极。

这里"唯天为大，唯尧则之"，是说只有尧帝效法天——"尧则天"。效法天是效法天的天德，《易经》里是这样描述天德的："天行健，君子以自强不息。""唯天为大，唯尧则之"，尧帝从不停息让自己强大，强到足够大，"巍巍乎！"

唐朝有个女皇，高宗李治的老婆，自称武则天，她的名字就是读《论语》读到这里时忽然有悟，就给自己取了这么个"武则天"的名字，有自比尧帝的嫌疑。当然，能有这样的志向也值得赞许。其实武则天也是个很自律的人，当皇帝就为过把瘾，退休后又把皇帝位子还给人家李家，她还曾很认真地"内自讼"过。

20世纪80年代初，一个登封市的农民在嵩山上种树时，在一个石头缝里拾到了一块武则天的"除罪金简"，这块"除罪金简"就是一份"自讼书"，武则天请求上天宽恕她的罪过。如今，这块存放在河南省博物院的金简，成了院里的一件宝贝。

8.20　舜有臣五人而天下治。武王曰："予有乱臣十人。"孔子曰："才难，不其然乎？唐、虞之际，于斯为盛。有妇人焉，九人而已。三分天下有其二，以服事殷。周之德，其可谓至德也已矣。"

舜帝有五位能臣就把天下治理得很好了。周武王说："我有十个治世乱臣。"这个"乱臣"是指能治理天下的人才之臣。

孔子说："人才难得啊！不是这样吗？唐尧、虞舜那一时期，人才兴盛啊。武王的十个能臣里还有位妇女（武王之正妻，姜子牙之女邑姜），实际只能算是九位。文王做诸侯的时候，殷商天下的三分之二都是他的了，依然能够在殷商下面称臣。周所具有的仁德，可以说是达到了至德的高度。"

根据楚简《容成氏》记载，九国叛商时，纣王已经拘役文王七年之久，纣王因为文王说自己可以平定九国叛乱，就把他释放了。文王靠自己的文德感召了六国来降，不降的丰、镐两国百姓也主动放弃了自己的君主，前来投靠。

武王继位第二年，号召天下诸侯会盟黄河古渡孟津，史称"八百诸侯会孟津"。不是说武王当时的权力有多大，论行政级别，大家都是诸侯，周武王是他至德的品行感召了大家心甘情愿认他做老大（盟主）。

都知道，得人心者得天下。人在心不在，莫说："有乱臣十人"，一百人也难说能达到周武王那样的治理效果。

孔子认准"周之德，其可谓至德也已矣"，所以，孔子不停地宣说："为政以德。"

8.21　子曰："禹，吾无间然矣。菲饮食，而致孝乎鬼神；恶衣服，而致美乎黻（fú）冕；卑宫室，而尽力乎沟洫。禹，吾无间然矣！"

我国香港拍了部电影叫《无间道》，这个"无间"和孔子说的这个"无间"是一个意思。"间"解作罅（xià）隙，是说事情有漏洞，可以引申为非议。《无间道》是说在黑白两道里做得都很好，黑白通吃，没毛病，没漏洞。

"无间然"是说根本找不出毛病，找不出漏洞，无缺陷，完美。这一则里孔子是专门颂扬大禹的。"大禹啊！每当我说起他时，找不出他任何瑕疵。他自己吃得极其粗淡，却把祭祀办得很丰盛；自己穿得很破旧，却把祭服做得很华美；他自己住得很简陋，却把精力都投入了水患治理上。大禹啊！我实在是在你身上找不出任何瑕疵呀！"

　　严于律己是做领袖的基本素质，仪式场合穿得讲究点是说明咱有敬畏心。平素里穿戴，讲"名牌"论"高档"就显得奢侈了，无助于平心静气、修身进德。

　　大禹治水三过家门而不入。传说，有一次妻子做好饭往治水工地送，到了河边，发现自己的丈夫变成了一头大熊在那里劳作。我们知道，熊是我们古人所说的五灵之一。五灵包括：虎威、熊霸、猿灵、鹿捷、鹤逸。熊的霸气、力大无比最为我们称道。

　　在今河南新郑，远古时候有个部落叫有熊氏，它的第一任部落酋长叫少典，史传炎帝、黄帝都是少典的儿子，也就是说，熊曾经是我们华夏民族的象征、图腾。熊也好、大禹也好，他们重视礼规、敢挑重担、勤劳勇敢的精神，都是我们华夏文明重要的组成内容。

　　后来，不知什么时候把熊的形象给丑化了，实在是不应该。

子罕篇第九

本篇以论学的内容居多。论述有学习方法、持之以恒的重要性。在这里，除了"毋意、毋必、毋固、毋我"的"子四绝"外，还有一则是颜回描述自己跟着孔子学习的感受、体会，极为精彩。

9.1　子罕言利与命与仁。

孔子教授学问是为了培养君子，君子们为政以德，为民服务，安天下苍生。如果您是手握权柄，拿着俸禄的伪君子去和百姓们争利，那是孔子不愿意看到的。

孔子极少教人谋利，他会把更多的精力放到教授礼乐之治、为政以德以及克己复礼的个人修为和德治天下上。孔子要的是"汝为君子儒，无为小人儒"。培养出来的是"不至于谷"的"君子儒"。

但孔子绝不是不谈利，比如，他收徒弟要"束脩"——十条干肉。他还曾说若能挣钱，他愿意给人家御马驾车，开出租。孔子从不避讳谈钱说利，只是他认为这"君子儒"无须谈钱。

孔子也很少谈及命。所谓命里的生死祸福，极少能说得清楚，即便是说出来也是生涩难懂，禀赋不足者更是难以理解。孔子说自己"五十而知天命"，也正是知了天命以后孔子才开始周游列国。这之前，老子曾告诉他，此时复兴周公之礼是不可能的事，别瞎耽误工夫。孔子应了一句："明知不可为而为之。"也许，这就是孔子的命吧。

孔子也很少主动讲仁。仁是至德之心在人世间广博的爱，那是修德修到极高处才能见到的，心底里的东西。这东西不是用来讲的，是需要个人潜心修行，长积善养，而后才有"照破山河万朵"的时候。仁不在说而在做。

佛家说到这里的时候，用的是"慈悲"二字，慈是给人快乐，悲是帮人去除痛苦烦恼。慈悲和仁一样，需要展现在行为上，多说无益。

9.2　达巷党人曰："大哉孔子！博学而无所成名。"子闻之，谓门弟子曰："吾何执？执御乎？执射乎？吾执御矣。"

这个"达巷党"不是今天我们说的政党。

孔子所处的春秋时代，相邻的五百户人家叫作一党，给这五百家取个名字叫达巷，这个达巷党就产生了。

有个达巷党的人说："孔子的学问太博大啦！他学问广博，却没有以·技之长而成名"，是个遗憾。

那个时候，有一技之长而被追捧的大有人在。伯乐善相马；公冶长懂鸟语；庖丁善解牛；后羿善射箭；造父善驾驭；孟尝君有两个门客，一个是窃术高超，一个口技一绝（尤其善学鸡鸣、狗叫），孟尝君靠着这二人的绝活逃离秦人追杀，跑回齐国，实现了"胜利大逃亡"。

春秋战国百家争鸣，人才辈出，既是乱世又是能人辈出的时代。孔子后来听说达巷党人这么误解自己，就对弟子们说："我靠什么专长成名呢？靠驾车吗？还是靠射箭呢？那我就靠驾车好了。"

达巷党人认为，尽管您孔夫子学问博大精深，但这博学精深也没让您成名不是？孔子一听，想成名可以啊！二十岁之前我就在宋国专门学习了六艺，"礼、乐、射、御、数、书"，我可是科班出身，想当年鲁昭公听说我留学归来，还专门给我送来一条大鲤鱼。我能射箭，能驾驭，会弹琴，会算账，善书法。驾驭赶车做个仆人挺省心的，我就当个马夫算了。

这是孔子在对着弟子们说的玩笑话，他对弟子的要求是"君子不器"，孔子提醒大家，"无为小人儒"，去做个有道君子，按着"格物、致知、诚意、正心、修身、齐家、治国、平天下"。一路上去，为政以德，礼治天下，兴三代之风，传文武之道，实现大同梦想。

9.3　子曰："麻冕，礼也；今也纯，俭，吾从众。拜下，礼也；今拜乎上，泰也。虽违众，吾从下。"

这个"麻冕"是用麻做的帽子。"纯"是指黑色的丝。"俭"解作容易、省工。"拜下"，是说按周的礼制，臣子向君王行礼，先要在堂下叩拜，然后升堂再叩。"泰"解作骄纵。这一则是孔子关于戴帽子、行叩拜礼的时事评论。

孔子说："麻布做的帽子是合乎礼制的。如今都改用丝织面料了，这样比较省工，我也跟大家一样戴丝织的。拜见君主，先在堂下行礼，这是合乎礼制的。如今都上到堂上拜，这是骄纵。虽然有违众意，我还是要先在堂下行礼。"

说到戴帽子，孔子追求的是俭，因为俭还不违背礼制，那就俭好了。对君王行礼，尽管大家都省去在堂下叩拜这一环节，好像是在简化了，但这种简化实则是少了一份恭敬，违背了周的礼制，哪怕众人都不那样做了，孔子还是坚持依礼行事。

就像我们今天讲做事，步骤和形式可以省略、简化，但原则性的内容是不可以省略、简化的，内心里的那份诚敬是不可以弱化的。再者，规矩就是规矩，没有规矩不成方圆。

为什么今天的人模棱两可的多了呢？一种是不懂礼；一种是不循礼。刚从偏远地方来到都市生活，不知道红绿灯什么意思，闯了红灯，这叫不懂。明知"红灯停，绿灯行"，我就是想图个方便，这叫不循，不遵循礼法、制度、规定。

孔子做事非常灵活，但又是原则性极强的一个人。像孔子这样的人按规则办事，又不死搬硬套，既不跟规则过不去，又能利用规则，这种人通常不坏事，易成事。

9.4 子绝四：毋意，毋必，毋固，毋我。

这一则是孔门自我修行的一大法门。孔子修行讲究的四个断绝：不凭空猜测，不主观臆断，不固执，不自大。

古人认为：人心本来虚寂明澈，被物欲牵引着，在事情还未到来的时候就开始臆测，早早地给出个结论，这就叫意；此时又有个主观的概念在心中生成，早早地下了个定义，贴了个便签，这就叫作必。等到事情已经过去了，可心里还是翻不过这一页，就活在过去的影子里，这叫固。只管自己便利，全然不顾事物当然之理，我就是这么认为的，这叫我。

朱熹认为，"存天理，灭人欲"一切问题都能解决掉。阳明先生则认为是"存天理，去人欲"。总之，人欲不能私存，天理当记心中。

平时，我们为人处世，遇见困惑，行不通的时候，就去想想"意、必、固、我"。看什么样的私欲把自己牵着走了，找到它，克掉它，让自己回归正轨。

先儒说："忘私则明，行道则顺。"把私利放下，没了物欲的遮蔽，心明眼亮，万事万物了然于心。大道朝天，正直通达，无沟坎颠簸，无荆棘缠绊，怎么走怎么顺。

这"绝四"是孔子持的四戒。佛家皈依先持"杀、盗、淫、妄、酒"五戒，还有八关斋戒、沙弥戒、比丘戒、比丘尼戒、菩萨戒等，多了去了。

佛陀将要涅槃时，弟子阿难问佛陀从今往后以谁为师，佛回答说："以戒为师。"可见，这持戒不仅能成圣，还能成佛呢。

9.5　子畏于匡，曰："文王既没，文不在兹乎？天之将丧斯文也，后死者不得与于斯文也；天之未丧斯文也，匡人其如予何？"

这里需要交代一下历史背景。由于孔子和阳货（鲁国季氏家臣）长得像，而卫国匡地的百姓受过阳货的祸害，匡地人错把孔子当阳货，就来围困孔子。这个"畏"字是围困的意思。

孔子说："周文王已经死了，他老人家留下来的礼乐不都在我这里吗？上天要想毁灭这些文明，我孔丘就不该得到这些文明。"文王武王他们都死了五百年了，"后死者"三个字是指孔子自己。

孔子继续说："上天如果不想毁掉这些文明，匡地的人又能把我怎么样？"孔子这种态度、自信和他在宋国遭遇桓魋的武力威胁时所表现出的一样。孔子相信上天赋予他这么伟大的使命，在他还没有完成这一使命前，有上天的护佑，是不会有什么危险的。

2012 年的一天傍晚，我师父给我讲了他过去的一段经历。说有一天，他只身一人骑着马在川西北的大山里迷了路，后半夜的时候迎面遇见一群狼，十几匹狼很快把他围困在了崎岖的涧谷里，他当时就想，我的阳寿未尽，我的事还没做完，这时候不应该把我喂了狼啊?！于是他开始对着狼讲话，狼似乎听懂了，在头狼的带领下，迅速走开了。

我想我师父那一刻得多淡定啊！他的信念支撑着他，野狼都不为难他。

9.6　太宰问于子贡曰："夫子圣者与？何其多能也？"子贡曰："固天纵之将圣，又多能也。"

子闻之，曰："太宰知我乎！吾少也贱，故多能鄙事。君子多乎哉？不多也。"

"太宰"是官名。子贡在吴国的时候，吴太宰问子贡："你老师孔夫子是个圣人吧？为什么还学了那么多技能呢？"

子贡说："这固然是上天让他成为圣人的，同时上天又让他学会了许多的技能。"

子贡对孔子的崇拜，竟然让他不会说人话了，一切推给上天。当然，圣人的事也只有老天能安排。

后来孔子听说了这件事，就说："这个太宰是了解我的呀！我小时候也很卑贱，因此也学了许多技能。君子需要掌握这么多技能吗？不需要这么多的。"

孔子三岁丧父，十七岁丧母，为生活所迫，他喂过牛羊、当过会计、管过仓库。但孔子认为，圣与不圣不在于学会掌握了多少技能，圣人在于有匹配天地的品德，可以化育万民。所以孔子说君子不需要那么多技能。

那我们要问，这君子到底需要掌握什么技能呢？开车？做饭？上网？还真不好说。"不器"呗！

9.7　牢曰："子云：'吾不试，故艺。'"

这个"牢"是孔子的弟子琴牢，姓琴，名牢，字子张。子张说："我老师孔子说：'我一直没被任命做官，所以也学了不少技艺。'"

这一则和上一则的"吾少也贱，故多能鄙事"以及达巷党人所说"大哉孔子！博学而无所成名"的内容相连接，给我们呈现了个事实，那就是孔子早先不被官府认可，为了生活，自己学了不少手艺。话又说回来，孔子三岁丧父，孤儿寡母，十七岁又死了娘，他不学点手艺怎么生活呀？

其实，一个人一生中，是需要在三个层面发展好的。第一是需要掌握生存技能，学一些基本的生存、生活方式、方法和技巧；第二是扩展自己的人生格局，优化一下思维模式，让自己可以在一个更为广大的范畴、更高的层级里更高效地思考、判断、处理事务；第三是要在文化精神层面具备一定水准、境界，一是用以指导自己的发展；二是享受造物主给予的精神层面的厚爱。比如宠物很快乐，但宠物没您更会快乐。

这三个层面孔子都不缺。而且越是上升，内涵就越深幽、丰富。上升到圣人的高度，享受圣人才有的丰富的快乐感。比如，"学而时习之，不亦说乎？""有朋自远方来，不亦乐乎？"比如，"乐以忘忧。"比如，"仁者乐，山，智者乐，水"的山水之乐，比如，"安贫乐道"的乐，等等。

9.8　子曰："吾有知乎哉？无知也。有鄙夫问于我，空空如也。我叩其两端而竭焉。"

孔子说："我有知识吗？我没什么知识呀。有鄙夫们来向我请教，是那种非常诚恳的样子。我就反问他，那事物的两端是个什么情况，然后，帮他彻底澄清事物真相。"孔子说的"鄙夫"是指那些浅见寡识之人。"空空"是形容虽无知却很诚恳的样子。

孔子所描述的，是一种高效的思维模式。西方传过来的教练技术里的一些内容，与孔子的这番话颇为相似。老师在反问中引导启发弟子，从事物的结构两端也好，从事物的始末两端也好，慢慢地把他带到完整的、清晰的事实面前，人们一旦看清事物的事实真相，剩下的事就都好处理了。

老师未必什么事情都知道，但老师通达了理才是关键。比如，六祖慧能，虽是个文盲，但是他得道开悟了，情形就骤然不同了。

这天，一个叫无尽藏的尼姑拿着经卷向慧能请教。慧能说："字我不认识，如果你对经文不理解，我倒可以解释。"

无尽藏说："你连字都不认识，怎么能解释经文呢？"

慧能说："体会诸佛所说的妙法，跟认不认字没有关系。佛理好比天上的月亮，文字如同指月的手指。手指虽能指出月亮在哪里，但手指不是月亮；再说，看月亮也不一定非要通过手指啊！"

孔子心中有个月亮，手上还有一个金手指。

9.9　子曰："凤鸟不至，河不出图，吾已矣夫！"

"凤"，中华文化传说中的祥瑞之鸟，凤为雄，凰为雌。传说凤凰"非梧桐不止，非练实不食，非醴泉不饮"，品性高洁。舜帝时"凤凰来仪于庭"，周文王时"凤凰鸣于岐山"，都是兴盛的吉兆。（练实：竹子开花后结的果实；醴泉：如薄酒般的泉水）

"河"是指黄河。"图"解作花纹。《易经·系辞》说："河出图，洛出书，圣人则之。"伏羲时有龙马从河中负图而出，伏羲根据图上的十个数字画出了八卦。

"河图"的出现和凤鸟的到来都是盛世到来的征兆。孔子说："凤凰不到，河图不出，我的命就要结束了。"孔子的意思是舜帝武王也好，伏羲也好，在这礼崩乐坏的春秋时期，这些圣王也没有办法，圣人是要"则""河图、洛书"的，现在"河不出图""洛不出书"，我也只能这样了，使命到此结束，这也就是我的命。孔子面对时局的混乱，十分的遗憾，甚至有些沮丧。

文天祥的诗："直弦不似曲如钩，自古圣贤多被囚。命有死时名不死，身无忧处道还忧。"这"自古圣贤多被囚"的无奈，在历史的长河中激荡了数千年。人们说："一命二运三风水四积阴德五读书。"命运不济，时运不给，空有一腔凌云志。

9.10　子见齐衰（zī cuī）者、冕衣裳（cháng）者与瞽者，见之，虽少，必作；过之，必趋。

这是弟子们记录孔子的一组行为。遇见穿孝服的、遇见穿官服的、遇见盲人，即便他年少，孔子都会站起身来；经过他们旁边时，一定小步快走过去。

"齐衰"是古时候人们办丧事时穿的孝服。古时候上衣称衣，下衣称作裳，这个字念 cháng，相当于现在的裙子，男女都这样穿。"冕衣裳"是贵族穿戴的衣帽，这里指的是在朝为官的人。

孔子认为穿丧服的需要同情，为官之人"为人民服务"需要尊重，盲人需要怜悯。从这三种人身边经过，越少打扰他们越好，比如，小步快走，尽快通过。

后来制度化、规范化了，官人出门，前面有人举一个"回避"的牌子提醒大家避让，再后来就是警车开道，再后来就"与民同乐"了。

9.11　颜渊喟然叹曰："仰之弥高，钻之弥坚，瞻之在前，忽焉在后。夫子循循然善诱人，博我以文，约我以礼，欲罢不能。既竭吾才，如有所立卓尔。虽欲从之，末由也已。"

颜渊长叹一声说道："我老师孔子的学问，越是仰望越觉得高大，越是钻研越觉得坚硬无比（难懂）。看着它在前面，忽而又转到了后面。"像颜渊这样"三月不违仁"的人，安之泰然跟着孔子学习，悟性又是最好的一个，他都感觉老师的学问高深莫测，极难透彻，儒学的博大精深可见一斑。

颜渊接着说："老师在循循善诱中教导启发着我们，用广博的文化知识充实着我们，用礼来规范约束我们，这个过程真是让人欲罢不能。"颜渊在这个学习过程中一定收获颇丰，进德极好，还感觉到了"学而时习之，不亦说乎"，他简直就是陶醉在其中了。

颜渊继续说："我几乎用尽了全部精力和才能，老师的学问在我面前矗立着，依然觉得高不可攀，虽然我想追随，又找不到可以走的路径。"这就如同子贡描述孔子说的："夫子之不可及也，犹天之不可阶而升也。"这句话是说他的老师孔子是遥不可及、高不可攀的，好比天是不能沿着阶梯攀登上去一样。两位最得意的弟子都有同感。

我们回想一下，《论语》给我们这种感觉了吗？好像没有。颜回描述的是《论语》里的内容吗？当然不是。所以咱们在前面说过，《论语》只是孔子学问殿堂里的一角。

9.12   子疾病，子路使门人为臣。病间，曰："久矣哉，由之行诈也！无臣而为有臣，吾谁欺？欺天乎？且予与其死于臣之手也，无宁死于二三子之手乎！且予纵不得大葬，予死于道路乎？"

这次孔子病得很重，子路让自己的弟子充当孔子的属臣，准备治丧事宜。后来孔子的病奇迹般好了，他把子路叫到身边，说："仲由啊！你在弄虚作假已经很长时间啦！我本来没有属臣，你却搞了一帮假的属臣，你是让我欺骗谁呢？欺骗天吗？我与其死在属臣之手，还不如死在你们这帮弟子们的手里呢！我纵使不能得用大礼进行安葬，我还能死在道旁路边无人关顾不成？"

那个时候，只有诸侯一级的死后才有"臣"，就跟咱们现在的治丧委员一样，孔子只是卿大夫，子路这么做明显有违礼制，孔子十分不满。礼制就在那里，你不说我不说，大家都装糊涂，老天是不会糊涂的。

不欺天，就不会自欺，不自欺就不欺人，不欺人就没人来欺我。

子路也是看到老师病得实在太重，对老师的那份感情让他失去了理性，结果还是让老师臭骂了一通。

9.13   子贡曰："有美玉于斯，韫椟（yùn dú）而藏诸？求善贾（gǔ）而沽（gū）诸？"子曰："沽之哉！沽之哉！我待贾者也。"

这里"韫"解作藏，"椟"是木匣子，"贾"是开商铺的（行商坐贾），"沽"解作卖。子贡跟老师在《论语》里的对话是最有趣儿的，子贡的语言风趣幽默，他又是当时一个重量级的外交家、企业家，说起话来婉转而有趣。

子贡说："老师，假如有一块美玉在那里，我是用个木匣子把它装好藏起来呢？还是找个识货的商家把它卖了呢？"子贡出于对老师的仰慕、尊重，把老师比作美玉。

孔子一听就知道是在说自己，接过话说："卖了它吧！卖了它吧！我就是等着买主的那块玉呀！"

这要让外人听，云里雾里还不得听晕了。子贡的意思是老师您就如同一块美玉，您可是个宝贝，放到屋里有收藏价值，拿到市上价值连城。我请问，您是想关起门来给我们教授学问呢？还是想推行您的礼乐、仁道于天下呢？

孔子马上回答说：我还是想要恢复周公的礼乐之治，行王道于天下。

孔子周游列国十几年不为别的，就等这天呢。

在古代，老师要教授弟子学问，传道受业解惑。弟子要传习、承志。子贡作为孔子的得意门生，是要继承孔子大志，传习孔门学问的。

9.14　子欲居九夷。或曰："陋，如之何？"子曰："君子居之，何陋之有？"

"九夷"是指东方九种夷人。当时，"九夷"还处于蛮荒状态。孔子想到那里去，一是由于孔子想用中原的先进文化教化改变那里的落后野蛮现状；再就是孔子感觉到"其道终不行"的无奈。

东夷由于野蛮落后，一直以来都是中原的隐患，商纣王曾派三十万大军征讨东夷。也正是这次东征，让周武王乘虚而入，纣王不得已派出大量临时征调的奴隶上阵，结果上去就被武王感化，战场倒戈，牧野大战瞬间出现了一边倒的局面，殷商军队一败涂地，纣王自焚，殷商灭亡。

孔子想要去的就是纣王东征的九夷之地。这时有弟子开始替老师担忧，说："那个地方非常偏僻简陋，去了怎么办呢？"孔子说："君子居住的地方，哪有什么偏僻简陋一说？"一句"何陋之有"体现了何等的境界与自信。孔子本就认为教化民众是君子当为之事，不应回避。

到了唐代，有个诗人叫刘禹锡，还就此作了一篇《陋室铭》："山不在高，有仙则名。水不在深，有龙则灵。斯是陋室，惟吾德馨。苔痕上阶绿，草色入帘青。谈笑有鸿儒，往来无白丁。可以调素琴，阅金经。无丝竹之乱耳，无案牍之劳形。南阳诸葛庐，西蜀子云亭。孔子云：何陋之有？"

老师一句："何陋之有？"弟子颜回就能"在陋巷，人不堪其忧，回不改其乐。"乐呵呵安居陋巷。

风水先生说："福人居福地，福地福人居。"

佛门讲："境随心转。"

孔子一句："君子居之，何陋之有？"什么都有了。

既是君子，就一定是福人，就一定能用心转境。君子居之，何问福地？

9.15　子曰："吾自卫反鲁，然后乐正，《雅》《颂》各得其所。"

说到孔子"自卫返鲁"，我们有必要先说一下这件事的起因缘由。在鲁哀公十一年（公元前 484 年）的时候，齐国兴师伐鲁，孔子的弟子冉求率领鲁国军队迎战，结果获得了胜利。齐强鲁弱，鲁国总吃败仗，这次获胜了，冉求借此说服季康子，派人到卫国迎请孔子回归鲁国。六十八岁的孔子在其弟子冉求的努力下，在周游列国十四年后，终于回到了父母之邦——鲁国。

另外再解释一下"乐正"。乐正是整理音乐的意思，它包括正乐章和正乐音。正乐章是确定音乐所适合的场合；正乐音是对音乐的节奏、音调给予符合其功能的定位。

为什么孔子说他整理音乐后，《雅》《颂》都能各归其所呢？我们知道《雅》《颂》是《诗经》里的内容，它跟《乐》有什么关系呢？其实，《雅》乐是当时周朝都城里所用雅言，也就是用普通话演唱的；《颂》乐是宗庙祭祀时使用的，唱起来缓慢而庄严。所谓各得其所，是说这些音乐的歌词被整理过后放进了《诗经》里，并保留了下来。

遗憾的是《乐经》失传了。其实《诗经》也都配有曲子，都能唱的，孔子在世的时候《诗经》里一百零五首诗，孔子都能弹着古琴唱出来。放到今天，孔子就是一位弹唱歌手，而且是粉丝成群的那种。《诗经》根据乐调的不同才分为《风》《雅》《颂》三类，遗憾的是，如今已经没人能够演唱了。

9.16　子曰："出则事公卿，入则事父兄，丧事不敢不勉，不为酒困，何有于我哉？"

孔子说："出来做事能侍奉公卿，回到家里能够侍奉父亲兄长，参加丧事必恪尽礼仪，同时又不被酒困扰，我对其他事情还有什么放不下的吗？"

孔子这是事业家庭两不误。孔子的意思忙这四件事就行了。出了门跟领导同事搞好关系，回到家里跟家人搞好关系，红白喜事人到礼到，还能把控得住不酗酒。

说到饮酒时，孔子用了一个"困"字，酒能困人，情也能困人，不为所困，须有足够的理性，需要一颗真诚的心、清晰觉察的心，保证做到不失人，也不失礼。失人是兴未到，失礼是心未敬。

今天，社会交往频繁，为酒所困的人不在少数，还是要自悟自觉的好。

孔子还曾说："唯酒无量，不及乱。"意思是说喝酒以不喝醉为限。但是，据说孔子酒量大，喝多少也不醉。难怪能"不及乱"。

9.17　子在川上曰："逝者如斯夫！不舍昼夜。"

这个"川"，有人说是黄河，暂无定论，这个不去管它，总之是在河上。

孔子站在船头，逆流而上，河水扑面而来，又奔流过去。孔子说："时光如这河水一般流逝啊！昼夜不停。"时光的流逝看不见摸不着，但从未停息。

当孔子站在船头，看着脚下奔流的河水，日夜不停地向下流去，这让孔子想起了时光的一去不回。往事历历，又觉往事如烟，此时此刻，他想起有多少事该做还没做，一股时不我待的紧迫感从心底油然而生，带着几分忧伤和惆怅，感叹道："逝者如斯夫！不舍昼夜。"

人活百岁，也才三万六千天，三万六千个昼夜。日子一天天过去，回想一下自己又做了些什么呢？

唐五代著名诗人王贞白读《论语》读到这里，写了一首诗："读书不觉已春深，一寸光阴一寸金。不是道人来引笑，周情孔思正追寻。"翻译过来就是："读书不知不觉已至深春，就觉一寸光阴像一寸黄金一样珍贵。若不是被路人的笑声打断，我还在钻研周公孔子的学问。"有了寸时寸金的认知和紧迫感，人活得就能更有价值、情趣，更精彩，也更有意义了。

我们现代人说：时间就是金钱。看看，纯属剽窃吧？！怎么琢磨怎么觉得有点俗，既没情趣又无浪漫意蕴，就像从一钱串子脑袋里蹦出一串儿钢镚。

9.18　子曰："吾未见好德如好色者也。"

孔子说："我从未见过喜欢美德，就像喜好美色那样的人。"

就这句话我们要先讲个故事。卫国国君卫灵公娶了个宋国公主，是个大美人，叫南子。美成什么样呢？美到她老公总用敞篷马车拉着她满街跑，不为别的，就为炫耀。西楚霸王项羽视"锦衣夜行"为傻帽，这位卫国国君以把漂亮媳妇藏在家里不拿出来让大家参观视为傻帽。

有一天，卫灵公又把漂亮媳妇拉出来遛街。国君遛街需要一个车队，摆谱嘛！按周礼孔子是卫国尊贵的客人，卫君应该把孔子安排在车队前面，可是国君和他那漂亮媳妇坐在一辆车里，走在最前头。孔子认为卫灵公没按礼制行事，私下里说了句："吾未见好德如好色者也。"被他的弟子听见，记录下来，放到了《论语》里。

这事在今天，这叫重色轻友。那会儿叫重色轻贤。

我们说心有所想，念念不忘，孔子周游列国就是传播仁德的，每当看到那些忽视或无视仁德之人，就会心有不快，这位卫灵公算是倒霉，撞到了孔子的世界里，就给他记上一笔，终于因为"重色轻贤"而名垂千古。

9.19　子曰："譬如为山，未成一篑，止，吾止也。譬如平地，虽覆一篑，进，吾往也。"

"功亏一篑"是我们熟悉的成语，它取自《尚书》："为山九仞，功亏一篑。"

孔子删定《尚书》，有所感悟："做事好比堆土成山，还差一筐却停了下来，这是自己决定要停下来的。又好比填坑平地，虽然只是刚倒下一筐土，但能够做事情一往无前，这也是我自己想要做下去的。"

意志决定思维，思维决定行为。有没有坚强的意志对于一个人的成功关系重大。这方面需要从小培养。

清华校训"自强不息，厚德载物"，这个"自强不息"就是为了培养做人做事的坚强意志。"未成一篑"就功败垂成了，功败垂成就始自这个"息"、这个"止"，这个"止"就是意志力薄弱的表现，薄弱的意志力很容易产生负面情绪，负面情绪又反过来动摇您的意志。所以，意志力不够坚定的人要特别留意。坚忍不拔者不怕从零开始，坚强的意志可以把他送达高山之巅。

这里，解释一下这个"进"字，繁体是"進"，左下是走，里面是个隹（zhuī）字，隹是一种短尾鸟，甲骨文"進"字的意思是飞行的鸟。古人认为，人可以正着走也可以倒着走，叫进步、退步。但鸟不能倒着飞，鸟只能一直往前飞，叫有进飞而无退飞。孔子说："进，吾往矣。"我要一往无前。

现代人总说：没有失败，只有放弃。

9.20　子曰："语之而不惰者，其回也与！"

孔子说："在我讲学的时候，一直没偷懒的，恐怕只有颜回了。""惰"解作息惰，懒惰，不勤奋的意思。孔子前面提到学习时，曾说："学而不厌"，对于学习，没个够，从没有厌烦的感觉。这里又说：学而"不惰"，对于学习，不懈怠，不偷懒，勤奋努力。

像颜回这样的，孔子三千弟子中也就这么一个，在做学问、做事情时能够注意力高度集中，精神高度专注，意志力足够强大。话又说回来，能做成颜回那样的，"不惰"是个必备条件。有句老话说得好："芝草无根，醴泉无源，人贵自勉。"

我们还相信，颜回这就是"乐在其中"的感觉，已经进入遨游于仁者的境界，快乐无边，欢喜自在。这种"乐"，后来，曾子、子思、孟子应该是都找到了。

佛家认为，人在世上两样力量最大，一个是推动您前行的业力；另一个是拉动您前行的愿力。我想，孔子及其门人弟子一定是有极强的愿力在拉动，"不惰""自勉"、自强不息。

那么，现在，就让我们发个愿吧！

9.21　子谓颜渊，曰："惜乎！吾见其进也，未见其止也。"

这一则里，孔子继续谈论颜回。有一天，孔子提到颜回时说："可惜他死得太早了呀！我只看到他进步，从未见他停止过。"

有人质疑诸葛亮北伐中原的动机，伐中原就伐中原，怎么总往西北甘肃跑？其实，诸葛亮的苦衷少人看透。

关羽大意失荆州，蜀汉损失了一员大将的同时，还丧失了与魏吴抗衡的重要支撑——荆州。这之后，张飞也意外死亡，紧接着又输掉了夷陵之战，蜀汉的精锐之师一时之间损失殆尽。

此时的蜀汉，失和东吴，曹魏又虎视富庶的巴蜀，诸葛亮的策略只得是以攻为守、以进自保，这才不得已"六出祁山"。因为祁山距魏都一千多里，出祁山对蜀汉优势最大，代价最小，不成功，退守巴蜀，若能成功，则可继续东进，占领关中，进占潼关、函谷关，再图问鼎中原，恢复汉室。

只可惜，诸葛亮"鞠躬尽瘁，死而后已"，死在了北伐的征途上。"惜乎！吾见其进也，未见其止也。"

学如逆水行舟不进则退，何况停止呢。自强不息就是自强不止。

孔子这里说的"可惜"是说颜回死得太早，再也找不到一个好学之人了；可惜的是有的学问只有颜回掌握了而别人没有掌握；可惜的是孔子的学问没有真正的继承者了；可惜的是大周朝死了一个无可替代的英才。

有一句话，是叫"天妒英才"吗？

9.22　子曰："苗而不秀者有矣夫！秀而不实者有矣夫！"

谷子从土里长出来叫作苗，苗长大了开的花叫作秀，这个花秀结的籽叫作实。植物大多是春天开花秋天结果，所以人们总说春华秋实。甚至，我的同学里，除叫建军、建国，就叫春华、秋实。

孔子说："谷子发芽出苗却没有抽穗开花的情形有的是啊！开了花却不结果的也有的是啊！"孔子是在借物喻人，借物喻事。

任何人做事做学问都要经历一个过程，从艰难的起步，经历成长发展，经过上升辉煌，以致取得成功，获得成果，每一步都要踏实走过来才是，这就是规律，按规律做事才可能顺风顺水。

但是，孔子告诉我们，不是每一次的付出都会有成果，就像播撒到地里的种子一样，不是每一粒都会发芽，即便是发了芽也不一定开花，开了花也未必都能结出果实。农夫在谷子收获前要除草、松土、灌溉、排水、施肥、杀虫、驱鸟等，没有劳动的汗水，换不来秋收的欢乐。

孔子在告诉我们，做最大努力的同时，还要做最坏的打算。

人们说：一分耕耘一分收获。有时一分耕耘未必就有收获，但是，没有耕耘就一定等不来收获。

9.23　子曰："后生可畏，焉知来者之不如今也？四十、五十而无闻焉，斯亦不足畏也已。"

长者看到年轻人成长进步快，常常感叹："后生可畏。"

孔子认为人到了四十应该"不惑"了，日子不能过得混乱不堪。到了五十岁就应该"知天命"了，不能再犯什么大的过错。所以孔子说："年轻人是值得敬畏的，怎么就知道后来的赶不上现在的人呢？但是，如果到了四五十岁还没干出什么名堂、做出什么成绩来，这样的人就不值得人们敬畏了。"

孔子这话是对着二三十岁的年轻人说的。孔子说："吾十有五而志于学，三十而立"，您少年不努力，胸无大志，三十岁又立不起来，等到四五十岁可不就"老大徒伤悲"了吗？

五代时期有个叫梁灏的人，到了宋朝初年宋太祖的时候，八十二岁才中的状元，耄耋的年纪了，竟也中了状元，可敬。但是，有谁会说"可畏"呢？

此时，我们再读读苏东坡的《江城子·老夫聊发少年狂》："老夫聊发少年狂，左牵黄，右擎苍，锦帽貂裘，千骑卷平冈。为报倾城随太守，亲射虎，看孙郎。"听！这诗句，提劲吧?！提着劲，才有精气神。

9.24　子曰："法语之言，能无从乎？改之为贵。巽与之言，能无说乎？绎之为贵。说而不绎，从而不改，吾末如之何也已矣。"

"法语之言"解作直言规劝。"巽与之言"解作委婉开导。"绎"解作寻思、琢磨。"末"解作无。

孔子说："如果是真诚地直言规劝，哪里会有人不接受呢？错误只有得到改正才可贵。如果是用温和而委婉的话语开导，怎么能不让人高兴呢？贵在把问题厘清楚、琢磨透。只顾高兴却忘了厘清其中道理，表面接受就是不改，对于这种人我真是无能为力。"

"法语之言"的目的在于错误得到改正，"巽与之言"的目的在于让对方把问题搞清楚；"法语之言"讲究明确、严肃、态度诚恳，"巽与之言"讲究温和、委婉、有条有理。

"法语之言"也好，"巽与之言"也好，都属于"忠告而善道之"的范畴，孔子遇到"说而不绎，从而不改"时的态度是"不可则止"，就是"吾末知何也已矣"。严肃地说不行，婉转地说也是不行。孔子说：我无能为力。

楚汉相争，四十万西楚大军屯兵鸿门，项羽身边唯一的谋士范增对项羽施以"巽与之言"，提醒项羽："沛公居山东时，贪于财货，好美姬。今入关，财物无所取，妇女无所幸，此其志不在小。"说原来刘邦贪财好色，如今不贪财也不好色了，肯定是想搞大事，您要小心，这叫晓之以理。项羽没听进去。

鸿门设宴，范增"法语之言"严厉告诫不可放走了刘邦，放走了刘邦就等于放虎归山，到那时我们就会成为刘邦的阶下囚。鸿门宴上项羽还是没听进去。

真是个"不改不绎"的主啊！其结果就是"四面楚歌"，在"霸王别姬"后"乌江自刎"，留下万千遗憾的同时，也留下了千古笑柄。

可惜了那江东四十万好儿郎，也可惜了貌美如花、深明大义的痴情女子——虞姬姑娘。

9.25　子曰："主忠信，毋友不如己者，过，则勿惮改。"

孔子说："说到忠信，没有不如自己的朋友，如果有了过错，也从不怕改正。"但很多时候，许多人是没机会改正过错的，如项羽。

9.26　子曰："三军可夺帅也，匹夫不可夺志也。"

孔子说："一个国家的军队，你能够使他们失去主帅；对于一个普通人，你却无法改变他的志向。""夺"字解作使失去。

军队的主帅通常是"自立中军"，四周都是他的重重大军，一般情况下接近都很难，想要除掉主帅谈何容易。但是，孔子说了，相比较改变一个普通人的志向，在"万军从中，取其主帅首级"还是更容易一些。

心之所向为志。心中有了向往的目标，人的力量才能够充分发挥出来，他所做的一切不是靠别人指使主导，他的所作所为全凭自己内心导向。一支军队，一个团队，要想取得成果、获取成功，大家就要心往一处想，只有心往一处想了，才能劲往一处使。聚集所有人的全部力量，这是团队老大工作的重中之重。

常言道：人心齐泰山移，众志可以成城。

对于攻取一座城，《孙子兵法》讲："十则围之，五则攻之。"两军对垒，凭空多了这座城池（众志成城），等于多了数倍的兵力。所以"众志"可嘉，"立志"可贵。切记"匹夫不可夺志"。

9.27 子曰："衣敝缊（yùn）袍，与衣狐貉（hé）者立，而不耻者，其由也与！'不忮（zhì）不求，何用不臧（zāng）？'"子路终身诵之。子曰："是道也，何足以臧？"

"缊"是指旧的絮子，由麻做成，保暖效果差，不比棉絮，因为棉花传到中国是宋朝的事。

唐朝诗人杜甫有一首诗《捣衣》："亦知戍不返，秋至拭清砧。已近苦寒月，况经长别心。宁辞捣熨倦，一寄塞垣深。用尽闺中力，君听空外音。"意思是"卫戍边疆，知道你回不到家中。秋天到了，轻轻拂拭平整的捣衣砧。此时已是苦寒的月份。你我长久离别，时刻挂念在心！我不辞辛劳地捣衣，就想把它寄向遥远的边城。我在家中用力捶打，你或许能够听到响彻天外的声响。"

唐朝人穿的衣服主要还是麻制品，麻线很粗很硬，捣得细软些会更保暖，所以每到天寒时节的时候，家里的女人们都要做这项捣衣工作，很耗体力很辛苦。这种"缊袍"属于寒门子弟穿的衣物。

貆有狗貆、猫貆、猪貆，貉是狗貆。狐貉是指名贵皮革服装。"忮"解作不顺从、嫉恨。"臧"解作善。孔子说："穿着破衣旧袍，与穿着名贵皮革服装的人站在一起，并不感到耻辱的人，这大概只有仲由能做到吧！《诗经·卫风》里说：'不嫉妒，不贪婪，有何不好？'"这两句诗子路到死都在念叨它，孔子知道后，就又开始敲打子路，说："像这个样子，哪里称得上善呢？"

前面是孔子夸子路，说他不媚世俗，不被外物诱惑，不攀比不虚荣。子路马上就用《诗经》里的一句"不嫉妒，不贪婪，有何不好？"贫富贵贱面前，不嫉妒、不贪婪，这是君子风范。

"不嫉妒，不贪婪"对于今天的我们实在是几近高不可攀，嫉妒、贪婪之心随时随地都在吞噬着我们的灵魂，使我们备受煎熬，焦虑、恐慌、失眠抑郁，乃至崩溃。比起大师兄子路实在是惭愧之至。

子路率真，经孔子一表扬，沾沾自喜，一句《诗经》，他从早到晚都在念诵。孔子知道子路又走偏了，提醒子路不可沾沾自喜，"不嫉妒，不贪婪"了，还须不断躬身进德，还须达至广大精微，进而至善，这才是终身大事。

9.28　子曰："岁寒，然后知松柏之后凋也。"

孔子说："天气寒冷了，才知道是松树柏树最后落叶。"春暖花开，盛夏葱茏，秋黄冬零。到了隆冬季节，万物凋谢，唯有松柏能够在寒风雪舞中傲然挺立，给银色世界留下一抹生机。

春秋末年，礼崩乐坏，不仁不义不忠不孝的情形随处可见，而此时只有君子，他们避世也好，避人也好，能够独善其身。他们能爱好礼乐，能孝亲忠君，能温、良、恭、俭、让，力行忠恕之道。

日子好过的时候，彬彬有礼容易做到，饥不果腹穷困潦倒的时候还能礼敬恭顺、温文尔雅就不易了。孟子呼唤的"贫贱不能移"就尤为可贵。所以，孔子说："岁寒，然后知松柏之后凋也。"做个松柏可以千年万年。

洁身自好真君子，他们能有所为有所不为。"青牛西去"（老子）也好，"周游列国"（孔子）也罢，清晰难，糊涂更难，板桥先生说："难得糊涂。"

9.29　子曰："知者不惑，仁者不忧，勇者不惧。"

孔子说："有智慧的人不迷惑，有仁德的人不忧虑，有勇气的人不恐惧。"孔子还曾说"三十而立，四十而不惑"，三十岁确立人生观、世界观、价值观，到了四十岁智慧现前，智慧开了就不会再迷乱。这是"知者不惑"。

仁者仁爱众生万物，与天地合其德，做到天人合一及心即理，何忧何虑？这是"仁者不忧"。

一个人正气浩然，不屈不挠，直面现实，气贯长虹，他何惧之有？三国蜀将赵子龙在曹操的万马军营中救阿斗，直杀得三进三出，勇冠三军无所畏惧，那是真义真勇。

孔夫子夜梦周公日行仁道，面对宋国司马桓魋的武力威胁，一句"奈我何？"面对匡人围困，又是一句"奈我何？"这就是大智、大勇的仁者。

9.30　子曰："可与共学，未可与适道；可与适道，未可与立；可与立，未可与权。"

孔子说："有些人可以和他共同学习，但未必和他是同道中人；有些人可以和他同道而行，但未必能和他立场一致成为同志，即便是立场一致的同志未必可以同步应变达到同频。"

同学、同行、同志、同频是人们之间亲密程度的递进关系。孔子告诉我们，同学之中可以找到同行者，可以共同做些事情；同行者中可以找到志向一致的志同道合之人，可以共同做项事业；同志中更容易找到即志向一致又心领神会合拍默契之人，彼此同频共振，一起通权达变，一起描绘人生愿景。

但是，孔子在这里一半内容都是用的"未可与"，未必可以与之同事。孔子的意思是说不容易做到。提醒我们不容易做到就是要我们足够重视，不能随随便便就下决定，还要做进一步的观察、审视、试探，因为从同学到同行者、到同志、到同频每一级都有一个很高的台阶，这个台阶不是抬腿就能上去的。

电影《中国合伙人》中，王阳在结婚典礼上深有感触地提醒到场嘉宾：不要和最好的朋友合伙做生意。成东青、孟晓骏、王阳三位是好同学，好兄弟，他们是同学了，同行了，也同志了，就是没能同频。一起熬过了极其艰难的岁月，最终却没能闯过最后一关，达到心灵共振的和谐频点。

"三顾茅庐"，不三顾不足以确认同行。"隆中对"，隆中不对不足以确认同志。诸葛孔明一步三打量，三步两试探，最后才有卧龙出山，三分天下立奇功。

9.31　"唐棣之华，偏其反而。岂不尔思？室是远尔。"子曰："未之思也，夫何远之有？"

前面四句是一首诗，后面是孔子的议论。这首诗不在三百零五首的《诗经》里，应该是孔子从原先老的《诗经》里删减掉的诗。

"唐棣"是一种会开花的树。"偏"通"翩"。"反"通"翻"。四句诗翻译过来是："唐棣树的花朵，在风中蹁跹飞舞。我哪里是不思念你呢？你的家实在是太过遥远。"

针对这首诗，孔子说："你哪里是真的思念他呀，真的思念哪里还会管他远近。"这是孔子的读后感。"学而不思则罔"，孔子"思"了，所以很清晰。

宋代词人李之仪在他的词里写道："我住长江头，君住长江尾。日日思君不见君，共饮长江水。"能饮一江水，还远吗？"此水几时休，此恨何时已。"长江水能休止吗？当然不能，这相思恨能了吗？也不可能。"只愿君心似我心，定不负相思意。"这是两情相悦，真情表白，一江清水寄相思啊！孔子问："何远之有？"哪儿远了？

许多人会认为仁德离自己很遥远，孔子是在借诗感叹，聊以言志。志向所致，真心向往，何惧山高路远？何惧天阔水长？

岭南到长安远不远啊？"长安回望绣成堆，山顶千门次第开。一骑红尘妃子笑，无人知是荔枝来。"千里之外，快马加鞭，七天七夜后，岭南新鲜的荔枝就摆在了唐玄宗爱妃杨玉环的眼前。

现在就更容易了，郑州建成了国际航空港，北欧地区昨天打上来的海货，今天中午就能摆在郑州人的餐桌上。

当然，孔子说的不是路遥，是心远。佛说可以当下顿悟，一个人可以一念是魔，也可以一念是佛。人也可以即刻生心，生出仁爱之心。我们不可以高推圣境，那是懒惰的推辞，那是懦弱的借口，那是无能的表现。

学问就在那里，孔子问我们："何远之有？"

乡党篇第十

本篇是孔子实践礼仪、仪规的内容，大多时过境迁。孔子在这里讲到他著名的"五不食"，很值得今人重视。

10.1　孔子于乡党，恂恂（xún）如也，似不能言者。其在宗庙、朝廷，便便（pián）言，唯谨尔。

"恂恂"是温和恭敬的样子。"便便"是言语流畅的样子。"孔子回到家乡，温和而谨慎，似乎不善言语。然而，他在宗庙里、朝廷上，侃侃而谈，只是谨慎了许多。"

唐朝著名的禅师马祖道一，在怀让禅师的教导下得道开悟后，回成都探亲。因为他的长相"容貌奇特，虎视牛行"，走路神情又都是非常有威仪，所以引来很多邻居夹道围观。由于禅师从小出家，很多邻居都不认识他了。只有溪水边洗衣服的老阿婆认出了禅师，大声说道："将谓有何奇特。元是马簸箕家小子。"他有什么了不起的，不就是马簸箕家那小子嘛！

后来道一禅师写了首偈子（诗）："劝君莫还乡，还乡道不成。溪边老婆子，唤我旧时名。"所以，许多大德高人离乡后极少回家。像孔子那样，回到家中也是小心谨慎，从不多言，似乎不会说话。衣锦还乡的事太俗，《论语趣注》读到这里，哪还有俗人？

10.2　朝，与下大夫言，侃侃如也；与上大夫言，訚訚（yín）如也。君在，踧踖（cù jí）如也，与与如也。

"侃侃"解作和乐的样子。"訚訚"解作和悦而诤，言无不尽的样子。"踧踖"解作恭敬而局促不安。"与与"解作行走缓慢，从容不迫。

周朝的官职中，国君（诸侯）之下，有卿、大夫、士三级。大夫又分上中下三等。

记载说："孔子在上朝的时候，与下大夫交流的时候，总是温和而快乐的；与上大夫交流时，和谐当中带有诤言，并能言无不尽。每当君王在的时候，就会表现出恭敬而局促不安的样子，走起路来缓慢但从容。"

我原来在国企机关上班的时候，那是 20 世纪 80 年代中期，我们党办主任非常关心我，有意培养我，对我要求格外严格。当时我才二十一岁，朝气蓬勃的年龄，走起路来风风火火。主任找到我说："年轻人在机关里，要学会稳重，你走路那么快干吗？"我很感激，也很听话，走路的步子慢了下来。半年过后，主任见了我说："年轻人怎么老气横秋的，要有朝气才好吗！走起路来怎么有气无力的，这样不好，要改。"

其实，后来我想，走路快慢不是问题所在，问题在于对方是否接受你，你在不在他的影响范围。

狼王就很在意其他成员对它的态度，你跟其他成员打闹的状态，不可以用来跟狼王打闹，狼王会认为你觊觎它的地位，认为你是在挑衅。而这样的情况在动物界具有普遍性。人自命是高等动物，只是做法高等一点而已，性质没有本质区别。

古时候讲"伴君如伴虎"，意思是随时都有可能成为老虎嘴里的一块肉。这一定是有切身体会的人说的话。

曾国藩训诫子弟：永不得为官。据说曾家后人至今不做官。

10.3　君召使摈（bìn），色勃如也，足躩（jué）如也。揖所与立，左右手，衣前后，襜（chān）如也。趋进，翼如也。宾退，必复命曰："宾不顾矣。"

"摈"解作傧，接引宾客的意思。"色勃如"解作脸变色的样子。"躩"解作快速，"足躩如"解作步履快捷。"所与立"解作左右并立的人。"襜"解作整齐的样子。

这则文字说："君主招孔子来做傧相，孔子做傧相时面色庄重矜持，脚步轻快。他会向一同站立的人行作揖礼，向左右两边的人行拱手礼，行礼时衣服前后摆动得很整齐。当他快步前行的时候，像鸟儿展翅飞翔一样。宾客退去以后，孔子必然去君王那里复命，说：'宾客走了，不会再回来了。'"

"色勃如也"是说孔子严肃认真；"足躩如也"说明孔子做事麻利敏捷；"揖所与立，左右手"说明孔子礼数周全；"衣前后，襜如也"说明孔子优雅从容；"翼如也"表现孔子专业、娴熟、潇洒；"必复命"说明孔子做事善始善终，素养好。

弟子们见到老师做事做到这种程度，把周礼中的礼仪礼节做得好似表演一般，如行云流水，游刃有余，除了叹为观止就是赏心悦目了。

此后四则都是孔子在朝堂之上穿衣、行礼以及斋戒的内容，由于时代不同，礼仪规范都不相同，阅读时，体会感觉就好，不做更多解说。

10.4　入公门，鞠躬如也，如不容。立不中门，行不履阈（yù）。

过位，色勃如也，足躞如也，其言似不足者。摄齐升堂，鞠躬如也，屏气似不息者。出，降一等，逞颜色，怡怡如也。没阶，趋进，翼如也。复其位，踧踖（cù jí 恭敬而局促不安的样子）如也。

孔子进入朝廷的大门时，恭恭敬敬地弯着腰，好似没有容身之处。站立时从不站在门的中央，行走时从不踩踏门槛儿。走过君王座位时，面色庄重矜持，脚步快捷，讲话似中气不足的样子。提衣上堂，恭恭敬敬地弯着腰，屏住气息好似没有呼吸的样子。出来的时候，走下一级台阶，脸上才轻松下来，露出怡然和乐的神情。走完台阶，快步前行，如肋生双翅会飞一样。再回到他入朝堂所站位置，同样还会举止恭敬。

10.5　执圭，鞠躬如也，如不胜。上如揖，下如授。勃如战色，足蹜蹜（sù 小步快走的样子）如有循。享礼，有容色。私觌（dí 见面），愉愉如也。

孔子出使他国，总是手持国君授予的玉圭，恭敬地弓着身子，好像拿不动的样子。上举的时候好像在作揖，下朝的时候手持玉圭好像在递给谁。面色矜持，战战兢兢，脚步紧密，好像循着什么标记走过。

献礼的时候，面色和气。私下与谁会面时，总是轻松愉快。

10.6　君子不以绀緅（gàn zōu 用于礼服的黑带红或黑带微红）饰（领和袖的边儿），红紫不以为亵（xiè 轻松）服。当暑，袗（zhěn 单衣）絺绤（chī xì 葛布的统称），必表而出之。缁衣羔裘，素衣麑（ní 小鹿）裘，黄衣狐裘。亵裘长，短右袂。必有寝衣，长一身有半。狐貉之厚以居。去丧，无所不佩。非帷裳，必杀之。羔裘玄冠不以吊。吉月，必朝服而朝。

君子不用绀色和緅色的布料做衣领衣袖饰边，不用红色和紫色的布料做平时在家里穿的起居服。夏天穿葛布单衣的时候，出门时会再穿个外套。黑色外套，里面配黑羔羊裘；白色外套，里面配小鹿裘皮；黄色外套，里面配狐狸裘皮。家居服裘皮做得长一些，右侧的领子做得短一些。睡觉一定要盖被子，长度要有一人半长。用厚点的狐貉皮做坐褥。出了丧期，身上的配饰可以随便带。不是帷裳一定要剪裁。不可以穿戴黑羔裘和黑礼帽去吊丧。每月初一，一定穿上朝服去上朝。

10.7　齐，必有明衣，布。齐，必变食，居必迁坐。

斋戒的时候，一定要有浴衣，浴衣要用布料做。斋戒的时候一定要改变平时的饮食习惯，如不饮酒、不吃荤等。住的地方也要有所变动，要在正寝里安歇。

10.8　食不厌精，脍不厌细。食饐（yì）而餲（ài，腐臭变质），鱼馁而肉败，不食。色恶，不食。臭恶，不食。失饪，不食。不时，不食。割不正，不食。不得其酱，不食。肉虽多，不使胜食气。唯酒无量，不及乱。沽酒市脯，不食。不撤姜食，不多食。

这体现了孔子思想理念中的俭。

"饭放变味了，鱼、肉变质了，就不能吃了；颜色变坏了，也不吃了；放臭的食物不吃；烹饪坏了的食物不吃；不在时令季节的食物不吃。"我们现在吃的很多是反季节蔬菜水果都属于"不时"的范畴。还有"刀功不正也不吃；蘸料不配也不吃"。

孔子还认为："肉虽然足够多，但吃的时候不能超过粮食的数量。"

据说孔子酒量大，从没喝醉过，所以他也没办法规定酒量，只说"不及乱"，以不醉为限。再就是从市场上买回来的酒肉不吃。孔子认为吃姜好，但不宜多。

10.9　祭于公，不宿肉（过夜的肉）。祭肉不出三日。出三日不食之矣。

参加国君的祭祀活动，分得的祭肉不过夜。家里祭祀用的肉不能超过三天，过了三天就不要吃了。古时候，公祭肉不过夜，是为了"重神惠，尊君赐"。不能迟疑。至于自己家的就宽限三天，也不能超过三天。

10.10　食不语，寝不言。

"食不语，寝不言"当然好，只是今天做起来很难，因为很多时候餐桌是交流的平台，许多事情要在餐桌上来解决。

前些年在广州，和广州台塑厂的几位负责人吃饭，他们讲起在总部上班时，老板王永庆经常请他们这些干部去家里吃午饭。王老板就住在公司顶楼，说是请吃饭其实都是在说事谈工作，他饭量小，几下就吃饱了，他让大家加饭，大家都不好意思，他讲完了大家就走，所以其他人总是吃不饱。

孔子的这句话，我们可以这样理解：口中有饭食，不言，就寝躺下后就不再跟人说话。嘴里有食物，说话容易喷饭，躺下了还说话容易失眠。

10.11　虽疏食、菜羹、瓜祭，必齐如也。

即便吃的是粗粮菜汤，也一定祭祀，而且这时的祭祀也一样要庄重。神只要你那份诚敬的心。

10.12　席不正，不坐。

座席没放端正，就不坐。

10.13　乡人饮酒，杖者出，斯出矣。

行乡饮酒礼后，要等到年长者都出去了，自己才能走。

10.14　乡人傩（nuó 驱逐疫鬼的仪式），朝服而立于阼（zuò）阶。

参加完乡人的驱鬼仪式后，要穿着朝服站在东面的台阶上。
这个"阼"字的意思是大堂前东面的台阶，是主人迎接宾客的地方。

10.15　问人于他邦，再拜而送之。

托人到他国给朋友捎礼物，临别时要向受托者拜两次，以示敬意。

10.16　康子馈药，拜而受之。曰："丘未达，不敢尝。"

季康子送来的药，孔子拜了拜接受下来。说："我不太了解这药的性能，不敢服用。"

10.17　厩焚。子退朝，曰："伤人乎？"不问马。

孔子家的马厩着火了。孔子退朝回来，先问："伤人乎？"问伤到人了吗？不是说马厩着火了就问马怎么样，是人重要。

"草原英雄小姐妹"里的龙梅、玉荣的确是小英雄，但那种行为放到今天不值得提倡，为了羊群去冒生命危险不可取。就像今天不支持未成年人去见义勇为一样。尊重人的生命最重要。整个儒学思想就是以人为中心的。

10.18　君赐食，必正席先尝之；君赐腥，必熟而荐（供奉）之；君赐生，必畜之。侍食于君，君祭，先饭。

君王赏赐的食物，一定要端坐好以后，再郑重地尝食。君王赏赐的生肉，一定煮熟后供奉祖先。君王赐予的牲畜，一定先养起来。

侍奉国君吃饭，君王进行饭前祭祀的时候，要先替君王尝饭。

10.19　疾，君视之，东首，加朝服，拖绅。

孔子生病了，国君前来探视，孔子就头朝东躺着，再把朝服盖在身上，同时把绅带搭上。尊重无处不在。

10.20　君命召，不俟驾行矣。

君王召见孔子，不等马车备好就走了。
古人所敬者，天地君亲师，所敬者有命令，哪有迟疑的道理。

10.21　入太庙，每事问。

孔子进入太庙，每件事都要问一问。

10.22 朋友死，无所归。曰："于我殡。"

朋友去世了，没人管。孔子说："让我来料理后事吧。"
孔子讲究"朋友信之"，即便是朋友死了。

10.23 朋友之馈，虽车马，非祭肉，不拜。

朋友送礼来，即便送的是贵重的车马，如果不是祭肉，孔子也不会行礼。
礼是讲分寸的，这叫礼数。

10.24 寝不尸，居不容。

睡觉时不尸躺，闲居在家，则不讲姿势、礼仪。
古人讲"卧如弓"，现在都知道，这很科学。"居不容"才是"张弛有度"
里的"弛有度"，生活中有了足够的放松，才好有紧张勤敏的工作状态。

10.25 见齐衰（zī cuī）者，虽狎（xiá 亲近），必变。见冕者与瞽者，虽
亵，必以貌。凶服者式之，式负版者。有盛馔，必变色而作。迅雷风烈，必变。

见到穿丧服的人，即便是亲近的人，也一定要显示出悲伤的表情。见到穿礼
服的人或是盲人，即使是熟悉的人，也一定待之以礼。乘车时，遇见穿丧服的人
要行轼礼。遇见背着国家图籍的人也要行轼礼。参加盛宴招待，一定要站起来表
示欣然接受。遇见雷电大风天气，一定要严肃对待。

10.26 升车，必正立，执绥。车中不内顾，不疾言，不亲指。

上车时，一定要手持绥带正身而立。在车上不左顾右盼，不急言快语，不用
手胡乱指点。

10.27　色斯举矣，翔而后集。曰："山梁雌雉，时哉！时哉！"子路共之，三嗅而作。

孔子和弟子们行走在山间的小路上。孔子看到山坡上有只野鸡，猛地一怔，野鸡发现了孔子脸色的变化，迅速起飞，在空中盘旋了一会儿又落到了山梁上。

孔子触景生情，感叹道："山梁上的野鸡呀！得其时呀！得其时呀！"鸟儿都能识得人的脸色，知道有危险就马上起飞逃离，看到没了危险就找一个安全的地方落下。

孔子认为人也应该如此，这叫君子不处险地。选择合适的时间去到合适的地点。孔子赞叹："时哉！时哉！"子路一听，感觉受益匪浅，连忙冲着野鸡的方向拱手施礼。子路的动作又惊动了野鸡，野鸡重又飞起，鸣叫着飞远了。（"嗅"通"狊"，读 jú，鸟张开双翅）

刘邦攻下咸阳后，派兵把守函谷关，又屯兵霸上。这些行为激怒了项羽，项羽准备攻打刘邦。当时的情形是项羽拥兵四十万，而刘邦才十万兵力，四倍的差距。刘邦的谋士张良知道后很是生气，"主公，这是谁给您出的馊主意？"后来，刘邦不得已亲自去给项羽解释，解释的地方就在鸿门。项羽在鸿门设宴，专等刘邦自投罗网。鸿门宴上刘邦还差点丢了性命，在此不再赘述。

不该去的地方不能去，不该待的地方不能待。去该去的地方，待在该待的地方。而且还要"时哉！时哉！"

先进篇第十一

本篇以孔子评论弟子为主要内容。这里记录了颜回去世给孔子带来的巨大的打击，孔子悲痛欲绝的场景，以及颜回死后，子路跑来询问侍奉鬼神的对话内容。

11.1　子曰："先进于礼乐，野人也；后进于礼乐，君子也。如用之，则吾从先进。"

在孔子那个年代，没有贵族身份、地位低贱的乡野之人、农夫等被称作野人。而对那些贤士大夫则美称为君子。

孔子说："先学会礼乐的人，是那些没有贵族身份、地位低下的人。后学会礼乐的人，是那些世袭了贵族身份的人。假如需要选用人才，我就选那些先学会礼乐的人。"

乍一听，怎么孔子想做野人吗？当然不是。到了孔子所生活的春秋末期，礼崩乐坏，人们追求浮华，淡忘质朴。孔子所说的野人就是那些前辈们，他们朴实无华，崇尚敦厚俭约。

尽管孔子崇尚礼乐制度，重视身份等级，但是，孔子更重视实力，讲求实效。

孔子是伤今思古，是想"因时救敝，返朴还淳"。前人讲："敬处都是礼，和处都是乐。"后人把自己装扮成斯文悠闲、彬彬有礼的模样，内心里早丢了和敬的实质。孔子感叹道：让我做个野人算了，你们那一套我装不来。

其实，如今道貌岸然的伪君子也不少。有什么伪大师、伪作家、伪大咖、伪企业家、伪科学家、伪僧人、伪道士、伪艺术家、伪愤青、伪学者等，都飘了，都浮了，都虚了，像钱一样都不值钱了。

同样，高人也不高了，贵人也不贵了。需要返璞归真。

11.2　子曰："从我于陈、蔡者，皆不及门也。"

孔子说："跟着我在陈国、蔡国被围困绝粮，受苦受难的弟子们，如今都不在我身边了。"

孔子说这话的时候已经回到了鲁国。之前孔子受楚昭王约请，准备前去楚国辅佐楚王，消息被陈蔡两国探听到，有了危机感，他们认为如果孔子去辅佐本就强盛的楚国，哪还有我们这些小国弱国的好日子过呀？于是两国派兵围住了孔子一行。那个时候，孔子身边集结了众多弟子，而且个个了得，保护孔子不是问题，只是被困后断绝了粮草，情况出现危机。最后还是子贡冲出去借来楚国救兵，才解了陈蔡之围。

真是天有不测风云，离开了陈蔡地界，刚到楚国又遇楚昭王突然病逝，新君年幼，情势突变，孔子只得折返回来。

孔子回到鲁国后，这一日忽然想起陈蔡被困时的经历，那情景历历在目，当年追随自己的那些弟子们，如今做官的做官，做事的做事，都忙自己的事业去了。子路、颜回、子贡，那群旧人都不在身边了，孔子是有些想他们了。

11.3　德行：颜渊，闵子骞，冉伯牛，仲弓；言语：宰我，子贡；政事：冉有，季路；文学：子游，子夏。

身边的弟子们发现孔子回想起陈蔡被困时有些伤感，为了安慰老师，就在孔门学子中，选出十位贤德之人，并根据学问表现，分列四科：颜渊、闵子骞、冉伯牛、仲弓对于孔门学问践行笃实，品德高尚，归为德行一科；宰我、子贡，聪明敏捷，善于交流、言辞，归为言语一科；冉有、季路见闻广大，务实通达，善于行政管理，有政治才干，归为政事一科；子游、子夏见识广大，学识渊博，文学见长，经典文献学得好，归为文学一科。这德行、言语、政事、文学四个科目，就相当于现在的四个专业。这为今后各自授徒、教学提供了帮助。在议论这些师兄如何精进学问、如何各施所长时，发现他们完全可以成为大家的榜样、楷模。榜样的带动力量是巨大的。

这十位师兄后来也就成了"孔门十哲"。

这样，孔门就有了"三千弟子""七十二贤人"和"孔门十哲"之说。

11.4　子曰："回也非助我者也，于吾言无所不说。"

孔子说："颜回对我不能说有多大帮助，问题就在于他对我所说的话没有不心悦诚服的。"孔子的意思是原本是教学相长的，老师在教学的过程中，学生不断地提出问题，老师给予解答或是经过思考再做回答，这样在学生得到解答、收获学问的同时，老师也在师生互动中得以修正、完善和提升。

然而，像颜回这样的悟性、领会能力、理解能力超强的弟子，老师讲完了，他几乎马上就能收获到全部的知识、学问，剩下的就是开心喜悦了。作为颜回的老师，讲完课就只能看到"无所不悦"的笑脸，没有收到"助我者"的回应。

我们理解孔子是既高兴也有些许郁闷。教学中少了师生间的碰撞和趣味。如今人们总爱说的一句话，叫砥砺前行。看来孔子和颜回之间少有摩擦、少有碰撞、也少有砥砺。

我记得上中学的时候，教我们物理的张耀华老师，非常喜欢学生在课堂上接他的话，这在其他老师是很讨厌的。张老师说这样很好，证明学生的注意力集中，认真听讲了，思路是跟着老师讲课走的。事实是很多学生也喜欢这样的老师，课堂气氛好，学习效果也好。

11.5　子曰："孝哉闵子骞！人不间于其父母昆弟之言。"

孔子说："闵子骞可是个大孝子啊！没有人不认同他的父母兄弟对他的称许和赞美的。"

前面师弟们把闵子骞与颜回、冉伯牛、仲弓一同列入"孔门十哲"中德行一科里，尊崇他的德行。孔子曾说："夫孝，德之本与。"闵子骞就是个大孝子，说明他德行好，千真万确。

他的经历还被写成故事，再被改编成多种戏曲剧本《打芦花》，在民间广为传唱。他的这一孝行被列入二十四孝。济南市还在他墓园的基础上，建立了济南市孝文化博物馆。

曾子说：修身、齐家、治国、平天下。看来闵子骞的"修身、齐家"已经做得很好了，接下来就是"治国、平天下"了。

11.6　南容三复白圭，孔子以其兄之子妻之。

在《公冶长篇》里，孔子说到南容时，说他"邦有道，不废；邦无道，免于刑戮"，然后就"以其兄之子妻之"。孔子做主，就这么把亲侄女嫁给了南容。

起初琢磨起来，感觉孔子是不是在这事上有些草率，但读《论语》读到这里时，知道了原来还另有原因。南容反复诵读"白圭"（"三复白圭"），这样，孔子再"以其兄之子妻之",也就能够理解了。

"白圭"是指纯洁的玉。《诗经》中有这么几句诗词:"白圭之玷(diàn 斑点),尚可磨也。斯言之玷,不可为也。"意思是说洁白的玉石上的瑕疵还可以通过打磨去掉,说话带出来的瑕疵你怎么除掉?"不可为也!"有瑕疵的话可不要说呀!

南容一直以来把这几句诗作为自己的座右铭,"三复白圭",没事就把这首诗拿来读。如此谨慎小心的人,"言之玷""行之玷"都会很少,一定是安全感很强,谁要是把闺女嫁给他,保证平安幸福。

孔子是南容的老师,近水楼台先得月,第一时间把侄女嫁给了南容。

我估计孔子的哥哥孟皮一定是好酒好菜地伺候着这位什么好事都想着自己的亲兄弟。

11.7　季康子问:"弟子孰为好学?"孔子对曰:"有颜回者好学,不幸短命死矣,今也则亡。"

自孔子的弟子冉求帮着他季康子,当然,也是帮着鲁国打败了入侵者——那个强大的齐国后,季康子得知孔子的本领了得,就有事没事都来讨教一番,请教些个问题,哪怕是打听点消息。

您老人家都教出了像冉求那样的军事天才了,跟您学习的弟子里,还有什么人才呀?谁的学习成绩最好啊?谁最好学习呀?

孔子对季康子说:"我的弟子里,有个叫颜回的最好学习,不幸的是短命死了,现在再找好学的人,已经没有了。"

其实,这个问题,在前面《雍也》篇里,鲁哀公也问过同样的问题,当时孔子回答说:"有颜回者好学,不迁怒,不贰过,不幸短命死矣,今也则亡,未闻好学者也。"季康子问"好学",孔子说"好学","好不好学"在一个人一生中实在是重要,像孔子能够终生"好学"之人实在难得。

"好学"者拾级而上,不一定就能达到什么样的高度、境界,但是,拾级而上者可以一路领略的风光,是只有那些拾级而上的人才得以见得到的。把握好这样的经历,就能够升华一个人的生命价值和意义。

11.8　颜渊死,颜路请子之车以为之椁。子曰:"才不才,亦各言其子也。

鲤也死，有棺而无椁。吾不徒行以为之椁，以吾从大夫之后，不可徒行也。"

古时候的棺材普遍是两层的，里面一层叫作棺，外面又套着一层叫作椁，这叫双重棺。周代礼制中规定，天子用四重棺，诸侯用三重棺，卿大夫用二重棺，"士不重"。

颜回死了，他父亲颜路请求孔子把他的车卖掉，把钱拿来给儿子颜回买外椁。孔子说："有能力的没能力的，对个人来说都是自己的儿子。我儿子孔鲤死的时候也是只有棺没有椁。我没有把车卖掉给我儿子买椁自己步行，是因为我身为大夫不能徒步出行。"

孔子的意思是按周的礼制，你儿子颜回本就不该有椁，而我作为大夫出行本就应该乘车。先不说礼制规定，其实我儿子死的时候也没有用椁。我要是把车卖了，回头我们大夫们举行什么活动，你总不能让我跟在人家车子后面徒步吧？我也是七十岁的老头儿了，跑又跑不动，跟又跟不上，这也不好看不是。

11.9　颜渊死。子曰："噫！天丧予！天丧予！"

"颜渊死"这三个字连续在这一篇里出现四次。这是第二次。从这一点上我们就能判断出颜回在当时人们心目中的地位。

颜回的突然去世给孔子带来的损失是无法弥补的，给儒学的传承带来的损失也是无法弥补的，颜回的死给当时的人们所带来的震动、冲击是巨大的。

颜回死的时候尽管孔子还在世，但是孔子非常清楚，自己的学问有一部分必定会被带进坟墓。对于这样突如其来的打击，孔子应该是没有想到。这个事实让他根本无法接受，他茫然地仰望天空，发出了绝望的哀号："呀！老天爷这是要我的命啊！老天爷这是要我的命啊！"

11.10　颜渊死，子哭之恸。从者曰："子恸矣！"曰："有恸乎？非夫人之为恸而谁为？"

颜回的死给大家带来了巨大的悲痛。一时间，孔子更是无法经受得住这样巨大的打击，他的哭声是近乎绝望的。

跟随孔子的人对他说："先生您有些过度悲伤了。"

孔子说："我悲伤过度了吗？你说我不为这个人悲伤过度，我还能为谁呢？"

没人能劝得了他，他自己也说服不了自己。想到自己最寄予厚望的弟子颜回走了，他的事业将要遭到重创，周公所传下来的文明火种，华夏民族智慧的种子将会遭受损失，这样的悲痛是无以言表的，是撕心的痛，是裂肺的痛，他只有通过这样的哭号来缓解自己内心里的巨大伤痛。

11.11　颜渊死，门人欲厚葬之，子曰："不可。"门人厚葬之。子曰："回也，视予犹父也，予不得视犹子也。非我也，夫二三子也。"

颜回死了，孔子为此悲痛欲绝。孔门弟子们想用隆重的厚礼予以安葬，一来是由于失去了这么一位优秀的同门师兄，他们觉得该当如此；二来是想就此事给老师造成的巨大创伤给予抚慰。

孔子听到大家的汇报后，说："这样不可以。"这违背了礼制，不能这样做。可是私下里众弟子们还是厚葬了颜回。

孔子后来知道了，就说："颜回呀！你把我当作父亲看待，而今我却不能把你视为自己的儿子，不是我要这样做的，都是这帮弟子们干的好事呀！"孔子的意思是，颜回依照礼制像对待父亲一样对待我这个老师，我却不能按照礼制像对待自己儿子一样去对待这个弟子。

弟子们由于对周礼制度的理解，尚未达到老师的高度，把对师兄颜回的感情凌驾于礼制之上了。学问好，感情深，与礼制规定不是一码事，是不可以混淆概念、扰乱规矩的。

尽管众弟子的行为，从情感上可以理解，但是，作为圣人的孔子是什么时候也不能失去理智的。尽管没能制止弟子们的行为，事后还是要批评他们、矫正他们的错误行为。

11.12　季路问事鬼神。子曰："未能事人，焉能事鬼？"曰："敢问死。"曰："未知生，焉知死？"

古人认为人死了以后会变成鬼神。师弟颜回死了，子路第一时间想到的就是，如何与鬼神相处。

有一种说法叫作聪明正直死而为神。"聪明正直"以外的都变成鬼了呗，难怪鬼多神少。

既然有鬼神存在，就有如何与鬼神相处的问题。这样的问题一般人未必敢想，想了也未必敢问，然而在孔子面前比较口无遮拦的就要属子路了。弟子们一合计，大师兄，还得您出马。

这种事情子路一定是当仁不让的。老师，怎么侍奉鬼神呢？孔子回答子路说："人还没侍奉好呢，又怎么侍奉得了鬼神呢？"

子路没问出来答案，不甘心就继续问。"老师，我再冒昧地问一句，死是怎么回事啊？"

孔子回答道："人是先有生后有死，你还没弄明白生是怎么回事，又怎么能知道死呢？"

孔子的学问几乎都是关于生的。孔子在七十岁的时候，在总结自己将近一生的过往时说："吾十有五而志于学，三十而立，四十而不惑，五十而知天命，六十而耳顺，七十而从心所欲，不逾矩。"孔子的一生，活得那叫一个明白。

我们说孔子的儒学是用世的学问。孔子对于现实中虚无缥缈的事通常是避而不谈的。看不见摸不着的东西，大家只能凭借个人的想象，而这样的探讨只能是热闹过后，一无所获。所以谈论那些既没有什么意义也没什么用处。孔子的策略非常的智慧——"子不语怪力乱神"。

孔子的孙子孔伋，也就是子思，在他的《中庸》里有这么一句话："至诚之道，可以前知。"这个"可以前知"就是通神的表现，所以后人直接说："至诚可以通神。"

我们说儒家不轻易谈论鬼神，也不否定鬼神的存在。其实，孔子不是不明白鬼神，只是火候不到，说也无益。孔子一定是在某些场合论述过鬼神，也教授过神通一类的东西，当时应该是受众弟子人数不多，学到的弟子又无法用文字记录下来。真遗憾，今天的我们不得而知。

11.13　闵子侍侧，訚訚（yín 谦和而恭敬）如也；子路，行行（hàng 刚强）如也；冉有、子贡，侃侃（kǎn 温和而快乐）如也。子乐。"若由也，不得其死然。"

颜回去世后，隔了一段时间，孔子的心情渐渐平复。这天，孝敬仁厚的闵子骞在孔子身边侍奉孔子，旁边还有子路、冉有、子贡三人等。

孔子看了大家一眼，发现闵子骞恭敬谦和；看到子路是那样刚强威猛；冉有、子贡则是和乐自在，孔子非常高兴。只是对子路的性格不大放心，格外提醒子路："像仲由你这样啊，恐怕难正命而死，难得善终啊！"

"子乐。"孔子乐的是弟子们都各尽其性。儒家认为：唯至诚之人，才能发挥人和物的本性。孔子在《易·说卦》里讲："穷理尽性，以至于命。"最后实现改变命运的崇高目标。孔子是看到了弟子们都学有所成了，怎么能不为此高兴呢？！

唯一让孔子担心的是子路。老子在他的《道德经》里也这么说："强梁者，不得其死。"老子是河南人，用的是河南方言。现在的河南人也还这么说：强梁不得好死。后来子路在卫国的孔悝家做家臣，正遇动乱，王室里舅甥两帮人火拼，子路则惨死在刀剑之下，被剁成肉酱。子路是有机会躲过这一劫的，但是刚强的性格还是让子路为此丧命。

老子还说："柔弱者生之徒。"意思是柔和温润的人才是长生久存之人。

像老子、孔子这样的圣人，不是说他们有多神，是他们能够透视事物的本质和规律。人们一旦到了那个境界，甚至"神通"，早早就预知到将要发生的事情，他们能够理性地规避，都可以善终。

11.14　鲁人为长府。闵子骞曰："仍旧贯，如之何？何必改作？"子曰："夫人不言，言必有中。"

"长府"就是存放财货的府库，国家的国库。鲁国的当政者要改造府库，闵子骞就说了："这个老的府库不是还很好吗？干吗非要改造它呢？"

孔子最爱讲为政以德。为政的德显示在体恤民众疾苦上，无须改造的府库却要大动土木劳民伤财，这与为政以德背道而驰，闵子骞站出来警示大家要节俭，不要奢侈，不要浪费。

孔子知道了这件事以后非常高兴，说："闵子骞这人平时不大说话，不说是不说，可一说就能切中要害。"孔子非常强调"谨言慎行"，瞧不上那些信口开河的人。闵子骞惜言如金，又能"言必中的"，是言中有爱，仁心所至。孔子当然要夸奖两句。

同时，孔子提倡不劳民、不扰民，孔子、老子都提倡敬天爱民、提倡节俭。老子常说，我有三宝：一曰慈、二曰俭、三曰不敢为天下先。孔子也常说："与其奢也，吾宁俭。"

持家也好、治国也好，打理好已有的财富，不做无谓的消费，理性低碳，上对得起神明，下对得起子孙后代。省下的钱，还可以再生个二胎。

11.15　子曰："由之瑟，奚为于丘之门？"门人不敬子路。子曰："由也升堂矣，未入于室也。"

由于刚正，所以随性。子路经常在孔子身边是比较随性的，他和孔子情同父子，孔子也经常跟子路开玩笑。

一天，孔子说："仲由啊！你弹琴的水平怎么能说是出自我孔丘门下呢？"孔子既是认真又是玩笑话，说认真是说子路的琴声里多有刚猛杀伐之音，缺了些和谐仁德之韵，孔子是在教化子路。古注说："子路鼓瑟，不合雅颂。"也正是这个原因。所说玩笑是说孔子话语随意，语气轻松，有几分调侃的味道。

然而，其他那些个不明就里的师兄弟们，就开始对子路不那么恭敬尊重了，孔子一看这不对呀，子路是你们大师兄啊！不可以这样的，于是就对大家说："仲由的学问尽管没有达到精微入室的境界，但是早已到了高明登堂的水准，你们还是不能和他相比的。"孔子的意思是，我可以跟他开玩笑，你们不可以不尊重他的。

孔子的教化往往是遂事而动，应事而发，随心所欲，点石成金。师弟们重又对子路肃然起敬。

11.16　子贡问："师与商也孰贤？"子曰："师也过，商也不及。"曰："然则师愈与？"子曰："过犹不及。"

这个"师"就是子张。"商"就是子夏，前面出现过的人物。

这一则是子贡和孔子的一问一答。这一问一答借助的是另两位孔门弟子，是拿这二位的修为、品行、做事风格做对比，以便清晰做人做事的分寸。

子贡问："老师，子张与子夏二位哪个更贤达些啊？"

孔子说："子张做事做得有些过，子夏有些不足。"

子贡说："那么就是子张好些了？"

孔子说："过了和不足是一样的。"

"过犹不及"是孔子中庸思想最恰当的表述，子思也就是在这个思想的基础上写出的《中庸》，做出"无过而无不及"的进一步阐释。

佛家、道家也都有关于中道的论述，也都提倡中道思想。在佛家《别译杂阿含经》中记载："复次，阿难：若说有我，即坠常见；若说无我，即坠断见。如来说法，舍离二边，会于中道。"佛说的"舍离二边"是为了"会于中道"；孔子也说"我叩其两端而竭焉"。是为了"用其中于民"，指使民众，适中为上（《中庸》："舜执其两端用其中于民。"），儒释道初心一样。

老子也说："不敢为天下先"，就是不要总走"先"，主张"守中"。就比如吃饭的时候，饭菜端上来了，如果你年轻人先吃，合适吗？能心安理得吗？你让老人家先吃，风雨人生一辈子了，他们能吼得住。这就是中道而行。

11.17　季氏富于周公，而求也为之聚敛而附益之。子曰："非吾徒也，小子鸣鼓而攻之，可也。"

孔子是提倡藏富于民的，他主张"施舍尽量丰厚，赋税尽量微薄"。

关于税赋改革，季氏也曾征求过孔子的意见，绕来绕去就是想增加税收，孔子如果顺着他说就违背了自己的意志，逆着他说又有冲撞之嫌，所以孔子当时没有直接回答。

季氏走后，孔子把冉求叫来，把道理讲给他听，遗憾的是，冉求和季氏并未接受，第二年就实行了田亩征税制度。这一税制改革增加了百姓负担，而当时的季氏并不缺钱花，他的家族比周公嫡系还富裕。冉求作为季氏家臣、孔门弟子，在这种情况下，不仅没有听进老师的话，还在不断地替季氏聚敛财富，使其财富一再增加，使百姓负担一再加重。

孔子对此极为不满，对弟子们说："自今日起，这个冉求不再是我的徒弟啦，弟子们可以敲锣打鼓去声讨他。"

孔子真要让大家去找季氏、冉求闹吗？当然不是，孔子是让大家知道他的态度。你冉求这样做，就不要再进我孔丘的门了，同时警示众弟子不要走冉求的路，不要做为富不仁的事。

注：如果说您所在的企业，效益非常好，老板发了大财。您作为 CEO 或是什么高管一级的职员，您还要继续把企业做得更好，让企业发展得更好，有更好的收益，这样做和冉求帮着季氏到百姓那里敛钱不是一回事，您尽管干好自己的工作就是，不用担心孔夫子会鼓动人们去揍你。

11.18　柴也愚，参也鲁，师也辟，由也喭（yàn）。

在这里，这个"柴"是头次出现。此人姓高，名柴，字子羔，孔子弟子，小孔子三十岁（第二十八个出场）。这一则是对高柴、曾参、颛孙师子张、子路四个人做个简单的评价。

高柴愚笨，曾参迟钝，子张偏激，子路粗鲁。

"教诲"的"教"字的右边是个反文旁（攵 pū），与打、敲、击等手的动作有关。您没错就不用敲打了。这四位弟子"愚、鲁、辟、喭"问题明显，正是需要敲打教育的地方。

作为老师，把每一个弟子的具体情况了解、分析透了，对症下药，方显药力的劲道，这就是因材施教。

古人注解道："高柴为人，谨厚有余，而明智不足，是其愚也。曾参迟钝而少警敏，是其鲁也。颛孙师务为容止，而少至诚恻怛之意，是其辟也。仲由粗鄙凡陋而少温润文雅之美，是其喭也。"

并就此给出对症药方，说："愚与鲁者，必须充之于学问。辟者，必须本之以忠信。喭者，必须文之以礼乐。"

从诊断到给出结论，再到开出方子，然后是"循循然善诱人，博我以文，约我以礼"，再诲人不倦，这叫一整套"组合拳"式的因材施教。

难怪孔子对着子路说："由之瑟，奚为于丘之门？"弹个瑟都弹不好，是因为"由也喭"（子路也粗鲁）呀！那他得好好"文之以礼乐"了，否则，难免在师弟那里再次出现"门人不敬子路"的情形。

11.19　子曰："回也其庶乎，屡空。赐不受命，而货殖焉，亿则屡中。"

颜回做道德模范没问题，子贡绝对是商贾大佬、商界奇才。孔子说："颜回的方方面面都做得差不多了，只是生活上常常无以为继。端木赐不能安分守己，总是跑出去经商，但此人在判断市场行情时却屡屡得手挣大钱。"

一个穷得叮当响，一个富得流油，二人却能在一个门里共同学习，各得其所。对于颜回即便是生活上无以为继，他还可以安贫乐道。"庶"解作庶几，是差不多的意思。"货殖"是经商的意思。"亿"解作揣度、判断、猜测。"中"解作得其理。

孔子说子贡做生意，判断准确，能掐会算，屡屡得手，以至于日进斗金，不知不觉中已富可敌国。

一天，子贡得到情报，说楚国将要攻打齐国。于是他迅速做出判断，齐楚两强相争，战争不可能速战速决，必定会持续一段时间，这就势必需要熬过漫长的冬季。隆冬季节南方士兵来到北方打仗，必须穿棉衣、棉鞋、棉被，而这些衣物南方又没有，必定来北方采购，要么就靠商人把这些过冬衣物运到南方。这时，子贡很快做出安排，他在北方大量收购布匹丝绵等过冬衣被，运到南方楚国，可以想象，子贡赚的是盆满钵满。

这其中，由于子贡十数年跟随孔子周游列国，对各国的风土人情、人物地理以及大量的商业信息是了如指掌，所到之处一说是孔门弟子，谁都会给几分薄面，高看一眼，所以子贡在各国办事经商会比别人方便许多。

11.20　　子张问善人之道。子曰："不践迹，亦不入于室。"

孔子曾经说子张"少至诚恻怛"，缺少真诚，用我们今天通俗的话讲，就是不够厚道。子张应该是意识到自己的问题所在，这天特来向孔子请教，问怎样做个善人。孔子说："不践迹，亦不入于室。"

查找一下相关书籍，这句话解释几乎都是这样的："不踩着别人的足迹走，同时也没有达到极高的境界。"文字上的解释是有了，但是，逻辑上谁又知道这到底讲的是什么呢？"不踩着别人的足迹走"就是"善人"吗？"没有达到极高的境界"跟"善人之道"又有什么关系呢？

我们先讲一个禅宗的公案。达摩大师从印度乘船来到广州住进华林禅寺，梁武帝在南京就听说有位高僧从印度来，现在华林禅寺，就派人前去迎请。达摩大师从广州来到南京，面见梁武帝。

一见面，梁武帝把这些年来，自己捐建了多少多少寺庙，给寺院捐了多少多少银两，自己多么多么虔诚说了个遍，最后问达摩大师他得到了多少功德？就像是现在寺庙里那些个捐款箱，就叫功德箱。意思是说我把功德箱都塞满了，你说说我功德有多大？

大师回答说，没有丝毫功德。达摩大师话音未落，梁武帝顿时气得脸色铁青，一甩袖子走了。达摩大师的意思是您捐的那些东西，做的那些个事情，满世界没有人不知道的，您的那些付出都给自己买名声啦，哪儿还有什么功德？

常言道："有心为善，虽善不赏。无心为恶，虽恶不罚。"为做好事去做好事是不值得赞赏的，哪儿还有什么功德可言。

这个达摩大师，就是后来来到嵩山少室山下，在少林寺开创禅宗门庭的禅宗初祖达摩祖师。

我们回过头来再说说孔子对善人做的解释。"不践迹"——不走出痕迹——走路不留痕迹——做好事不留名。"亦不入室"，也不进入内室，"做善人"这事不可以进入内室，"里、室"都有"内心"的意思，不进入内心——"做善人"这事不放进心里——做完好事就忘了——不去记它——更不会满世界宣扬。

帮别人个忙，不用别人承您的人情、念您的好，您自己也不去记它，因为您不会刻意要求别人感恩回报，就是一颗单纯的心，做完就完了，这样做人多厚道呀！孔子是这个意思吗？应该是，符合逻辑，也符合君子所为。

我们理一下，孔子所说的善人之道，应该是：所谓善人之道，就是做好事不留痕迹，做完了就完了，自己也不往心里去，不求别人报答。

老子也说："善行无辙迹，善言无瑕谪。"看来，咱们没有分析错。

11.21 子曰："论笃是与，君子者乎？色庄者乎？"

孔子说："言论笃实的人是值得信任、称道的。但要看清：他是真君子呢？还是装模作样的伪君子呢？"

外表忠厚老实单纯，说话恳切实在，感觉上没有任何问题，应该是值得信赖的。但是，孔子告诉我们，即便是这样，也需要进一步地考察了解，看看是真君子还是伪君子。不能被伪装了的假君子蒙事儿欺骗。尤其是做大事者，更要小心谨慎。历史上教训很多。

西汉的王莽在当时的文人、士子、朝廷重臣里声望极高，人们都称赞王莽是"士之楷模""道德模范"。这么好的名声使得他顺利接替了他伯父王凤，坐到了大司马的位置，成了一人之下万人之上真正的权臣。也正是借着当上了这个大司马，才让他顺利篡权夺位，建立起了自己的新莽政权。

王莽篡权，让天下大失所望。后来人们说，假如王莽早死十九年，在他还没篡权的时候死了，他一定能名垂青史。只可惜王莽命长，还很能"色庄"。

汉武帝时期，董仲舒"罢黜百家，独尊儒术"，领着大家读《论语》，也读了几十年！怎么就没读明白呢？怎么就没人问一句："君子者乎？色庄者乎？"

汉朝人读书太不认真了。

11.22　子路问："闻斯行诸？"子曰："有父兄在，如之何其闻斯行之？"

冉有问："闻斯行诸？"子曰："闻斯行之！"

公西华曰："由也问：'闻斯行诸？'子曰：'有父兄在。'求也问：'闻斯行诸？'子曰：'闻斯行之！'赤也惑，敢问。"子曰："求也退，故进之；由也兼人，故退之。"

其实，发生在孔子身边有趣的事情很多，孔子经常会把身边的人搞蒙，同样的问题他有几个不同的答案，比如这次，子路跑来问："老师，您讲的我都听明白了，是不是就可以去做了呢？"

孔子说："你父亲兄长都还在世呢，怎么可以说听明白了就去做呢？"意思是说你怎么可以擅作主张呢？你要再问问父亲兄长才是呀！

冉有也跑来问同样的问题："老师，您讲的我听明白了，是不是就可以去做吗？"

孔子说："是啊！听明白了去做就是了。"

这一下把坐在旁边的公西华给搞糊涂了。怎么同样的问题，老师您的答案会是相反的呢？太匪夷所思了，我还是问问老师吧。

公西华疑惑不解地问道："老师，子路问您：'听明白了就可以去做吗？'您说：'还有父亲兄长呢。'冉求也问您：'听明白了就可以去做吗？'老师您却说：'听明白去做就是了。'我真是搞不明白了，他俩的问题不是相同吗？怎么会是两个截然相反的答案呢？我这里冒昧地问问。"

孔子慈祥地笑着说："冉求遇事退缩不前，所以我鼓励他主动进取，提醒他少些顾虑，增加行动力；子路性格刚强勇猛，诸事无所忌惮，所以我有意压制他一下，把事情缓下来。"这就是"因材施教"，孔子在传播学问方面手段高明，推拉俯仰间让人拨云见日，茅塞顿开。

古人家教，三岁开始教"进退"，看来三十岁也未必都能真知"进退"。

佛家讲："悟后起修。"意思是开了悟才算开始真正的修行。所以，开悟很重要。孔子告诉子路做事前先问问爸爸和哥哥；告诉冉求做事要雷厉风行，不可优柔寡断。这话说起来容易，不容易的是，要先知道弟子们各自需要什么样的指导，先知道谁该加力，谁该事缓，这个"先知道"很重要，这是真正的智慧。

跟着佛祖"先开悟"，跟着孔子"先知道"，路就不容易走错。

11.23　子畏于匡，颜渊后。子曰："吾以女为死矣。"曰："子在，回何敢死？"

故事的发生，还是那次孔子被错认为是阳货，匡地的人围着不让走。不过这一则故事是孔子和颜回的对话。那次事件中，颜回被落在了后面，孔子见没了颜回，心急如焚。后来颜回从后面赶了上来，孔子喜极而悲，在悲喜交加中，孔子说："我还以为你死了呢！"

颜回知道自己让老师跟着着急了，慌忙着赶紧安慰解释，说："老师您还在，颜回我哪儿敢死啊？"

每每读到这里，我都会泪水盈眶。师徒如父子，父子情深啊！相互牵挂，彼此惦念，提着心，牵着挂着放不下呀！

我们再回想一下，颜回死了，孔子是个什么情况？可以说是哭天抢地，悲痛欲绝，直喊着："天丧予！天丧予！"这样的人死了，谁不绝望？谁都绝望。

11.24　季子然问："仲由、冉求可谓大臣与？"子曰："吾以子为异之问，曾由与求之问。所谓大臣者，以道事君，不可则止。今由与求也，可谓具臣矣。"

曰："然则从之者与？"子曰："弑父与君，亦不从也。"

子路、冉求都做过季氏的家臣，季氏家族的一个子弟叫季子然。这个季子然认为自己家族得到了子路、冉求这样的人才，很体面，有些得意扬扬的样子，跑来问孔子："子路、冉求可以称得上大臣吗？"

孔子听到季氏家的人跑来问这样的问题，有些许意外，说："我以为您找我会问什么特殊的事特殊的人呢，原来是问子路和冉求啊。"孔子的意思是，子路、冉求是我的弟子没错，但他们眼下不都在您那里做事吗？什么水平您还不知道吗？看来孔子并不喜欢这位季子然。

不喜欢归不喜欢，孔子毕竟是圣人，人家问的问题还是要回答的。"我们通常所说的大臣，是那些能够以道义侍奉君主，如果君主听不进去就不再说了的人。如今的子路、冉求可以称得上有才能的具臣。还不是您说的大臣。"

季子然又问："那么他们能做到服从命令吗?"作为老大，手下不听指挥是个大麻烦。

孔子说："如果让他去杀他父亲、杀他的君王，他们一定不会服从这样的命令。"这句话显示，孔子是个很直率的人，用今天的话说：服从您的命令是应该的，但是如果您下的命令是让他们回家把自己父亲杀了，他们是不会干的。作为下属，忠诚很重要，但还是要义字当先。

在明朝，张居正是辅佐过三位皇帝的"首辅"，应该有资格定义什么是"大臣"了。他认为做大臣"若使君不向道，而吾之言或不从，谏或不听，则虽居官食禄亦是尸位素餐，便当引过自归，奉身而退，必不可枉道以辱其身也。盖大臣以正君为职，故志在必行；以旷职为耻，故身在必退，其道固当如此"。

张居正认为大臣要能"成就君德，表率百僚"，要规劝君王走正道，要能给百官做榜样。

张居正对"大臣"的解释是对孔子的"以道事君，不可则止"更为详尽的诠释，有体会，属于有感而发。

11.25　子路使子羔为费宰。子曰："贼夫人之子。"

子路曰："有民人焉，有社稷焉。何必读书，然后为学?"

子曰："是故恶夫佞者。"

子路和子羔两个人挺有缘分，他们一起在季氏家做家臣，后来又一起去卫国给孔悝家做家臣，用现在的话讲，就叫搭档。

在季氏家时，子路做季氏宰，他让子羔去费地做长官，孔子认为子羔学问未成，修身未就，当了费宰既不利于学问精进又影响工作，孔子就说："你这不是害了人家孩子吗?""贼"解作害。

子路连忙解释说："在费地那里，有百姓民众需要治理，有土神谷神需要祭祀，为什么一定要先读书，然后才算有学问呢?"

孔子说："就是因为你子路的狡辩，让我更加讨厌那些巧舌如簧的人。"

子羔学习时间不长，学问还没到火候，古注说"子羔学未熟悉"。能力不够就勉强去做，这是不负责任的行为。另外，子羔身材还特别矮小，只有五尺高，而孔子身高九尺六寸，孔子是有些担心他，怕子羔吃不消。

子路是大师兄，碍于面子，在众人面前不肯认错，越是这样孔子就越是不放过他，好让子路尽早改掉毛病。所以加重语气说他："是故恶夫佞者。"你子路这样狡辩多讨厌人呢。

当长者、地位高者对你提出质疑或是纠正你的时候，做到"敬而不违"是原则。"事诸父，如事父。"《里仁》篇里，孔子说："事父母几谏，见志不从，又敬不违，劳而不怨。"这是可以借鉴的。

现代心理学揭示，人与人之间真正的区别在于思维架构的不同。子路需要调整思维。

11.26　子路、曾皙、冉有、公西华侍坐。

子曰："以吾一日长乎尔，毋吾以也！居则曰：'不吾知也！'如或知尔，则何以哉？"

子路率尔而对曰："千乘之国，摄乎大国之间，加之以师旅，因之以饥馑，由也为之，比及三年，可使有勇，且知方也。"

夫子哂之。

"求，尔何如？"

对曰："方六七十，如五六十，求也为之，比及三年，可使足民。如其礼乐，以俟君子。"

"赤！尔何如？"

对曰："非曰能之，愿学焉。宗庙之事，如会同，端章甫，愿为小相焉。"

"点，尔何如？"

鼓瑟希，铿尔，舍瑟而作。对曰："异乎三子者之撰。"

子曰："何伤乎？亦各言其志也。"

曰："暮春者，春服既成，冠者五六人，童子六七人，浴乎沂，风乎舞雩，咏而归。"

夫子喟然叹曰："吾与点也！"

三子者出，曾皙后。曾皙曰："夫三子者之言何如？"

子曰："亦各言其志也已矣。"

曰："夫子何哂由也？"

曰："为国以礼，其言不让，是故哂之。"

"唯求则非邦也与？"

"安见方六七十、如五六十而非邦也者?"

"唯赤则非邦也与?"

"宗庙会同,非诸侯而何? 赤也为之小,孰能为之大?"

这一则字数最多,也最有故事性。人物、情景、情节、对话、音乐,就是一幕情景剧。

颜回已经去世了,子贡在外忙着自己的生意,这天,子路、曾皙、冉有、公西赤陪在孔子身边。孔子开口说道:"不要认为我年纪长,你们为此而拘束。平日里你们总说:'不了解我呀!'假如已经了解你们了,你们想做些什么呢?"意思是说,没人用我是由于没人了解我。孔子的意思是如果有人已经对你们了解了,想用你们,你们想干点什么呢? 你们自认为能做些什么呢?

看一个人的志向,一是看志趣方向,二是看志向大小。方向不可偏颇,志向大小恰合其宜。方向错了,这辈子可能就毁了,志向小能量无处喷发,志向过大,那叫小马拉大车,拖累自己还连累他人。所以,孔子需要考问一下,以便在此后的教学中有的放矢。

孔子话音刚落,子路抢过话头说:"假如是一个千乘之国,周围有大国威慑,又有他国军队侵扰,国内又刚遭了饥荒,要让我去治理它,只需三年,可以使百姓变得勇敢,还能深明大义。"(文中"方":大义之方,方向和原则)孔子听了微微一笑。

孔子问冉求:"冉求,你的想法呢?"

冉求回答说:"给我一个方圆六七十里或是五六十里的小国,让我去治理,也只需三年,我能够让百姓富足。至于说礼乐教化,那就等有道的君子来了。"

孔子又问公西赤:"公西赤,你怎么样?"

公西赤回答说:"不是说我有这个能力,但愿有这个机会学习吧。宗庙祭祀或是与他国会盟,我愿穿着礼服、戴着礼帽,去做个小司仪。"这里的"端章甫"的"端"是礼服,"章甫"是礼帽。"小相"是小傧相,就如现代的司仪。公西赤最善于礼仪,孔子的葬礼也正是公西赤做的司仪。

孔子又问曾点:"曾点,你怎么样?"

曾皙一边在听着老师和师兄弟们的谈话,一边还在弹着瑟。看来孔子的课堂纪律是很自由开放的。听到老师在问自己,弹奏并没有马上停下来,而是慢慢从激越中渐渐变得舒缓,最后余音散尽,结束了弹奏。这时,曾皙才把手从瑟上移开，起身来回答道："老师，我的志向不同于我那三位师兄。"

孔子说："那有什么关系呢？人各有志，也就是各自抒发一下自己的志向而已。"

曾皙这才开口说道："我想是，到了暮春三月，已经换上了春装，约上五六个朋友，再带上六七个孩子，来到沂河边，在水里好好洗个澡，站在舞雩台上沐浴和煦的春风，然后唱着歌回家。"这正是"绿荫冉冉遍天涯"，结伴来到郊外，"春草河边闲听蛙"。

孔子听完曾皙的表述，一声长叹后，说道："我赞赏曾点的志向。"我也想去春游、踏青，我也想"听蛙"。

谈话结束，大家往外走，子路、冉有、公西赤走在前面，曾皙随后。曾皙突然转过身来问老师："老师，我那三位师兄所说的怎样？"曾皙想问老师为什么会正好和自己的志向一样呢？他还想听一下老师对其他三位师兄的评价。

孔子说："无非各自谈谈自己的志向罢了。"

曾皙问："老师，您为什么笑子路呢？"

孔子说："治理国家依靠的是礼制，他说话一点也不知道谦让，所以才笑他。"

曾皙又问道："冉求说的就没把那里算作国家吧！"

孔子说："怎么见得方圆六七十里或五六十里就不算是国家呢？"

曾皙说："公西赤所说的也是没有把那里算作一个国家吧！"

孔子说："有国家祭祀、国家间会盟，这不是只有诸侯国君才能做的事吗？公西赤只想做个小司仪，谁能做大司仪呢？"

孔子问的是关于一个人的志向的事，为"君子儒"的事，您"为政以德"也好，"礼乐治国"也好，跟方圆多大和事情大小没关系，跟性质有关，都属于邦国治理，岂容随随便便。

可是，曾皙领着一帮朋友搞了个郊游，踏个青、聚个会，这怎么就成了好的志向了呢？孔子对此是赞赏有加。

这事复杂了。

我们都知道孔子的理想是以仁政治天下。难道郊游也是德治天下吗？我们先理一下孔子认为的德治天下的发展历史。

早在尧舜禹时代，古圣贤们仁德广布天下，尧帝把一整套治理理念传给舜帝，舜帝依尧帝训自然而为，无须创造创新，主政无为而治。到了周朝，承继夏商两代明君，周公制礼作乐，使国家管理精细化、系统化，但依然为政以德。

　　时间来到了春秋末年，礼崩乐坏，周天子失去统治权威，诸侯国家之间相互兼并，以郑国宰相子产为首，开始在国内实施行政和刑法管制。从此，中国社会开始了由德政到行政的转变。孔子在《论语》中对此发表了自己的见解。

　　《论语·为政》篇里孔子说："道之以政，齐之以刑，民免而无耻；道之以德，齐之以礼，有耻且格。"你法律管制，百姓们就想办法逃避制裁，于是就会变得没有羞耻心。

　　孔子认为，只有"用道德引导百姓，用礼制去教化他们，百姓不仅会有羞耻心，而且有归服之心"。这就实现了"近者悦，远者来"，百姓们追随、拥戴。

　　孔子似乎又听见了岐山凤鸣。

　　当礼乐昌盛，天下太平，百姓们安居乐业时，没有了焦虑、没有了恐惧、没有了饥色，几家朋友、街坊相约春天，带上老婆孩子来到郊外，踏个青，洗个澡，野个炊，风送花香，水浮鸳鸯，暖阳下再小酌几杯，微醺中唱上一曲，最后，伴着愉快的心情，哼着小曲儿回家。

　　礼乐梦想，大同世界。

　　说到这里，我们对老子讲的"小国寡民""鸡犬相闻，老死不相往来""治大国若烹小鲜"的治国理念，似乎有了更深的理解。

　　读到这里，《论语》过半，如果我们的脑海里出现了赵普的身影，我们是不是也会认为可以去"治天下"了？至少是治自己心里还是有谱的吧！"自立立人"，再去帮天下人都"立"了，"治天下"这事还是靠谱的。

颜渊篇第十二

本篇主要内容有修身、进德等。孔子一一回答了关于仁、君子、政事等问题，并对交际广泛的子贡说，交友要"忠告而善道之，不可则止，毋自辱焉"。

12.1　颜渊问仁。子曰："克己复礼为仁。一日克己复礼，天下归仁焉。为仁由己，而由人乎哉？"

颜渊曰："请问其目。"子曰："非礼勿视，非礼勿听，非礼勿言，非礼勿动。"

颜渊曰："回虽不敏，请事斯语矣！"

颜回问什么是仁，孔子告诉他："克制自己从而符合礼的规范就是仁。一旦能够克制自己符合礼的规范，天下人就会称赞你是仁德之人。修行仁德全在自己，关别人什么事？"

现在明白了，克己就是修行，修正自己的思维模式和行为习惯，复礼就是通过修行达到标准、依据的要求。孔子说，这样便是仁了。

"为仁由己"，其实为人也由己。西方培训课程里有句大家都比较熟悉的话：我是一切的根源。这"我是一切的根源"的根就在《论语》的"为仁由己"里。

任何事情做与不做，都在于选择，这个选择别人替代不了你，即便是你让别人替你选，前提是你让他替得你，这个"他"也是你的选择。所以说，说"我是一切的根源"没错，都是"为人由己"，只是这个"为人由己"是孔子的"为仁由己"的临摹。

这还没完，颜回接着问："请问仁的具体条目都有什么？"孔子说："非礼勿视，非礼勿听，非礼勿言，非礼勿动。"这四句话无须翻译，视、听、言、动在古人和现代人几乎没有区别。没区别地再去翻译就有点画蛇添足了。

视、听、言、动符合礼仪也是现在职场人士特别强调的。商务礼仪也好、政务礼仪也好、居家礼仪也好、民族礼仪也好，对人们的视、听、言、动都有规范要求。你做到了，就是对对方的尊重，内心里就有仁了。你克制自己的越是到位，越是符合礼，你就越是接近仁。

颜回听到这里，感叹道："颜回我虽然不算聪敏，请让我照着这个去做好了。"

现代管理课程里，也有这么一句话："听话照做。"其实，两千多年前，颜回早就做出榜样了。老师这些话颜回是听明白了，明白后颜回不是感叹老师如何伟大，老师讲如何如何好，我如何如何感动，颜回只是说："请事斯语矣。"请让我照着您说的去做好了。这是真明白。

站在巨人的肩膀上，即便你不是巨人，你也有了巨人的眼界。

孔子被公认为世界文化第一巨人。

此时，我以为，应该在"万世师表"后面再加四个字："万国师表。"

12.2　仲弓问仁。子曰："出门如见大宾，使民如承大祭。己所不欲，勿施于人。在邦无怨，在家无怨。"仲弓曰："雍虽不敏，请事斯语矣！"

我一个兄弟从英国留学回来，受那里文化的影响还是一眼就能看得出来的，穿衣言行都比较随意。一次我们一起出门，他见我衣着规整，自己短裤拖鞋，就有点不自在，开始跟我聊起这个话题，我就说了孔子的这句："出门如见大宾。"他一下就明白了。

我不知道这位仲弓是否也如我那位兄弟，他问孔子什么是仁的时候，孔子说："出门如见大宾。"出门在外要像接待外宾一样谨慎、郑重。

孔子接着说："动用民众要像承办祭祀大典一样。"然后孔子又说了全世界人民都叫好的那句："己所不欲，勿施于人。"

你想别人待你如"大宾"，你先待别人如"大宾"，你想民众很好地配合你，你要给民众足够的尊重，真正做到"己所不欲，勿施于人"，你会赢得天下人的尊敬。

孔子接着说："你在诸侯国做官也好，在采邑地做官也好，都不会招致怨恨。"这个仲弓叫冉雍，冉家二哥，比颜回大一岁，算是同龄。颜回说："回虽不敏，请事斯语矣！"冉雍也跟着说："雍虽不敏，请事斯语矣！"这个场合真是和睦融洽，这个气场真是和合融融，这个冉雍后来也真就成了七十二贤中一分子。

颜回也好，冉雍也好，这一刻的理性应该让我们看到与今人不一样的状态。没有煽情、没有激励、无须感慨、不须感谢感恩，你对老师最大的回报是你今后学问的成绩、成果。

今天的教育，家庭也好、学校也好、社会也好，讲究激励、赏识、正面、阳光等，那样把人往浮躁、轻浮、虚浮里推高的一套，在中国古时候都不被看好。

古人讲，你"克己复礼"向着"仁"的目标，做到"非礼勿视，非礼勿听，非礼勿言，非礼勿动"就好；你"己所不欲，勿施于人"就好。其分寸讲究的是"无过而无不及"。所以，那时候的人，理性而端正，体现的是中正安舒，表现在物尽其力、事尽其理、人尽其能。揠苗助长总归是愚人闹剧。

如今闹剧流行，可惜了那张吴道子的先师行教像了。

从这两则里，我们可以总结出这么一个道理，那就是，仁离不开尊重和关爱，仁是需要"请事斯语矣"的，是需要敬听遵奉，马上去行动，去践行的。

12.3　司马牛问仁。子曰："仁者，其言也讱（rèn）。"

曰："其言也讱，斯谓之仁已乎？"子曰："为之难，言之得无讱乎？"

司马牛，子姓，司马氏，名耕，字子牛，孔子的弟子（第二十九个出场），宋国人。他哥哥桓魋是宋国的司马，不喜欢孔子，还要加害孔子。桓魋在宋国搞叛乱失败，司马牛受牵连无处安身，最后跑到了鲁国。

《史记·仲尼弟子列传》记载说，司马牛"多言而躁"，话多还急躁。孔子因人施教，当司马牛问什么是仁时，孔子说："仁者说话都很迟钝。"孔子这句话是非常有针对性的。

司马牛又问："说话稳当迟缓就能算仁了吗？"

孔子说："做到仁是很难的，把它说出来怎能不谨慎迟缓些呢？"这个"讱"解作能忍则不轻易开口。

人们话多又急躁，就容易欠考虑，有意无意间就可能失言，甚至会伤着人。假如每当想说的时候忍着不说或是少说，对司马牛来说非常重要。控制着不说，少说，不急躁，情绪安稳了，心性就会慢慢好起来了，也更能接纳别人。更容易做到尊重别人、关爱别人了，时间一长，不就是一个"仁者归来"了吗?! 在司马牛这里，言语谨慎迟缓就是仁。

孔子是在用一颗仁者之心感化司马牛啊！

12.4　司马牛问君子。子曰："君子不忧不惧。"

曰："不忧不惧，斯谓之君子已乎？"子曰："内省不疚，夫何忧何惧？"

　　问完如何做个仁者了，老师让他"讱"，我估计司马牛很难一时做得到，心想，那就退其次吧，司马牛就又来问如何做个君子。孔子说："所谓君子，是能够做到不忧愁、不恐惧。"

　　司马牛又问："做到不忧愁、不恐惧就算是个君子了吗？"

　　孔子说："在反省自身的时候，内心里没有感到内疚悔恨，谁还会忧愁什么？恐惧什么？"

　　由于他哥哥在宋国搞叛乱失败，他也被人追杀，有的家人逃亡到了曹国，有的去了卫国，还有的去了晋国，一家人四散逃亡，忧愁、焦虑、恐惧是必然的。

　　但是，事情已经过去了，你不可以一直就这么放不下，反省一下自己，还有哪些不安、内疚和悔恨，该清的清，该了的了，挽个结，画个句号。

　　司马牛最大的问题是"多言而躁"，孔子告诉他说话稳当迟缓（"言也讱"）就能成为仁者。司马牛还有个严重的问题是他一天到晚地忧愁和焦虑，孔子告诉他做到了"不忧不惧"就像君子了。

　　我们能感觉到孔子的那颗大爱之心在呵护着这个受了伤的、惊恐不安的、从自己的故国逃难而来的弟子。有时，我就在想，我要是早生两千多年，孔门那三千弟子里一定也该有我的名字。

　　12.5　司马牛忧曰："人皆有兄弟，我独亡。"子夏曰："商闻之矣：死生有命，富贵在天。君子敬而无失，与人恭而有礼，四海之内，皆兄弟也。君子何患乎无兄弟也？"

　　前面我们说了，司马牛的哥哥桓魋在宋国叛乱失败，先是逃到曹国，后又逃到卫国。此事祸及全家人，兄弟几个都各自奔命，司马牛则逃到了鲁国，与兄弟们天各一方，颇感忧伤。一天他自言自语道："别人都有兄弟，唯独我没有。"

　　子夏在一旁听到了就过来安慰他说："我听过这样的话：死生有命，富贵在天。君子为人敬顺而无过失，待人谦恭而讲礼貌，不管走到哪里都会有兄弟。作为君子哪里还用担心没有兄弟呢？"子夏的意思是你司马牛都仁者君子了，怎么还担心身边没有兄弟呢？

　　这个子夏真是不简单，几句话说得真是到位，入心入肺，难怪李悝、吴起都会投到他的门下，魏文侯都尊他为师傅。

子夏心想，您刚才还问君子呢，这君子可是四海之内皆兄弟呀！

《孟子》一书中说到君子有三种快乐，第一条就是：父母俱在，兄弟无故。孟子说的："兄弟无故。"这个"故"解作意外的事情。都说兄弟没有意外是人间一乐，可司马牛赶上的是"兄弟有意外"了，很不幸。这种事搁到谁身上谁都乐不起来。

但是，如果能够做到"敬而无失，与人恭而有礼"，结交四海朋友可没问题。朋友多了，四海之内皆兄弟，自然就能快乐。

再琢磨子夏说这番话，他能站在天下、四海的高度看问题，把命、天、君子、生死、富贵的关系，用寥寥两行字就能说明白，足见此人格局之大。

世上流传着一本《子夏易传》，尽管有人证明那并非子夏所著，但是，关于玄妙深奥的"易"的书能安到他头上，说明子夏有这个实力和威望，他有这个可能写出这样的书。

12.6　子张问明。子曰："浸润之谮（zèn），肤受之愬（sù），不行焉，可谓明也已矣。浸润之谮、肤受之愬，不行焉，可谓远也已矣。"

"明"解作明察。"谮"解作诬陷。"愬"解作诽谤。子张问怎么才能做到明察。孔子说："像水一样慢慢渗透的诬陷，如皮肤一样浅表的诽谤，在你这里都行不通，你可以称得上明白人。像水一样慢慢渗透的诬陷，如皮肤一样浅表的诽谤，在你这里都行不通，你甚至可以称得上有远见卓识之人。"

明面儿上的东西，一眼就看得到，您说您也看到了，这不叫明察。别人看不到、听不见、没有察觉，您能看得到、听得见、察觉得到，这是明察，尤其是关于诬陷和诽谤，哪怕是无声无息、无影无踪的诬陷，哪怕是极其肤浅表面的、极其细微的诽谤，都逃不过您的眼睛，这是真正的明察。

诽谤、诬陷不管是什么情况都属于明知故犯的恶行，这是为着一己之私坑害别人，当属恶人。"浸润""肤受"都是手段，"浸润"是极为隐秘的手段；"肤受"是极其高明的伎俩，明眼之人决不允许在自己这里蒙混过关，从而杜绝恶性后果的发生，这就叫作远见卓识。

没能练就火眼金睛，怎么可能远见卓识？

12.7　子贡问政。子曰："足食，足兵，民信之矣。"

子贡曰："必不得已而去，于斯三者何先？"曰："去兵。"

子贡曰："必不得已而去，于斯二者何先？"曰："去食。自古皆有死，民无信不立。"

子贡是个商界奇才，同样也是谈判高手，还很会聊天，包括向孔子学习他都能比其他师兄弟更能挖掘出深处的学问来。

子贡常和政客们打交道，对治国理政也颇感兴趣。

一天，子贡向孔子请教治国之道。孔子回答说："有充足的粮食，有充实的军备，还能做到深得百姓信任。"

子贡又问："如果在必不得已的情况下，去掉一项，这三项中先去哪一项呢？"孔子毫不犹豫地说："去掉军备。"

子贡在外交、商场上常会遇到不得不进行取舍的艰难抉择，他非常清楚，在那种情况下，必须迅速做出判断，并即刻做出选择，以便尽早做出决断。所以，子贡认为剩下的两项，必有可能只得保留一项的现实情况发生。

他继续问："如果在必不得已的情况下，还要去掉一项，这两项中先去哪一项呢？"

孔子果断地说："去掉粮食。"并进一步做出解释说："自古以来，人难免一死，但是如果人民对政府没有了信任，国家将失去生存的根本。"不仅告诉子贡"为政"需要做什么，还告诉他做事的顺序，不仅告诉他做事顺序是什么，还告诉他为什么是这样一个顺序。言无不尽。

孔子认为，一个国家政治的稳定在于三个方面：生存有保障；安全有保障；官民一心，团结一致。

作为一个国家，军备没了，百姓们生活有保障，又能团结一心，即便有外敌入侵，也能众志成城，抵御外患。再惨就是吃的都没了，就像孔子和弟子们陈蔡断粮那种情形，但是不要紧，大家只要彼此信任，团结一心，困难总是可以解决的。孔子和他的弟子们最终还是渡过了难关，走出了困境。

记得 20 世纪中后期，美国钢铁大王卡耐基曾经说过这样一句话："把我所有的工厂、设备、市场、资金全部拿去，只要保留我的员工，四年后，我将仍然是一个钢铁大王。"这几句话里有一个含义：我和我员工之间的信任重过一切。

有句老话叫：留着青山在，不怕没柴烧。有信任，就留有青山一座。

据说在美国买本英文版的《论语》不难。

12.8　棘（jí）子成曰：“君子质而已矣，何以文为？”子贡曰：“惜乎！夫子之说君子也。驷不及舌。文犹质也，质犹文也。虎豹之鞟（kuò）犹犬羊之鞟。”

“鞟”解作褪了毛的皮。“棘子成”，卫国大夫，跟子贡交往比较多，他们在一起会经常探讨一些问题，切磋一下学问。

一天，棘子成说：“君子本质好不就可以了吗？为什么还要做表面的文采修饰？”

子贡解释说：“真是遗憾呀！先生您原来是如此解说君子的呀！这就如一言既出，驷马难追。外表文饰与本质，就像本质与外表文饰一样，同等重要。做个比喻，褪了毛的皮子，虎豹的皮和犬羊的皮是没有什么区别的。”这则对话有两个有意思的地方，一个是“驷不及舌”；一个是“虎豹之鞟犹犬羊之鞟”。

这“驷不及舌”的意思是，子贡认为棘子成说话太随意，张嘴就来，不过脑子，太快了，驷马难追。

一匹马拉的车跑不快，六匹马拉的车只有天子能坐，“天子驾六”嘛！不想掉脑袋就别犯傻。您驾驷马就没人能追上了。

再说这“虎豹之鞟犹犬羊之鞟”，要说还是子贡经历丰富啊！子贡企业的经营范围里一定有关于皮草的业务，他在这里拿褪了毛的皮做比喻，实在是再恰当不过了。

狗皮做褥子躺上柔软暖和，虎皮放到交椅上坐着威风霸气，但如果都把毛褪了，虎皮也好狗皮也好，做个垫子比较合适。

皮是质，毛是文，经子贡这么一比喻，谁还会说作为君子只要讲究本质就好了，无须修饰文采？

古人讲：“无质不立，无文不行。”作为君子，既要务本修行内心，又要修正行为；内心要有高尚的品德，外表还要温润如玉，举止合礼优雅，装束得当。

与君一席话，胜读十年书！“与君”比读书还重要吗？看来是的。

12.9　哀公问于有若曰：“年饥，用不足，如之何？”有若对曰：“盍（hé）彻乎？”

曰：“二，吾犹不足，如之何其彻也？”对曰：“百姓足，君孰与不足？百姓不足，君孰与足？”

有若是《论语》里出场的第一个弟子，也称有子。"盍"解作何不。"彻"是指周朝规定的十分之一的赋税比例。有一年饥荒，鲁哀公问有若："这饥荒年，用度不足，该怎么办哪？"

有若回答说："为什么不实行十分之一的税赋标准呢？"

哀公说："十分之二的税赋征收，还不够我用呢，怎么还十分之一呢？"哀公的意思是你可是孔子的弟子呀！怎么不识数呀！我征收十分之二都不够用，你还再让我减少一成。你没毛病吧？

有若回答道："老百姓富足了，做君王的怎么可能没钱花？假如老百姓不够富足，君王您怎么会富足得了呢？"鲁哀公不是数学成绩差，这根本就不是掰手指头的事儿，是智慧不足，理儿没弄明白，脑筋没转过来。看来有若至少需要给鲁哀公恶补一下治国理念和策略。

有一句话，叫作小河有水大河满。搞颠倒那会死得很难看。

鲁哀公会晕过去吗？

12.10　子张问崇德、辨惑。子曰："主忠信，徙义，崇德也。爱之欲其生，恶之欲其死；既欲其生，又欲其死，是惑也。'诚不以富，亦祇（zhǐ 通只）以异。'"

老师在讲崇德、辨惑的时候，估计子张的脑子开小差走神了，没听懂，下了课又跑来问。老师，崇德、辨惑是什么意思呀？孔子很耐心地说："以忠诚守信为主，以义为导向，这就是崇德。爱一个人就想让他好好活着，厌恶一个人巴不得他早点死。既想让他生又想让他死，这就乱了，需要辨惑。""惑"解作疑惑。孔子的意思是信守忠义就是崇德，内心价值标准不紊乱就可以辨惑。为人当崇德，做事须辨惑。

如今需要辨惑的人会很多，这个判断源自当今逐利心理的权重过大。不以义为依据、导向，就会出现"既欲其生，又欲其死"的荒唐事件。这叫价值观紊乱。

孔子还引用了《诗经》里的一句话："诚不以富，亦祇以异。"意思是："实在地说，这不是多和少的问题，也只是异类罢了。"意思是您既要他生又要他死的做法，显示您不是一个正常人，犯糊涂了，如同异类，用现在的话说，就是脑子有病了。不能一会儿说生就生，一会儿又说要死就得死，这不乱了套了吗？这属于价值观还没确定。爱就是爱，不爱就是不爱，这不是数量上的多和少的问题，根本就是性质问题。

德就在那里，崇还是不崇？惑就在那里，辨还是不辨？

儒家讲究是非分明、善恶分明、态度还要鲜明，有德必崇、有惑必辨、辨之有据，绝不做"乡愿（是非不分的人）"之人。

在这一则里，《诗经》里这句"诚不以富，亦祇以异"，有人认为古时候把竹简搞乱了，这句诗本就不该放到这里，有的书上干脆把这句删除了。现在，经咱们这么一分析，其实这句诗放在这里还是挺恰当的。

12.11　齐景公问政于孔子，孔子对曰："君君，臣臣，父父，子子。"公曰："善哉！信如君不君、臣不臣、父不父、子不子，虽有粟，吾得而食诸？"

在齐灵公突然暴毙的情形下，权臣崔杼（zhù）拥立灵公长子光继位，为齐庄公。庄公经常出入崔杼家中，不久就迷恋上崔杼的妻子棠姜，并与之私通。受此奇耻大辱的崔杼，一怒之下弑杀庄公。崔杼将庄公同父异母的年幼的弟弟杵臼扶上大位，为齐景公。崔杼弑君后，崔杼与大臣庆封之间，以及崔杼与两个儿子之间，各股势力争权夺利，经历了长达十六年的内乱，最后，在晏婴等大臣的努力下，齐国才得以结束了内乱，逐渐恢复秩序。此时，齐景公也成熟了，政治经验也丰富了，终于开始亲理朝政。

这天，景公把孔子请来，向孔子请教为政之道。孔子对景公说："君君，臣臣，父父，子子。"意思是作为君要守着君的本分，像个君的样子；臣要守着臣的本分，像个臣的样子；父亲要守着父亲的本分，像个父亲的样子；儿子要守着儿子的本分，像个儿子的样子。孔子是针对齐国那一二十年的内乱状况说这番话的。

真是一席话点醒梦中人，景公似乎开了窍，颇为感慨地说："讲得太好了！诚如国君不像个国君，臣下不像个臣下，父亲不像个父亲，儿子不像个儿子，即使有粮食，我能吃到肚子里吗？"大概是，此时的景公想起了他的祖上齐桓公，因为七十多岁高龄的齐桓公就是被活活饿死在宫中的。

宰相管仲临终前曾警告齐桓公，不可重用竖刁、易牙和开方三个小人，桓公不听。在桓公生命的最后日子里，被管仲不幸言中，他被竖刁、易牙和开方三个奸臣锁在宫中活活饿死。

　　管仲给桓公分析说：竖刁能为你自宫；易牙把自己亲生儿子煮了给你吃；开方为了你放弃自己的王位继承权。他们对自己能痛下狠手，这样的大舍，如果没有大的欲望，是做不到的。"大舍大得"，如今他已经舍过了，现在有谁挡得住他的"大得"，他们会不择手段攫取他们想要的东西。

　　齐桓公、竖刁、易牙、开方，君不君，臣不臣。景公是历历在目，刻骨铭心。

　　12.12　子曰："片言可以折狱者，其由也与！"子路无宿诺。

　　孔子批评最多的弟子是子路，但对子路的表扬也不少，子路在《论语》里的曝光次数是四十二次，位居孔门弟子里的第一名。

　　孔子有一回评价子路说："仅凭简单几句话就把案件给断了的，也就只有子路了吧！""折"解作剖析。"狱"解作争讼，意思是因争执而诉讼。"无宿诺"，没有隔夜的承诺，意思是案件绝不拖到第二天，多复杂的案件，子路都能当天做出判断，了结案件。

　　子路能够做到这一步，在于他品性忠信实在，人们不忍欺他骗他；又因为他明察善断，又有谁能欺骗得了他呢？所以，孔子说子路三言两语就能把案件弄个水落石出、真相大白，分分钟就能做出决断，判定案件。

　　孔子还感慨说："其由也与！"能做到这一步，也只有子路啦！

　　12.13　子曰："听讼，吾犹人也。必也使无讼乎。"

　　刚说完"折狱"（审判案件），这里接着说"听讼"（审理诉讼），这是古人的习惯，本末终始，先说结果，再加以证明。

　　孔子说："审理诉讼，我与其他人的理念差不多。必定是本着使人们不提起诉讼为原则。"意思是第一时间让人们反省自己的过错，并能够宽容别人的过错，争取减少争执，使其无须争讼。

　　在这种情形中，人们更多是关注自己内心的变化，追求的是"克己复礼"。西方文化讲，这里需要的是自我救赎。这样的"听讼"是为政以德的具体体现，是仁政的体现。

　　国内国外，明的暗的都希望人们多诉讼，他们可以挣更多的显性的或隐性的不关乎良心而又十分正当的钱。

孔子他老人家早有预感吗？怎么就预见到了今天的现况呢？看来孔门出不了法官、律师了，即便是出来几个，也是"箪食瓢饮在陋巷"，挣不到钱。

我的意思不是说儒学不能在司法系统推广，其实是正好相反，社会更需要有良知的司法人员。

12.14　子张问政。子曰："居之无倦，行之以忠。"

子张问老师，如何治国理政。孔子说："做官不可以厌倦、怠慢，执行命令忠诚尽职。"心存志向叫作居，实施本职叫作行。其实这"为政"的里面是有个"居而倦，行难忠"的问题。这个"倦"就是不作为，周朝的分封体制早已形成，没人能去改变，孔子只是提醒子张做官一定不可以"居其位，不谋其政"。占着茅坑不那啥。

孔子自己在教学的过程中，做到了"诲人不倦"。子张是个喜欢走极端的人，做老师的希望弟子做官也能"居之无倦"。同时孔子还说，做官要"行之以忠"，做到尽心竭力，忠于职守。

古时候，职场不忠可是大忌，人们会像扔一只破鞋一样把你扔掉。

这下场！

12.15　子曰："博学于文，约之以礼，亦可以弗畔矣夫。"

孔子说："君子广泛学习文献典籍，并用礼来约束自己，如此就不会离经叛道了。"

此内容重复。上一则里，孔子说：要"行之以忠"。如果你不忠了，那就是"离经叛道"。为了防止"离经叛道"，需要"博学于文，约之以礼"。

12.16　子曰："君子成人之美，不成人之恶；小人反是。"

我的一位朋友送给我一段话，说：想要时时有好人缘，处处能遇贵人，这需要做到三点：举手之劳一定要举；成人之美一定要成；抬一下手就能放别人过去，一定要抬。

孔子说："君子总是成全别人的美事，不会成全人家的坏事；小人会反着做。"

这里有一个问题——心理是否健康。有的人总盼别人好，有的人总怕别人好。盼人好的人，坦荡如君子，自带喜色；怕人好的人，戚戚似小人，灰头土脸。人家得好了，赞美两句，恭贺一下；人家倒霉了，表示同情，绝不落井下石。这就是"道之以德"。

好事做多了就成了好人，好人做久了就成了君子——有道君子。

还是好人常在不是?!

12.17　季康子问政于孔子。孔子对曰："政者，正也。子帅以正，孰敢不正?"

孔子那个时期，鲁国的行政大权实际操控在三桓手中，尤其季孙氏更是目无鲁君，甚至目无周天子。"八佾舞于庭"的无礼行径就是他季氏家族所为。季氏在三桓中最为强势，在鲁国是个绝对的实权人物。

孔子及其弟子周游列国十多年，声名广播，普天之下都称孔子为圣人，此时孔子回到鲁国，季氏家族自然是暗自高兴，认为有帮手了。这天，季康子向孔子请教为政之道，孔子回答道："'政'字的意思就是端正、正派。假如您行正道，做正人君子，给大家做个榜样，还有谁敢不走正道?"

孔子这话有指摘季康子"不正"之嫌。我想，但凡季康子有一点廉耻之心，听到这句话，脸一定红到耳朵根脖子以下。估计当时这些事情都有记录，为给季氏留面子，后来被子贡、曾参删了。

这时候的孔子已到古稀之年，按曾子的话讲：人之将死，其言也善。孔子的话虽说有些尖锐，但不失为逆耳良言。

12.18　季康子患盗，问于孔子。孔子对曰："苟子之不欲，虽赏之不窃。"

季康子担忧盗贼，向孔子请教。孔子回答说："假如你不贪财，即使对他们进行奖励，他们也不会盗窃。"孔子这话背后的意思是："民之为盗，生于欲心，而所以启之者上也。"是说您季康子如果没有贪心，就是给人家赏钱，人家也不会去干那偷鸡摸狗的事。

有人盗窃，那是贪心所导致，而开启他们贪心的正是地位在上的人。说白了，民间的盗窃行为源于季康子这样的官人所起的贪念。

孔子讲"安贫乐道"，"安贫"的前提是"乐道"。乐道者好礼，哪有那么多贪欲？哪里会去行窃？

上一则里孔子指出季康子行为不端，作风不正，这里又点出季康子贪欲太重，利欲误国。我们可以看到，此时的孔子真就成了直言规劝，刚直不阿的谏臣了。孔子真是希望自己的父母之邦一天天好起来。

在鲁国，"季氏窃柄，康子夺嫡"这些摆不到桌面上的事，季氏都做了。孔子的意思是礼崩乐坏就坏在国有窃柄，家有夺嫡，这才造成了世风日下，人心不古，乃至盗贼蜂起。

12.19　季康子问政于孔子曰："如杀无道，以就有道，何如？"孔子对曰："子为政，焉用杀？子欲善而民善矣。君子之德，风；小人之德，草；草上之风，必偃。"

季康子又来问政了。看来季氏还是挺敬业的。

"如果把坏人都杀了，只留下好人，这样做如何？"这是要开杀戒呀！孔子急忙劝阻道："您治理国政怎么还动用起杀戮来呢？如果您真想从善，百姓一定跟您从善。其实，君子的德行就像风一样，民众的德行就像草一样，草被风一吹一定随风而倒。""偃"解作倒下，有折服和被感化的意思。

孔子的意思是，百姓的德行全看您季大夫了，您德行好，百姓就跟着您学好；您德行有问题，百姓们德行也好不到哪儿去。

季康子一定是感到了危机，非常焦虑，所以才起了杀心。孔子赶忙制止，告诉他问题出在君上您这里。缘木求鱼、舍本逐末都不解决问题。孔子很形象地解释说，您的德行是风，完全可以控制、主导草民的行为。

道有善恶，恶者行无道，善者走有道。百姓以君道为道。季康子的道理是："良莠不剪，嘉禾不生；恶人不除，善人不现。"孔子的逻辑是您是上封，您行善百姓跟您行善，您作恶百姓随您作恶，您是这一切的根源。

我估计，这季康子回家又是一个不眠之夜。

12.20　子张问："士何如斯可谓之达矣？"子曰："何哉，尔所谓达者？"子张对曰："在邦必闻，在家必闻。"子曰："是闻也，非达也。夫达也者，质直而好义，察言而观色，虑以下人。在邦必达，在家必达。夫闻也者，色取仁而行违，居之不疑。在邦必闻，在家必闻。"

子张问孔子："老师，作为士怎样才称得上通达呢？"

孔子反问一句："你所说的通达是什么意思呢？"

子张解释道："在诸侯国做官一定要做出声望，去采邑地做官也一定要做出声望。"

孔子说："徒弟呀！你说的这是声望，不是通达。所谓通达，品质正直，追求正义，能察言观色，能自觉谦让。如此就可以在邦国通达，在采邑地也能通达。所谓有声望之人，表面上有仁德，行为上却违背仁德，还自我陶醉在所谓的仁德里。如此这样，他倒是能在邦国骗取声望，也能在采邑地骗取声望。"看来子张连概念都没搞明白。把声望和通达搞混了。

张居正描述的通达之人是这样的："以盛德所感，人皆敬爱，随其所往，无不顺利，其在邦也，则上得其君，下得其民，而达于一邦焉；其在家也，则父兄安之，宗族悦之，而达于一家焉。"这位明朝人说的话，就是比东周春秋时候的人说得容易懂，两千年的演变还是挺明显的。

人人都想做一个通达之人。说某人，到处联系，四处沟通，什么聚会都参加，什么活动都参与，什么场子都不落下，几经乔装打扮，再施花言巧语，说起来很多人都认识他，可没人买他的账，遇有事人人躲着他走。这就是孔子所说的"闻者"吧！有点道貌岸然的模样。

我们需要好好参悟一下孔子所说的"达者"的内涵。"质直而好义，察言而观色，虑以下人。"质直，质朴正直，是要我们下功夫修养的内核；好义，通俗地说叫仗义，在佛家就是慈悲，就是给人好处，占便宜的事死活都不能干；察言观色，现代人都活在自己的世界里，自卑得都不敢正眼看人家一眼，哪知他张三李四，哪管王五赵六喜怒，要么就是自大的狂妄，目空一切。

孔子的意思要察其言观其色，坦诚相待，然后和其光同其尘；虑以下人，能自觉自愿地退让谦下，怀揣一颗接纳的心，先接纳对方，再接纳周遭，最后接纳整个世界。到那时，心包万有，整个世界都是您的。

您拥有了整个世界，想去哪儿就去哪儿，通达不？

12.21 樊迟从游于舞雩之下，曰："敢问崇德、修慝（tè）、辨惑。"子曰："善哉问！先事后得，非崇德与？攻其恶，无攻人之恶，非修慝与？一朝之忿，忘其身以及其亲，非惑与？"

这个舞雩台的遗址现在还有，在山东曲阜城南沂水河北岸，这里是当年鲁国国君祭天祷雨的地方。古人相信，在这里可以更好地和天地连接，孔子在世时常带弟子们来这里游学，感悟天地。

这里，弟子们记载了樊迟在舞雩台前跟孔子的一段与德有关的对话。樊迟说："敢问老师，如何做到提升德行，消除恶念，辨别疑惑？"藏在心底里的恶念叫作"慝"。

孔子说："问得好啊！先做事再去谈论收获，这不就是提升德行的方法吗？"这是孔子回答樊迟问的"崇德"。孔子回答子张问"崇德"的说法是："主忠信，徙义。"意思是以忠诚守信为主，以义为导向。解释不一样了，但是，"先做事再去谈论收获"也正是一种义举，我们可以看作一个因材施教的例子。

樊迟在冉求手下做事，二人都是孔门弟子，彼此师兄弟，孔子的意思是你好好干，冉求亏待不了你。

冉求在执政管理上的能力和子路齐名，位列"孔门十哲"的"政事"一科，对于这位比冉求小七岁的弟子来说，只要他把工作做好了，待遇问题就不是问题，不可以把心思总放在利益得失上，这会阻碍你看清事物本有的规律。

在这里，孔子说到崇德，说要先事后得，这就像我们常说的干完活再结账，论完功再请赏。而不是先把私欲膨胀得足够大，总认为所有人都对不起他，生怕别人占了他的便宜，全然不按礼数出牌，这样的德行谁还陪他玩？这样一定会损他的德。孔子说你"先事后得"就能"崇德"，涵养德性，就能提升德行。

孔子接着说："纠正自己的毛病，不去盯着别人的问题不放，这样做不就是消除恶念吗？"消除自己内心的恶念当然要从自身做起，眼睛向外永远解决不了问题，无法修慝（消除恶念）。

孔子继续说："一时的愤怒，忘记了自身安危甚至是连累父母家人，这不就是愚蠢、糊涂吗？"理性是一个人成熟的重要标志，一时的失去理性不仅危害自身，还连累父母、牵扯家人，孔子说：这太愚蠢、太糊涂了。

孔子的大意是：别犯糊涂，努力去除自己内心的肮脏与丑陋，尽人事听天命，光明磊落，荡荡乎若君子，只待进仁。

12.22　樊迟问仁。子曰："爱人。"问知。子曰："知人。"

樊迟未达。子曰："举直错诸枉，能使枉者直。"

樊迟退，见子夏，曰："乡也吾见于夫子而问知，子曰：'举直错诸枉，能使枉者直'，何谓也？"

子夏曰："富哉言乎！舜有天下，选于众，举皋陶（gāo yáo），不仁者远矣。汤有天下，选于众，举伊尹，不仁者远矣。"

上一则里，樊迟问"崇德"，在这里樊迟接着向孔子请教怎样做才叫仁。孔子说："爱人。"樊迟又问什么叫作智。孔子说："知人。"圣人说话，历来精练而准确，尤其孔子，更是春秋笔法。

樊迟从师比较晚，加之启蒙较晚，发育也比较晚，领悟道理就显得吃力。孔子回答完了樊迟关于"仁、智"的问题，可他"未达"，没弄明白。孔子看着樊迟一脸的迷茫，就进一步给他解释，说："把品行正直的人提拔上来，放到邪恶的人上面，能使不正直的人逐渐变得正直。"这就是以仁者之心，行智者之事。樊迟作为管理团队的一分子，在季氏家做事，所做工作属于"政事"范畴，孔子是结合樊迟的工作讲这些问题的。

樊迟似乎还是没真正弄懂（"未达"）。这需要他自己去消化、吸收。

樊迟迟疑着从孔子那里出来，正好遇见子夏，子夏是一个讲传习的人，樊迟连忙向这位学问、才气都好过自己的师弟讨教："刚才我去请教老师关于怎样才算是智慧，老师告诉我说：'举直错诸枉，能使枉者直。'我还是没弄明白，这是什么意思啊？"

子夏说："这话说得寓意太深刻啦！舜帝治理天下的时候，选拔人才，选中了皋陶，那些不仁的人纷纷逃离。商汤治理天下时，选拔人才，选中了伊尹，同样，那些不仁的人也纷纷逃离。"

这里，子夏又给樊迟举了两个例子，说舜帝、商汤分别把皋陶和伊尹两位贤达之人安排到重要位置，那些个不仁者即刻逃之夭夭。告诉樊迟，这就是智者的所为，智者不需要费那么大的劲干这干那，他是四两拨千斤、纲举目张，找个真正的"直"者、"大臣"（不是具臣，是能够以道侍君的人），把他们放到高处，下面的不仁之人要么改邪归正、要么无处躲藏逃之夭夭，这就是智者所体现的行事有功。

这一则也不知是谁记录的，樊迟最后到底弄明白没有也不知道，也没个下文。

12.23　子贡问友。子曰："忠告而善道之，不可则止，毋自辱焉。"

生意场上常听人说：买卖成不成无所谓，您这个朋友我是交定了。读了《论语》才知道，感情这话的出处在子贡这儿呀！

这一则里，说的就是子贡问交友之道。孔子说："诚心劝告，好言劝导，不听就算了，不要自取其辱。"

朋友之间是要有距离的，说话是讲分寸的，办事是按谱来的，伤了情分就犯不着了，不行就得打住。

孔子讲的交友之道是中庸原则的极好体现，是交友之道的精妙论述。

不忠告是没有仁者之心，不善道是没有君子风范，如果忠告善道不接受，就立刻打住，不自取其辱，这是智者所为。

"忠告而善道"的关键在"忠"，足够的忠心和诚意，不可以掺杂任何私心杂念。坦诚面对，真诚且很讲究方法与策略地相告，此之谓"忠告而善道"。

古代有一门学问，叫止学。孔子很善此道，比如，"以道侍君，不可则止"；比如，这"忠告而善道之，不可则止"，都是当止则止的例子，恰如其分，境界至高。

12.24　曾子曰："君子以文会友，以友辅仁。"

"辅仁大学"的"辅仁"二字就出自《论语》，这可是两千多年前的曾子对我们的贡献。

曾子说："君子以文章学问结交朋友，以与朋友交往来辅助自己修养仁德。"

如今，"以文会友"的太少了，"辅仁之友"更是难得。倒是酒肉朋友和狐朋狗友不那么难找。究其原因是人世间君子都隐匿了。

会有文之友，就要先说说"文"字。"文"字最早出现在甲骨文里，属于象形文字，表现的是一个直立的人，胸前绘制有美丽的花纹，意为文身。"文"有花纹的意思，再引申出文采、文雅、文章等意思。在人类生活中，"文"的东西增加了，野、陋、粗、俗的东西就会减少，人类就更加文明，文明社会就会发展进步。

在文明进步的过程中，人们没能抓住高雅从而进入更为文明的阶段，反而跌落下来，开始在庸俗泥坑里打滚，这是个天大的遗憾。有那么一段时间里，一些人拿粗俗来攀比，靠粗鲁博取关注，这种现象实在是文明的倒退、社会的衰败、人群的堕落。

会友要"以文会友"，交友要交"辅仁之友"。让君子遍行天下，让文明之光重照大地，让我们每一天都能过上风和日丽、瓜果飘香的日子。

在本篇中，共有四个人向孔子问仁，他们是颜回、冉雍、司马牛和樊迟。最后，孔子还叮嘱曾参要"以友辅仁"。孔子对颜回说，"复礼"了，在视听言动上依礼而行了，就算仁了。孔子给冉雍讲，你为官一方，要做到"己所不欲，勿施于人。"由于司马牛"多言且躁"，孔子对他说："其言也讱。"有话烂到肚子里，刀架在脖子上（讱）也要学着憋住不说。樊迟曾三次向孔子问仁，由于樊迟从学较晚，理解力稍差点，在这里，孔子就告诉他说"爱人"。爱人就是仁。

我们都看到了，孔子回答每个人的问话，都是精思熟虑而后才说出来的，真可谓仁者之心，大慈大爱啊！

子路篇第十三

本则内容主要是弟子们请教政事及孔子关于理政思想的论述。孔子对执政者，语重心长地说："其身正，不令而行；其身不正，虽令不行。"

13.1 子路问政。子曰："先之，劳之。"请益，曰："无倦。"

子路问为政之道。孔子答道："率先垂范，吃苦耐劳。"子路一听，老师就说这几个字，这也太简单了吧！于是请孔子再多说点。孔子说："不要厌倦。"在前面，子张问政的时候，孔子就说："居之无倦。"子路问政，孔子又说"无倦"，看来春秋末年，为官者"倦"成了常态，孔子是看在眼里，急在心里，就想改变这种局面。

在这里，孔子这话说给子路，自有其对子路的针对性。子路的特点是勇敢、果断。这样的人临事应变，敢于面对。但为政之事，更要倡导风气，树立楷模，要有人带领民众践行才是，并且还能吃得了苦，受得了累。所以，孔子告诉子路要"先之，劳之"。

子路认为为政一方有那么多事情需要打理，怎么这么简略，恳请孔子多讲一些，孔子说不知疲倦。孔子的意思是移风易俗需要持之以恒，长期坚持才能产生教化的效果。子路尚勇，精气神上得快，泄得也快，孔子的回答就是针对他这一点的。

平时子路的话最多，孔子就用最少的语言回答他的问题，这样做对于子路本就有教化的作用。

13.2 仲弓为季氏宰，问政。子曰："先有司，赦小过，举贤才。"
曰："焉知贤才而举之？"曰："举尔所知。尔所不知，人其舍诸？"

"季氏宰"是季氏家的宰臣，大管家。这个职位阳货做过，子路、冉求也做过，这一任是冉雍。仲弓，是冉雍的字。在前面孔子说了，"雍也可使面南"，孔子早就断言，冉雍是能当官的，看来，今天是拿到委任状了。

听说冉雍要走马上任了，孔子非常高兴，冉雍又在第一时间跑来问政，孔子欣然答道："做行政长官要率先垂范，赦免手下的小错小过，提拔有贤德的人才。"自己先做个榜样，对周围的人不记小过，在小事上不纠缠，让贤人有施展才华的空间，这样的作为，做个好市长不成问题。

由于冉雍不够自信，孔子一连用了"先""赦""举"三个能量向前向上的字，就是要让冉雍放下顾虑，全力以赴。

仲弓说："我怎么才能辨别出谁贤德，以便把他提拔上来呢？"孔子说："提拔你了解的人。你不了解的人才，别人还能把他舍弃了不成？"意思是"天生我材必有用"，他要是金子总会发光的，你不用替他担心。

有人说21世纪人才最重要，其实任何时候人才都是最重要的因素。汉高祖如果没有萧何、张良、陈平、韩信等，他如何成就得了大汉伟业？没有郭子仪，大唐王朝的气数可能就会少上一百多年。假如刘备请不出诸葛亮；周武王没遇见姜子牙，历史就一定要重写。

13.3　子路曰："卫君待子而为政，子将奚先？"

子曰："必也正名乎！"

子路曰："有是哉，子之迂也！奚其正？"

子曰："野哉，由也！君子于其所不知，盖阙如也。名不正，则言不顺；言不顺，则事不成；事不成，则礼乐不兴；礼乐不兴，则刑罚不中；刑罚不中，则民无所错手足。故君子名之必可言也，言之必可行也。君子于其言，无所苟而已矣。"

孔子受楚昭王邀请前去楚国。孔子一行刚到楚国，昭王暴毙，孔子不得已返回到卫国。这一则里的卫君指的是卫出公。出公是灵公的孙子，因为出公的父亲蒯聩杀南子不成，出逃到了晋国，出公在祭祀的时候把自己的祖父灵公称作父亲，孔子认为错了辈分、乱了伦理，不成体统，不利于国家的治理。

这个时候，卫国乱象丛生，他们也需要孔子这样的人物出来为他们做事，于是就开始议论请孔子一事。在这样的背景之下，子路问孔子："老师，卫君出公想请您出山治理国家，您准备首先做些什么呢？"

孔子说："一定要先纠正名分称呼。"

子路说："原来是这样啊！老师您都迂阔成这样了？这名分称呼有什么好纠正的呢？"迂阔的意思不切实际。子路认为孔子提出的想法不切实际，没有意义。张嘴就说自己的老师"迂"，这是很没礼貌的、粗野的语言。从这里我们也可以看出，子路在孔子面前是很放松的，以至于有些放肆。

孔子说："粗鲁啊！仲由！君子对于自己不了解的事情，大都不随便谈论的。"孔子的意思是你子路也先去调查了解一下，一个君子在不了解事实真相的情况下，是不会随便发表言论的。

孔子接着说："混乱的名称得不到纠正，说话就不顺当；说话不顺当，事情就办不成；事情办不成，礼乐就不能振兴；礼乐不能振兴，刑罚就不能恰当公正；刑罚不能恰当公正，百姓手脚就无所适从。"逻辑一环扣一环，孔子这一通忙活，就是想让子路明白，不"正名"百姓就无所适从，生产力就得不到充分释放。不能很好地释放生产力，你还谈什么国家治理？还谈什么振兴发展？孔子说，我孔丘要是出来治国理政，就目前卫国的现况，我就是要先正名呀！

孔子继续说道："所以君子凡用一个名称，一定是名副其实，可以说得出口，说得出口的事情才好行得通。君子对于自己说出去的话，是从不苟且马虎的。""正名"这件事，在孔子认为，是卫国政局的当务之急，它是理顺关系、治理乱局的关键所在，马虎不得。

13.4　樊迟请学稼。子曰："吾不如老农。"请学为圃。曰："吾不如老圃。"

樊迟出。子曰："小人哉，樊须也！上好礼，则民莫敢不敬；上好义，则民莫敢不服；上好信，则民莫敢不用情。夫如是，则四方之民襁负其子而至矣，焉用稼？"

孔门不是职业学院、技工学校。孔子是培养君子的，让他们为政一方服务百姓的，是塑造高尚人格的，以至于修身、齐家、治国、平天下的。而樊迟从小贫穷，小的时候种过田，未拜孔子为师之前，他在季氏宰冉求那里任职。孔子回到鲁国后才拜的师。可能是听他领导冉求说孔子怎么怎么好，没具体了解可以在孔子那里能学到些什么，就晕头晕脑跑来胡乱问一通。

樊迟深施一礼，说：请问老师，这庄稼怎么种？孔子说："这方面我不如老农。"那么请问这菜怎么种？孔子说："种菜我不如老圃。"

樊迟一看这事不对劲呀！先走人回头再说吧。樊迟前脚出了门，孔子就感叹道："樊迟真是个下等小民啊！居上位的人讲究的是礼，懂得礼的人，百姓们对他没有敢不敬重的；居上位的讲义，百姓们对能讲义的人没有敢不服从的；居上位的人讲信用，百姓们对讲信用的人没有敢不真诚的。果然如此，四方百姓就会拖家带口抱着孩子前来投靠，哪里还用得着你亲自去种庄稼？"

俗话说：劳心者制人，劳力者制于人。你樊迟在季氏家做家臣，是个制人的人，该去劳心，怎么还想着种粮种菜的事呢？孔子后面一通话是要弟子们传给樊迟听的。

孔子告诉我们，当老大的，你懂礼、仗义、守信，下面的兄弟姐妹们就尊敬您、佩服您、拥戴您。您当处长局长、做老板干啥都没问题。话又说回来，您今天是老大是吧？您不懂礼，不仗义，没信用，明天您的老大还能不能当成就难说了。

13.5　子曰："诵《诗》三百，授之以政，不达；使于四方，不能专对；虽多，亦奚以为？"

《诗经》在春秋时期常被人拿来表达自己的某种主张。在《论语·阳货》中，孔子认为《诗经》可以兴、观、群、怨、事父、事君，还可以治国理政。所以孔子说："记诵《诗经》三百篇，授权给你的行政工作，却不能胜任；出使访问，又不能很好地应对。这诗您记诵的再多又有什么用呢？"孔子的意思是《诗经》是拿来用的，不是让您拿来聊天、吹牛、显摆的。孔子非常讲究"学为己"、学以致用。

其实，我们所有的学问都存在一个应用的问题。北宋宰相赵普半部《论语》治天下，那是个活学活用的高手。孔子认为记诵三百首《诗经》本就应该可以为政一方，进行国事访问能独当一面，否则，就没必要去记诵它了。

我估计那天来了个书生，那是一个让孔子着急上火的、"百无一用"的书呆子。

13.6　子曰："其身正，不令而行；其身不正，虽令不从。"

在今天，这句话无须翻译和解释，都知道是什么意思。

"身正"这一概念，张居正张大人有一段话解释得挺到位的。他说："若使伦理无不尽，言动无不谨，淫声美色不以乱其聪明，便嬖（pián bì）谀佞（yú nìng）不以惑其心志，则身正矣。"意思是假如能完全按伦理行事，言语行动谨慎小心，所见所闻不被邪恶的音乐与美色惑乱，献媚奉承不至于搅扰心志，这就可以称得上身正了。

身正与不正，在现代人看来，它需要让第三方或是后人来评判，再或者你有一个评判标准和依据，而这个标准依据必须是双方都能接受的，我们可以拿它去衡量事物。在古人，这一标准依据就是"礼"。在这里，周公制定的，孔子终身都在推行的，是周礼。

在今天，政府有公务员守则，企业有员工守则，学校有学生守则。这都是今人检查是否身正的依据和标准。

孔子说，发号施令的人一定要身正，您身正了，您的令就好使，人们就听。反之，您的令就无效，人们就不会很好地执行您的令。今天有些无聊的人，说孔子不关心百姓，说孔子一天到晚说的都是天子、诸侯、大夫如何如何，极少说老百姓。这实在是误会了孔子，孔子讲的这些有关仁者、君子、圣贤等，都是需要上层人士首先做到，再率先垂范，引领世风的，而这些只能是自上而下的作为。孔子教诲的对象是"君子儒"，极少教授"小人儒"，不讲种菜种粮。

您不能总让两院院士给农民、工人、小商小贩上课吧？您也不能说院士不为百姓服务吧？

13.7　子曰："鲁卫之政，兄弟也。"

周文王共计有十九个儿子，长子姬考，也叫伯邑考，早年去世；次子姬发，后来的周武王；三子姬鲜，就是管叔；四子姬旦，也就是周公旦；第八子姬封，就是康叔。周公的长子伯禽是鲁国的第一任国君，卫国是康叔的后人，孔子在这里所说的"兄弟"是源于文王的四子和八子，也就是周公和康叔。鲁国、卫国往上推，推到周公、康叔那里就是亲兄弟，所以，孔子才会说："鲁国、卫国的政治局势，就像亲兄弟一样相近。"

孔子所在的年代，鲁国三桓把持国政，季氏操权，大夫季氏又受家臣操控。作为卫国国君，做孙子的管爷爷叫爹，父亲流亡晋国，想回来又商量不通。孔子的意思是鲁卫这一对难兄难弟，政局类似，有些同病相怜。孔子一直在试图帮助他们走出这个困境，比如，在鲁国"堕三都"，比如，在卫国"正名"。只是时运不济，留下了遗憾。

13.8　子谓卫公子荆："善居室。始有，曰：'苟合矣。'少有，曰：'苟完矣。'富有，曰：'苟美矣。'"

《左传》记载，吴国公子季札来到卫国，接触到像卫国公子荆这样的道德君子，就说："卫国的君子很多，有这些人在，我们来到这里是不会遭遇不幸的。"君子势强，小人势弱，安全系数大，也因此，孔子周游列国，第一站到的就是卫国。

孔子对公子荆的印象也非常好。有一次，孔子讲到公子荆的一件事时说："公子荆很善于持家过日子，家里刚有一点积蓄，就说：'这就足够了。'家财稍有增加，就说：'实在是太完备了。'家里比较富裕以后，就说：'实在是太完美了。'"真是个知足常乐之人，这才叫满身的阳光正能量。

孔子曾说颜回"安贫乐道"。其实，像公子荆这样知足常乐也挺好，他们不攀比、不较劲，没有焦虑、没有恐慌、没有恐惧，自在安详。

人们说地大，可比地大的是天，比天大的是人的欲望。人的幸福感不是源于您拥有了多少，而是您的满意度，您是否容易满足。用今天的标准衡量，公子荆的幸福感爆表了。

13.9　子适卫，冉有仆。子曰："庶矣哉！"
冉有曰："既庶矣，又何加焉？"曰："富之。"
曰："既富矣，又何加焉？"曰："教之。"

这个"仆"字是驾驭车的意思。孔子去卫国，冉有驾车，到了卫国后，见人来人往好不热闹，孔子说道："这里的人真多呀！"冉有是个很有心的人，有行政管理的视野视角，还喜欢学习，一有机会就绝不放过。"老师，这人口一多，还需要做些什么呢？"孔子说："那就让百姓们富裕起来。"

冉有接着问："百姓们都富起来了，接下来还需要采取一些什么样的措施呢？"孔子说："教育他们。"这不，咱也在进行教育改革吗？尽管还不尽如人意，好在是有决心的。

管仲也曾说："仓廪（lǐn）实而知礼节，衣食足而知荣辱。"管仲的建议是让百姓们在衣食无忧的情况下抓紧时间接受教育。这和孔子的说法一致。正如今天的我们，习近平总书记提出的民族复兴真好，从文化复兴开始。所以，现在经常说要"文化自信"，这就说到根本上了。咱们有孔子、管仲这样的圣贤、先哲，您要再不自信，人家会说咱虚、不实在，要不就是没好好读《论语趣注》。

我们不能一直是"人傻钱多"。说咱人傻钱多，太伤自尊啦！

13.10　子曰："苟有用我者，期（jī）月而已可也，三年有成。"

一年当中，从一月份到来年一月份，转一圈叫期月。孔子说："如果有人用我来治理国家，只需一年我就能治理得差不多，三年就能见成效。"后来，子路、曾皙、冉有、公西华都学会了，都能做到。

13.11　子曰："'善人为邦百年，亦可以胜残去杀矣'。诚哉是言也！"

孔子说："'善人治理国家，百年以后，可以免除酷刑，没有死罪。'这话讲得实在是好啊！"

上一篇里，季康子向孔子请教治国理政时还说采用死刑手段，孔子就质疑他："子为政，焉用杀？"并且接着说了句："子欲善而民善矣！"意思是说，您要是想从善，老百姓就会跟着您一起行善事了。

我琢磨着孔子在这里又提"去杀"的事，还是冲着他季康子说的。您想治理好国家是吧？首先做一个善人，想做善人还不能着急，经过百年奋斗以后您才能够"胜残去杀"。

今天的我们也说："十年树木，百年树人。"培养人、教化人不是一蹴而就的事，人们认知的提升、意识的改变是一个漫长的过程，需要几代人的不懈努力。认识论告诉我们，认识具有反复性、无限性和上升性。我们"文革"期间用了不少酷刑，现在还有死刑，这些是威慑和惩戒，眼下还需要。等到百姓们知耻知辱、质直心正、敬天友爱，"胜残去杀"的日子就会到来的。

孔子说，做到"胜残去杀"，"善人"需要百年，我琢磨着圣人十年就够了，让我们就期待圣人出现吧。

13.12　子曰："如有王者，必世而后仁。"

古人习惯把三十年称为一世。孔子说："如果有王者出现，也必定是经历三十年而后才能看到仁政。"善人为邦百世，王者一世而后仁。我们说霸道行法制，王道兴仁政。孔子说过善人"胜残去杀"需要百年。能王者必是圣贤君子，他们德治天下三十年而后才可能见到仁政的出现。

在下前面预计是十年，孔子这里说要三十年，看来是在下着急了。

孔子期望"苟有用我者"的出现，希望"善人为邦"，期盼王者归来，行王道再见仁政。孔子是个理想主义者，他一直有个梦想，梦里还总有周公的身影，想着礼乐兴，天下平。

美国人马丁·路德·金的《我有一个梦想》的演讲，曾经激励了多少人为之奋斗。今天，我们十四亿中国人也在追逐自己的中国梦。人们常说，有梦想的人是幸福的，追逐梦想的过程是快乐的，而幸福快乐的人生是值得向往的。

13. 13　子曰："苟正其身矣，于从政乎何有？不能正其身，如正人何？"

孔子说："假如自己能够做到身正行端，再去从政有什么难的？如果自身不正，又怎么去正人呢？"孔子说过："政者，正也。"

一个人行得端做得正再去从政其实不难，这时的您，说话做事底气足，别人自然会敬畏佩服。但是，如果自己都做不到身正，您就没资格去教育人、要求人。

大唐初年，宰相魏征敢于让皇帝李世民难堪，他这样做顶多招来一顿臭骂，再不济被罢官免职，不会有性命安危之忧。"伴君如伴虎"，换了别人，可能成了老虎口中的一块肉，魏征不会，因为魏征身正心也正，他所说的、所做的一切都是为了他李家的大唐王朝，是在为大唐王朝的江山社稷着想。用今天的话说，是为大唐王朝的利益着想。他李世民难堪只是个人的事，如果他连这个道理都厘不清，也就不值得魏征出手相辅了。这其中彼此有一份信任在，是惺惺相惜。

一个辅臣心无杂念、目无旁物、直言谏诤，又恰好遇见一位明君，于是就有了千古流芳的"贞观盛世"。

13. 14　冉有退朝。子曰："何晏也？"对曰："有政。"子曰："其事也。如有政，虽不吾以，吾其与闻之。"

"晏"解作晚。冉有从季氏的早朝回来。孔子问他："今天怎么回来得这么晚呢？"冉有回答说："有政务商议。"看来冉有是在一边上班一边读书啊！属于半脱产，这在今天应该叫在职研究生。

孔子继续说："是季氏家的事情罢了。如果是鲁国有什么政务，虽然他们不听我的劝谏，但是有什么事情我还是知道的。"季氏多年专权，而冉有又在季氏家主政，冉有说早朝商议国政事务，以孔子对季氏的了解，所议事务必不是国务，只不过是为他季氏家谋私罢了。孔子说话这么自信不是没有根据的。想当年，孔子周游列国，每到一个邦国，都能"必闻其政"（《学而篇1.10》），何况这是在父母之邦的鲁国，孔子的"温、良、恭、俭、让以得之"会更能发挥作用。这可能是弟子冉有不完全了解的。

孔子曾多次劝谏季氏遵循周的礼制，季氏不以为然，这让孔子极其不满。孔子对冉有这样说，不过是想通过冉有从侧面给予季氏一些影响，使他们多做真正有利于国家的事。即便孔子的意见得不到采纳，季氏有所收敛改善也是好的。

13.15　定公问："一言而可以兴邦，有诸？"孔子对曰："言不可以若是。其几也，人之言曰：'为君难，为臣不易。'如知为君之难也，不几乎一言而兴邦乎？"

曰："一言而丧邦，有诸？"孔子对曰："言不可以若是。其几也，人之言曰：'予无乐乎为君。唯其言而莫予违也。'如其善而莫之违也，不亦善乎？如不善而莫之违也，不几乎一言而丧邦乎？"

三桓弄权的鲁国，鲁定公形同傀儡，他听说孔子开坛讲学，讲："君君、臣臣、父父、子子"，就召见孔子，向孔子请教治国方略。孔子建议他外联齐国，内振君威。之后孔子陪同定公参加与齐国的夹谷会盟，收获巨大，重振了鲁国国威，增强了定公的信心，同时还讨回了一块被齐国霸占的失地。夹谷会盟后定公封孔子为大司寇，这是孔子一生做过的最大的官职。

这一日，定公向孔子问道："如果说用一句话就能够振兴一个国家的话，这句话是什么呢？"

孔子答道："一句话不可能起到这样的作用。不过有种说法比较接近：'做君主难，做臣下的也不容易。'如果理解了做君主的难处，不就接近一句话振兴一个国家的说法了吗？"我们说理解是相互的，但孔子没那么说，只是说，假如臣下都能理解您的难处，振兴大业也就有着落了。

鲁定公又问："如果说用一句话就能使一个国家灭亡的话，这句话又是什么呢？"

孔子回答道："一句话是起不到这样的作用的。不过也有种说法比较接近，说：'我做君主的，也没什么乐趣，只是说出去的话没人敢违抗。'如果这话说得正确而又没人违抗，不也挺好的吗？如果话说得不正确又没人违抗，这种情况不就接近一句话能使一个国家灭亡吗？"您是老大，您对错都没人敢说您，您这不是盲人骑瞎马吗？掉坑里只是个时间问题。

一言兴邦，一言丧邦的说法，孔子认为有夸大的成分，但并不反对这样的说法，因为这确实有他的现实意义。作为一国的君主，谨言慎行是必要的，不可以放纵妄为。

项羽一句："富贵不归故乡，如锦衣夜行。"不仅暴露了自己的格局，还死活不听谋士范增的劝谏。这种局面就算定格了他自己和楚军的宿命。

13.16　叶公问政。子曰："近者说，远者来。"

春秋时期的蔡国是个弱国，国内乱象频发，又有大国虎视环绕，蔡国国君一时间乱了方寸，他一会儿依附吴国，一会儿又投靠晋国，外交方针、策略全乱了。

蔡昭侯受晋国唆使攻占了沈国，可是沈国是楚国的属地，属地被占，而且还是为弱小的蔡国所占，作为大国的楚国一定咽不下这口气。楚国准备攻打蔡国，蔡国求救于晋国，晋国不愿因为这件事得罪楚国。无奈，蔡国去求救已经强盛起来的吴国，吴楚因此发动了柏举之战。柏举之战只是迟滞了楚国对蔡国的攻伐，但无法挽回蔡国的灭亡。之后，吴楚都有吞并蔡国的意图，迫于压力，蔡国东迁至州来（今安徽凤台）。随着楚国的不断强大，它先后兼并了陈国和蔡国。尤其是兼并蔡国后，由于楚国地大人稀，楚人就将蔡地百姓大量南迁至楚地。

这个历史背景下，作为楚国上大夫的叶公就向孔子请教为政的方法。孔子对叶公说："要做到让境内的人民喜悦，要使远处的百姓自愿来归属。"

战争已经给百姓带来了巨大的伤痛，孔子是在尽自己的绵薄之力，为百姓减轻痛苦。孔子说，您楚国当务之急是尽快赢得本国民心，使本国民众心安。安则乐，百姓都想过安乐的日子。

努力去争取感召蔡、陈、吴等国百姓前来投靠，他们来与不来，在于服与不服，在《季氏》篇里，孔子曾给冉求说："远人不服，而不能来也。"

在《为政》篇里，"哀公问曰：'何为民服？'孔子对曰：'举直错诸枉，则民服；举枉错诸直，则民不服。'"你选用正直的人，各级官吏都能正直无邪，百姓们就服你，否则就不服。

征服人心，就能征服天下。

在今天，"近者说，远者来"。更多地体现在人才争夺上，如何做，应该是政治家、企业家经营战略的重点。只是赏房、赏车、给高薪，似乎拙劣了些。

成大事，除了做人厚道，还要做事高明。

13.17　子夏为莒（jǔ）父宰，问政。子曰："无欲速，无见小利。欲速则不达，见小利则大事不成。"

"莒父"是鲁国的一个采邑。子夏在莒父做莒父宰，回来找老师询问治政之事。孔子说："不要图快，不要只是盯着蝇头小利。图快反而难以达到目的，贪图小利就难成大事。"看小难看大，难成大事，这是规律；贪图速度，没跑到地方就掉了道了，这也是规律。此前，孔子就曾教导子夏，"无为小人儒"。

子夏不是个循规蹈矩之人，他不像颜回、曾参钻研经典、克己复礼，他更注重于经世创新，喜欢与时俱进。他收李悝、吴起为弟子，李悝成了改革家、法家，吴起成了军事家、兵家。吴起著有《吴子兵法》留传于世，与兵圣孙武并称"孙吴"。

基于此，我们推断老师孔子的孔门真传，到了子夏那里，子夏又在自己脑子里重新做了架构梳理，还加进了不少自己的感悟和心得。我们还能想到子夏应该是个急性子人，目的性强，做事坚决果断，懂谋略，通机变。但是，他可能缺乏战略眼光和大的格局。所以孔子有意在这方面引导教育，让他不要操之过急，不要贪图眼前小惠小利，失了大局。

孔子曾教育他"汝为君子儒"。鼓励子夏放眼未来，放眼天下，去成就一番大事业。

西河学派的创立是子夏一生的高光亮点。

子夏，没辜负老师的期望。

13.18　叶公语孔子曰："吾党有直躬者，其父攘羊，而子证之。"孔子曰："吾党之直者异于是。父为子隐，子为父隐，直在其中矣。"

前面叶公向孔子请教为政之道，这里是与孔子探讨做人的道理。文中"直躬"解作以直道立身行事，"攘"解作偷窃，"证"解作证明。叶公向孔子讲述了一件发生在他家乡的故事。他说："我的家乡有个为人正直的人，他父亲偷了别人家的羊，他这个做儿子的就站出来指证自己的父亲。"

孔子一听，也给叶公讲了一个发生在自己家乡的故事，说："我的家乡也有一个为人正直的人，父亲为儿子隐瞒，儿子为父亲隐瞒，他的正直就在这其中。"这故事谁都听得出来，是孔子现编的，不过道理不虚。

孔子说过："弟子，入则孝，出则悌，谨而信，泛爱众，而亲仁。行有余力，则以学文。"是说要先做人后做事，举证父亲偷人家的羊，对比孝悌来说，怎么也不应该做这样的事。儒学最讲次第顺序，比如，路边由于饥饿而躺倒两个人，一个是您亲爹，另一个是路人甲，这时您有一个烧饼，您就得把烧饼给您亲爹，因为他生您养您了，而那个路人甲既没生您也没养您，您得知道个亲疏远近。

孔子在这里说："直在其中矣。"意思是人们内心深处一定是爱自己的父亲的，一时私心升起，私欲蒙蔽，全不顾心中真情，去举报亲生父亲，而父子血亲所在，相互隐瞒才是真心所想、真情所致，这是真实的"正直"，所以，孔子说："直在其中矣。"

佛家讲的没有分别心在这里不好使，儒家不认。您父亲做错了，您私底下可以劝谏。在《孝经》里孔子讲："不爱其亲而爱他人者，谓之悖德；不敬其亲而敬他人者，谓之悖礼。"无德无礼之人在社会上没法混。

这个叶公就是《叶公好龙》里的那个叶公。《叶公好龙》的故事出自西汉文学家刘向的《新序·杂事五》，讽刺了那个只会唱高调，不切实际，败坏风气，搅乱社会秩序的叶公。在这里，讽刺寓意得到了证实，叶公还真有这个毛病。

13.19　樊迟问仁。子曰："居处恭，执事敬，与人忠。虽之夷狄，不可弃也。"

樊迟问孔子什么是仁。孔子说："所谓仁者，生活起居能够端庄有礼，办事认真恭敬，待人忠诚守信。即便是到了蛮荒偏僻的夷狄也不会放弃这些。"

儒家讲衣食足而知礼仪。樊迟从小家境贫寒，在冉求手下谋得一官半职后，通过冉求的引荐，才得以拜到孔门，向孔子学礼问道。所以，樊迟对这样的学习机会非常珍惜，务求弄懂、弄通。

这已经是樊迟第三次向孔子问仁了，第一次的时候，孔子说："仁者爱人。"

第二次孔子回答道："仁者先难而后获，可谓仁矣。"这是第三次，这对于樊迟来说很是难得。这次孔子勉励他从生活到工作，再到为人处世要做到端庄、恭敬和诚信，不管发生了什么，都不要放弃。倘若能在内心深处真正种下这些信念，这就是一个仁者。

俗话说："人穷志短，马瘦毛长。"其实人穷的时候，其志短与不短全在个人。樊迟人虽穷但志向高远，誓愿做一个孔门修为最高的仁者。

13.20 子贡问曰："何如斯可谓之士矣？"子曰："行己有耻，使于四方，不辱君命，可谓士矣。"

曰："敢问其次。"曰："宗族称孝焉，乡党称弟焉。"

曰："敢问其次。"曰："言必信，行必果，硁硁然小人哉！抑亦可以为次矣。"

曰："今之从政者何如？"子曰："噫！斗筲之人，何足算也！"

士也属于贵族，只不过是最低一级的贵族。再低也是贵族，也应该按贵族的标准去行事，按照贵族的道德规范去约束自己。

一天，子贡突然对什么样的人才算得上士感兴趣，就过来问孔子："老师，怎么做才算得上士呢？"

孔子说："做事时有羞耻心，出使他国能不辱君命，这样可称得上士。"孔子认为作为士，首先要考虑出来做事才对，做事要"行己有耻，使于四方，不辱君命"。这都是最基本的要求：存一颗羞耻心，并做到工作称职。

子贡又问："我冒昧地请问，次一等的是什么样呢？"

孔子说："宗族里称他是孝子，街坊邻居称赞他友爱兄弟。"这次一等的士就不说在外面"不辱君命"了，在家里是一定能够力行孝悌之道的。最基本的要求是：孝悌有道。

子贡问："老师，我再冒昧地请问，再其次呢？"

孔子说："说话诚信，办事果断，固执得像不懂权变的小人物啊！不过也能算是最次一等的士了。"在孔子眼里，"言必信，行必果"是做人做事最起码的要求。

原先，说谁"言必信，行必果"还以为这人多么君子呢，原来近乎一个小人。

子贡最后又问，说："老师，现在这些执政的人怎么样？"

孔子感叹道："噫！都是些见识狭小的人，他们哪里排得上啊！"孔子对时下的现状是失望至极了。

"言必信，行必果"，本想做一回君子的吧！结果，让孔子这么一说，更像小人。

13.21　子曰："不得中行而与之，必也狂狷（juàn）乎！狂者进取，狷者有所不为也。"

狂者，志在兼济，锐意进取；狷者，独善其身，有所不为。中国历史上魏晋时期的"竹林七贤"是一组代表人物，他们饮酒、清谈、纵情山水，不滞于物，不拘于礼，狂放不羁，算是"狂狷"吧。

孔子说："如果不得与中庸者为伍，一定结交那些狂和狷两类人物。我欣赏狂者的进取和狷者的有所不为。"中行者就是中道而行之人，他们资质甚高，精进好学，能无过无不及。

孔子做事，历来活络变通，讲权变，应时就事。假如"中"不行，是吧？那就求其次，狂狷可以吧？

古人解释狂是有志者，狷是有守者。中行之人具有极高的觉知力和很好的修为。能直道中行，这等境界的人极少，退其次就是狂狷之士，万不可做个平庸之辈，或是与平庸为伍。

13.22　子曰："南人有言曰：'人而无恒，不可以作巫医。'善夫！"
"不恒其德，或承之羞。"子曰："不占而已矣。"

这个"南人"指南国之人，我们俗称的南方人。"恒"解作长久。"巫"在古代是替众人与天地沟通的人。

孔子说："南方人常说一句话：'人没有恒心，不可以做巫师和医生。'这话说得太好了！"作为巫师，没有恒心就是用心不诚，天地鬼神是不会接纳他的。

我们说："病来如山倒，病去如抽丝。"对于病人，治疗与康复是一个漫长的过程，医生在治病救人的时候，内无恒心，怎么能治得好病？

《易经·恒卦》里也讲："不持守德行，或会受到羞辱。"孔子说："恒卦里的这句话是说，没有恒心的人就不用占卜了。"不恒其德，鬼神不认，占卜何用？人道是："君子恒其德，则可以为圣贤；圣人久其道，则可以化天下。"

可以化天下就能化春风，能化春风就能借东风。咱就说诸葛亮借东风，先要筑九尺高的七星台，要插二十八面星宿旗、六十四面卦旗，安排一百二十名护旗手，他诸葛孔明要守着这七星台三天三夜做法事。诸葛亮要是坚持不住，周瑜还不得刨他的卧龙岗？拆了他的诸葛庐？

后人有诗赞孔明："七星坛上卧龙登，一夜东风江水腾。不是孔明施妙计，周郎安得逞才能？"

13.23 子曰："君子和而不同，小人同而不和。"

孔子说："君子讲和谐而不求等同，小人求等同却不讲和谐。"

张居正解释说："和，是以道相济，而心无乖戾（别扭）。同，是以私相徇，而务为雷同。""和"是在道的层面相互帮助，"和"的是心，内心的感受是自在安舒。"同"是同外在、同表面，是务求雷同以达至私利的获取、私欲的满足。

孔子曾说"君子易事而难说也（与君子共事容易，取悦他就难了）""小人难事而易说也"，其原因就在于"君子和而不同，小人同而不和"。

君子独立思考，有独立的人格，小人没有。台湾漫画家蔡志忠先生就特别重视"独立思考和判断"，他认为没有独立思考和独立判断就只会盲从，盲从之人即难成熟也难成事，而独立思考和判断正是有独立人格者的表现。

在与君子交往中，不用刻意求同，而是要在道的层面与之和谐相处，讲究彼此心通。当然，君子难遇。至于小人，一是不做小人；二是不与小人纠缠。"小人长戚戚"，你与小人纠缠？那还不戚戚死你呀？！

13.24 子贡问曰："乡人皆好之，何如？"子曰："未可也。"

"乡人皆恶之，何如？"子曰："未可也。不如乡人之善者好之，其不善者恶之。"

子贡问孔子："老师，乡里人都喜欢他，这人怎么样？我是不是就可以认为他是好人了？"孔子说："还不可以。"

子贡说："乡里人都讨厌他，这人怎么样？我是不是就可以认为他就是坏人了？"

孔子说："也不可以。不如乡里的好人喜欢他，而坏人都讨厌他。这时候你再下结论，说他是好人就可以了。"好人坏人的评判，除了有标准，还讲究方式方法。乡里人有善有恶，先要把他们乡里的善恶之人分别找出来，善人讨厌的不一定都是坏人，不善之人喜欢的也不都是坏人。只有善人喜欢，而不善的人又讨厌的人，那一定是好人。这个逻辑搞清楚了，事实也就清楚了，再做判断就容易多了。

类似这样的伦理逻辑关系，孔子还说了："其父攘羊""父为子隐，子为父隐，直在其中矣。"还有君臣之间，孔子说："君事臣以礼，臣事君以忠。"从这个层面讲，儒家是要推行伦理治政的，伦理理顺了，理政就容易了。

福耀玻璃集团的老板曹德旺在对比中西方文化时说：西方讲民主平等，中国人讲谦恭孝敬，曹总这么做了，被村里的恶人欺负，跑出来做生意，现在，包括企业一线员工都喜欢他。照孔子的逻辑，曹总就是个好人。

我们细想，赵普他能半部《论语》治天下，还真就不是随口那么一说。

13.25　子曰："君子易事而难说也：说之不以道，不说也；及其使人也，器之。小人难事而易说也：说之虽不以道，说也；及其使人也，求备焉。"

孔子说："在君子手下做事容易，想取悦他就很难。不走正道去取悦他，他是不会高兴的；君子用人时，都是量才而用。在小人手下做事很难，想取悦他倒是很容易。即便用不正当的手段去取悦他，他也会很高兴；小人在用人时，总是求全责备。"

孔子教人，是因材施教。孔子说：君子用人，因材施用（"器之"）。小人没整明白，用人的时候，不知人有长短差异，求全责备，怎么用怎么不顺手。

在君子手下做事，把事情做好就是了，不用去拍马屁讨好他。可是在小人手下做事，不得已的时候拍两下马屁也是自保手段。但是，拍不好就可能让马踢着。

通过这一则的学习，一定要搞清楚自己侍奉的是君子还是小人，分清以后，抓紧时间做出决断，制定好自己与之相处的策略，别让马踢着还不知道为啥。即便知道为啥，也不能算您工伤。

看《三国演义》，里面总有人说："良禽择木而栖，贤臣择主而事。"追随君子，死而无憾；躲着小人走，会少很多风雨和坎坷。

13.26　子曰："君子泰而不骄，小人骄而不泰。"

孔子说："君子泰然安详而不骄纵，小人骄纵而不泰然。"

曾子在他的《大学》里讲："富润屋，德润身，心广体胖，故君子必诚其意。"君子意诚，故而有德可滋润身心，时时中正安舒，往往泰然自若，安详自在。君子遇事宽容忍让，从不纠结，也从不骄纵傲慢。小人的做法正相反。

君子不存私心，不谋私利，坦然处世，能够泰然自若。我们今天讲养生，都知道应该养心，到底养个什么心？这里的答案是：君子心。养一颗君子心，就能延年益寿。

君泰则国泰，国泰则民安。咱老百姓盼的就是这样的好日子。

13.27　子曰："刚、毅、木、讷，近仁。"

孔子说："刚强、果断、质朴、谨言，如此就很接近仁了。"

刚才说的是君子小人，现在孔子讲仁者。我们可以认为，仁者的修行细目有四点：刚强、果断、质朴、谨言。

刚强者不被欲望牵引；果断者坚决而不犹豫，体现出做人做事的信心和勇气；质朴是朴实无华、素朴而淳厚；谨言者出言谨慎，迟缓舒泰。做到这四点，尽管还未达至仁者，但已经接近仁者了。

"近"字，我们更可以理解成一个动态的词——接近、靠近，是一个过程、趋势。可以解释为："您刚强、果断、质朴、谨言，您就会一天天接近，并将要成为一个仁者。"

在孔子的心目中，圣人、仁者、君子、恒者、小人，有这么一个次第顺序。所以孔子曾说过："圣人，吾不得而见之矣！得见君子者斯可矣。"其实，孔子在世时，世人就已经称孔子为圣人了。

13.28　子路问曰："何如斯可谓之士矣？"子曰："切切偲偲，怡怡如也，可谓士矣。朋友切切偲偲，兄弟怡怡。"

前一则里，子贡已经问过了"何如斯可谓之士矣?"孔子回答说："行己有耻，使于四方，不辱君命，可谓士矣。"

这里，子路也问"何如斯可谓之士矣?"怎么做才算作士呢?

孔子说："相互勉励监督，和睦相处，这样就可以称得上士了。""切切"解作情义恳切。"偲偲"解作相互勉励监督。"切切偲偲"就是切磋勉励的意思。"怡怡"解作和悦恭顺的样子。

孔子接着说："朋友间应互相勉励督促，兄弟间应和睦相处。"孔子的意思士的特质是为人中正、随和、温良，显得有涵养，绝不拒人千里之外。

朋友间要注重义，兄弟间则注重情，通俗点讲士之间就是朋友哥们儿关系。用今天的话说就是，能很好地和兄弟朋友相处的人就可以称作士。

《战国策》里有一句："士为知己者死，女为悦己者容。"是说士为报知遇之恩，不惜付出生命，可以赴汤蹈火。所以，我们说拜师投圣贤君子之门，交朋友寻知己情义之士。

13.29　子曰："善人教民七年，亦可以即戎矣。"

孔子说："善人教化人民七年，就可以带领他们上战场了。"

我们知道，如今参军在新兵连要训练三个月，三个月后正式编入作战连队，就可以上战场了。

为什么生活在春秋时期的孔子却说要七年才能上战场呢? 朱熹解释说："教民者，教之孝悌忠信之行，务农讲武之法。民知亲其上，死其长，故可以即戎。"让朱老夫子这么一说内容可就多了去了，在新兵连可是学不完的能耐、干不完的活。

朱熹说，这七年要教怎么做到孝、悌、忠、信，还要学习种地、练武、演兵法，还要做到尊重、敬爱上级长官，甚至为他们牺牲生命。到这种程度孔子才认为可以上战场了。不用孔子说，这样的军队到了战场一定是战无不胜，攻无不克。

曾国藩带领湘军鏖战洪秀全的太平军时，在湘军里就有这么一条军规：长官战死，士兵就地解散。这则军规的解读是：你连你的长官都保护不好，还能指望你保卫国家吗?

一个团队如果依据这样的规定，教化到这个程度，做起事来怎能不旗开得胜、马到成功?

前面孔子引用了上古之人的说法："善人为邦百年，亦可以胜残去杀矣。"这个"善人"为邦需百年，教民只需七年。

我们要问，去哪儿找这个"善人"？《管子》中有："善人者，人亦善之。"你对他好，人家也对你好。管仲的意思是待人善就是善人。《道德经》里说："天道无亲，常与善人。"意思是上天不分亲疏远近，经常眷顾善于顺应天道的人。老子的意思是顺天道就是善人。《论语·述而》："善人，吾不得而见之矣，得见有恒者，斯可矣。"北宋大儒邢昺（bǐng）对孔子的注解是："善人，即君子也。"

看来，我们还是依着邢昺对孔子的解释吧，靠谱。孔子认为治理一个国家还是要找一位君子出马才行。

13.30　子曰："以不教民战，是谓弃之。"

孔子刚说过："善人教民七年，亦可以即戎矣。"看来还是有人没听进去。因此，孔子加重语气说："国民不经教育训练就被派上战场，这等于是把他们抛弃了。"

孙子后来悟到："兵者，国之大事，死生之地，存亡之道，不可不察也。"战争这件事，在国家层面讲都是大事，关乎生死存亡的大事，不对国民做充分的教育训练，不把他们变成真正的战士，就草率地将他们投入战场上，就是让他们去送死，就是对战士的抛弃。

在企业的管理中也同样存在"不教民战"的情况。没有经过严格的培养训练，没有通过考核，就草率安排上岗工作，出了问题就惩戒、处理，这都是极不负责任的行为，万万不可取。这和孔子说的"不教而杀谓之虐"是一个道理。

宪问篇第十四

　　本篇主要内容是人物评论、、其中有孔门弟子，以及其他政治人物。孔子在本篇里告诉我们，君子之道包括：仁者不忧，智者不惑，勇者不惧。

　　14.1　宪问耻。子曰："邦有道，谷；邦无道，谷，耻也。"
　　"克、伐、怨、欲不行焉，可以为仁矣？"子曰："可以为难矣，仁则吾不知也。"

　　古人习惯称自己的名，称别人则称字或者号，以示尊重。"宪"是指原宪，名宪，字子思。原宪向孔子请教什么是耻辱。孔子说："国家政治清明，你做官拿俸禄没什么；国家政治昏暗，你再做官拿俸禄就是可耻。"
　　原宪又问："老师，没有逞强、自夸、怨恨、贪欲等四种缺点，可以称得上仁吗？"孔子说："这样可以称得上难能可贵，是否称得上仁，我就不知道了。"
　　孔子认为，"邦国有道，明君在上，顺从听命，劳而无怨。邦国无道，上无明君，则避世隐匿"。孔子认为最耻辱的一件事就是国家政治昏暗，又没有一个好的领导，你还做着高官领着优厚的俸禄。所以，孔子尽管说某些隐士是"禽兽"，但不反对"避世"，甚至自己也想去"乘桴浮于海"，划个小船周游世界，或到夷地"居陋"，开拓蛮荒、教化蒙昧。
　　孔子认为不逞强自夸，没有怨恨贪欲，不容易做到，这是难能可贵的。今天的我们，在说到自己、自己的家人、自己的团队、企业，通常都是夸大吹嘘、极尽粉饰，甚至无中生有、弄虚作假。其实，一般听者也好、客户也好、大众也好，很少去相信你对自己的评价，即便是来个第三者为你站台，也有当托儿的嫌疑。未来企业的说服力就是企业自身；未来产品的说服力就是产品本身。

　　14.2　子曰："士而怀居，不足以为士矣。"

　　前些日子，子张、子贡、子路都问怎样做才可以称作士，这几天孔子一直琢磨关于士的事。这天，孔子说："作为一个士，如果贪恋生活安逸，就不足以称士。"因为为士者其志在立世、功成，绝不应该贪求生活安逸、物质享受。
　　阳明先生的偶像有伏波将军马援、大英雄于谦等，所以他睁眼闭眼都有高大威武的英雄站在面前，他不可以懈怠，没有时间闲适。如果你一天到晚搞个"娘炮"在眼前晃悠，那是对像阳明先生那样的志士的侮辱。所以有的时候很多人认为很委屈的事，阳明先生心甘情愿去做，因为志在立功。正因为如此，不贪图安逸，阳明先生一步步走向贤士，收获了人生三不朽——立德、立功、立言。

14.3　子曰："邦有道，危言危行；邦无道，危行言孙。"

这里的"危"字解作正。孔子说："国家政治清明，正直地说话，正直地做人；国家政治昏暗，还要正直地做人，但说话要谨慎。"常言道："君子不立危（高）墙之下，菩萨不涉险难之处。"不管政治多么昏暗，做人都要正直，否则谁都可以找你麻烦；说话要谨慎，否则就可能招致政治陷害。

五代十国时期，有个叫冯道的人，人称"官场不倒翁"，做过五朝宰相，先是效力于燕王刘守光，历仕后唐、后晋、后汉、后周四朝，侍奉过十位皇帝，其间还向辽太宗称臣，做的还都是大官，什么将相、三公、三师。

我们儒家的传统思想认为"忠臣不事二主"，所以冯道没少挨骂。欧阳修骂他："不知廉耻"，司马光更把他说成"奸臣之尤"。但他能事亲济民、提携贤良，还历时二十二年刻印儒学《九经》。

冯道的个人修养也可圈可点，比如此人从不说假话。有一次，一个叫胡饶的借酒骂他，他丝毫也不生气，说："胡饶为人不善，以后自有报应，我有什么可怒的。"

怀瑾大师评价冯道说："在五代这八十余年大乱中，他对于保存中国文化、保留国家的元气，都有不可磨灭的功绩。为了顾全大局，背上了千秋的罪名。"

冯道写的一首诗《天道》也能显示他某些方面的过人之处。"穷达皆由命，何劳发叹声。但知行好事，莫要问前程。冬去冰须泮，春来草自生。请君观此理，天道甚分明。"我们今天总说："但行善事，莫问前程。"出处就在冯道这首诗里。能够"但行善事"，无论多么的凄风惨雨，至少在冯道这里，我们看到的都是不错的"前程"。倘若没有这些，他冯道纵然有九条命也是枉然。

其实，我们说，功是功，过归过，骂的是他的无耻，颂的是他的功绩，论的是是非公道。还是好人一生平安！

14.4　子曰："有德者必有言，有言者不必有德；仁者必有勇，勇者不必有仁。"

孔子说："有道德的人一定能说出有道理的话，能将话说得有道理不一定有道德；有仁德的人一定勇敢，勇敢的人不一定有仁德。"有德之人，其心善，他说话一定善；其心通达，他说话一定通情达理。

我们说：崇其德，信其言。言行不一在现实当中是有的，"有言者不必有德"，我们与人为善，但我们也不能总被人骗、被人愚弄。就像佛家讲的"不可有分别心，但不能无分别智"。

呼啸山林的强盗，勇猛异常，可他们怎么也不能说是仁者，所以"勇者不必有仁"。但是，仁者自有大勇，孔子在面对匡人的围攻和宋人桓魋武力威胁的时候，所表现出来的就是仁者的大勇。

此时无德不言语，此处不仁莫逞勇。

14.5　南宫适（kuò）问于孔子曰："羿（yì）善射，奡（ào）荡舟，俱不得其死。然禹、稷躬稼，而有天下。"夫子不答。南宫适出。子曰："君子哉若人！尚德哉若人！"

"弈"是夏朝有穷氏的酋长，善于射箭。由于弈沉湎于打猎，后来为亲信寒浞（zhuó）所杀。寒浞有个儿子叫奡，相传奡是个大力士。《左传》记载说："奡多力，能陆地行舟。"能陆地行舟，力大无穷。"禹"就是大禹，夏后氏部落领袖，由于治水有功，舜帝死后由大禹担任部落联盟首领。"稷"在尧舜时代做过负责农业的官，善于耕种，周人就是他的后代。

一天，南宫适向孔子问道："弈善于射箭，奡力大能旱地荡舟，后来都不得好死。大禹和后稷都从事与种植有关的农事，却得到了天下。这里面的道理是什么呢？"

孔子沉默了很久没有回答。南宫适走后，孔子看着他远去的背影，感叹道："这个人真是君子啊！这是个崇尚道德的人啊！"值得赞扬的，孔子也决不吝惜赞美之词。

春秋末年，诸侯相互兼并，社会普遍尚力不尚德，南宫适举例弈和奡都是勇力无比，但都不得善终。又讲大禹、后稷从事农事，最后拥有天下，他是看出了社会的大弊端、大问题。所以，孔子感叹这位弟子"尚德哉若人！"

中原地区最适宜于农业耕种，南宫适看出来了，孔子也心知肚明。至今咱们的国家战略还都把中原地区视为农业生产基地。

做企业，也需要有南宫适这样的明眼人。

14.6　子曰："君子而不仁者有矣夫，未有小人而仁者也。"

孔子说："在这个世界上，君子偶尔做出不仁的事情是会有的，但是不会有小人具备仁德素养。"君子偶有出状况，做出不仁的事情是可以理解的，小人具有仁德素养，那他就不是小人了。

仁德之心纯乎天理，在一个无私的境界，没有人欲私利的遮蔽，心性纯然光明。而小人之心久被物欲熏染，行险侥幸，绝无仁德素养可言。现实生活中，小人偶尔发发善心是有的，但这善心的一时闪现绝不代表他具有了仁德的素养。

观人识物，不走瞎路。

14.7　子曰："爱之，能勿劳乎？忠焉，能勿诲乎？"

孔子说："爱他，能不让他操劳吗？忠于他，能不给他劝告谏言吗？"

如今有些家长对待孩子，既不让他操心也不让他操劳，以至于出现了大量的低能力、低情商的孩子。他们不会打理自己的生活，不会安排自己的工作，没有自主、自决力，不能独立思考判断，不敢闯荡社会。做父母的害怕这个、担心那个，还口口声声说这是对孩子的爱，其实这是对孩子最大的压制。

古人是在孩子三岁以后就要让他们"洒扫、应对、进退"的，这个"洒扫"就是让三岁的孩子在家里干一些简单的家务，从小培养孩子的劳动意识。记得我父亲在我七岁的时候就骂我这也不会那也不会，说邻居家的妹妹五岁什么都会干，炒菜做饭，打扫卫生，照顾卧床的母亲，要我向那个妹妹学习。于是我八岁就学会了蒸馒头，十岁学会擀面条，以至于长大后自信爆表，自己砸自己的铁饭碗，在20世纪90年代初的时候就辞职下海。那会儿，我就是不相信自己会被饿死。

如果，您作为一级老大，您若真是爱您的兵，您一定是在他上战场前"劳其筋骨，饿其体肤"，让他战前多流汗，战时少流血。

如果，您想做一个好战士、好员工，真是忠于您老板，不做孬种、叛徒，您一定是在看到有问题出现的时候直言相告、真诚劝谏，决不允许不好的事情发生。您不会允许您的老大、你们团队的损害、损伤、损失在您眼前发生，否则，除非您的忠诚里掺有杂质，忠诚得不够纯洁。

明白人都知道，要么我忠于您，要么我离开您。

14.8　子曰："为命，裨谌（bì chén）草创之，世叔讨论之，行人子羽修饰之，东里子产润色之。"

"裨谌"，郑国大夫，非常贤能，善于谋划。"世叔"，郑定公时为卿，是子产的继任者。"行人"是指执掌出使的官员。"子羽"是郑国的大夫。"子产"，一位贤良的郑国宰相。孔子还曾前往郑国向子产请教治国之道。

看来孔子在郑国不仅向子产请教治国之道，还拜见过不少其他人士，了解了不少郑国的国情以及他们办公的流程和方法。所以，孔子说："郑国所发出的外交辞令，先由裨谌起草，经由世叔研究提出修改意见，再经由使臣子羽修饰，最后交给子产进行润色。"整个工作流程完整、严谨、全面，为最终结果的完美无缺提供了保障。这一看就是内行所为。

20世纪80年代中期，我有幸参加了衡广（衡阳到广州）铁路复线建设，参与了有关复线建设经验书籍的写作。经由我起草的纪实报告有四五篇，我起草的稿子送处宣传科科长修改，处宣传科科长修改过后，我再拿去给局宣传部部长，局宣传部部长审阅修改后，再由我送往铁道部在衡广复线设立的指挥部（韶关），给一位政治部副主任，由这位副主任最终审阅、修改、定稿。在那期间，我收获颇丰，成长很快。

14.9　或问子产。子曰："惠人也。"
问子西。曰："彼哉，彼哉！"
问管仲。曰："人也。夺伯氏骈邑三百，饭疏食，没齿无怨言。"

"子产、子西、管仲"，分别是郑国、楚国、齐国在春秋时期的宰相，都为各自的国家做出过杰出的贡献，也都在中国历史上留下了光辉的一页。

有人问孔子，子产是个什么样的人。孔子说："是个宽厚慈惠的人。"孔子认为"惠而不费"是治国的极高境界。费不费的先不说，子产是让老百姓得到实惠了。

又问子西。孔子说："他呀！他呀！"只有情感流露，没有具体评价。

又有人问孔子，管仲这人怎么样。孔子说："是个人才。他曾剥夺了大夫伯氏的采邑骈邑，以致伯氏只能吃粗粮，但到死伯氏对管仲都没怨言。这很难得。"这证明伯氏对管仲心服口服。即便是现如今，能让人心服口服，他的事业、口碑也差不到哪儿去。

孔子对子产、管仲的评价都很清楚了。可为什么轮到对子西评价时是这么个情况呢？子西在楚国兵败吴国后，能迅速帮助楚国复兴，并因此被昭王封为令尹（宰相），这是子西能力使然。但是，由于子西阻止楚王赠予孔子封地，使孔子错失了帮助楚王施行德政的有利时机。在有人问起子西时，孔子说："他呀！他呀！"应该是孔子想起了楚昭王赠封地那档子事，深感遗憾。

14. 10　子曰："贫而无怨难，富而无骄易。"

孔子说："贫穷还能做到无怨言很难，富有能够不骄傲就容易些。"我奶奶总说的一句话："贫穷呱嗒嘴儿。"意思是嘴贫话多是穷命。提醒家人少贫嘴、慎言语。

当今社会贫富差距越来越大，仇富的人越来越多，仇富现象越来越严重。贫穷人群本来接受教育就少，要消除怨气就更难了。富裕以后条件好了，见识多了，接受教育培训的机会多了，观念会更容易改善，改变他们骄横傲慢的言行相对来说就更有机会。孔子就曾经对冉有说，治理一个国家，先要"富之"而后"教之"。孔子的意思是贫生怨，您让他先富，富生了骄，您再教育他，教他谦虚。"到最后，把他们集合起来都交给我孔丘，因为我是搞教育的，我诲人不倦。"

所以我们说孔子的话很现实，即便是在今天也极具现实意义。

孔子曾说："闻有国有家者，不患寡而患不均，不患贫而患不安。盖均无贫，和无寡，安无倾。"贫遇富产生的痛苦所带来的不安有时是强烈的，而这不均的贫富原因更多的是体制的问题，源于社会结构的不合理；不安源于个人文化修养和内心的欲念。比如，有人总结说：儒学让人拿得起；佛学让人放得下；道学让人想得开。假如文化修养上去了，拿得起，也放得下，还想得开，怎么会不安呢？

收拾好心情，打起十二分精神，得先让自个富起来。

14.11　子曰："孟公绰为赵、魏老则优，不可以为滕、薛大夫。"

"孟公绰"是孔子尊敬的一位鲁国大夫，有记载说他做人不贪。"赵、魏"是晋国的两位卿大夫，实力非常强，后来的三家（赵、魏、韩）分晋中的"赵、魏"两家，就成了赵、魏两国。这东周末年的战国就始自三家分晋。战国初期，首先开始变革并强盛起来的就是魏国。

这里的"老"字是指家臣，"优"字是优裕、有余力的意思。"滕、薛"是当时的两个小国家，都在今天的山东境内，实力上比当时的"赵、魏"两家卿大夫都弱小。

孔子说："孟公绰如果到晋国的赵、魏两个卿大夫家里做家臣，能力上绰绰有余，可是去滕、薛那两个小国做大夫就难以胜任了。"孔子的意思是做个家臣带领大伙干活、做具体事还可以。打工身份，孟公绰绝对能够胜任。但是做大夫，在一国主政国事，即便是再小的国家，内政外交，上事国君，下使百姓，军事、祭祀、政治、外交、民生、教化事无巨细都要做好，孟公绰的能力难以胜任。

在这里，孔子首先告诉我们，岗位对人才是有要求的。同时，孔子告诉我们识人用人，一定要根据他的才能大小，是栋梁之材就做栋梁，是砖瓦之材就做砖瓦好了。讲究的是人尽其才。

诸葛亮用马谡就是用人的失败。马谡的才干做个军师、谋士什么的，没问题。诸葛亮让他带兵打仗当将军，这就是诸葛亮用人的败笔。最后失了街亭，误了战机，劳军伤财不说，还搭上了马谡的卿卿性命。孔明啊！孔明！

14.12　子路问成人。子曰："若臧武仲之知，公绰之不欲，卞庄子之勇，冉求之艺，文之以礼乐，亦可以为成人矣。"曰："今之成人者何必然？见利思义，见危授命，久要不忘平生之言，亦可以为成人矣。"

"臧武仲"是臧文仲之孙，鲁国的大夫。卞庄子是鲁国卞邑的大夫。子路问孔子什么样的人才算是完人。"成人"解作完人。孔子说："像臧武仲那样有智慧，孟公绰那样不贪，卞庄子那样勇敢，冉求那样多才多艺，再学一些礼乐，改变一下气质，这就可以称作完人了。"

孔子又接着说："当然，今天的完人又何必一定这样呢？能够在遇到利益的时候先想到道义，遇到危难时肯舍出性命，不管到什么时候，多么艰难都不忘平生所立的誓言，这样的人也可以称作完人。"

子路向孔子请教完美之人的标准，孔子先是拿人物的特质来说明，在智勇和私欲、才艺和礼乐修养方面，找出如臧武仲、孟公绰、卞庄子、冉求这样的榜样，还要对这些榜样"文之以礼乐"。然后才说，这就可以叫作完人了。

这还没完，孔子话锋一转，又从义利、忠诚度以及不忘初心三方面解释完美人生的标准。子路是个可以为政一方的人才，孔子所说的完人标准当然是针对子路讲的，上有国君卿大夫，下面一国之政或一地之政，都需要他的胆识、格局、能力和智慧。孔子曾说，给子路一个千乘之国让他治理，他会治理得很好。这也就像一个跨区域的大企业的 CEO，这些基本素质是一定要有的，您要能独当一面，必须要有相应的胆识、格局、能力和智慧，这样才能不辱使命，开拓前进，完成既定目标。

14.13　子问公叔文子于公明贾曰："信乎？夫子不言、不笑、不取乎？"

公明贾对曰："以告者过也。夫子时然后言，人不厌其言；乐然后笑，人不厌其笑；义然后取，人不厌其取。"

子曰："其然？岂其然乎？"

"公叔文子"是卫国大夫。"公明贾"也是卫国人，复姓公明，名贾。孔子向公明贾询问公叔文子，说："听说此人不说话、不笑，也不贪财，是这样吗？"

公明贾说："这是传话人传错了。公叔文子到该说的时候才会说，所以人们不讨厌他说话；他高兴的时候才笑，所以人们也不讨厌他笑；合乎道义才索取，所以人们对他的索取并不讨厌。"当说则说，掌握好时机，这叫"时然后言"；不献媚不巴结，可乐才乐，这叫"乐然后笑"；孔子也曾说："君子喻于义，小人喻于利。"还说：富贵"不以其道得之，不处也"。儒家讲不贪不义之财，在这里公明贾说："义然后取，人不厌其取。"和儒门倡导的义利思想完全契合。这个卫大夫公明贾儒得很啊！

孔子说："原来是这样啊！难道真是这样的吗？"

这个公叔文子是卫献公的孙子，贵族血统，骨子里都透着贵族范儿。他活得特真实，不装不做作，一点儿不孙子，也不讨好不取悦，自在，这叫活明白了。

14.14　子曰："臧武仲以防求为后于鲁，虽曰不要君，吾不信也。"

《左传》记载：臧武仲得罪了季孙氏，季孙氏派兵攻打他，他哪里是季氏的对手，于是败走去了邾国，然后又从邾国回到他自己的封地防。到了防地后，他派人请求鲁君为他立后。鲁君于是下旨为臧氏立后，臧武仲随即把防地交出，自己逃往齐国去了。

在这个背景之下，孔子说："臧武仲以防地作为交换筹码，请求鲁国国君为臧氏立后嗣，就是要讨得一个爵位继承权，因为大夫是可以世袭的。世袭是世袭，还要走一个程序，需要国君下意旨。这时候有人说臧武仲没有要挟国君，我是不相信。"

按礼制大夫当以忠事君，怎么可以提这样的条件呢？如果不同意他的要求是不是就占着防地不走了？割据一方？想"窃国者诸侯"不成？这就是要君。在今天叫军阀行为。

14.15　子曰："晋文公谲（jué）而不正，齐桓公正而不谲。"

春秋五霸里，晋文公、齐桓公是势力最强的两位。齐桓公，名小白，襄公的弟弟，因襄公昏庸，小白和他二哥纠出奔他国。小白来到了莒国，不久襄公被杀，小白回国继任。

公子小白继任国君后，任用管仲为相。这个时候，齐国在燕国的请求下，出兵清除了山戎和孤竹国一直以来对燕国的威胁。孔子对此事评价非常高，认为没有齐桓公、管仲这次出征，中原文明可能不复存在。也因此，齐国很快就强大起来，桓公采用管仲提出的尊王攘夷战略，九合诸侯，称霸天下。

晋文公，名重耳，晋献公次子。献公宠爱骊姬，骊姬祸政，杀了太子申生。在这种情形下重耳被迫出逃，这一逃就是十九年。后来还是在秦穆公的帮助下，才结束四处漂泊回国执政。他回国后任用贤能，使国力日渐强盛，他利用计策激怒楚王，在卫地城濮发动了一场春秋史上规模最大的一场战争——城濮之战，并击败了楚军，随即威望呼声空前高涨。从此，他辅裨周襄王，挟天子以令诸侯，成了当时最为强盛的国家，开创了此后晋国百余年的霸业。

正是在这种背景下，孔子说："晋文公诡诈而不正直，齐桓公正直而不诡诈。"这句话可谓一针见血。孔子是在明是非、辨善恶，既针砭时弊，又弘扬了正气。

齐桓公的"正"，在于扫除中原威胁，巩固了华夏文明，又不费一兵一卒，就"九合诸侯，称霸天下"。晋文公"谲"在表面上辅裨襄王，实则挟天子以令诸侯，逞一己之能，谋一国之私。

14.16　子路曰："桓公杀公子纠，召（shào）忽死之，管仲不死。"曰："未仁乎？"子曰："桓公九合诸侯，不以兵车，管仲之力也。如其仁！如其仁！"

齐襄公昏庸，作为弟弟的公子纠和公子小白被迫逃往国外，公子纠去了鲁国，公子小白来到了莒国。在得知襄公被杀的消息后，兄弟二人都忙着回去争夺君位。

公子纠身边有能臣管仲和召忽，公子小白身边也有能臣鲍叔牙。管仲给公子纠出主意，在半道截杀公子小白，这样就可以唱着歌回国即位了。但是人算不如天算，伏击中管仲一箭射中公子小白，小白应声落马，本以为大功告成的管仲和公子纠，慢悠悠地回到鲁国收拾收拾行礼，准备回国即位。此时，消息传来，说小白没死，管仲的箭射到了小白的腰带钩上，小白装死躲过一劫，回国后即位齐君，成了齐桓公，还照会鲁君杀死公子纠。

公子纠为鲁君所杀，召忽为主殉难。管仲是鲍叔牙的发小，鲍叔牙下了一道命令："只要活管仲，不要死公子。"就这样，在鲍叔牙的精心安排下，管仲回到了齐国，并被任命为宰相。自己的主子被杀，却跑到主子的敌人那里做起了宰相。按子路的性格，那是一百个瞧不上这个管仲。

有一天和孔子说起管仲来，子路说："齐桓公杀了公子纠，作为臣下的召忽自杀了，可他管仲却不死。"召忽这是以死效忠，管仲没有做到，理当受到谴责。子路话说到这里，见孔子没有马上回答他的意思，就又问："管仲这可不能算作仁吧？"

孔子没马上回答子路，是因为子路说的是事实，后面子路说到了仁，孔子认为必须要说两句了。孔子说："齐桓公多次会盟各路诸侯，不用一兵一卒一乘一马，这些工作可都是管仲做的呀！这就是他管仲的仁德呀！这就是他管仲的仁德呀！"

圣人就是圣人，不纠结于一时一事，格局大，看得远。

14. 17　子贡曰："管仲非仁者与？桓公杀公子纠，不能死，又相之。"子曰："管仲相桓公，霸诸侯，一匡天下，民到于今受其赐。微管仲，吾其被发左衽矣！岂若匹夫匹妇之为谅也，自经于沟渎而莫之知也。"

在当时，管仲被质疑还是很普遍的现象。得知孔子为管仲辩护，说管仲有仁德，子贡也要来跟老师理论一番。

子贡说："管仲可不能叫仁者吧！齐桓公杀了公子纠，管仲不为他主子殉难效忠，却给齐桓公做起了国相。"

孔子说："管仲辅佐桓公称霸诸侯，使天下得以匡正，人民到现在还受到他的恩惠。假如没有管仲，我们可能像四周蛮夷一样披发左衽。""披发"是披散着头发，"左衽"是衣服在左侧开襟，这是野蛮、没开化的象征，中原人是束发右衽，把头发扎起来，衣襟开在右侧。在中原，左侧开襟那是给死人穿的衣服。

孔子接着说："你难道要管仲像愚夫愚妇一样恪守小忠小信，自缢在沟渠之中不被人发现吗？"这里"谅"解作小信，"自经"解作自缢、自己把自己勒死。

从这里我们可以看到，孔子绝不像一些人理解的那样，古板守旧不思变通，孔子也一定会认为管仲在公子纠被杀这件事上不仁不义，但孔子会站在更高的高度审视这个事件。孔子站在维护华夏文明的高度去看待管仲辅佐桓公，孔子还看到的是管仲协助桓公驱逐剿灭北方夷狄，护佑了中原文化。孔子还站在维护华夏文明的高度去审视九合诸侯的重大意义，九合诸侯的作用在于减少战争、减少战争对百姓的伤害，维护了周王朝的基本尊严。

孔子认为境界不同不可一视同仁，作为齐国这样的大国的重臣，不能和普通的愚夫愚妇一样对待。就像今天我们的民企精英任正非、马云、曹德旺，尽管我们也讲究人人平等，你也不能期望政府对待你跟对待他们一样。过节的时候，政府的招待会不能都去，都去了也坐不下呀！

14. 18　公叔文子之臣大夫僎（zhuàn）与文子同升诸公。子闻之，曰："可以为'文'矣。"

公叔文子，一个资深的卫国大夫，聪慧可亲的长者。

本则记载，在公叔文子的举荐下，公叔文子和自己的家臣大夫僎一同升任国家大臣。孔子听到此事后说："这位公叔文子可以称得上'文'了。"

从西周中叶稍后，开始实行谥法，为追谥制定了标准、细则。即帝王、诸侯、卿大夫、大臣等死后，朝廷根据其生前事迹及品德，给予一个评定性的称号以示定论。类似于老百姓所说的"盖棺论定"。

孔子的意思是公叔文子拉着自家的家臣一起在朝中平起平坐任职，绝对是君子一个，不为自己好看不好看，有没面子，就为国家需要不需要这个人才。人家举贤不避亲，他举贤不避家臣，道德人品可不一般。孔子认为如果给个谥号，他够得上一个"文"了。

唐代经学家孔颖达在解释"文明"两个字时说："经天纬地曰文，照临四方曰明。""经天纬地"意思是改造自然；"照临四方"的意思是赶走愚昧。公叔文子可谓"经天纬地"，所以，孔子认为他够"文"。

王莽的《训谥》文中，也引用了这句："经天纬地曰文。"看来，能配得上谥文的人，德行、能力都应该是超凡出众经天纬地之人。

14.19　子言卫灵公之无道也。康子曰："夫如是，奚而不丧？"孔子曰："仲叔圉（yǔ）治宾客，祝鮀（tuó）治宗庙，王孙贾治军旅，夫如是，奚其丧？"

卫灵公有个貌美如花的夫人南子。这位国君夫人操柄弄权，造成卫国政治混乱与昏暗。遗憾的是，昏庸的卫灵公竟然在位长达四十二年之久。孔子想起自己有段时间正好在卫国驻留，感触颇深。在跟季康子聊起这段经历的时候，孔子说道："卫灵公无道。"季康子说："既然是那样，为什么卫国没有灭亡呢？"孔子说："在卫国，他有仲叔圉主管外交，祝鮀主管祭祀，王孙贾主管军队，似这样的一班人才主持工作，卫国怎么会灭亡呢？"

所以，孔子第一次到卫国就看到熙熙攘攘，人声鼎沸，社会氛围非常好，这些都给孔子留下了很好的印象。孔子在卫国还结识了许多上层人物，除了仲叔圉、祝鮀、王孙贾，还有蘧伯玉、史鱼、公子荆、公叔戍等。孔子在卫国不仅与中大夫交际广泛，还受到了卫君给予的上卿待遇，这也是作为诸侯的卫灵公能给孔子的最高待遇了。

卫国是卫康叔的封地，礼乐文化上有很好的基础，形成了很好的社会氛围，孔子感觉很舒服。孔子很感慨地说："鲁卫是兄弟。"孔子对卫国的了解是相当全面、透彻的。由于卫国有康叔打下的基础，又聚集了大量的人才，所以，即便卫灵公昏暗，卫国也一时半会亡不了国。

　　有意思的是，即便是到了战国末期，秦始皇灭了六国，那时的卫国弱小而恭顺，秦始皇竟然没有平灭卫国。直至公元前209年，秦二世下诏废了卫国第四十四代国君卫君角的爵位，卫国才真正灭亡。

　　14.20　子曰："其言之不怍（zuò 惭愧），则为之也难。"

　　孔子说："说话大言不惭，轮到做的时候就犯难了。"

　　被誉为"画圣"的唐朝著名大画家吴道子给孔子画的像叫《先师孔子行教像》。孔子的教是"行教"，就是老师先行做到，引领弟子们跟着学。古人常说"躬行君子"，古代的君子都能"躬行"，讲究亲身实践。行教的圣人孔子也好，能躬行的君子也好，其实对于一般人都是极不容易的。孔子所说的"为之难"就是行难。孔子的意思是能让你惭愧的话不要轻易说，说完了剩下的就是"为之难"了。这是在给自己添堵、添乱、添麻烦。不能只图过嘴瘾。

　　其实现实社会中有太多类似的事情发生。酒过三巡也好，情景之下也好，名利诱惑也好，被逼无奈也好，总之是大话说出去了，等醒过来神，内心惭愧、后悔难当，剩下的就是犯愁，要么采取鸵鸟政策或假装失忆；要么脸儿一仰死猪不怕开水烫。这个时候，我们再端详一下这张脸，但凡留心都能从那张脸上看出纠结、焦虑与不安。五官再怎么周正，时间一长也得走样。这种不安会伴他很久很久。时间再久点儿，气质会变，面相会变。山还是那座山，人就不是那个人了。

　　一张苦大仇深的脸，怎好与人和谐相处？

　　孔子就曾对子贡说：君子是"先行其言而后从之"。君子总要有个君子的样子才是——一脸的祥和。

　　14.21　陈成子弑简公。孔子沐浴而朝，告于哀公曰："陈恒弑其君，请讨之。"公曰："告夫三子。"

　　孔子曰："以吾从大夫之后，不敢不告也。君曰'告夫三子'者。"

　　之三子告，不可。孔子曰："以吾从大夫之后，不敢不告也。"

　　这里的"陈成子"也就是田成子，齐国田氏家族的第八任首领，名恒。"简公"是齐简公。"哀公"是鲁哀公。"三子"就是三桓。臣子杀了国君叫弑君。

据称，春秋时期，弑君事件发生过三十六次，真是"君不君，臣不臣"天下大乱。这里说的是，齐简公为陈成子所杀，孔子得知后，沐浴更衣，来到朝堂之上，报告鲁哀公说："陈恒杀了他的国君，请您派兵讨伐他。"鲁哀公说："报告孟孙、叔孙、季孙吧！"孔子下朝回来，说："因为我在大夫之列，有这样重大的事情发生，职责所在，我不敢不报告。君主却说出'报告孟孙、叔孙、季孙'的话。"

孔子无奈，来到孟孙、叔孙、季孙那里报告，得到的答复是不可以。孔子又说："因为我在大夫之列，有这样重大的事情发生，职责所在，我不敢不报告。"

孔子一生中有不少事情是明知不可为而为之的。这在孔子就是礼，用咱们今天的话讲，就是必须做完自己分内的工作，哪怕事情并不乐观，也要做到尽人事以听天命，尽忠职守。

电影《集结号》里，主人公谷子地，面对数倍于己的装备好于自己的敌军，一个连的战友拼光了也没有撤退，这就如孔子"不敢不告"，他也是"不敢不拼"，孔子是因为"以吾从大夫"，连长谷子地是因为"我是军人"……

那么，我们也该问问自己，"我是谁？""我是什么？"

14.22　子路问事君。子曰："勿欺也，而犯之。"

"犯"解作犯颜谏诤。子路问怎样侍奉君主。孔子说："不要欺骗君上，但要敢于犯颜劝谏。"子路的性格刚直勇猛，孔子讲的这些话对于他来说不是问题。但对于许多人做这种事挺难的。

我为我的"君"做事，我的"君"乐听他想听的话，乐见他想见得结果，但不尽如人意的事情又避免不了，假使事情不是我"君"想象的那样，据实说又不惹"君"生气，这里就存在欺与不欺的问题。犯上劝谏常常是让领导下不来台，需要扛着风险上，欺君和冲撞领导都有风险、都不太好收场，怎么办？圣人孔子说了，"犯之"。该冒犯就得冒犯，该冲撞还得冲撞。这叫尽忠职守。

孔子曾说大臣应该做到"以道侍君，不可则止"。这个道就包括"勿欺、犯之"。孔子提倡对君上"犯之"，讲究"不可则止"，坚决反对"弑其君"。你"犯之"，一时会惹"君"不高兴，但是咱的君老大需要这个。不信可以回去问问咱单位领导。

14.23　子曰："君子上达，小人下达。"

孔子说："君子努力向上进取，掌握更为高深的理论；小人甘愿向下沉沦，学一些雕虫小技。"上古时候，对上达、下达有这么个解释："上达者，达于仁义也；下达，谓达于财利，所以与君子反也。"孔子也说过类似的话："君子喻于义，小人喻于利。"上达仁义，下取财利。君子、小人，分工不同。新闻上不是说了吗：当官不发财，发财别当官。

不是君子就不应该当官，否则，害人害己。

这在今天，在研究意识形态的时候，上达、下达都是应有的内容和逻辑。被誉为"意识形态领域里的爱因斯坦"的美国人肯威尔伯，把世间一切分成上下五个层面：物质的、身体的、意识的、灵魂的、灵性的。这和古时候的中国人的理念不谋而合。

如今讲：谋财不害义。

作为一个中国人，私下里可以自豪一把。

14.24　子曰："古之学者为己，今之学者为人。"

今天的人们，也应该像商汤定制一个"汤之铭盘"（《诗经》），或是像子张那样"书诸绅"（《卫灵公篇》）。在下以为，本则孔子的话，对于今天的人们实在是太具现实意义了。

孔子说："古时候的人是为提高自己而学习，今天的人是为向他人表现而学习。"

"十年寒窗无人问，一举成名天下知。"秦汉以后的人们学习大多是为了考取功名。今天人们学习更是为就业、为发财，当父母的还一路喊着"不能输在起跑线上"，戳哄着让孩子去跟人家较劲。本是上达的事儿，活生生给整成下九流的物件。我们在为今天的教育惋惜的时候，还要回过头来好好看看上古之人的为己之学。

先说这个学，古人的学是指学问思辨、躬身厉行，是思辨厉行仁义之道，这只能为己。古人说："为己是欲得之于己；为人是欲见知于人。"为己是为着让自己得道，行仁；为人就会陷入名誉利益的争夺。得道在自进，而争夺是与人相搏，这上下优劣自不必多言了。

现在，有这么多人回到传统文化中来，重新感悟古人的智慧，用古人的智慧解决当下的问题，这是现实的需要，也是民族意识的觉醒。

环视一下世界民族之林，我们是幸运的。

14.25　蘧（qú）伯玉使人于孔子。孔子与之坐而问焉，曰："夫子何为？"对曰："夫子欲寡其过而未能也。"

使者出。子曰："使乎！使乎！"

蘧伯玉，卫国大夫，记载说他"自幼聪明过人，饱读经书，能言善辩，外宽内直，生性忠恕，虔诚坦荡"。孔子在卫国时，很多时候住在蘧伯玉的家里，人们说他是孔子的朋友。蘧伯玉还被道家视为"无为而治"的开创者。

这天，蘧伯玉派了一位使者前来问候孔子。孔子安排使者坐下，问道："蘧夫子在做些什么呀？"使者回答道："蘧夫子正想着怎么可以减少自己的过错，只是还没能做到。"

使者辞行走后。孔子说："好使者啊！好使者啊！"

一个使者出使，最重要的是不辱使命。其实孔子问的是相当宽泛的问题，使者有很大的发挥空间，可是这位使者只是说了他家主人思考改过这件事。这正是孔子提倡"古之学者为己"的行为，孔子听了自然赞赏不已。

《左传》上讲："人非圣贤，孰能无过。"这句话乍一听，似乎圣贤就不会犯错。然而，孔子曾经说过："加我数年，五十以学《易》，可以无大过矣。"其实是圣贤通常很少有大过，不是不犯错。

可是，话又说回来，这些人犯了错情形就不一样了，子贡说过："君子之过也，如日月之食焉。"日月当空，天食缺损，太阳月亮少了一块儿，谁看不到？《孟子》记载："子路，人告之以有过则喜。"像子路这样的君子，听到别人指出他的错误，就会高兴，乐于接受。孔子在别人指出他的错误的时候，说："丘也幸"，我孔丘真是幸运。

弟子子夏曾说过：小人犯了错一定会去掩饰。（"小人之过也必文。"《子张篇》）对待错误的态度和表现，君子小人一目了然。君子坦然面对，小人戚戚然百般遮挡。

一次，仲弓向孔子请教政事，孔子告诉他说："先有司，赦小过，举贤才。"

作为执政者要赦免臣属小的过错，不能大小错误都抓住不放，臣属工作起来就放不开手脚了。

在错误面前的最高境界是"不贰过"，同样的错误不犯两次。颜回做到了"不贰过"，这样的禀赋、悟性，在孔门中也是绝无仅有的。

佛家消业障、忏悔恶业，信基督的人去教堂忏悔，都是改过的好渠道。

14.26　子曰："不在其位，不谋其政。"
曾子曰："君子思不出其位。"

孔子说："不在那个职位上，不去考虑那里的政事。"
曾子说："君子思考问题不会超出职责范围。"

这一则前面有了。这一则的重复，是在承接上一则，窃以为是说：不在其位，而谋其政，是个很严重的错误。

14.27　子曰："君子耻其言而过其行。"

孔子说："君子认为说出的话超过行动是可耻的。""言过其行"就如我们常说"言过其实"的情形。

都说我们这个时代是个虚浮的时代，而虚浮的一大表征就是言过其实，俗话讲的爱吹牛。让哲学家讲就是唯意识论在作怪，比如，尼采说："我是太阳"，比如，"人有多大胆，地有多高产"，比如，说"我是国学大师"，等等。

孔子在这里用了一个"耻"字，可如今人们对于"耻"的感受都已麻木了，吹多大牛都不会脸红，所以，我们需要把"耻"弄明白，找到"耻"的感觉，这是关键。这叫觉知。

"耻"的本义是羞愧，人觉羞愧便面红耳赤，这是人性使然。原本知耻之心是人之天良，可磨灭天良的人已不知耻。所以拯救天良就显得尤为重要。大儒阳明先生认为，良知可以让人知耻，我们需要"致良知"，要"致良知"就需要知行合一，这是修行法门。

两岁的孩子光着屁股满街跑，他不觉得不好意思。二十岁的人您再光着屁股满街跑，还不觉得不好意思，那就坏事了，因为在《圣经》里，创世的时候，上帝已经赋予人羞耻感了，您把它丢了，上帝会把您驱赶出人群。

有人说："耻可以全人之德"，全德之人不就是君子吗？还真是这么个理儿。

子曰：知耻近乎勇。还说：勇者不惧。

14.28　子曰："君子道者三，我无能焉：仁者不忧，知者不惑，勇者不惧。"子贡曰："夫子自道也。"

孔子说："君子所行之道有三，我还没能做到：仁德之人没有忧愁；智慧之人少有疑惑；勇敢之人不觉畏惧。"子贡说："这是咱老师在说他自己的呀！"仁者天地人合一，没有私欲，哪来忧愁？智者通达透彻，是非善恶不足以障目，哪里会疑惑？勇敢者气贯长虹，至刚至大，哪里还有什么畏惧？

孔子这三合一的道是非常具体的修行法门。有些人不知道修行从何处下手，这仁、智、勇正是可以下手的地方。

有爱心、聪明智慧，还勇敢担当，这就是"三好标兵"，现实中一定是大咖们争抢的宝贝人才。

子贡是个很会聊天的人，老师说完，其他人还没反应过来，子贡说了句，这只有咱老师能做到，咱老师这是在说自己呀。

没人捧场的场子是冷清的，有人捧场的场子是热闹的。热闹的场子才更有能量，更有故事。

14.29　子贡方人。子曰："赐也贤乎哉？夫我则不暇。"

子贡闲来无事喜欢谈论别人的短处。孔子说了："端木赐啊！你就那么好吗？搁着我就没那闲工夫。"

老话儿说：打人不打脸，骂人不揭短。都开骂了还不揭短呢，闲聊更不去揭人短了，"闲谈莫论人非"嘛！有这样的毛病，当老师的绝不能放过。

现代人不习惯拜师了，拜师给人们带来的好处现代人也就体会不到了。子贡拜到孔子门下，做师父的，他要一辈子护着你的心，护着你的念。您有毛病就会被师父指出、纠正，您有疑惑了可以得到及时的解答，您想努力实现一个目标，师父会让您踩着肩膀给您助力，您努力不够的时候还会有鞭策和鼓励。子贡他们真幸运。

我们说师傅不同于师父。"师傅"一词通常是对农工商各行各业人士的尊称，比如"司机师傅""大厨师傅"等。在古代，师父往往自己收养徒弟，弟子甚至住到师父家里，师徒同住，这样可以更好地授徒。在传统观念中，父和师被视为生命中同等重要的人，所谓师徒如父子嘛。

14.30　子曰："不患人之不己知，患其不能也。"

孔子说："不要担心别人不了解自己，应该去忧虑自己没有能力胜任。"现代人常说：机会是给有准备的人的。一个彻悟了这个道理的人绝非平庸之辈，因为这和圣人孔子说的十分接近。

一个有事业心、有追求的人，时刻把心思放在如何让自己更能胜任上，可能最先胜任的就是您，这时候的机会就长了眼了。

每天，您迎着朝阳，"天行健，君子以自强不息"。草木鲜花都会冲您微笑。孔子说的"古之学者为己"，就是在自强。

您是一块金子，怎么着都会发光的，就怕您什么都不是，让人家拉出来一遛，还是个骡子，那就丢大人了。

千里马终归还是千里马，让千里马拉磨的老板还不得赔死啊！有本事，咱不着急。

14.31　子曰："不逆诈，不亿不信，抑亦先觉者，是贤乎！"

孔子说："不要去预测别人是否欺诈，不凭空去猜测别人是否诚实，在坏人还没有暴露前又能及早觉察欺诈和不实，这样的人可称得上贤者啦！"

所谓的预设就是有了成见，带着成见做事不是不成事，就是大打折扣，孔子告诉我们千万别这样（"不逆诈"）。孔子认为贤者可以"先觉"，而且是在还没暴露（"抑"）的时候就已经能够"先觉"了。做到先知先觉是每个人都渴望的。要想先知先觉就要把已知已觉的全部忘掉。禅门有一个公案（案例），可以借鉴。

邓州香严智闲禅师（香严寺在今河南南阳淅川县），沩山灵佑禅师之法嗣（继承人），沩山乃是禅宗一花五叶其中一叶。香严禅师博闻强记，这天沩山禅师问他："我闻汝在百丈先师处，问一答十，问十答百。此是汝聪明伶俐，意解识想，生死根本。父母未生时，试道一句看。"

这是沩山禅师在考问香严智闲禅师。父母未生时是什么面目？香严禅师被沩山禅师这么一问，当时就蒙圈了。回到寮房把自己平日所看过的经书和自己的笔记都搬出来，一一查找，结果查阅了几天，一无所获。智闲这时感叹道："画饼不可充饥。"于是他来到了方丈室，求沩山为他说破，可每次都被沩山禅师撵出来。沩山说："我若说似汝，汝已后（以后）骂我去。我说底是我底，终不干汝事。"

此刻香严真的绝望了，香严便将自己所收藏的文字一把火全烧了，说道："此生不学佛法也，且作个长行粥饭僧，免役心神。"香严禅师就这样哭着辞别了沩山，做了个四处行脚的行脚僧。

云游中他来到南阳慧忠禅师的旧址。站在慧忠国师曾经的道场之上，发现这个地方挺有感觉，就决定住下来。这天，香严正在田间除草，他从泥土里铲出一块瓦片，捡起来，随手抛出，正好打在田边的竹子上，啪的一声，这一声响直透全身，香严顿觉大悟。他急忙赶回寝室，沐浴焚香，遥拜沩山，礼敬灵佑，热泪纵横，默默念道："和尚大慈，恩逾父母。当时若为我说破，何有今日之事？"并为此作了首偈子：

"一击忘所知，更不假修持。

动容扬古路，不堕悄然机。

处处无踪迹，声色外威仪。

诸方达道者，咸言上上机。"

沩山禅师听说了香严的这首偈子，说道："此子彻也。"说香严彻悟了。

偈子里的"所知"是香严自己所知道的内容，而非"知"本身。当瓦片撞击竹竿发出声响，声音是真实的存在，香严的心随着声音融入了自然，此时，从前所学、所知、所见、所闻，全部消失，一个自自然然的、空空明明的"觉知"呈现出来，这个"觉知"清晰明了，天地万物清晰明了地存在于"觉知"里。而这个"觉知"是与生俱来的，"更不假修持"，这个本来的"觉知"不是需要经过修行才能得到的，而是本就存在，人人都有，先天具足的。所谓的修行只是为了放下所有的学识、已知，回到那个原本存在的"觉知"里面。此时的您，无须预测，无须猜想，当欺骗不实的现象出现时，您可以瞬间觉知。所以，你无须预测，也无须猜想。如果孔子他老人家在场，肯定夸你"是贤乎！"

14.32　微生亩谓孔子曰："丘何为是栖栖者与？无乃为佞乎？"孔子曰："非敢为佞也，疾固也。"

这个叫"微生亩"的人，是个年岁较长的隐士。和孔子两人彼此都有耳闻，这次纯属偶遇。既然都是高人，无须过多的铺垫客套，张口就问："孔丘你为何终日四处奔波忙忙碌碌呢？不会是靠卖弄口才混饭吃吧？"隐士通常少受人间烟火熏蒸与渲染，说话会少许多委婉与客套，给人的感觉是比较冲。

孔子说："哪敢卖弄口才，确实是忧虑那些顽固不化的人。""栖"是形容忙碌不安定。"疾"解作忧虑、担心。"固"解作顽固不化。

孔子之所以被称为"万世师表"，是因为他创立了儒学的同时有使命感，一辈子都在做教育感化工作。之所以一定要去教化人，就是因为还有那些"疾固"者存在，心里放不下那些个顽固不化的人们，以至于自己"疾固"了，这在佛家叫作菩萨心肠。

所谓"知我者谓我心忧，不知我者谓我何求？"这个微生老先生如果遇见佛祖，一样也会这么说佛祖的，因为佛祖也"疾固"啊！《金刚经》里说："佛祖善嘱咐诸菩萨，善护念诸菩萨。"佛祖一天到晚给菩萨讲那个说这个，一句话翻过来倒过去的"诲人不倦"，微生老先生肯定会说佛陀：你真侫。

我看除了老子他老人家懒得说话，不侫以外，孔子、孟子、佛祖、唐僧都挺侫的。尤其是我国香港电影《大话西游》里的那个罗唐僧，罗家英，超级侫。

14.33　曰："骥不称其力，称其德也。"

被调教的驯良通人性的马叫有德性的马。骥就属于这种有德性的千里马。孔子说："人们称赞千里马时，不会夸它多么有力量，都是称赞它有马德，驯良通人性。"

我们夸项羽通常夸他力能扛鼎，夸他"不肯过江东"的人杰品格，没人夸他智慧过人。我们夸张良、诸葛亮、刘伯温断事如神、智慧超群，没人说他们忠厚老实的。关羽的父亲从小教育关羽耍大刀看《春秋》就好了，不会让他学奇门、六壬什么的。是千里马就训练它奔跑好了，别又是拉磨又是驮粮食的，要各归其德。

"弈射箭，篙荡舟""鸢飞戾天，鱼跃于渊"；鸿鹄鹏程万里，燕雀恋人守家，都是各逞其能，各展其志，各归其德。

做多高的高管都行，可别当老板。该当老板就去当老板，清华毕业卖肉也要当老板。

14.34　或曰："以德报怨，何如？"子曰："何以报德？以直报怨，以德报德。"

孔子在前面说了马德，这里再谈人德。有人对孔子说："以德报怨，怎么样？"孔子反问道："那你拿什么去报德呢？应该以正直来报怨，以德去报德。"

在民间，以怨报德叫没良心，以德报怨叫不知好歹。您有俩梨都给了对您不好的那个人，这叫以德报怨。您有俩梨，当着那个对您不好的人的面，给那个对您好的人一个，留一个给自己，这叫"以直报怨，以德报德"。

他打您的左脸，您再把右脸伸过去，那是佛门弟子干的事，儒家人不干这事儿。以牙还牙是儒家的风格，"犯我中华者，虽远必诛"。刘德华的抗日歌曲里的"儒家的传统思想，带领我们去战斗"，唱的也是这个。

14.35　子曰："莫我知也夫！"子贡曰："何为其莫知子也？"子曰："不怨天，不尤人，下学而上达。知我者其天乎！"

像孔子这样的大圣人，绝对的高处不胜寒，绝对的知音难觅。

孔子自己说："这个世界没有人真正了解我呀！"子贡把话接过来说："老师，为什么说没有人了解您呢？"孔子说："我不抱怨上天，不责怪他人，踏实的学习以求通达天理。真正了解我的恐怕只有上天啦！"孔子的知音在天上，那就是神呗！

后来，子贡说，要想认识我家孔夫子的真容，除非您有一把登天的梯子，或者一根从印度买的通天绳。子贡的原话是："夫子之不可及也，犹天之不可阶而升也。"

我们要问了，这么高的人怎么就能高到天上呢？其实，这答案孔子已经告诉我们了，"不怨天，不尤人，下学而上达"就能上达至天庭了。

14.36　公伯寮愬（sù 通诉）子路于季孙。子服景伯以告，曰："夫子（季孙）固有惑志，于公伯寮，吾力犹能肆诸市朝。"

子曰："道之将行也与，命也。道之将废也与，命也。公伯寮其如命何？"

《史记》里说"公伯寮"是孔子弟子，但是《论语》《孔子家语》里都找不到公伯寮是孔门弟子的证据，有人推测，就是因为他恶语中伤子路，被孔子逐出了孔门。"愬"解作恶语中伤。

这位"子服景伯"是鲁国的大夫，对孔子非常敬重，非常维护孔门师徒，常为孔门打抱不平。公伯寮中伤子路这事是子服景伯告诉孔子的，说："就因为公伯寮中伤子路，现在季孙氏开始对子路起了疑心了。"还说，"我有能力杀了这个公伯寮，并陈尸街头。"子服景伯是个肯为朋友两肋插刀的、"当义不让"之人。在古代，杀人陈尸于街市叫作肆。

孔子一听，这样不行，就对子服景伯说："如果大道行得通的话，这是命；如果大道被废止了的话，这也是命。他公伯寮能奈何得了命运吗？"一个小小的公伯寮怎么可能阻止得了大道之行？这不是某个人想怎么样就怎么样的，这都是天命。

孔子的这番话既阻止了子服景伯的鲁莽行为，也坚定了子路推行大道的信心，同时又震慑了不知天高地厚的公伯寮。真可谓一举三得，事半功倍。孔子反对暴力，"君子动口不动手"。不是孔子阻拦，他公伯寮早就身首异处、陈尸街头了。

14.37　子曰："贤者辟世，其次辟地，其次辟色，其次辟言。"子曰："作者七人矣。"

孔子说："作为贤者首先考虑避开乱世，其次会避开乱地，再次会避开君上傲色，最后会避开恶语。"孔子说："像这样的隐遁高士已经有七人了。"

乱世无道，贤者隐遁不出。邦国无道，贤者就会逃离这是非之地。君上骄横，傲慢无礼，没个好脸色，唯恐避之不急。君上乱语，话不投机，避之不见。这在当今，叫作识相者走人，爷不伺候了。否则，要么身陷危机，要么自取其辱。孔子说这"四辟"，摊上哪件事都够喝一壶的。

楚王派人请庄子去楚国任宰相。使者说明来意，庄子低头正好看到路边河沟里有一只小乌龟在泥里翻滚，就指着乌龟说，我宁愿做只乌龟在泥里打滚儿也不会跟你去楚国做什么宰相的。

那个时候，楚国正凭借着自身的强大到处征战，四处兼并。楚邦可谓危乱之地。庄子读过孔门的著作，知道什么叫"四辟"。不过，孔子说的那七位高人隐士里头可没庄子，因为孔子比庄子年龄大将近二百岁了，孔子说这话的时候，庄子太爷爷的太爷爷也未必在场。

14.38　子路宿于石门。晨门曰："奚自?"子路曰："自孔氏。"曰："是知其不可而为之者与?"

孔子及子路等弟子一行回到鲁国都城，来到城下已是半夜，城门早已关闭，子路人等只能夜宿城外石门之下。第二天早起，负责早晨开门的人发现有人睡在石门之下，便问道："你这是打哪来的呀?"子路说："我乃孔门弟子。"那人道："就是那个明知不可为而为之的孔夫子吗?"

看来孔子所做的"不可为"的事儿，已尽人皆知了。孔子一生主要做了三件事：一是复兴周礼；二是收徒讲学；三是整理文献典籍。这个"不可为"的事应该就是复兴周礼。其实孔子也知道礼崩乐坏，恢复起来难比登天。然而，使命使然，又不能不为。于是就出现了世人皆知的"知其不可而为之"的评价。正是有了孔子及其弟子对着"知其不可"的事，还"为"了几十年，中华文脉才得以延续，才有了我们华夏文化数千年的枝繁叶茂。

民族的根，就是民族文化的根。失去民族文化根的民族就成了无根之草、无本之木。

14.39　子击磬于卫。有荷蒉而过孔氏之门者，曰："有心哉! 击磬乎!"既而曰："鄙哉! 硁硁（kēng）乎! 莫己知也，斯己而已矣。'深则厉，浅则揭。'"
子曰："果哉! 末之难矣。"

在卫国驻留的时候，一次孔子正在敲击磬（古时候的一种乐器），有个挑着藤条筐的人路经孔子门前，自言自语道："这个击磬的人有心事啊!"过了会儿又说："思想偏狭呀! 硁硁的击磬声就能说明一切。当没人了解你的时候，笃守其志就好了。《诗经》上说：'遇见水深的河，直接穿着衣服就过去了；水浅的时候，提起衣服也就过去了。'"

孔子清晰地听到了这番话，说："多么果断、坚定的人啊! 你想说服他，让他回心转意可就难了。""末"解作反其义。

《诗经》里的"厉"是穿衣涉水，"揭"是提着下裳蹚水。是厉是揭要看河水的深浅。今天，当看到某人不管事情的难易程度，胆大妄为，我们就会说他"不知深浅"。"不知深浅"一词的出处正在这里。

这位荷蒉之人是在讥讽孔子不知深浅啊!

孔子遇见的这位荷蒉者是一位隐士，他能听声识人，辨音断事，还懂《诗经》，这绝对不是一般人。高手相遇，孔子也明白，这是个和自己观念相左的人，而且顽固不化，精神思想里的东西根深蒂固，说服这样的人太不容易了。不过，这确是个高人，懂我，但不助我，道不同。道不同不相为谋，这在今天叫三观不合。

孔子坐在那里动也未动，感叹道："精神高度越高、思想深度越深的人，你是没有办法说服他的。"所以，孔子也并不想见这个人。您荷您的蒉，我击我的磬。您说我不知深浅，我也无言以对。这叫大路朝天各走半边。

精神领域的巨人里，弗洛伊德和荣格本是师徒，后来，荣格毅然离开了恩师弗洛伊德，因为他们在思想深处出现了巨大的裂痕，这道裂痕最终断裂成了一条鸿沟，无法逾越，谁也无法说服谁。庆幸的是，这一次断裂，又生出了一芽新枝，开出了别样的花朵，荣格自立了门派。

同样，当柏拉图和老师亚里士多德争论不休的时候，柏拉图说出了他那著名的话语："我爱我师，我更爱真理。"

这些巨人的分离，不仅没有带来晦暗，反而带来了更大的光明。我们都知道的一个事实是，没有春秋战国时期的百家争鸣，难有之后几千年华夏文明的灿烂夺目。

观点不同不要紧，要鼓励新声。

14.40　子张曰："《书》云：'高宗谅阴，三年不言。'何谓也？"子曰："何必高宗，古之人皆然。君薨（hōng），百官总己以听于冢宰三年。"

子张在学习《尚书》的过程中遇到了疑惑，找孔子解惑答疑来了。"老师，《尚书》里说：'殷高宗住在阴庐里守孝，三年不语。'这是为什么呀？"孔子说："何止是殷高宗，古时候的人都是这样。君主去世了，百官们各守其职、各负其责，都听命于冢宰，三年为期。"

这个殷高宗就是大名鼎鼎的商王武丁。"冢宰"是总理政务、统御群臣的最高行政长官。"谅阴"就是居丧时所住的房子，通常是临时搭建。首先，这一则记录的事情告诉我们，即便是帝王皇上也要恪守孝道。其次，还告诉我们做领导的一定要能"率先垂范""领袖群芳"。

像周礼这样的关乎国运的大事，一定是要自上而下的推行。孔子一直想说服国君们为政以德，施行礼乐之治。由于孔子想着尽量多与国君接触，找机会可以推行礼制。这事儿在卫国甚至还引起了大夫王孙贾的质疑和不满，说："与其媚于奥，宁媚于灶。"这是个什么行为？王孙贾的意思是说你孔夫子总跟我们君主来往，看不上我们这些卿大夫是吧？其实孔子不是这意思，是不得已，礼乐治国必须自上而下，国君不支持，一切努力白费。

"高宗不严""百官总己"是高明加聪明，是一个很好的有效管理模式。

这里说："君薨，百官总己以听于冢宰三年。"这是管理体系完善带来的好处。明万历皇帝三十年不早朝，国家机器运转正常，就是因为百官都可以"总己"，总揽自己的职责。"老板累成狗，员工下班就走。"那是因为公司的老板、高官没读懂《论语》，没明白商王武丁和明神宗万历皇帝朱翊钧。

14.41   子曰："上好礼，则民易使也。"

孔子说："领导人喜好礼仪，百姓就服从领导。"孔子认为当领导的要"好礼"，这个"好"的意思不只是懂、知道、明白那么简单，它还包括认可、接纳、喜欢等含义。

孔子认为这个"礼"对于这个"上好礼"的"上"（领导）不可或缺，绝不是可有可无。领导必须懂礼、好礼、敬礼。

所以，我们可以说，你当老大的"上好礼"了，你的一举一动一言一行就是礼。而礼就是约定、规定、规矩，它包含理解、体谅、恭敬、尊重的含义。

礼通过宣传倡导为人们所知，通过老大"上好礼"的言行举止传达出的理解、体谅、尊重，为下属、小弟们所接受，进而通过礼又接受了那个"上好礼"的那个"上"——那个领导、老大——您，这时候的您再去指使人（"使人"），指挥下属，领导百姓，百姓就服从您的领导。故此，孔子说："上好礼，则民易使也。"

《八佾》篇里，孔子曾说："君使臣以礼，臣事君以忠。"领导好礼，小民们就对你忠心，就听您使唤。老板无礼，动不动就大呼小叫，还扣我们奖金工资，还想让我们跟您好好干，这不有病吗！

14.42   子路问君子。子曰："修己以敬。"
曰："如斯而已乎？"曰："修己以安人。"

曰：“如斯而已乎?”曰：“修己以安百姓。修己以安百姓，尧、舜其犹病诸!”

子路问怎样才算是君子。孔子说：“能够坚持修行，谦恭礼敬的人。”

子路说：“这样就行了吗?”孔子接着说：“能够坚持修行，又能安抚他人。”

子路再问：“这样就行了吗?”孔子说：“能够坚持修行，又能安抚百姓。”孔子继续补充道：“能够坚持修行，又能安抚百姓这事，尧、舜都对它犯难啊!”

作为君子在修行上也分层级。“修己以敬”让自己达到一个高度，一个修为的水准，能够做到谦恭礼敬，显得温润如玉，就如佛家的小乘。更进一步去安抚他人，影响他人，感化他人，这就像是佛家的及门大乘。再进一步，能够安抚天下百姓，如日月一样照耀人间，像尧、舜一样德润天下。尧舜禹汤、文武周公、孔夫子都是德润天下的大圣人。

做到“修己以安百姓”很难。这个“安”字最早出现在甲骨文里，是“女坐室内”的意思。那个年代，一个女子单独外出，不是被外族掳走，就是被猛兽叼去，坐到屋里就安全了，引申为安稳、舒适的意思。孔子的弟子曾点所描述的：“暮春者，春服既成，冠者五六人，童子六七人，浴乎沂，风乎舞雩，咏而归。”没有歹人的袭击，没有贼人的侵扰，就是百姓得安的景象。正因为如此，孔子也才感叹道：“吾与点也。”我的想法跟曾点一样。孔子的理想里就有这方面的内容，比如，孔子曾说：“老者安之，朋友信之，少者怀之。”老人们生存能力差了，也能“得安”，实在是君子应该追求的目标、理想。

14.43　原壤夷俟。子曰：“幼而不孙弟，长而无述焉，老而不死，是为贼!”以杖叩其胫。

老话说：“面不仰卧，腿不张胯。”我们讲，要“卧如弓”。仰面躺着，很容易让人想到死尸。当然，藏传佛教有一个修行法门要求是要平躺着的，叫大摊尸法，这另当别论。中国人普遍穿裤子是很晚的事。原先人们穿衣就像现在的裙子，叫裳（cháng），上衣下裳，没有内裤，你岔开着腿就极不雅观，那叫走光。所以讲究“不张胯”。这一则里的“夷”字解作箕踞，就是张胯而坐。粗俗至极。

孔子有个发小叫原壤，他来拜访孔子，等待接见的时候张胯而坐，甚是不雅。孔子走过来对他说：“小时候就不知道谦逊礼让、尊敬长者，长大了又毫无作为，老了还不去死，真是个祸害呀！"说着孔子用手杖敲打他的小腿，意思是你看你张着胯多难看。

孔子一直都是非常注重礼节的，突然来了个极不懂礼的粗人，正好还是自己的故交旧识，让孔子非常难堪，很没面子。

圣人也是人，也有生气的时候，生气了也要骂人。被骂的人把该骂的毛病改掉了，就达到了骂人的人的目的，就是好事。

14.44　阙党童子将命。或问之曰："益者与？"子曰："吾见其居于位也，见其与先生并行也。非求益者也，欲速成者也。"

"阙党"就是阙里，孔子从小生活、成长的一条小巷子，长大后孔子又在此教学。"将命"就是为宾主传话。"益"解作长进。

有一回，由阙里的一位少年为宾主们传言达语。有人问起来说："这位少年是个肯上进的人吗？"孔子说："我见他坐在成年人的座位上，看到他与长者并肩而行。可见他并不是个追求进步的人。倒是一个贪求速成的人。"

古人对于少年童子的要求是隅坐随行。"隅"解作角落，"隅坐"是坐在角落的意思。把中心位置让给年长的尊者，这是尊卑有序，这样也便于少年观察学习。"随行"就是跟从随行。我们见政治外交场合，领导人物出场，前后顺序讲究职位大小，地位尊卑，就是这个意思。

本该"隅坐"的，你却"居于位"，本该"随行"的，你却"并行"，孔子一看，这孩子心急了，没有渐修渐进按路数来，这对他来说没有好处，不利于他健康成长。

如今，孩子的教育可以说存在非常严重的问题。孩子在家里都成了小皇帝，尊卑秩序全乱了。我儿子在韩国留学，说韩国还是很传统，特别讲究尊卑有序，儒家传统继承得很好。难怪韩国人忙着文化申遗，至少人家在乎这个，重视这个。

卫灵公篇第十五

本篇内容主要是道德修养。孔子在本篇里，提出了他的，享誉全人类的、伟大的教育思想："有教无类。"

15.1　卫灵公问陈于孔子。孔子对曰："俎（zǔ）豆之事，则尝闻之矣；军旅之事，未之学也。"明日遂行。

"陈"是"阵"字的古体字，是指军队的行伍列阵。"俎"和"豆"都是祭祀用的礼器。

卫灵公向孔子询问作战阵法。孔子回答说："祭祀礼仪之事，我有所耳闻；带兵打仗的事情，我还没有学过呢。"第二天，孔子离开了卫国。

孔子到卫国来干什么，卫灵公很清楚，可是卫灵公偏偏不问礼，不问礼乐之治，不问为政以德，却问列阵打仗的事。话不投机啊！孔子说我没学过阵法，不会打仗，咱聊点祭祀礼仪好吗？灵公把脸转到一边，也不答话了，仰着头，数天上的大雁，一只雁，两只雁。

我想，那该是个秋高气爽的傍晚。

那一晚，孔子该是弹了曲《平沙落雁》。第二天一早就启程上路了。

15.2　在陈绝粮，从者病，莫能兴。子路愠（yùn）见曰："君子亦有穷乎？"子曰："君子固穷，小人穷斯滥矣。"

《吕氏春秋》记载，"孔子穷乎陈蔡之间，藜羹（lí gēng 用藜菜做的汤羹）不斟，七日不尝粒"。"七日不尝粒"，是说一个礼拜无米下锅。孔子一行在陈国断了粮，跟随他的人都饿得爬不起来了。子路带着一肚子怨气来见孔子，说："老师，君子也有走投无路的时候吗？"孔子说："君子在走投无路的时候尚能坚守德行，小人遇到这种情况就会胡作非为。"

影视剧里常见的镜头："老子烂命一条，怕什么？"接下来就什么事都干得出来了。君子不这样，君子贵命。这个"穷"不是"贫穷"的"穷"，而是指路走到尽头了，无路可走了。君子即便是眼下没有路，也不会走邪路，君子"固穷"，但君子会"守死善道"，这是君子的品行使然。

如今有个网络名词叫人设。常听说"某某人设崩塌"。君子是不会有人设崩塌的，人设崩塌的一定是小人。

15.3　子曰："赐也，女以予为多学而识之者与？"对曰："然，非与？"曰："非也。予一以贯之。"

《论语》里，子贡提问题是比较多的一个，关于学问的讨论互动也是较多的一个。

这天，孔子问："赐啊！你认为我学的东西多，又都能记得住吗？"子贡说："是啊！难道不是这样吗？"孔子说："不是这样的，我的学问里有一个核心的东西，像绳子一样能够把所有的学问都给贯穿起来的。"

张居正这样为孔子注解："我非多学而识者也。盖天下义理，虽散见于事务之中，而实统具于吾心。吾唯涵养此心，使虚灵之体不为物欲所蔽，则事至而明觉，物来而顺应，自然触处洞然，无所疑惑。譬之镜体清明，则虽妍媸万状，自照见之无遗；权衡平审，则虽轻重万殊，自称量之而不爽。盖一以贯之者也。"这个注解清晰通透，一目了然。是说我养出了一颗心，不需要什么知识、经验积累，它能事至明觉，物来顺应。

尽管孔子没说他的那个一以贯之的心是什么样，怎么个感觉体会。不过，我们可以先上一个台阶，那就是不管学习什么，都应该找出它的核心纲要，思维上先做到一以贯之。

倘若更进一步，平素里，时刻涵养心性，做到挣钱不昧于钱，置身工商不为工商惑，达到内心的通透明觉，能够"触处洞然"。

《论语》里，孔子只给两个人说到过"一以贯之"这件事，子贡和曾参。孔门三千弟子里，到最后，能够"一以贯之"的应该超不出孔门七十二贤吧。

15.4　子曰："由！知德者鲜矣。"

孔子这是给子贡讲完，转脸又给子路讲。

孔子喊着子路："仲由啊！知晓道德的人太少了。"孔子这话说是知晓，其实是想说拥有，拥有道德的人太少了。

如今的弊病是重法制轻品德。电视里报道，说一个保姆虐待打骂老人，并且在警局对着警官说，她在自己家对自己的老人也这样。最后她得到的惩罚是："拘留十五日，罚款五百元"。这样的处罚，有谁认为可以达到惩恶的目的？

我们的周围不是经常可以听到有人说："我犯法了吗？"是的，他可能没犯法，但是他坏了一锅汤，恶心了这个社会。哲学家王东岳先生说，儒学所说的道德，是人类生存的基本法则。假如生存的基本法则都得不到遵守，人类何去何从？人心向何处导向？

孔子肯定没什么意见。他那三千弟子七十二贤人也不会有意见。

我们不难想象，地球上单靠法制，只会推进社会更加的堕落。人类社会离再次登上挪亚方舟的日子还远吗？

我们可以设想，确实有那么一个万能的神，他有着最高的道德，我们是被他圈养的人类，这个"圈"就是"时空"。时间和空间限定了我们跑不出这个空间，如太阳系，因为我们的最长寿命乘以光速都不足以逃离这个空间。我们被这个时空罩罩着了。我们经历一世以后，万能的"道德神"会给我们一个"谥号"，根据这个"谥号"的不同，我们离开了这个时空罩——"圈"，再被安排到下一个"圈"。下一"圈"和这一"圈"中间就如只能单向流走的"二极管"，有去无回。我们在走过这个"二极管"时必须喝碗孟婆汤，大脑会被重新格式化，而灵魂不变。灵魂随着我们的灵性进入下一个"圈"。每个人的下一个"圈"都有可能不相同，在这里我们是亲戚朋友，以后各自奔"圈"，再不相认，您去的"圈"可能瓜果飘香，他去的"圈"可能沙漠荒凉。这要看我们对号入座的那个"谥号"了。就像纣王去的一定是类似荒漠的"圈"，而他的祖上汤王所去的一定是个山清水秀、土地肥沃、空气清新的地方……

15.5　子曰："无为而治者，其舜也与！夫何为哉？恭己正南面而已矣。"

尧帝德行天下，滋润万民，社会稳妥，人心向善。后来，尧帝把天下禅让给舜帝，舜帝牢记尧帝传给他的十六字心传："道心惟微，人心惟危，惟精惟一，允执厥中。"才得以无为而治。由于无须治，只须"恭己""正南面"就好了。

相传，黄帝垂衣而天下治。那是炎黄打败了蚩尤，一统华夏，威镇寰宇，黄帝才得以垂衣治天下。那是势之所至。

舜帝乘尧帝盛世，"恭己正南面而已"能够实现无为而天下治，这是乘势而为。

刘邦也是"无为而治"。但他的"无为而治"是在大秦帝国几十年严苛的法治高压后，才得以就其势而实现的。所谓无为而治，要无为无不为。无为不是不为，是就势而为、顺势而为、乘势而为，所谓的大势所趋。所以他又是无不为。

"顺坡下驴"讲究的是顺着这个坡势。没坡下驴，那是"掉下"的"下"，驴踢不踢你不好说，摔你一跤是一定的。

15.6　子张问行。子曰："言忠信，行笃敬，虽蛮貊（mán mò）之邦，行矣；言不忠信，行不笃敬，虽州里，行乎哉？"

"立，则见其参于前也；在舆，则见其倚于衡也，夫然后行。"子张书诸绅。

子张要出去做事了，临行前，问老师怎样才能做到畅行通达。孔子说："说话要忠诚守信，做事要笃实恭敬，这样即使是到了落后蛮荒的国度也行得通；如果你说话做不到忠诚守信，做事不能笃实恭敬，即使是在本州本里，你就能行得通吗？"孔子认为，出来做事最基本的，也是最要紧的两点就是："言忠信，行笃敬。"说话满嘴跑火车，办事严重不靠谱，不懂得尊重人，有谁愿意跟你搭档、合作？

孔子还教给子张如何做到"言忠信，行笃敬"的具体方法。孔子说："站起来就能看到'忠信笃敬'四个字；坐在车上那四个字就好像刻在车的横木上。如果你能达到这种投入程度，你就能畅行通达。"于是子张就把孔子告诫的四个字书写在腰间的绅带上，用来时刻提醒自己。这方法现代人都熟悉：让自己行住坐卧、睁眼闭眼都能见到它，焉有不成就之理？"念念不忘，必有回响。"两千多年过去了，内容没变，方法也一样，这就是孔老夫子的魅力所在。

记得作家豆豆的《遥远的救世主》里写到，芮小丹送给丁元英一个玉坠儿，玉坠儿上刻着一个字——法。子张对待孔子的"言忠信，行笃敬"的态度，就是"法"。老师讲了半天，您不"法"，您学它干什么？

老子说了，"人法天"。谁是您的天？

佛说："万法归一。"那一归何处？

老师教会学生是老师的本分，像孔子那样循循善诱，诲人不倦，这是在深行教之道。作为弟子要学会"法"，比如，像"子张书诸绅"、颜回"不贰过"。要么悟性好，如颜回；要么态度好，如子张。这样，弟子有收获，老师也有成就感。

15.7　子曰："直哉史鱼！邦有道，如矢；邦无道，如矢。君子哉蘧伯玉！邦有道，则仕，邦无道，则可卷而怀之。"

　　"史鱼"是卫国大夫，史书记载史鱼临终之前，把儿子叫到床前说，自己死后不要在正堂举办丧事，原因是生前有两件事未能实现，留下了遗憾，羞愧难当，不配在正堂办丧事。两件事：一件是给灵公举荐蘧伯玉未被灵公采纳；另一件事是弹劾弥子瑕不称职未被灵公接受。

　　这事后来传到了卫灵公耳朵里，灵公在史鱼去世后，终于全部采纳了史鱼的建议。有人总结说史鱼是"生以身谏，死以尸谏"。真正是比"鞠躬尽瘁，死而后已"还"尽忠"。我们知道，后来蘧伯玉成了卫国的栋梁之材。

　　孔子说："史鱼可是个正直的人啊！国家政治清明，他像一根离弦之箭，直指前方；国家政治昏暗，他同样像一根离弦之箭，直指前方。蘧伯玉可是个君子啊！国家政治清明，他出来做官；国家政治昏暗，就隐居赋闲。"一个是正直的忠良谏臣，一个是有道的君子，都能各得其所，不同是，君子通权变。

　　君子绝不同流合污，还能独善其身。独善其身是孤独寂寞的，这叫敢于担当还要学会承受。

15.8　子曰："可与言，而不与之言，失人；不可与言，而与之言，失言。知者不失人，亦不失言。"

　　孔子说："有些人可以与之交流，而没有与之交流，你可能会失去了一个人才；而有些人不应该与之交流，却与之交流了，这就算说错话了。一个智者是既不会失去人才，也不会说错话。"

　　俗话说，宁跟明白人打架，不跟糊涂人说话。这和孔子的意思有些近似。所谓明白人就是有一定认知高度又事理通达的人，失去与这样的人交流，那就是失人。和明白人交谈，通达无碍，哪怕有争执起冲突，那也是畅快淋漓。如果一个人昏聩愚昧，认知低下，遇到此等人都会唯恐避之不及，这样的交谈如对牛弹琴，和这样的"糊涂人"交谈不就是浪费口舌吗？智慧之人是既不错失人才，也不瞎耽误工夫。

　　公伯寮诋毁子路，子服景伯非要活劈了他不可，孔子急忙劝阻，一番道理讲过后，子服景伯被孔子说服了，避免了一次流血害命的事件发生。孔子当时如果不说话，那就要失人了。比如，"卫灵公问陈于孔子"，孔子说："未之学"，打仗的学问我没学过，不知道怎么说。孔子要是说了，那就失言了。孔子来到卫国，明白人都知道，让孔子帮着礼乐治国呀！问什么阵法呀？这位卫灵公的脑子还真就不灵光。

15.9　子曰："志士仁人，无求生以害仁，有杀身以成仁。"

在影视剧里常听到国军杀身成仁的说法，其出处就在这里。志士也好，仁人也好，都是为了理想投身伟大事业，杀身成仁是一件光荣的事，视死如归，慷慨就义，无所畏惧。所以歌里不都是这么唱的吗？面对艰苦的抗战，华夏大地的英雄儿女们高唱"儒家的传统思想，带领我们去战斗"。这是一群真正的中国人，一群中国的仁人志士。

孔子说："志士仁人，不会因为贪生而损害仁道，只可能献身以成就仁道。"仁道是孔子追求的最高理想，也是他一以贯之的通天大道。孔子说："朝闻道，夕死可矣。""杀身"能"成仁"岂不快哉！

15.10　子贡问为仁。子曰："工欲善其事，必先利其器。居是邦也，事其大夫之贤者，友其士之仁者。"

子贡问如何修养仁德。孔子说："工匠要想把活干好，就得把工具修理打磨得足够锋利、顺手。在一个国家里，一定要敬奉最为贤德的大夫，结交最有仁德的士人。"

孔子曾把子贡比作一个祭祀用的贵重大器——瑚琏。这次，子贡问孔子修仁道的学问，孔子说："工欲善其事，必先利其器。"你不是想成为春秋商界的老大吗？一定要精通为商之道，同时还要敬奉各国的贤士大夫，跟各国的仁德之士广交朋友。

如今能"善其事"的人是越来越少了，有识之士们都在大声疾呼"工匠精神"的回归。

过去讲近朱者赤，近墨者黑。今天讲"和亿万富翁打交道，你能成为千万富翁；和千万富翁打交道，你能成为百万富翁"。孔子讲："工欲善其事，必先利其器。"意思是，有了金刚钻，再揽瓷器活。若要"利其器"就要"事其大夫之贤者，友其士之仁者"。除了政府的支持，还要友人的帮忙。

当我们悟透了"工欲善其事，必先利其器"的深意，就更容易练就出真功夫；悟透了"事其大夫之贤者，友其士之仁者"的奥义，就有了撬动更大事业的杠杆，可以更好地去"善其事"。

15.11　颜渊问为邦。子曰："行夏之时，乘殷之辂（lù），服周之冕，乐则《韶》舞。放郑声，远佞人。郑声淫，佞人殆。"

没有文字记载说颜回做过官，可是孔子寄希望最大的是颜回。孔子认为把一个大国交给颜回治理没有任何问题。当颜回问怎样治理好一个国家时，孔子说："使用夏代的历法，乘坐殷商的车子，戴周朝的礼帽，使用舜帝时的《韶》乐。放弃郑国的乐曲，远离奸佞小人。因为，郑国的乐曲偏激，奸佞小人危险。"

为什么孔子这么说呢？我们细细品读。"夏之时"是夏代历法，至今我们还在沿用，就是我们的农历。"殷之辂"是指殷商制式的大车，为什么要用殷商制式的大车呢？原因在于它是质朴坚实的木车，符合儒家提倡的俭的原则。"周之冕"是指周代的帽子，这"周之冕"是周公定的制式，庄严、实用、美观，属于当代的礼制，孔子一定提倡。《韶》乐在孔子认为是"尽善尽美"的乐曲，和谐万邦，没有比这更好的了。治理国家，用孔子讲的这些，就足以搭建起相应的管理架构。接着孔子还说了两个注意事项——"放郑声"和"远佞人"，并且对其做了相应的解释。

孔子的注意事项里专门说到了"郑声"，还解释说"郑声淫"。我们能够体会到的是音乐可以调整一个人的情绪，甚至改变一个人的志趣和人格。作为国家传颂的乐曲，你是要它调和心性、提振士气、振奋精神、牢记使命，还是让它消磨意志、坏人心智、偏离人性，作为国家的执政者，你必须思考并做出决定。

有的音乐让人激情；有的音乐让人振奋；有的音乐让人深刻；有的音乐让人轻快；有的音乐让人放松；有的音乐让人肃穆；有的音乐让人消沉、郁闷，甚至堕落……

15.12　子曰："人无远虑，必有近忧。"

孔子说："做人如果没有长远考虑，一定会很快遇到忧患。"其实这句话无须翻译。只是对其深意的理解需要透彻，履行起来就会更为容易、更到位。比如，我们的国歌几十年来未曾改变，就是为着要保有我们民族的忧患意识。民族还在撕扯，国家还在割裂，大业未尽，大事未成，必须清醒。

作为一个团队或是一个人，祸也好患也罢，已然祸患临头了，但还未清醒、尚未觉察，那就只有倒霉了，所以一定要居安思危。今天的管理理论里所讲的"温水煮青蛙"，就是这个意思。青蛙一定不想死，只是它在还能逃走的时候失察、失觉，贻误了时机。这种情况下，死神是无形、无情的，没有刀架在脖子上的害怕，不会是迎面撞树的惊恐，他会让你挣扎，即便挣扎为时已晚。

15.13　子曰："已矣乎！吾未见好德如好色者也。"

这一则又是重复。在《子罕篇第九》里已有。我想孔门弟子编辑此书时，可能考虑到"好德""好色"在这里需要重描一笔。从见色、好色到贪色，一样"人无远虑，必有近忧"。潘金莲遇见西门庆，从竿子落到脑袋上惊恐地相视对望，到眉来眼去，再到勾搭成奸，可不是一天的工夫，还是应该未雨绸缪、防微杜渐。

15.14　子曰："臧文仲其窃位者与？知柳下惠之贤而不与立也。"

"窃位"的意思是"无德而居其位"。臧文仲这个人问题很多，《公冶长篇第五》里就说到他家里搞了不少违背礼制的做法，孔子又听说他"窃位"，于是孔子就拿他做例子来教育弟子。孔子说："臧文仲大概是个窃居官位的人吧！他明知道柳下惠贤德能干，却不举荐和自己一起为官。"发现贤人而不举荐是品德有问题。这个臧文仲有贤不举、窃居官位，如果孔子早生百十年，一定会举报这个臧文仲。

"无德而居其位"是领导和人力资源部门出了问题。有臧文仲这样的人在位，就叫用人不当；"贤而不与立"是人才浪费；让柳下惠这样的人闲着，就是失职。

做老大的，想起人才这档子事儿的时候，扫描一下"无德而居其位"和"贤而不与立"，能让他省好些事。

15.15 子曰："躬自厚而薄责于人，则远怨矣。"

"躬"解作自身。"厚"解作厚责。"责"解作惩罚、责罚、责备。孔子说："如果一个人能多严格要求自己，少去苛责别人，那就会远离怨恨。"

家庭和谐、社会交往、团队建设的一大痛点就是招致怨恨。工作的安排、职责的划分、后果的承担、名利的归属等。您对我不满意，我对您有意见，各种埋怨、责备、指摘、愤恨、怨气等一切，对家庭和谐、社会安定、团队建设都会带来损伤和危害。减少或消除这些危害的发生，一个有效的方法，就是孔子说的，多责备自己，少苛责别人。这和我们常说的"严于律己，宽以待人""得饶人处且饶人"都有异曲同工之妙。有担当的人总会把麻烦事往自己身上揽，这样的人招致的怨恨就少。

少怨则得众，人际关系就好，得人心者得其势。《孙子兵法》里有一篇就叫"势篇"，专门讲势，最终的意思就是"得势者得胜利"。

15.16 子曰："不曰'如之何、如之何'者，吾末如之何也已矣。"

孔子是"不愤不启，不悱不发"的。

孔子说："对于一个不说'怎么办、怎么办'的人，我最终也不知道该怎么帮他。""末"解作最后，终了。

孔子的意思是，对于一个做事不知精思熟虑，有问题不知道寻找解决途径和方法，搞不清楚情况就鲁莽从事的人，别人是帮不上他什么忙的。换而言之，他能深思熟虑，又善与人交流探讨，还能多方问难请教，探讨解决问题的方案，这样认真做事、负责担当的人谁都想帮他。

西汉扬雄在他的《法言义疏》里说："珍其货而后市，修其身而后交，善其谋而后动，成道也。"这"善其谋而后动"的行事原则相当重要，它是保证胜算成功的重要筹码。《孙子兵法》讲："夫未战而庙算胜者，得算多也；未战而庙算不胜者，得算少也。多算胜，少算不胜，而况于无算。"

孙子所说的庙算有一个历史演变过程。最早是家族里对一些重大事项需要做出决定时，都要由族长在祖庙里召集会议，进行讨论测算，征求大家的意见，最后做出符合家族利益的决定。这是庙算的由来。

孙子这段话的意思是：在战争未发动以前，先进行庙算，如果比较优势明显，夺取胜利的机会就大；如果比较优势不明显，则得胜的机会就少。多做比较计算，这样胜算就大，少做比较计算，就胜算小，没计算就算了吧，自己都不上心，这种人没什么希望，孔夫子再世也拿他没辙。

古人还说："不求不教。"您都没有接受教诲的意愿，没有求知欲，老师很难帮到你什么。古人还说："医不叩门，师不顺路，道不轻传，法不空授。"您凭什么就想轻易收获？

15.17　子曰："群居终日，言不及义，好行小慧，难矣哉！"

孔子说："一群人整天聚在一起，说的话跟义理不挨边儿，就喜欢耍个小聪明，这种人要想进步太难了。"孔子这番话牵扯到交友问题。对于交友，曾参曾说："以文会友，以友辅仁。"朋友在一起不一定谈的话全是什么大道义理，先不讲什么"与君一席话，胜读十年书"。但是，整日在一起，"言不及义"就说不过去了，至少不能偏离义的范畴，不能放不义之词、发不义之言、谈不义之论。尽说些不着边际、不靠谱的话，谁拿你也没办法。

古人喜欢"遍访名山"，访的那不是山，是山里的人，是明道义的明白人、高人。说"相见恨晚"，一定是此一见"辅仁"了，惊叹受益匪浅。那种"相见恨晚"才不是客套话。

15.18　子曰："君子义以为质，礼以行之，孙以出之，信以成之。君子哉！"

孔子说："君子做事，以道义为本，礼貌行事，话语谦虚，靠诚信取信于人，这样才算是君子。"这的确是个学问深厚、涵养纯熟的君子。"君子务本，本立而道生。"站在道义上就是务本的行为。假如谁哪天不义了，咱扭头就走，再跟他来往也没什么意思。礼貌行事做事，礼貌就是通行证。电影《老炮儿》里有个问路的没礼貌，六爷就让他过不去。

您说话谦虚礼敬，人家就回敬您三分，您谦虚他恭敬，这就有了和顺的气象。做事诚信了就容易"尽善"；做事"尽信"了就容易"善终"。所以孔子会说："信以成之"，您礼貌也好、谦虚也好，最后只有体现在信上才能成事儿。

别人见您是君子，抬抬手您就过去了；看你小人一个，该让的也不让了，你就过不去。没礼貌、不诚信、还好吹牛说大话，小人一个，没人待见你，成事就难了。

15.19　子曰："君子病无能焉，不病人之不己知也。"

孔子曾说："不患人之不己知，患不知人也。"说到"知人""知己"话题时，孔子用了个"患"字，"担心"的意思。在这里，说到"无能"时，孔子用了个"病"字，"担忧"的意思，语气加重了。知不知己在其次，"无能"就让人替你担心了。

这里，孔子说："君子只担忧自己没有能力，不担忧别人不了解自己。"我"无能"，没人知道也就算了（"不己知"），尽快把"无能"变成"能"就是了。就怕"无能"还满世界乱窜，生怕别人不了解他"无能"。这不是缺心眼吗？

你无能，放到哪里都还是无能；你无能，不去试图改善，坐等到什么时候都还是无能。无能之辈不堪大用的道理谁都懂。

这正是："酒香不怕巷子深，香飘四溢能招人""藏在深山人未识，终有时日露峥嵘""不经一番寒彻骨，怎得梅花扑鼻香？"所以，君子"病无能，不病人之不己知"。

我琢磨着，这培训业还会迎着朝阳再兴盛几年。

15.20　子曰："君子疾没世而名不称焉。"

前面，孔子在担心担忧时，用了"患"字"病"字。在这里，相近的意思孔子又用了"疾"字。古人在遇到病重时用"病"字，病轻时用"疾"字。孔子在这里说到名声时，用的是"疾"字，我们可以看出，孔子是重能力，轻名声。

"没世"解作终身。"名不称"解作名声不被世人称道。孔子说："君子所担忧的是，自己直至离开人世还不被世人称颂。"古人认为"君子学以为己，不求人知。然没世而名不称焉，则无为善之实可知矣。"自己可以不贪求被人追捧，但是一辈子都要结束了还跟没名没姓似的，没有能摆得上桌面的善举，自己怎么能够不懊悔呢？"名"的大小不是关键，"名不称"不被人称道可是个事。

"人生自古谁无死，留取丹心照汗青。"文天祥留名青史，不仅是光宗耀祖，还为后世做出了榜样，成为我们大汉民族英雄的象征，这是被人称道的。

15.21　子曰："君子求诸己，小人求诸人。"

　　孔子说："君子反求于自己，小人则苛求于别人。"我们认为君子应该是"人不敬我，是我无才；我不敬人，是我无德；人不容我，是我无能；我不容人，是我无量；人不助我，是我无为；我不助人，是我无善。"我是一切的根源。小人则一切是反着来的。

　　《易经》乾卦讲："天行健，君子以自强不息。"君子是"修己以敬"，再"修己安人"，最后"修己以安百姓"，使天下得安。这一切从修己开始，一切以修己为重。等到百姓得安则天下太平了，这是真正的为政以德。员工安则公司赢，成人成己是老板做事业的根本所在。

　　前面两则说到，君子不担心别人不了解自己，却担心临死了还没个好名声，这好名声"求诸人"没有用，孔子说了，您就得"求诸己"。怎么个"求诸己"呢？您"修己"、您"自强不息"，都是在"求诸己"。

15.22　子曰："君子矜（jīn 慎重）而不争，群而不党。"

　　孔子说："君子谨慎持重而不与人争，团结合群而不结党谋私。"君子志在齐家治国平天下，他们修己安人，团结更多的人以实现平天下的目的。君子决不会为一己之私忘了国家天下。如今的中美贸易战打得正酣，特朗普主张的是美国的利益，习近平主席倡导的是"人类命运共同体"，孰优孰劣不言自明，境界高下一目了然。

　　在我们身边确有结党营私的人，他们为了个人或是某一团体、阶层的利益争执、冲突、暗流涌动，甚至狼狈为奸。我们要经常检视自己的思想言论，反思自己的不当行为，让自己远离龌龊，坦荡做人；远离阴暗，追求光明，让自己的人生自在洒脱一些，令身边的花木更葱郁、艳丽、明亮一些。

　　当你翱翔于蓝天的那一刻，道路的崎岖与泥泞，与你何干？

15.23　子曰："君子不以言举人，不以人废言。"

　　孔子说："君子不会因为你的话讲得如何好听就举荐你，也不会因为你为人有问题就否定你正确的言论。"

俗话说："路遥知马力，日久见人心。"要见人心，而不是听你说了什么，继而"以言举人"。上古时期，尧帝一天天衰老，头领们聚到一起，开始议论接班人的问题，有人提议让尧帝的儿子即位，尧帝太了解自己的儿子了，没有同意，大家又推举虞舜，说他是个德才兼备之人。尧了解情况后很高兴，先是把自己的两个女儿娥皇、女英嫁给舜，又考验了他二十八年，确认舜没问题后，才将帝位禅让给了他。

古人最讲：举人不避亲。这都是以大局为重，让有德者居其位。

《周易·系辞》里说："德不配位，必有灾殃；德薄而位尊，智小而谋大，力小而任重，鲜不及矣。"他德行不够，不该举荐他的，您把他推举上去了，"鲜不及矣"。他很少不祸及自身的。企业、政府都有一种现象，领导、老大在马屁声中浮躁了，飘了，以为自己不得了了，结果从高处跌下来、关门倒闭了，这叫蠢猪骑快马。那些拍马屁的人太可恶啦！

15.24　子贡问曰："有一言而可以终身行之者乎？"子曰："其'恕'乎！己所不欲，勿施于人。"

老师就是答疑解惑的。您不问，疑惑终归还是疑惑。子贡可没那么傻。

子贡问孔子："老师，有一个字可以让我终身照着去做的吗？"孔子说："那就是'恕'吧！意思是自己不喜欢的事情，不要强加在别人身上。"自己心里都过不去，这事就应该到此打住。子贡说的意思是"终身行之"也能够通达无碍。假如不能通达，它的阻碍在哪儿？在人心，人心可以成为最大的阻碍。比如，战争中有"兵败如山倒"一说，这兵败不是因为真的山倒了，那是人心倒了，人心一倒是怎么也扶不起来的。

日本医学博士江本胜先生，用实验证明了人心可以改变世界，可以让世界变得丑恶，也可以让世界变得更美丽，并为此写了一本书——《水知道答案》。

孔子说的这个"恕"字，有体谅之意，从字面上看是如心，如自己的心，这个心不是蒙尘污垢了的心，是自己的良心，是"人所得乎天而虚灵不昧"的那颗本心。这颗本心会告诉我们，喜欢什么不喜欢什么，自己不喜欢的绝不会强加于人，能够体谅人，体谅到"己所不欲，勿施于人"。

印度佛教来到中国，也借用孔子的"恕"字，在"如心"前面加了一个"真"字，真如心。佛家讲的真如心，是指不受外界影响变化的守本真心。真如心如如不动。这都是佛家来中国后的发展。

15.25　子曰："吾之于人也，谁毁谁誉？如有所誉者，其有所试矣。斯民也，三代之所以直道而行也。"

孔子说："对待别人，我诋毁过谁赞誉过谁呢？如果说我曾经赞誉过谁的话，那一定是经过我考察证实了的。正因为历史上有像我这样的人，夏、商、周三代才得以直道而行。"批评谁赞美谁一定是有事实依据的，可以考证的，不凭一己之好恶，或是道听途说，更不能瞎编乱造，妄下结论，这样不仅让你失了信誉坏了名声，还败坏社会风气。社会风气坏了可是要毁几代人啊！夏、商、周能行直道，全靠像孔子这样的圣贤引领的作用。

产品研发需要试验；制造需要试生产；投放市场需要试销；用户需要试用，然后你再"有所誉"，去宣传推广，赢得客户的概率就大。

15.26　子曰："吾犹及史之阙文也，有马者借人乘之，今亡矣夫！"

孔子说："我还看得到史书上那些因为存疑而有意空缺的地方，就如同自己没能力骑行、驾驭，把马借给别人一样，这样的明白人可是没有了。""犹"解作如同。"阙文"就是有疑问故意空缺的文字。

所谓"有马者借人乘之"是说自己有马，自己没能力骑行，技术不好不敢驾驭，借给有能力、技术好的去驾驭、去骑行。书写历史就是这样，历史不清，事实不明，资料不全，宁愿空缺，绝不胡编乱造，驾驭不了不能勉强，等有这个能力的人过来补缺。明白人只做自己清楚、明白、擅长的事，否则，宁愿不做。

梁启超先生曾说："有信史然后有良史"，史家所书历史必须真实可信，以便读者以史为鉴。提倡做一个真正的有良知的史家。作为史家，"夫所谓直笔者，不掩恶，不虚美，书之有益于褒贬，不书无损于劝诫"。以史为目的，而不是以之为手段，尊重客观事实。绝不胡编乱造。

15.27　子曰："巧言乱德。小不忍，则乱大谋。"

孔子曾说："巧言令色，鲜仁矣。"看来这个表面好听实则虚伪的"巧言"

不只是少了仁，还会败坏道德。孔子说："花言巧语败坏道德。小的事情上不能控制自己，遇到大事时就可能坏事。"孔子的意思是，这些小的实惠都能诱使你失控，稍微加点码就能牵着你走，你有可能坏大事。比如，汉奸、叛徒、内鬼基本都是属于这等货色。

孔子很讨厌"巧言"，对此数次批驳。"巧言者"利用巧言博取同情，攫取利益，用这种龌龊的手段，做一些不光彩的事情，只会败坏道德。而孔子所做的一切，都是在树德、立德、德治。

"不忍"不行，能忍就是忍人之所不能忍，方能为人所不能为，能够"为人所不能为"的"大谋"。孔子的这个"忍"，近似于佛陀的"持戒"。孔子、佛陀都是神圣，他们初心一般、发心一般，诸法同源，殊途同归。最终，见心见性，把人都往善道上归至。

15.28 子曰："众恶之，必察焉；众好之，必察焉。"

孔子说："大家都厌恶他，那就必须对他考察；大家都喜欢他，那也要对他进行考察。"这和前面子贡问的"乡人皆好之""乡人皆恶之"有道理相通的一面。好善恶恶人之常理，但是利益的砝码有时候会捉弄，甚至调戏我们这些俗人。古人讲："盖天下有众论，有公论，众论未必出于公，公论未必尽出于众。"所以，孔子说："必察焉。"一定要考察、落实。就像实事求是一样，它既是一种态度，也是一种行为，必须落到实处才有意义。

村里的一个年轻未婚女子怀上了孩子，族人们一定让她说出孩子的父亲是谁，否则就要将她赶出村子。情急之下，女子说孩子的父亲是村头小庙里的和尚。由于族人们虔诚信佛，也没有太过为难那个和尚，只是把生下来的孩子交给了那个和尚算了事。

和尚接过孩子一直在庙里养着，教他认字读书。事实是和尚跟孩子没有半毛钱关系，可和尚认为这就是有缘分，十八年后，那个未婚怀孕的女子回来认领孩子，和尚只是说了句，孩子本就是你的，领走好了。和尚是出家人，有修行，来了来了，走了走了，缘起缘灭，作为村子里的俗人可能是起初骂和尚，到后来知情后又赞扬和尚，你不去考察实据，你的谩骂和赞扬又有什么意义呢？

和尚是八风（利、衰、毁、誉、称、讥、苦、乐）吹不动的。我们这些俗人，总是被吹得东倒西歪。

后来，村里族长说：还好，人在做，天在看。

15.29　子曰："人能弘道，非道弘人。"

孔子说："人能弘扬大道，而不是道去弘扬人。"

孔子周游列国，推行周礼，宣扬礼乐治国，宣传为政以德，所做一切，都是在"弘道"。"弘道"对于孔子来说，有太多的感受和体会。

儒家到了宋朝，发展出了"性即理"的理学。性是天性，天性就是天道，天道存在于人和事物上。因此，理学主张，格物致知，即物穷理，去探究事物，发现真理。到了明朝，又发展出"心即理"的心学。心是本心，是人一切活动的主宰，本心是天道在人层面的存在方式，本心就是天理，心即理。理就在心中，而不在事物中，我性自足，不假外求。心学也主张格物致知，只是，这里的格物的物是事，格解作正的意思，正其不正为格物；致其良知为致知，致使良知显现。

不管是理学还是心学，都讲人与道，都存在人与道的关系问题，道在事物上也好，在人心里也好，道不会去弘扬人，只能是人如何去修道，去弘扬道。有了这样的认知，奉行理学的"二程"、朱熹也好，创立心学的周敦颐、陆九渊、王阳明也好，都明白必须靠人去弘扬儒学大道。他们也的确是这样做的，也都成了一代大儒。

15.30　子曰："过而不改，是谓过矣。"

孔子说："有了过错不去改正，这才叫作错呢。"孔子历来提倡："过则无惮（dàn）改。"有了错误不要怕改正。人岂有不犯错的，无心为之，改了就完了。知错不改，成了有心为之，那是错上加错，罪加一等。

"过而不改"，有一种情况是"不改"能给他带来好处，比如酗酒、睡懒觉、偷盗、欺骗，这样做所带来的好处让他不愿意回头，不想改。一时的好处让他越陷越深，以至于不能自拔，最后想拔也拔不出来了。我们似乎听到有一个声音说：你们只见贼吃肉，没见贼挨打吧？

爱因斯坦说过："你不要渴望用相同的想法和做法来得到不同的结果！"你要想得到不一样的结果，必须不断地调整和改变，否则，爱迪生永远得不到任何的创造发明。比如，爱迪生发明灯泡，就曾犯过七千多次不同的错误，正是在不断矫正的过程中，最终取得了成功。

你能想象，伟大的发明家爱迪生，连续犯七千次同样的错误吗？

15.31　子曰："吾尝终日不食，终夜不寝，以思，无益，不如学也。"

孔子说："我曾经整天不吃饭，整夜不睡觉，就在那里思考，结果是一点收获也没有，还不如去学习呢。"

孔子曾经"十五志于学，三十而立，四十而不惑"，三四十岁的时候，仍受困于"以思，无益"，终不能解惑。后来孔子想到了"学而不思则罔，思而不学则殆"。思和学是个辩证的关系，相辅相成的关系。于是，孔子开始"不如学也"。孔子想明白了，不食不寝去思考，毁坏了身体不说，还了无所得，真不如力行于学，在实践中感悟领会，更容易贯通义理。孔子这种自觉自省的觉知力、悟性是我们需要提升的。

孔子总结出的"君子九思"，是很好的学习工具、模式：视思明，听思聪，色思温，貌思恭，言思忠，事思敬，疑思问，忿思难，见得思义。但是这些理论如果不在实践中印证，并把它们化为自己的行为习惯，是没有任何意义的。

我们前面说了，智闲香严禅师开了悟，消息传到师父沩山那里，师兄仰山禅师定要亲自印证不可，说："待某甲亲自勘过。"

仰山考问智闲，智闲又把原来那首偈子念诵了一遍："一击忘所知，更不假修持……"仰山一听，说，这不行，你得现作一首。智闲禅师当即作一颂："去年贫，未是贫，今年贫，始是贫。去年贫，犹有卓锥之地；今年贫，锥也无。"

仰山禅师又说："如来禅许师弟会了，但祖师禅师弟连梦见还没梦见呢？"智闲禅师于是又作一颂："我有一机，瞬目似伊。若人不识，莫唤沙弥。"仰山禅师确认智闲确实彻悟了，这才放心，便回去报告沩山禅师道："且喜闲师弟会祖师禅也。"

智闲香严禅师开始只是处在思的阶段，没真正学到，不会用，没悟道，对佛法没有"一以贯之"，师父变换个套路就答不上来了。后来真开悟了，怎么问都能答，物来则应，这就都没问题了，得道了，贯通了。

15.32　子曰："君子谋道不谋食。耕也，馁（něi 饥饿）在其中矣；学也，禄在其中矣。君子忧道不忧贫。"

孔子说，他"患""不知人""疾""名不称""病""无能"，这里又"忧""道"。做圣人君子也不容易呀！

在这里，孔子说："君子谋求得道而不谋求饭食。耕种也常会饿肚子，学习自然可以得到俸禄。所以君子担心求道不成，不担心自己会贫穷。"这就是有心为食食不果腹，无心俸禄金玉满堂。君子胸怀家国天下，"朝闻道，夕死可矣"。孔子周游列国在卫国的时候享受的是上卿待遇，所以孔子说"谋道不谋食"是有底气的。

低俗的人把学习、做学问庸俗化了，比如，"书中自有黄金屋，书中自有颜如玉"。学习成了"十年寒窗无人问，一朝成名天下知"。为的是"考功名"，上清华北大也不过是找个更好的工作而已，还不如一个十一岁的童稚小子（王阳明），尚知道"人生第一等事，乃读书学圣贤耳"，相较于"修身、齐家、治国、平天下"，君子与小人更是差距明显。

培养出家国情怀来，是学校、老师的使命。

都上了"211""985"的学校了，还担心找不到工作，那就是孔子说的"忧贫"。

君子学在谋道。

君子谋道不谋食，忧道不忧贫。

成了精的砖头瓦块还是砖头瓦块，咱的"211""985"可是培养栋梁之材的呀！

15.33　子曰："知及之，仁不能守之，虽得之，必失之。知及之，仁能守之，不庄以莅之，则民不敬。知及之，仁能守之，庄以莅之，动之不以礼，未善也。"

孔子说："通过智慧得到的东西，自身的仁德守不住，即便得到，也会失去。通过智慧得到的，自身的仁德守住了，却不用庄重认真的态度面对民众，民众也不会敬重他。通过智慧得到的，自身的仁德守得住，也能用庄重认真的态度面对民众，他的行动如果不合礼仪，还不能算是尽善。"有十年磨一剑的心理准备是成事的前提，有始无终是做事的忌讳，儒家提倡的是善始善终。孔子用严谨的逻辑说明能善其事的道理。

孔子的意思是，天下道理无穷，君子之学，务求尽善。尽善要求智慧成之，仁德守之，庄重临之，礼仪规范之。可以看出这是一件内外兼修、逻辑关联紧密的事，需要认真对待。

如今许多企业的发展目标是"百年老店"。这"百年老店"可不是谁想开谁就能开的，这一定是"君子事业"，您就得"知及之，仁守之，庄莅之，动之以礼"，然后才能"尽善"，实现您"百年老店"的梦想。

15.34　子曰："君子不可小知而可大受也，小人不可大受而可小知也。"

孔子说："对君子不可以用小事情去考验他，可以委以重任；小人不可以委以重任，可以交办给他一些小事。"

人称"凤雏"的三国谋士庞统，有宰相、军师之才，您偏让他做个小县令，他就整天喝大酒。盖一所房子需要栋梁也需要砖瓦，君子小人各得其所才是善事之道。

用人是门学问。

孔子讲的是大材小用与小材大用。大材小用会误事；小材大用会坏事。大材小用是大材没能充分利用，比如，用千里马拉磨、用航母摆渡，多误事呀！小材大用是冒险、是不负责任，比如，给您一个竹筏，让您横渡太平洋；比如，我们说"打虎要用枪，打狼要用棒"，您又不是武松，拿个棒子去打虎，那就是去喂老虎，老虎要是不吃您，都对不起您手里拿的那根棍儿。

15.35　子曰："民之于仁也，甚于水火。水火，吾见蹈而死者矣，未见蹈仁而死者也。"

孔子说："百姓对于仁德的需要，超过对水火的需要。我见过有人跳到水火中死了的，但没见过行仁德而死的人。"

黄河养育了我们，我们说黄河是我们中华民族的母亲河。人类的文明也都是诞生在江河之滨。四大文明古国的古埃及文明诞生于尼罗河河畔；古巴比伦文明诞生于幼发拉底河和底格里斯河的两河河畔；古印度文明诞生于恒河河畔。古先民们都是临水而居烧火做饭，所以人类对于水火的需求不可一日缺失。孔子说即便如此，人们相较于仁德而言，更需要的还是仁德。孔子的意思是说，对于人仁德比吃饭重要。

人类走过茹毛饮血的岁月，进入文明时代，人与人之间的存在关系发生了质的变化，人们不再只限于"食色"的范畴，而是进入更高的精神需求，这种精神需求把人类推向动物界的高等级地位，人与人之间需要相互关爱、慈悲，而仁德像初升的太阳一样开始给人们带来温暖和光明。我们不难想象人类社会没有仁德会是什么个样子，那和下水道里的鼠群有什么区别。

……

孔子是想把我们推向更高的人类文明层级，我们不能做人类文明进步的落伍者。

15.36　子曰："当仁，不让于师。"

孔子说："当你有获取仁德的机会的时候，即便是老师也不必谦让。"这可不是一盘菜、一壶酒、一套房、一辆车，你一高兴让给老师吧，孔子说没必要，你自己收起来就好。在今日，我们为天地立心，为生民立命，为万世开太平，又让给何人？

那是在唐朝，在广州的法性寺的一次法会上，两位小僧在法会开始前的一小段时间空隙，看着飘动的经幡斗起嘴来。一小僧手指着说是幡在动，一小僧说是风在动。这时从人群中站起一位陌生人，对着两位小僧说："非风动，非幡动，仁者心动。"话音未落，台上方丈站起身来双手合十，看着这位陌生人说道："莫非这位施主就是传说中的六祖不成？"此人从包裹里取出一领紫荆袈裟披在身上，又拿出一只紫金钵盂托在手中，对着方丈回答道："我就是六祖，我就是慧能。"

15.37　子曰："君子贞而不谅。"

孔子说："君子坚持走正道，不固执，不拘泥小节。"就像子路、子贡非议管仲一样，孔子说："微管仲，吾其被发左衽矣。"你们不可以拿管仲跟愚夫愚妇去比较，管仲是要成就大事业的人物。想当年，假如没有管仲，我们还要披散着头发，穿左衽衣服，过野蛮人的日子。司马迁更是评价管仲，说他：九合诸侯，不以兵车，一匡天下。这么大的功绩，你不可以再在小事上去要求他、苛责他。

电视剧《亮剑》里的李云龙，就是为打仗而生的，你让他把仗打好就行了，不用再管他说话带脏字，吃饭抠脚什么的。做个君子"贞而不谅"。"贞"是信，

"谅"是小信，君子抓大信放小信，而后取信于天下。

　　15.38　子曰："事君，敬其事而后其食。"

　　孔子说："侍奉君主，先把本职工作做好，然后再去说薪水的事。"现在很多年轻人找工作，开口先问给我多少钱，他不问问自己值多少钱。

　　我们毕业参加工作的时候，还是分配制，工资是国家早就定好的，不用我们操工资的心，就是一门心思把工作做好，早点提级，级别提了工资跟着就涨上来了。

　　提级主要是考核能力和工作年限。工作年限不用拼，所以我们只是拼命地工作，拼能力，唯恐落后。记得我还在实习的时候，那会儿刚开始有奖金，而且奖金是由工班长私下根据每个组员的表现给的，我算是表现好点的，实习第一个月班长就给我五元钱，我还不敢接，班长说："傻小子！拿着，你表现好，该得。"我在工班干了三个月，因为表现好，又因为机关缺干部，第四个月我就被调到机关了。这时候，我离实习期结束还有三个月。

　　如果，我是说如果，您侍奉的不是君子，您还是要"先君子后小人"，这个您懂。

　　15.39　子曰："有教无类。"

　　孔子说："教育人不分类别。"这个"类"字指的是人的划分类别。孔子的意思是接受教育，机会均等，对每位受教育者要一视同仁。

　　孔子曾说："自行束脩以上，吾未尝无诲焉！"意思是但凡你自己有意愿有诚意，孔子都会对你进行教诲。

　　如今，几乎每个国家都在进行义务教育，接受教育成了每个公民的权利，世界人权组织对国家公民是否能够接受义务教育的关注度前所未有，教育不再受种族、信仰、贫富的限制。

　　"有教无类"的提法即便是在今天看来，也是千古不朽，依然放射着灿烂之光。作为教育原则，作为教师精神的最高境界，只此一语。

　　联合国教育、科学及文化组织，简称"联合国教科文组织"，他们旨在通过教育、科学和文化促进各国合作，对世界和平和安全做出贡献。我想他们应该组团来中国拜拜孔子，因为"有教无类"的理念最先是孔子他老人家提出的，什么时候都不能忘了祖师爷。

15.40　子曰："道不同，不相为谋。"

孔子说："三观不合，不是一路人，不要在一起做事。"志同道合才好一路同行，不是一路人各入各的门，各走各的阳关道。

"徐庶入曹营，一言不发"，就是因为三观不合。一个谋士工作几十年，在单位一言不发，老板曹丞相心也够大的。张良为什么死心塌地给刘邦卖命呀？张良的话刘邦听得进去。一次，刘邦命韩信出兵，韩信借机敲诈刘邦，要求刘邦给他封个什么假王（代理），刘邦一听就火了，这不是要挟吗？啪的一拍桌子，开口就要骂娘。正在此时，张良在刘邦的腿上踢了一脚，刘邦马上意识到了，可是桌子已经拍完了，话总得说吧！刘邦反应快，说："封什么假王？要封就封真王。"刘邦、张良，主仆同道，配合默契，楚汉争霸，十万人跟四十万人较劲，刘邦能赢，绝非偶然。

15.41　子曰："辞达而已矣。"

孔子说："言辞能够表达思想就可以了。"

孔子那个年代讲究言辞严谨，跟我们今天通常理解的言辞有所不同，那是脱离生活语言而成书成章的修辞文言，当时只有这样的修辞文言才能够记录传播，平时人们之间的言谈交流用语不在这些修辞文言之列。

如今言辞表述自由，传播方式、渠道极为便利，全球互联互通，记录、存储便捷无限，无须在这方面犯愁。

然而在孔子那个年代，由于当时的记录是通过在竹简、木牍上或是在昂贵的绢帛上书写完成，非常不容易，也非常辛苦，如果言辞啰唆，内容冗长，就会劳民伤财。孔子宅心仁厚，心有不忍，不想给人家增加负担，故此说出："辞达而已矣。"能准确表达意思就成。

《史记·孔子世家》记载：孔子为《春秋》，"笔则笔，削则削，子夏之徒不能赞一辞。"意思是该添就添，该删的就删，像子夏一类的佼佼者都不能增减一字一句。这就是传说中的"春秋笔法"，要求就是"辞达而已矣"。这个"达"

是说表达要到、要尽；"已"是可以了、这样就好、不用赘述。后来，吕不韦编纂《吕氏春秋》，能够做到"千金不易一字"，这是深悟孔子"辞达而已"。

如果有人啰唆，那就是不会"辞"，不懂"达而已矣"。

15.42　师冕见，及阶，子曰："阶也。"及席，子曰："席也。"皆坐，子告之曰："某在斯，某在斯。"

师冕出。子张问曰："与师言之道与？"子曰："然，固相师之道也。"

孔子那个时代的乐师大多是盲人。一天，一个叫冕的乐师来拜见孔子，当他走到台阶前的时候，孔子提醒他说："这里是台阶。"当乐师走到座席前时，孔子就说："这里是座席。"大家落座以后，孔子就告诉乐师说："某人在这里，某人在那里。"一直忙个不停。

等到师冕走后。子张问道："老师，您这样的行为是与乐师谈话的规矩吗？"孔子说："是的，这本就是帮助乐师的规矩。"

孔子讲，他的学问一以贯之，他的道一以贯之，他一以贯之的仁道，在他的"相师之道"里得到充分体现。从这一段故事和场景里，我们可以真切地体会到孔子的仁爱之心，他对盲人师冕的周到细致的关心照顾，比一个人民大会堂的服务生、一个国际航班上的空乘的专业水准，一点不差哪儿去。

我们今天的服务是人为训练出来的，孔子是一颗仁者之心，本然使之。

培训师注意了，培训要以修心为主，要修出仁心来，可别跑偏了。

季氏篇第十六

本篇录有许多纪实的内容，以及修养、交友之道。孔子给我们讲了"三友""三乐""三愆""三戒""三畏""九思"等，都是洗练精制的"硬菜"。

16.1　季氏将伐颛臾（zhuān yú）。冉有、季路见于孔子，曰："季氏将有事于颛臾。"

孔子曰："求！无乃尔是过与？夫颛臾，昔者先王以为东蒙主，且在邦域之中矣，是社稷之臣也。何以伐为？"

冉有曰："夫子欲之，吾二臣者皆不欲也。"

孔子曰："求！周任有言曰：'陈力就列，不能者止。'危而不持，颠而不扶，则将焉用彼相矣？且尔言过矣，虎兕（sì 犀牛）出于柙，龟玉毁于椟中，是谁之过与？"

冉有曰："今夫颛臾，固而近于费，今不取，后世必为子孙忧。"

孔子曰："求！君子疾夫舍曰欲之而必为之辞。丘也闻有国有家者，不患贫而患不均，不患寡而患不安。盖均无贫，和无寡，安无倾。夫如是，故远人不服，则修文德以来之。既来之，则安之。今由与求也，相夫子，远人不服，而不能来也；邦分崩离析，而不能守也；而谋动干戈于邦内。吾恐季孙之忧，不在颛臾，而在萧墙之内也。"

孔子周游列国回到鲁国后，不久，子路就去了卫国，那是他妻子的娘家所在地，他也曾随孔子在那里驻留多年。这次，子路在卫大夫孔悝家做家宰。这天突然得到消息，说三桓季氏将要攻打一个叫颛臾的地方。颛臾是鲁国的附庸国，是伏羲氏后裔的封地。子路急匆匆赶回鲁国，叫上当时正在季氏家做宰臣的师弟冉有来到孔子这里请示汇报。

冉有被大师兄拽了来，见到孔子后，惴惴不安地说："老师，季氏将要对颛臾采取军事行动。"

孔子一听是这么回事，就问冉有："求啊！怎么会发生这种事呢？难道不该因此责备你们吗？颛臾是当初先王让它做东蒙山的主祭的，而且这是个在鲁国国境以内的国家呀！它是鲁国的属国啊！为什么要攻打它呢？"

古人认为："不可伐而伐之，则不仁；不必伐而伐之，则不智；不当伐而伐之，则悖礼而犯义。"孔子认为季氏对于颛臾既不可伐，也不该伐，更不当伐，季氏是既不仁，也不智，更不义，还不违礼。可谓一无是处。

冉有解释说："只是季氏想要这么做，我们师兄弟二人都不想这个样子。"意思是，在我兄弟两人心里，也不认为这样做是对的，我们没有支持季氏这样做。有推卸责任的嫌疑。

孔子说："求啊！古良史官周任有句话，说：'有能力做这些事就坐那个位置，没能力做就让贤。'面对一个盲人站不稳又没能力搀扶，他跌倒了又不能把他扶起来，那还要这个助手干什么？再者你说的话也是错的，老虎、犀牛从笼子里能跑出来，龟甲、美玉装在盒子里还被毁坏了，这又是谁的过错呢？"孔子认为这就是你冉求的责任。孔子的意思是这事不该干，不该干的事你又阻止不了，阻止不了你又不辞职走人，你们这样做不合适呀！不对呀！

冉有说："颛臾这个地方，城墙坚固而且离季氏的采邑费城又太近，现在如果不攻取它，以后必定会成为季氏家族子孙后代的忧患。"

孔子说："求啊！君子最痛恨那些嘴上说不要，实际心里又想得到，还为自己找借口的人。我听说那些有国家的诸侯和有采邑封地的大夫们，他们不害怕自己的财产比人家少，就害怕没给百姓们分配均衡；不害怕自己封地上的人口少，就害怕百姓们不得安宁。分配均衡了就无所谓贫穷；百姓和睦就不觉得人口少；百姓能够安定，国家就不会灭亡。"

说到这里，孔子对冉求有些生气，因为冉求说："吾二臣者皆不欲也"，一边说没有那么想，一边又认为应该那样做，这就是口是心非呀！季氏家族明明是贪图颛臾，你冉求还在为季氏辩护，这不应该呀！孔子进一步做冉求的工作，告诉他治理国家重在公平、和睦与安定。我们现在不是也讲维护社会稳定吗？

孔子下面开始教育冉有、子路，在这种情况下如何执政，说："如果能做到这样，"均、和、安""无贫、无寡、无倾"，远方的人们还是不来归顺，就要加强文教德化，感召他们来。归顺来的要使他们安居乐业。"孔子还在强调为政以德。想当年周太王迁到岐山，百姓们扶老携幼追随太王也到了岐山。你德行好、人品好大家就跟你干呗！

孔子说："现在子路、冉求你们两个都先后辅佐季氏，远方的人们不想归顺，你们又不能使他们归顺；国家马上就要分崩离析，你们又没能力把它保全，却要在国内发动战争。我担心季氏的祸患不在颛臾，而在宫廷里面吧！"孔子说的"萧墙之内"的"萧墙"是指宫室用以区隔内外的，类似影壁墙的遮挡视线的隔墙。后人把这句话发展出一个成语"祸起萧墙"，萧墙引申成了内部的意思。

　　孔子为什么说祸起萧墙呢？当时鲁国国君是鲁哀公，哀公与三桓之间的矛盾有激化的迹象，季氏是担心颛臾会帮助哀公攻打他们，出于战略考量，就想先下手为强，灭掉颛臾。孔子说祸起萧墙的意思是恐怕三桓与鲁哀公先打起来。

　　在孔子的时代，国家最大的事情有两件：一个是祭祀，一个是战争。孔子反对战争，重视祭祀活动。在战争和祭祀上，孔子跟任何人都没有妥协的余地。孔子在没有分到国家大祭的祭肉时，没有丝毫犹豫地离开了鲁国。由于卫国国君卫灵公热心战争，同样，孔子毅然决然地离开了卫国。祭祀可以给百姓带来和平与安宁，战争只能给百姓带来灾难和痛苦。孔子担心什么，忧虑什么，冉求、子路一时间还不能完全理解，孔子在循循善诱，在导之向善、诱之仁道。

　　看这老师当的，学习要管，成长要管，工作也要管。我认为，"一日为师，终身为父"这话就是打孔子那儿来的。

　　16.2　孔子曰："天下有道，则礼乐征伐自天子出；天下无道，则礼乐征伐自诸侯出。自诸侯出，盖十世希不失矣；自大夫出，五世希不失矣；陪臣执国命，三世希不失矣。天下有道，则政不在大夫。天下有道，则庶人不议。"

　　春秋时期，诸侯间相互征伐，导致灭国的就有五十二个，诸侯国的内乱，更是不计其数。

　　这是孔子的一大段议论，我想，可能是子路、冉求走后，孔子给子贡、子夏、曾参讲的这段话。孔子对作为卿大夫的季氏征伐颛臾的行为极其不满，感慨礼乐、征伐乱象横生的恶果。所以才说："天下太平，朝政清明，那么制礼作乐以及下召征伐的号令是从天子那里发出的；天下混乱，朝政昏暗，那么制礼作乐以及下召征伐的号令就从诸侯那里发出。如果是从诸侯那里发出这些号令，此种情形大概传到十代很少不丧权失位；这些号令如果从大夫那里发出，这种情形大概传到五代很少不丧权失位；如果是家臣把持国政，到了三代很少不丧权失位。"孔子所讲礼乐征伐这样的大事，早有规定，不得僭越，只能由天子定夺，诸侯、大夫、家臣掺和进去，早晚会出事。

　　孔子继续说："天下太平，政令就不会掌握在大夫手里；天下太平，老百姓就不会妄议国政。"后来，好些个朝代都规定，妄议朝廷者杀头。

　　我们现在是鼓励百姓参政议政。我们的国家叫"中华人民共和国"，人民是国家的主人，大事是由人民做主。这是民主的进步，社会的进步。但是，孔子所说的体制层面的事，还是要在体制层面议论，制度可以改进，但制度必须执行。民主与法治，德治与刑罚都是不可偏废的。企业、团队也是一样，制度的健全与优化是个动态的过程，它是随着企业、团队的发展成长而随之完善的。你不能指望一蹴而就、一劳永逸。

16.3　孔子曰："禄之去公室五世矣，政逮于大夫四世矣，故夫三桓之子孙微矣。"

孔子说："鲁国的管理权从国君手里丢失已经五代了，政权旁落到大夫手里已经四代了，所以鲁桓公的那三家子孙也该衰败了。"这里的"禄"字是爵禄的意思，指颁授官爵，是执政的象征。

想当年，鲁桓公有四个儿子，嫡长子继承了君位，就是鲁庄公。按照礼制，庄公把三个弟弟都封为卿大夫，这三卿后来就发展成了三大家族，所谓的三桓家族，强势的三桓一步步掌握了鲁国的国政。鲁桓公家四位公子：伯、仲、叔、季，老大做了鲁庄公，老二老三老四，就成了孟孙（仲）氏、叔孙氏、季孙氏，所谓的三桓。

《尚书》上说：臣之有作威作福，害于而家，凶于而国。意思是如果做大臣的也像君王一样独揽威权，擅行赏罚。这样既危害你的家，也会使你的国家遭受祸害。

三桓在鲁国扰乱了礼制，以至于在孔子出任大司寇的时候力争"堕三都"，极力削弱三桓势力，恢复鲁君当权，恢复礼乐之治。

16.4　孔子曰："益者三友，损者三友。友直、友谅、友多闻，益矣；友便辟、友善柔、有便佞，损矣。"

孔子说："给自己带来益处的朋友有三种，给自己带来损害的朋友也有三种。交正直的朋友、交诚信的朋友、交博学多闻的朋友，就有益处；交巧辩奸诈的朋友、交阿谀奉承的朋友、交花言巧语的朋友，就有害处。"孔子说的这六种朋友穿越两千多年，走到今天依然鲜活可见。

当我们身处"益者三友"的环境，我们心想事成的机会就多，快乐的时候就多，您总觉得顺风顺水，好像有观音菩萨保佑一般。当"损者三友"步步缠身的时候，每每遇见倒霉、撞见不幸，总是沟沟坎坎、磕磕绊绊、跌跌撞撞的，不顺心也不合意，喝口凉水都塞牙。

请善待益友，远离损友。有钱了请益友吃饭；有钱了把钱给损友让他自己去吃饭。

毕竟都是"友"嘛！

16.5　孔子曰："益者三乐，损者三乐。乐节礼乐，乐道人之善，乐多贤友，益矣；乐骄乐，乐佚（yì放荡）游，乐宴乐，损矣。"

孔子在这里讲的六种爱好里，有益的和有害的各有三种。孔子说："有益的爱好有三种，有害的爱好也有三种。喜欢用礼乐节制自己，喜欢赞美他人的优点，喜欢广交贤达的朋友，这就有益处。"对自己进行礼乐节制，就能够使自己中正和乐，安详自在，还可以端身正意，涵养德性。孔子让我们多去赞美他人优点，使其得到劝勉，也能让自己获取学习借鉴的机会。多与贤能通达之人交往，就能从他们那里汲取营养，滋润自己。

孔子还说："喜欢骄纵作乐，喜欢懒散游乐，喜欢饮宴享乐，这就有害。"有人说："骄傲是毒药，它会让人软弱无力，倒在前进的路上；骄傲是万丈深渊，让你一不小心跌下深谷再也无法爬上来；骄傲是汹涌的波涛，它会将你自大的船只打翻。"有人说："懒散是慢性自杀，闲散是消磨志向的销魂剂。"有人说："酒肉之乐坏心志，乱心性，生心魔。"总之，骄傲放纵、游手好闲、追求享乐，对于进德行仁都是有害的，都为君子所不齿。

检点我们的爱好，戒掉有害的，控制无益的，培养有益的。改善我们的生活品质、生命品质，不断促进人格升华。

16.6　孔子曰："侍于君子有三愆（qiān过失）：言未及之而言谓之躁，言及之而不言谓之隐，未见颜色而言谓之瞽。"

孔子说"侍奉君子容易有三种过失：不该自己说话的时候抢着说，这是急躁；该自己说话的时候却不说，这是隐瞒；不看别人脸色随意插嘴，这是没长眼睛。"在长者和领导面前人们通常会出现这三种过失，须特别谨慎。

　　面对尊者，作为地位低、年纪小的，只有在尊者问起你的时候，才作回答，否则就"隅坐""缄默"，保持安静，注意听，不说话。抢话头的人粗俗浮躁，不懂谦让，这叫没眼色。该说不说，装深沉、隐实情、卖关子，这会让人讨厌。不知道察言观色，不懂得与人呼应，妄言乱语，人家会说你不长眼睛。

　　古人教育孩子，从三岁就讲"洒扫、应对、进退"。从小接受家庭"应对、进退"的教育，长大了很少会犯这三种过失。

　　教育家苏霍姆林斯基说："如果没有整个社会，首先是家庭的高度教育素养，那么不管老师付出多大的努力，都收不到完美的效果，学校里的一切问题都会在家庭里折射出来，而学校复杂的教育过程产生困难的根源也都可以追溯到家庭。"

　　我们社会的家庭教育普遍缺失，主要还是历史的原因，因为孩子的家长就不懂什么是家庭教育，家长就没有接受过良好的家庭教育，你不能指望一个不懂家庭教育的家长带来良好的家庭教养。

　　如果不幸生在了一个缺乏家庭教养的家庭，不要紧，"默而识之"，在心里喊上一句："从我做起！"做不了一个有家庭教养的孩子，就努力去做一个有家庭教养的家长。

　　16.7　孔子曰："君子有三戒：少之时，血气未定，戒之在色；及其壮也，血气方刚，戒之在斗；及其老也，血气既衰，戒之在得。"

　　孔子说："君子有三条戒律：年少的时候，血气还没有稳定，要力戒贪恋女色；到了壮年，血气正旺，要力戒跟人斗狠；到了老年，血气开始衰退，要力戒贪得占有。"

　　早恋不一定有多大害处，但一定不是什么好事，年少还是要养养童子功。成年人在官场、商场上争抢打斗避免不了，但不能好勇斗狠，做到斗而不破、斗而不伤、斗而无害。老年人要安享晚年，明白一个"安"字，求心安、求身安，无动于名利得失，要能想得开、放得下，学会舍得。

　　假如还心有不安就说明有贪恋，要真正去弄明白"生不带来，死不带去"的道理，曹雪芹说出"赤条条来去无牵挂"，就要明白了这个道理。曹先生把那么些身边的人，都编成故事，写到书里，从书里的人物、故事就能看出，曹先生参透人生了。一部《红楼梦》，洋洋大观。

16.8　孔子曰："君子有三畏：畏天命，畏大人，畏圣人之言。小人不知天命而不畏也，狎（xiá 亲昵而不尊重）大人，侮圣人之言。"

孔子这回是跟"三"拼上了。"三友""三乐""三愆""三戒"和这"三畏"，五个三，玩儿"斗地主"厉害了，比炸弹都厉害。可以就此成立个学社，就叫"五三学社"。

孔子说："君子有三种敬畏：敬畏天命，敬畏居高位的人，敬畏圣人的话。"天命即天道，必须敬畏；居高位的人，不管是位高还是境界高，总之都在我们之上，给予仰视，敬他三分，于情于理都是应该的；圣人的话，近乎天理，有言必应，且关爱大众，体恤万物苍生，不可不听，不可不敬。

历史会跟不同的人开不同的玩笑。历史的玩笑常常会带几份苦涩。我们从小，课文里就学"王侯将相宁有种乎？"老师还讲："舍得一身剐（guǎ 酷刑），敢把皇帝拉下马。"报纸上也总有"扫除一切牛鬼蛇神"的文章，从小我们就失去了培养敬畏心的最佳时机，你再讲"头上三尺有神明"，我们也就是听听而已，没怎么当回事。别人说我们很可怜，我们认。不过，我们确实敬畏过伟人的话。大概，我们还有救？

做不了君子，也不一定是小人。孔子说："小人因为不懂得天命，所以他们不知敬畏，他们不尊重居高位的人，轻蔑圣人的话。"还是小人可怜。不过，那时我们没学《论语》，属于不知不怪呗，谁还能跟小人过不去呢？

16.9　孔子曰："生而知之者，上也；学而知之者，次也；困而学之，又其次也。困而不学，民斯为下矣。"

孔子说："生下来就知道的人，是上等人；通过学习才知道的人，是中等人；遇到困惑而后通过学习知道的人，是又次一等的人；遇到困惑仍不知道学习的人，是下等人。"

孔子说的上等人，生而有知，天授神助，世间极少。其后的三等人不过是悟性不同，觉知力有差异罢了。

学而知之与困而学之的区别在于主动、被动的差异，积极主动的人预测到了未来的学问需求，及早学而知之，磨刀不误砍柴工。困而学之者是被动的人生，不是走不过去、无路可走的情况下极少在学问上主动进取。好在"临渊羡鱼，还知退而结网"，也算有药可治。

那些困而不学的下等人，是无药可救的主，那是连佛祖都不愿度的"无缘人"，是被上帝抛弃的人。

励志专家拿破仑·希尔曾说："人与人之间只有很小的差异，但是这种很小的差异最终却造成了巨大的差别！这很小的差异就是所具备的心态是积极的还是消极的，巨大的差别就是成功与失败。"

孔子临终，都一直认为"大道将行"，礼乐之治能够救世，仁道是天下唯一正确的大道。

做老板的招员工、你我他结婚嫁人找媳妇，千万要记住孔子的话，务必分出个上下高低来，否则一步踏错，追悔莫及。

前一段时间，微信上流传一句话：不要和层次不同的人纠缠。应该是得益于孔子直接或是间接的启发吧。

16.10　孔子曰："君子有九思：视思明，听思聪，色思温，貌思恭，言思忠，事思敬，疑思问，忿思难，见得思义。"

孔子说："君子需要思考的九件事：看的时候是否清楚；听的时候是否明白；时刻感觉自己脸色是否温和；态度是否恭敬；说话是否忠诚；做事是否认真；疑惑时考虑如何请教别人；发怒时考虑一下后果；获取利益时考虑是否合乎道义。"孔子的意思是，作为君子每遇到这九种情况，慎思而后行，想明白了再去做，事事合乎理义，如此这般，时间一长，此心存养的湛然虚明，澄然宁静，待人接物，中规合理，左右逢源。

曾参曾提出"吾日三省"，"为人谋而不忠乎？与朋友交而不信乎？传不习乎？"曾子每天有三省，孔子每天讲九思，如果把师徒二人的三省九思合起来参悟修行，一定会进步得更快。

人生路上，快马加鞭的感觉挺好。

16.11　孔子曰："见善如不及，见不善如探汤。吾见其人矣，吾闻其语矣。隐居以求其志，行义以达其道。吾闻其语矣，未见其人也。"

　　依水温讲，水有热水、凉水、冰水等，古人说水指的就是凉水，他们把热水叫作汤。孔子说："看到善的行为就想靠上去，还唯恐追不上，看到不善的行为就像把手伸进热水里会急忙抽出。我看到过这样的人，也听到过这样的话。"趋利避害，人之常情，尤其是在大的社会动荡结束后，对于善恶认知的再次觉醒，人性开始回归，善良的一面逐渐呈现，人与人之间温存的一面更加受人尊崇，丑陋的一面为人所不齿。

　　孔子接着说："据说，一些人隐居起来恪守自己的志向，践行仁义来实现自己的理想。这种人我倒是听说过，但是没有见过。"孔子周游列国，遇见的事多了去了，他老人家要说没见过，这事就悬了。

　　孔子倒是没少遇见所谓的隐士，他们看孔子的眼光都是异样的，他们又是"避世"，又是"避地"，又是"避人"的，尽管个个志向高远，理想伟大。但是，他们却断定，志向、理想这一切，在今生今世行不通。他们只是说说而已，哪里有什么行动。而孔子立志继承周公、复兴周礼，要礼乐治国，还天下百姓一个和谐世界。孔子是时时都在做的。

　　尽管孔子最终没能实现大同梦想，但孔子的儒家学说被后人传承了两千多年，今天的我们依然沐浴着儒家传统思想的雨露阳光。

　　16.12　齐景公有马千驷，死之日，民无德而称焉。伯夷、叔齐饿于首阳之下，民到于今称之。其斯之谓与？

　　齐景公在位五十八年，在晏婴等大臣的辅佐下，齐国国力一段时间内十分强盛。但齐景公穷兵黩武，四处征伐，百姓们苦不堪言。后人评价说："齐景公纵然有四千匹马，死的时候，百姓们没有人称颂他的德行。"等于说齐景公没有赢得人心，换句话说，他齐景公近六十年的政治生涯，最后是不得人心。

　　伯夷、叔齐是商末孤竹君的两位王子。孤竹君下遗诏，欲立三子叔齐。孤竹君死后，叔齐让位给大哥伯夷，伯夷不受；叔齐尊天伦，不乱礼数，也不继位。伯夷、叔齐借故出走，投奔了西伯（周文王）。伯夷、叔齐一走，孤竹君由二公子亚凭接任。

　　文王去世后，周武王伐纣，伯夷、叔齐扣马谏阻，他们认为武王的父亲文王刚刚去世还未下葬，此时用武是不孝。另外，周乃商的属国，伐纣属于犯上，是不忠，武王伐纣的行为属于不忠不孝，所以兄弟俩这才出来扣马谏阻。武王灭商后，伯夷、叔齐以之为耻不食周粟，最后饿死于首阳山下。

伯夷、叔齐的行为属于大义，所以才有"民到于今称之"，老百姓直到今天还在称赞他们。有人认为此处的文字少了一句《诗经》，内容是："成不以富，亦只以异。"意思是真的不是因为富足，而是由于品德不同。本则最后一句"其斯之谓与？"（大概就是说的这个吧？）意思是："这是由于品德不同而人生不同的道理吧！"有这句诗好像逻辑上更为严谨。

这种说法是符合孔子一贯持守的仁德治天下的理念。

我们说，在一个团队里面，提倡什么，反对什么，老大必须清清明明，不能含混不清。反对的事情需要亮明观点，提倡的东西要大力弘扬。这样，团队的步伐才能一致。

16.13　陈亢问于伯鱼曰："子亦有异闻乎？"

对曰："未也。尝独立，鲤趋而过庭。曰：'学《诗》乎？'对曰：'未也。''不学《诗》，无以言。'鲤退而学《诗》。他日，又独立，鲤趋而过庭。曰：'学《礼》乎？'对曰：'未也。''不学《礼》，无以立。'鲤退而学《礼》。闻斯二者。"

陈亢退而喜曰："问一得三：闻《诗》，闻《礼》，又闻君子之远其子也。"

这个叫"陈亢"的人，有人说他是孔子的弟子，也有的人说不是，他总怀疑孔子的学问，从这一点上看，他似乎还真有可能不是孔子的弟子。我们不去纠结这个。

这一天，陈亢问孔子的儿子伯鱼，说："你从你父亲那里听到过不一样的学问吗？"陈亢是怀疑孔子私下里教了自己儿子别的什么"不易外传"的学问。

伯鱼说："没有啊！有一回走经我家庭院，曾见父亲站在庭院中间，问我：'学过《诗经》了吗？'我说：'没有。'父亲说：'不学《诗经》就无法与人更好地交流。'我回去后就开始学习《诗经》。另有一天，父亲又独自站在庭院中间，当我快速走过时，父亲又问我：'学《礼》了吗？'我回答说：'没有呢。'父亲说：'不学《礼》就无法立身处世。'于是我就回来学《礼》。私下里，我也就听到过这么两句话吧。"

学《诗经》会说话；学《礼经》会做事，孔子也只是点到为止，而且这些内容以前都在平时讲过。陈亢回去后高兴，说："问了一件事情，得到三点收获，得知《诗经》的重要性，得知了《礼经》的重要性，还知道了君子并不偏爱自己的儿子。"陈亢这回踏实了。俗话说："以小人之心，度君子之腹。"如此说来，这个陈亢可不太君子。

小人不会光明磊落，小人占了便宜会窃喜。在这里，陈亢幸运中奖。

16.14 邦君之妻，君称之曰夫人，夫人自称曰小童；邦人称之曰君夫人；称诸异邦曰寡小君；异邦人称之，亦曰君夫人。

古代的皇帝自称孤家寡人，这"孤家寡人"最初的意思是德孤仁寡，说自己是少德少仁，是谦虚，自我谦称。后来演变成了脱离人群，孤立无助，意思全变了。

在这一则里，寡的意思是少，是自我谦虚，说自己少德。这个"邦国之妻"是国君正妻，这是她的名分。但作为国君夫人，要母仪一方，以德服人，谦恭是必须的。所以，理解这一则文字是这样的：对于国君的妻子，国君称呼她为夫人，夫人自我谦称小童；本国人称她为君夫人；当着别国人的面儿就自称寡小君；别的国家的人也称她为君夫人。

前面刚说到"不学《礼》无以立"。这里我们就能看出，如果没有这些基本的称谓规范，交往就很困难，容易带来误解、误会。没有这些谦恭的态度，国人很难尊重你，国家间交往也不会顺畅。在上的国君、国君夫人得不到尊重，这个国家的秩序就会混乱，人心就会散，国际地位也会随之降低。没有赢得人心的国君，在治理国家的时候，一定会遇到麻烦。

孔子在卫国时就曾说过："名不正则言不顺。"国家这样，团队也是一样，想要顺畅通达，这是基础。

阳货篇第十七

　　本篇内容比较丰富。在这里，孔子给出了仁者的五种品德：恭、宽、信、敏、惠，以及《诗经》的四大功用——兴、观、群、怨。

　　17. 1　　阳货欲见孔子，孔子不见，归孔子豚。

　　孔子时其亡也，而往拜之，遇诸涂。

　　谓孔子曰：“来，予与尔言。”曰：“怀其宝而迷其邦，可谓仁乎？”曰：“不可。”“好从事而亟失时，可谓知乎？”曰：“不可！”“日月逝矣，岁不我与。”

　　孔子曰：“诺，吾将仕矣。”

　　阳货是鲁国大夫季氏的家臣，其长相很像孔子，几乎可以以假乱真。季氏几代人把持鲁国朝政，而此时，阳货又篡夺了季氏家的权。随着对季氏把控的稳定，阳货又想除掉三桓。

　　在得知孔子对三桓把持鲁国朝政不满时，阳货就想联合孔子。但阳货没真正搞明白，孔子是反对大夫越权，同时也反对家臣越权。在这种背景下，阳货来见孔子，孔子当然不愿意见他，于是阳货就送给孔子一只烤乳猪。按礼，孔子在接到阳货的礼物后应该到阳货家回访。孔子心里清楚，见阳货一定不是什么好事，要想左右兼顾，既要还阳货这个礼又不见阳货这个人，那就只有等阳货不在家的时候前去回访。

　　真是巧得很，正所谓故事不离奇就难说精彩。“遇诸途。”孔子从阳货家回来的路上迎面撞上阳货。

　　阳货迎上前来对孔子说：“过来！”可见这个阳货有多傲慢。

　　“我跟你说。”孔子上前几步。

　　阳货说：“把自己的本事藏起来，任凭自己的国家混乱却不管，这可以叫作仁吗？”

　　他自问自答道：“我说这算不得仁。喜欢从政却又总是错失机会，这可以叫作智慧吗？”

　　他还是自问自答说：“我看这也算不上智慧。日月轮转，光阴似箭，岁月可不等我们啊。”

　　孔子只得应付，说：“好吧，我这就出来做事。”

　　不久，阳货受到了来自三桓家族的联合攻击，抵挡不过，逃往齐国，在齐国没能站稳，又逃亡到晋国。孔子的麻烦这才算过去。

遇到麻烦事、麻烦人，该避就得避，避不开该应还得应。这叫物来则应，随遇而安。

17.2 子曰："性相近也，习相远也。"

"人之初，性本善，性相近，习相远"，这在后来的《三字经》里也有。《公冶长篇第五》里，子贡说："夫子之言性与天道，不可得而闻也。"起先，连子贡也没听到过孔子讲有关"性"的学问。

孔子说："作为人，他们的人性都是很接近的，但后天所养成的习惯却相差很远。"由于习染的长期作用，气质发生了不同的变化，这种变化造成了世人的千差万别。

孔子的孙子孔伋（子思）说："天命之谓性。"子思的意思是天命就叫作性。《论语》里记载："子罕言利与命与仁。"孔子是很少谈及命的，只是说："五十而知天命。"

佛家认为世人的心被红尘蒙蔽，需要掸去红尘才能明心见性。尤其禅门里，众佛弟子的修行目标就是明心见性，最终实现见性成佛。

拿破仑·希尔说过：人与人之间只有很小的差异，这个很小的差异却最终导致巨大的差别——成功与失败。

一个人从小生活的环境很重要，生活环境对幼小心灵的习染差别很大，孟子的母亲为了孟子数次搬家的故事家喻户晓——"孟母三迁"。孟母是深悟此道，她带着孟子，最后迁居到学宫旁边，才算定居下来。学宫是教育、学习的地方，阳光正向，热烈积极，会对年幼的孟子有一个上好的习染。

对于"性"，在这里，孔子也只是一带而过，只是告诉我们"性相近"，咱啥样别人也啥样，区别不大。

看来，要想整明白"性"，明心见性这条路是可以走的。

17.3 子曰："唯上知与下愚不移。"

孔子说："只有上等智者和下等的愚人是不可改变的。"上智者禀赋天授，世间稀少。下愚者气禀浊杂，世间也不多见。上智的人觉照清明，无须改变；下愚的人，晦暗昏聩，极难改变。就如那种"举一隅不以三隅反"的人，孔子就说："不复也"，不再教他，教他他不能"移"，教他何用？所以，孔子说："唯上知与下愚不移。"不可移，也无须移。

像孔子、老子上智圣明，无须移。低贱下愚之人不可移。只有我等不智不愚之人，上不得明心见性，虽说还有那么点小智小慧以及雕虫小技，算是属于"孺子可教"之列，正需要圣贤指引、君子点拨。

作为我们自己，还需要潜心修行，待一日圣贤出手云开雾散，还有幸大见光明。

17.4　子之武城，闻弦歌之声。夫子莞尔而笑，曰："割鸡焉用牛刀？"

子游对曰："昔者偃也闻诸夫子曰：'君子学道则爱人，小人学道则易使也。'"

子曰："二三子，偃之言是也。前言戏之耳。"

"武城"是鲁国的一个邑，在今天的山东兖州境内。"偃"是子游的名，那时子游在武城任武城宰。孔子一行人游学来到武城。刚一进城就听见了弦歌之声。孔子微笑着说道："杀鸡焉用宰牛刀？"孔子的意思是说，这么个小地方怎么还用上了如此高雅的弦歌礼乐。孔子是没想到子游来到这么一个小地方，时间不长，怎么这么快就能使百姓接受如此雅致的礼乐教化。

子游误会了孔子的意思，说："之前，我听老师您说：'君子学了礼乐之道就懂得爱人了，小人学了礼乐之道就容易管理了。'"

"君子学道则爱人，小人学道则易使也。"君子小人都能受益，这"礼乐之治"的确可期可待。

孔子笑着说："弟子们哪！偃说得对呀！刚才我是跟你们开玩笑哪。"有人就认为孔老夫子不苟言笑，其实，孔子还是挺幽默，很喜欢开玩笑的。

幽默是一种智慧，风趣是一种魅力。既不幽默也不风趣，只能做咸菜坛子了。

17.5　公山弗扰以费畔，召，子欲往。

子路不说，曰："末之也已，何必公山氏之之也？"

子曰："夫召我者而岂徒哉？如有用我者，吾其为东周乎！"

　　先说这个"公山弗扰"，也叫"公山不狃（niǔ）"，和阳货一样，同为季氏的家臣。这两位手握实权的季氏家臣与主子季桓子发生武力冲突，阳货逃到齐国，公山不狃则占据费邑，与季氏对抗。像阳货一样，他也想起了孔子，认为孔子有可能成为自己的同盟，于是派人召见孔子，孔子有意前往。

　　听说孔子要去公山不狃那里，子路知道后不高兴了，找到孔子说："没地方去也就算了，干吗非得去公山不狃那里呢？"孔子满心想实现他的礼制梦想，就是没有机会，孔子想，公山不狃只是背叛季氏，又不是背叛鲁国。所以，孔子对子路说："那个找我过去的人难道会是平白无故吗？他知道我是要推广周公的礼制的，假如他要真的用我，我将会在周地远东一带复兴周公礼制。"

　　孔子满脑子都是周礼，时刻不忘自己的理想。

　　但是，史学家们一直质疑这一则的内容，认为孔子不可能做出帮助公山不狃的决定。况且当时孔子还在担任鲁国司寇，孔子还派军队参与了击败阳货和公山不狃联军的战斗。

　　论证史实是史学家的事，咱就不掺和了。

17.6　子张问仁于孔子。孔子曰："能行五者于天下，为仁矣。"

"请问之。"曰："恭、宽、信、敏、惠。恭则不侮，宽则得众，信则人任焉，敏则有功，惠则足以使人。"

　　子张向孔子询问如何做才叫仁。孔子说："能在天下实行五种品德的就可以算作仁了。"

　　子张问，这五种品德都是什么呀？孔子说："恭敬、宽厚、诚信、勤敏、慈惠。"并解释说："恭敬就不会受到侮辱，宽厚就会受到拥护，诚信就会得到信任，勤敏就能建立功业，慈惠就足以使人听从你的命令。"意思是，你恭敬待人，就没人出来跟你作对、侮辱你，大家都信任你、拥护你、听你指挥，最后帮助你功成名就，果如此，您就是个仁者。

　　孔子的学问里能够一以贯之的是仁，而能使仁的光辉灿若星辰的正是这"恭、宽、信、敏、惠"。

　　有人说：仁者无敌。这人都"恭、宽、信、敏、惠"了，谁还会与您为敌呢？即便是有，也早已化敌为友了，四海之内皆朋友，那才叫快乐人生。

17.7　佛肸（bì xī）召，子欲往。

子路曰："昔者由也闻诸夫子曰：'亲于其身为不善者，君子不入也。'佛肸以中牟畔，子之往也，如之何？"

子曰："然，有是言也。不曰坚乎，磨而不磷；不曰白乎，涅而不缁。吾岂匏瓜也哉？焉能系而不食？"

"佛肸"是晋国大夫赵简子的家臣。那时，晋国国内六位大夫强势乱政，相互攻伐。在赵简子与范、中行两家发生战事时，佛肸作为赵简子的家臣任中牟的行政长官，却在中牟举旗造反。

这个佛肸也和公山不狃一样派人召见孔子，想寻找帮手。孔子准备前往，此时，还是子路站出来劝阻。说："之前我听老师您说过这样的话：'亲自做坏事的人那里，君子是不会去的。'如今佛肸在中牟造反，您却要去，这是为什么呢？"君子是不会跟做坏事的人打交道的，尤其是佛肸还正在做坏事。

孔子说："是的，这话我是说过。不是有那么一句话吗，至坚的东西是磨不薄的；不是说还有那么一种说法吗，至白的东西是染不黑的。我难道是个葫芦吗？怎么就成了只能挂在那里看却不能吃的物件呢？"

子游任武城宰，就在那里实行礼乐治理，孔子一进城就能听到"弦歌之声"。佛肸主政中牟，他如果能接受礼乐之治，当然是好事，即便他是个坏人，我孔丘还能被他带坏了不成？我又不是个葫芦，中看不中吃，我只要去了，就能有番作为。

孔子有足够的自信，别说什么公山不狃、佛肸之流了，九夷蛮荒之地孔子都有信心把他们教化了。

17.8　子曰："由也，女闻六言六蔽矣乎？"对曰："未也。"

"居！吾语女。好仁不好学，其蔽也愚；好知不好学，其蔽也荡；好信不好学，其蔽也贼；好直不好学，其蔽也绞；好勇不好学，其蔽也乱；好刚不好学，其蔽也狂。"

孔子想到子路的为人处世，刚正直爽，缺少感化融合方面的能力，就想找机会单独给他开个小灶。

这天，孔子把子路叫来，问道："仲由啊，你听说过具有六种品德的人会有六种弊病吗？"

子路说："没听说过。"

孔子说："你坐下，我讲给你听。喜欢仁德而不爱学习，它的弊病是容易被人坑害和愚弄；喜欢聪明却不爱学习，它的弊病是放荡而无根基；喜欢诚信而不爱学习，它的弊病是容易被人利用；喜欢为人直率而不好学习，它的弊病是说话尖刻、伤人；喜欢勇敢却不爱学习，它的弊病是捣乱闯祸；喜欢刚强却不好学习，它的弊病是自大妄为。"这六言六蔽很接地气、很实用、很有针对性。

孔子的意思是，这"仁、智、信、直、勇、刚"都是非常好的品质，但是，如果没有足够的智慧去用到实践当中，避免一条道走到黑而偏离了初衷，或是被人利用，那可是害人害己，最后落个"愚、荡、贼、绞、乱、狂"的恶名。

前些年，有位企业家发了财，到处高调做慈善，实际是根本就没弄白什么叫慈善，没弄清楚慈善该怎么做，稀里糊涂地被人说成"真傻！"

还是那句话，做慈善先养出慈悲心来，"自立立人"吗！养出真正的善心来，像孔子说的，"不践迹，亦不入于室"。

孔子说："达则兼济天下。"你事业有成了，想做些慈善，这是好事，孔子告诉我们，要"兼济"，不提倡全职。比尔·盖茨、沃伦·巴菲特、李嘉诚等都在做慈善，都是"兼济"。要么你出家，像台湾慈济的正严上人，人家慈善就是修行，修行做慈善。出家人，修行是人家的本分。

17.9　子曰："小子！何莫学夫《诗》？《诗》可以兴，可以观，可以群，可以怨。迩之事父，远之事君。多识于鸟兽草木之名。"

一群弟子围绕在孔子身边。孔子说："弟子们哪，为什么不去深入地研究《诗经》呢？《诗经》可以培养你们的想象力，可以提高你们的观察力，可以提高你们的亲和力，可以提高你们的评判力。近了说可以用来孝敬父母，远了说可以侍奉君王。同时，还可以更多地认识一些鸟兽草木。"

"兴"是《诗经》里即景抒情的创作手法。孔子认为多读《诗经》就能掌握这些能力，可以培养想象力。《诗经》多反映市井民俗、政治得失，读《诗经》就能够"观"得失，可以培养观察力。

在孔子的时代，士以上的贵族间交往，都喜欢用《诗经》表达自己的志向。所以拿《诗经》为题可以促进交往、结交朋友，能够增加自己的亲和力。事情也好，人也好，都会有善恶的不同，孔子说《诗经》可以帮助我们提高这方面的评判能力。

孔子说的"兴、观、群、怨"，想象力、观察力、亲和力、评判能力都是一个人成长过程中必须培养出来的能力。我们不可想象没有想象力哪来创造力；没有观察力如何识得真相；没有亲和力如何带领团队；没有评判能力如何明辨是非善恶。

没有创造力就只能干些个事务性的工作；没有观察力就只能误打误撞，求老天爷扔给他个馅饼了；没有亲和力带不了团队是一方面，交不到朋友成孤家寡人，孤独终老可就悲催了；没有评判能力，是非不辨，善恶不分，好歹不知，做个跟班都没人要，做个室友都遭人嫌弃，圈子聚会都不想让你知道。

如今，培养想象力、观察力、亲和力、评判能力的渠道很多，但是，能适时觉察自己这方面的能力不足，并有意识着力提升这方面的能力，很重要。

重要的事情，省三遍。咱说的是"自省"。

春秋时期，晋公子重耳《诗经》学得好，在秦穆公宴请自己时，巧妙地利用《诗经》的多意性，为日后两国较量赢得了主动。宴席上，重耳先以《诗经·河水》唱诵："沔（miǎn）彼与水，朝宗于海。鴥（yù）彼飞隼，载飞载止。"自比河流（沔水），却把秦穆公比作大海，喻指自己如河水是来朝拜大海的。公子重耳马屁拍得刚刚好，秦穆公一时性起，也和了首《诗经·六月》："六月凄凄，戎车既饬。我服既成，于三十里。王于出征，以佐天子。"公子重耳一听，连忙下拜，"谢秦君所赐，把辅佐周天子重任交付重耳"。穆公知道失言，但已经覆水难收。

所以，孔子那个时代，你要是《诗经》没学好，"倒霉"的"霉"字掉下来，把你脑袋砸一大窟窿你还不知道为什么。

孔子对儿子孔鲤说："不学《诗》，无以言。"没学好《诗经》就先把嘴闭上。

17.10　子谓伯鱼曰："女为《周南》《召南》矣乎？人而不为《周南》《召南》，其犹正墙面而立也与！"

《周南》《召南》都是《诗经·国风》里的篇章。前面说了，《诗经》可以使人"兴、观、群、怨"，提高人的想象力、观察力、亲和力和评判能力。

西周初期周成王时代，周公姬旦和召公姬奭（shì）分陕（今河南陕县）而治。陕县以东为周公管理，统治东方诸侯。召公因采邑于召（今陕西岐山西南），故称召公。

《周南》是周公统治下的南方地区民歌，包括《关雎》等十一首诗歌。周公是文王姬昌第四个儿子，武王姬发的弟弟，曾两次辅佐武王讨伐商纣王。灭商后他主持制作礼乐。周成王继任后，因为年幼，周公曾摄政七年，这期间制定了许多具有划时代性质的典章制度，并完善了宗法制、分封制、嫡长子继承制和井田制等。

《召南》是召公统治下的南方地区的民歌。召公也曾参与辅佐周武王灭商。周成王当政时，召公担任太保。召公执政时政通人和、百姓和乐。他曾在一棵棠梨树下办公，《诗经·甘棠》就是歌颂此事的。成王死后，召公继续辅佐康王，"成康之治"有召公很大的功劳。

孔子对《诗经》的尊崇在《论语》里随处可见。这天，孔子对儿子伯鱼说："你学习《周南》《召南》了吗？如果一个人不学习《周南》《召南》的话，就如同面对一堵墙站立，无法前行，也无法看清任何事物。"

孔子曾经对孔鲤说："不学《诗》无以言。"督促儿子学习《诗经》。这里又告诉儿子好好学习《诗经》里的《周南》和《召南》，说这两篇是重点，学不好的话，就如同面墙而立，寸步难行。为了让孔鲤更好理解，说：就像"正墙而立"，让孔鲤迎面贴墙站立，感受一下是什么个情况。

体会、感知是最有效的学习途经。

17.11　子曰："礼云礼云，玉帛云乎哉？乐云乐云，钟鼓云乎哉？"

孔子说："礼呀！礼呀！只是玉帛之类的礼器吗？乐呀！乐呀！难道只是钟鼓之类的乐器吗？"玉帛钟鼓都是礼乐的器具，只是器物而已，要能知礼识乐。所谓知礼识乐，如果没有内心的诚实、恭敬，又如何领受得了礼呢？乐如果不能滋养德性、导人和睦，所作音乐意义又在哪里？

换个层面再去理解，可以理解礼是行为规范，也是规范的行为。而乐能使这些行为间更加和谐，有音乐伴奏跳起舞来才更容易默契，音乐节奏足够协调，舞者再多都能够齐整一致。像一个乐队，钟鼓琴箫配合不好，那不是音乐，那是噪声，美妙的乐曲是心灵的享受，而噪声会让人身心受损。人与人之间不能和谐相处，同样能使人身心疲惫，甚至带来心理伤害。

动乱时期人与人之间的各种矛盾带来的巨大伤害，会给许多人留下挥之不去的阴影。比如工作中人际关系不和谐，给人们带来的不愉快，也许久久不能平复。家庭也是如此，我们就不举例子了。

《礼记·乐记》说："致乐以治心者也。""乐以治心"的观念，在古人是确定无疑的。

总之，如果从孔子讲的礼乐当中体会恭敬与和谐、尊重与关爱，将那些感悟投射到自己的生活工作中，那就不只是作个揖、行个礼、敲两下钟鼓什么的了。这是礼乐之治的真核。

17.12　子曰："色厉而内荏（rěn 怯懦），譬诸小人，其犹穿窬（yú 通道）之盗也与？"

孔子说："那些表情严厉而内心怯懦的人，就好像小人一样，其行为犹如穿墙打洞，行偷窃之事。"

偷窃是不光彩的行为，心怀恐惧，和色厉内荏的小人一样。我们说内心怯懦一定是有什么不可示人的事情。真诚坦率是少有这样的情况存在。后来曾子在他的《大学》里说到诚意时，提出了"慎独"这一概念，说即便是闲居独处时也会遵守道德规范。能够慎独的人坦荡如君子，内心强大，哪里还会怯懦。

现实日常生活中，我们看不到周围的小偷，我们自己也没有什么偷盗的行为，但是，内心里的偷窥窃意还是有的，只是我们很少自己去面对。

比如，我们对某个同事的某个方面的隐私感兴趣，就想偷窥暗探，这就像"穿墙打洞，行偷窃之事"，只是由于我们的道德楔板制止了我们的行为，阻止了我们的道德下滑，不至于让我们犯那些低级的错误。但是，内心的那份纠结还是有的。

再比如，我们厌恶一个人，一般不会当面告诉他："我讨厌你。"而是装着根本就不讨厌他。而这对于我们自己是一种折磨，叫什么虐心。我们心理的亚健康就是类似这样的事情积累下来所导致的。我们今天的怯懦、恐惧就源于这些"穿窬之盗"的行为。为了平衡和掩饰这"内荏"，就只好"色厉"，这样的内心撕扯让我们整日"戚戚"，时间一长，一个鲜活的小人就此诞生（小人长戚戚嘛）。

圣人就是圣人，两千多年前就给我们敲了警钟，只是我等愚钝，不曾觉醒。

17.13　子曰："乡愿，德之贼也。"

孔子说："乡愿是道德的败坏者。"乡愿之人是那些没有是非观念，只知讨好取悦人的老好人。为什么孔子会说乡愿之人败坏了道德呢？我们说有道德的人是君子，没道德的人是小人，而这乡愿之人看似忠厚，其实挺不老实的，他们会有意扭曲事实，遮挡真相；他们看似温和面善，其实一肚子花花肠子，为讨好他人，总是一副伪善的面孔，这样的人好似蛮有道德的，实则把道德都给扭曲了，这就是在败坏道德。

真正有道德者，正直刚强，是非曲直直言相告，善恶美丑实话实说。即便是委婉告知，也是真诚明示。就像有人说应该"以德报怨"，孔子说不对，应该是"以直报怨""以德报德"。

17.14　子曰："道听而涂说，德之弃也。"

孔子说："在路上听人家那么一说就转脸在路上把话又传给他人，这种做法只会被有德者不齿。"即便是"行"也要"三思而后行"，怎么可以"道听而涂说"？

道听途说其实在今天无须翻译，只是这种行为实在是太普遍了，以至于媒体经常提醒大家"切莫轻听轻信"，要"不信不传"。尤其现在的互联网时代，信息量超乎想象，有些信息明明存疑，但是依然会在网上疯传。这种不负责任、随意轻信、信手传播的行为对社会的安定、百姓的信任全然不顾。这种行为扰乱了社会，败坏了世风，实在是危害很大。

人们说：道德好不足以成事，道德不好一定会败事。

17.15　子曰："鄙夫可与事君也与哉？其未得之也，患不得之；既得之，患失之。苟患失之，无所不至矣。"

孔子说："卑鄙粗俗的人可以跟他一起侍奉君主吗？这些人对任何事物都是在他尚未获得之前，担心得不到，真是得到了又担心有一天会失去。假如总是担心失去什么，那样很容易走极端，什么事都干得出来。"

人这一生胜负难料，得失难测，你要"患失"，那问题可就大了。孔子说

"患失"会导致"无所不至",什么事都干得出来,这就危险了。

孔子所说的"事君",在今天就是为主家做事,给老板打工。给人家打工最主要的是忠诚,就像曾子所说的"吾日三省吾身"里的"为人谋而不忠乎?"的忠诚。真正忠诚的人注意力在"成事",不会患得患失,不会总算计自己利益得失。

患得患失就会裹足不前,不仅老板、上级不接受,跟你共事的同事,谁愿意和你这种人搭档呢?你会拖累搭档、拖累团队。这种人小则不要廉耻,大则失德背叛,甚至还会做出一些更出格的事。因为,他自己的事在他心里的分量太重了,这会使他掉道,让他跑偏。

现实中,私心重的人,一件事情放到眼前,第一时间考虑的不是事情应该如何运作,不考虑这件事情的发展本该是怎样的,他想的是事情怎样发展对他自己更有利。私心过重会牵引着他做出一些极端的行为,好让自己的私利最大化。这种情况是孔子最为担心的"苟患失之,无所不至矣"。

私心重的人做事很容易出现判断失误,导致一事无成。所以,私心重的人不可重用。

没人反对正常的私利需求,正常的个人利益无可厚非,没一点私利需要的人,你还真不能用,因为他可能惦记着别的,那更麻烦。

17.16 子曰:"古者民有三疾,今也或是之亡也。古之狂也肆,今之狂也荡;古之矜也廉,今之矜也忿戾;古之愚也直,今之愚也诈而已矣。"

孔子说:"古时候的人有三种毛病,如今这些毛病可能都变了。古时候狂放的人行为放纵,如今狂放的人则会放荡不羁;古时候矜持的人正直威严,如今矜持的人却是嗔怒乖戾;古时候的愚直,性格耿直率真,如今的愚直则虚伪奸诈。"所以,人们叹息"世风日下,人心不古"。

古人的狂放是一种人生态度;矜持是一种处事风格;愚直是智慧的别样风情。如苏东坡的狂放,虽显放纵,不失高远宏阔;又如杜甫的矜持里充满率真坦然;再如贾岛的愚直中透着憨厚忠实。即便是把苏学士贬到天涯海角,那狂放依然狂放;即便秋风不解仁心满怀的杜子美(杜甫),他依然心系天下苍生,胸怀国家大事;即便是愚直成"诗奴"(贾岛),那牢骚也能发到天官尚书(韩愈)处。俗话说:无情不足以为友,无癖不足以成事。

明末清初文学家、史学家张岱曾说："人无癖不可与交，以其无深情也。人无疵不可与交，以其无真气也。"白居易说："人皆有一癖，我癖在书章。"

诸君，请善养一癖。

17.17　子曰："巧言令色，鲜矣仁。"

孔子说："花言巧语、面貌虚伪的人，很少有仁德。"善养一癖可以，不可以养出"巧言令色"来，孔子说了，"巧言令色"没仁道。

17.18　子曰："恶紫之夺朱也，恶郑声之乱雅乐也，恶利口之覆邦家者。"

紫色是间色，朱红是正色。中国古代把颜色分为正色和间色两类。正色有青、赤、黄、白、黑五种；间色指绀（gàn 红青色）、红（浅红色）、缥（piǎo 淡青色）、紫、流黄（褐黄色）五种。正色和间色在周朝是用来辨别贵贱、等级的，作为间色的紫色属于卑贱之色。《释名·释采帛》："紫，疵也，非正色，五色之疵瑕，以惑人者也。"而朱色属于高贵色。紫夺朱是指以下犯上。

"邦家"是指诸侯之邦，大夫之家。孔子说："可恶的是紫色夺了红色的正位，可恶的是郑国的淫声扰乱了雅乐，可恶的是巧舌如簧颠覆了邦国采邑。"这三句话，第一句是说颜色，第二句是说音乐，前两句都应该是在为第三句做铺垫，从视觉、听觉到感觉，这第三句才是孔子想要说的内容。因为巧舌如簧可能颠覆一国一地的礼制。

人的通病在于难于守正，正色正音很容易就被间色淫声取代，炫目之色、悦耳之声轻易就能把人们带跑偏。

孔子在谈到音乐时曾说："郑淫、宋溺、卫烦、齐骄"，并说："此四者皆淫于色好，害于德。"所以，当是非不辨的时候，就容易"小人得志"。小人得志，是非善恶就错乱了，巧舌如簧之人就出来兴风作浪，他们谗害忠良，祸害刚正，颠覆一个国家就有了可能。

一旦出现了忠良闭口，谗臣当道，祸乱就会降临，百姓就会遭殃。孔子此时讲这样的话，一定是遇到了类似谗臣当道的事情了。如《史记》记载，孔子在齐国时，齐景公向孔子问政，孔子给景公讲了"政在节财"，还讲了"君君，臣臣，父父，子子"，齐景公非常赞赏，于是就打算把一个叫尼谿（xī 通溪）的地方封赏给孔子，晏婴劝阻说：“儒者滑稽而不可轨法；倨傲自顺，不可以为下……孔子盛容饰，繁登降之礼，趋详之节，累世不能殚其学，当年不能究其礼。君欲用之以移齐俗，非所以先细民也。”晏婴说那么多，无非就是怕孔子抢了他的风头、夺他的饭碗呗。这之后，齐景公自称年岁已高，不能重用孔子，说了些个大家面子都能过得去的客套话。不久，孔子就离开了齐国。晏婴在这件事上就是个搅屎棍。

后来的齐景公确实死得很惨，据说是掉到粪坑里淹死的。

17.19　子曰：“予欲无言。”子贡曰：“子如不言，则小子何述焉？”子曰：“天何言哉？四时行焉，百物生焉，天何言哉？”

孔子说：“我不想说话了。”孔子历来坚持身教重于言教。他见弟子们多在理论上追求学问，少有去体验实践。无奈孔子说：我不想说话了。

子贡在一旁接过话头，说：“老师，您要是什么也不说了，那我们这些弟子们传述什么呢？”

孔子说：“上天说什么了吗？春夏秋冬四时运转如常，万物自然生长，上天它说什么了吗？”孔子的意思是，你们也到大自然里去感受感受，感悟感悟。张居正解释说：“盖圣人一动一静，莫非妙道精义之发，正与天道不言而成化一般，学者熟察而默识之，自有心领而神会者，岂待求之于言语之间乎？故孔子前既以无行不与之教示门人，此又以天道不言之妙喻子贡，其开示学者，可谓切矣。”

老子也曾说：“是以圣人处无为之事，行不言之教，万物作焉而不辞，生而不有，为而不恃，功成而弗居。”意思是：有道的人以无为的态度来处理世事，实行“不言”之教化，万物兴起不去干预，生养万物而不据为己有，养育万物而不自恃己能，功成名就而不占有。

老子论述这一切，天地万物都已呈现给了我们，需要我们在与天地万物往来中获取。我们可以看到，在这里，老子跟孔子高度一致了。真是圣人所论略同。

子贡这里说的“何述焉？”的“述焉”是今天的我们极少能做到的。老师白天讲完，晚上子贡他们回到家里，能把老师白天讲的再用自己的语言述说一遍。就是说，第二天一出门就能做个现学现卖的老师了。难怪孔子的学问能传承两千多年不断绝。

北宋五子之一的张载说：“为万世开太平”，还真就不只是一句话。

17.20　孺悲欲见孔子，孔子辞以疾。将命者出户，取瑟而歌，使之闻之。

有记载说："孺悲是鲁国人，尝学士丧礼与孔子。"鲁哀公派孺悲向孔子学习士丧礼。有人说孺悲本不该学什么"士丧礼"，也有人说，孔子不见孺悲是"必有得罪处"。甭管什么原因吧，孔子认为孺悲的拜访不妥，于是借故说自己病了，拒之不见。

传话的刚一出门，孔子就拿出瑟来一边弹一边唱，故意让孺悲听到。圣人教人就是应人而教。你孺悲作为鲁君的使者，做得不对，我还不能当面拒绝，这样有损君威。可是，如果不拒绝又会把事情做错，所以孔子拒而不见，说是有病，但又要让你孺悲知道有病只是托词，事实是就是不想见你，因为不该见你，让你自己悟出道理来。这样既不失人，也不失事，下次见面还不尴尬。

回头朋友们都买把瑟，摆在家里。真用得上。

17.21　宰我问："三年之丧，期已久矣。君子三年不为礼，礼必坏；三年不为乐，乐必崩。旧谷既没，新谷既升，钻燧改火，期可已矣。"

子曰："食夫稻，衣夫锦，于女安乎？"

曰："安！"

"女安，则为之！夫君子之居丧，食旨不甘，闻乐不乐，居处不安，故不为也。今女安，则为之！"

宰我出。子曰："予之不仁也！子生三年，然后免于父母之怀。夫三年之丧，天下之通丧也。予也有三年之爱于其父母乎？"

宰我问孔子："父母过世，守孝三年，时间也太长了。君子有三年不去学习礼仪，礼仪一定会被荒废；三年不去练习音乐，音乐就会崩坏。陈谷子已经吃完，新谷子业已收获，打火所用燧木已经更换了一轮，丧期一年也就可以了吧。"宰我说礼乐也好，说陈糠烂谷子也好，无非想说守孝时间太长了，没那个必要。我估计宰我可能是跟着爷爷奶奶或是姥姥姥爷长大的，跟亲爹亲娘没感情。

孔子说："父母亡故三年不到，你就吃精贵的稻米，穿锦绣的衣服，你心里能安吗？"孔子的意思是，父母亡故时会给子女带来极大的悲伤，这种悲伤会持续相当长的时间，而且在这悲伤之中的人们会无暇顾及吃穿，甚至蓬头垢面也全然不觉，如果此时让他享用锦衣玉食，他的内心会极度的不安。

记得好像是 2010 年吧，我跟一位唐姓兄弟去北京，晚饭是他的几个发小安排的。正在吃饭的时候，其中一个兄弟问："看《唐山大地震》了吗？"那时，电影《唐山大地震》公映时间不长。他这么一问，大家顿时沉默了下来。我见另一个兄弟夹起的菜在那里停了十几秒，又把夹起的菜扔了回去，撂下筷子，说了句："冯小刚真他妈孙子，过去那么多年了又翻出来。"这时候我才注意到那人已满眼泪水。

后来我那唐姓哥们跟我说，他们都是在唐山震棚里长大的孩子，地震中大多都有亲人失去。尽管三十多年过去了，失去亲人的痛依然没能真正平复，一旦触碰，还会刺痛。

孔子和宰我说的就是失去父母亲人带给子女家人的痛。那种痛能那么容易平复吗？

这种情况下，孔子是想问宰我那样做，能心安吗？宰我说："我心安那！"

孔子说："你要是心安，那你就去做吧。君子服丧期间，吃再美的食物也不觉得好吃，听再美的音乐也不觉得好听，闲居在家也觉不安，所以君子服丧时是不会那么做的。如今你若心安，你就去做好了。"丧礼也是礼，礼的实质是恭敬，恭敬心没有，做什么也就无所谓了。

宰我走后，孔子说："宰予不仁啊！儿女出生三年，三年以后才能脱离父母的怀抱。这三年丧期，是普天下公认的丧礼期限，他宰予难道不也是在父母怀里被爱护三年吗？"怎么他跟大家会有那么不同的感受呢？看来这"天同俯，地同载；父母生，父母养"的结果，还真就不是想象的那样。

17.22 子曰："饱食终日，无所用心，难矣哉！不有博弈者乎？为之犹贤乎已。"

孔子说："整天吃饱了，一点脑筋不动，想要进德可就难了！不是有六子博和围棋的游戏吗？玩玩这些也比闲着强吧！"这里说的"博"是一种两个人下的棋，每人六枚棋子，以黑白区分，先掷骰子再走棋。"弈"就是围棋，古今基本没变。忙于进德是好事，做不了什么事研究一下围棋也算，不能游手好闲。古人讲："心易放而难收。"心要是放野了，可就难收了，所以千万不能无事，俗话说：无事生非嘛。生出是非来就麻烦了。

抚养儿女，带领团队，无事生非的乱子是有不少教训的。

17.23 子路曰："君子尚勇乎？"子曰："君子义以为上。君子有勇而无义为乱，小人有勇而无义为盗。"

子路的勇敢在孔门是有名的，他对自己的勇敢也很自信。这天，他问孔子："老师，君子崇尚勇敢吗？"孔子说："君子认为道义是至高无上的。君子只有勇敢而没有道义就会犯上作乱，小人只有勇敢而没有道义就会成为盗贼。"

孔子认为道义是衡量一切行为的权码，性情、嗜好、利益都不足以撬动道义的权码。孔子认为君子逞勇而无义，他的行为就没了制约，就会扰乱秩序，甚至对抗约束管理，做出犯上作乱的事情来。小人本就少义无义，假如勇而敢为，视一切禁忌于不顾，天下老子第一，一定走上强盗之路。

如小偷，其行为本就无义，被人发现，认罪伏法也就罢了，然而此贼好勇斗狠，被人捉住便恼羞成怒，拔刀刺伤财物主人，成了杀人犯。从一个小偷到变成杀人犯，就因为多了个勇。

杀人越货是强盗干的事，小偷没这个胆子。小偷被抓着，罚款、拘留、重者坐牢，强盗被抓着就得枪毙。

17.24 子贡曰："君子亦有恶乎？"子曰："有恶，恶称人之恶者，恶居下流而讪上者，恶勇而无礼者，恶果敢而窒（zhì 不通）者。"

曰："赐也亦有恶乎？""恶徼（jiǎo 抄袭）以为知者，恶不孙以为勇者，恶讦（jié 揭发别人的隐私或过错）以为直者。"

颜回、子路、子贡三人在孔子身边时间最长。颜回学习是一听就懂，一学就会，所以颜回与孔子的对话并不算多，而相对的子路、子贡与孔子的对话交流，在《论语》里的记载就多一些。

这天，子贡问孔子："老师，君子也有自己厌恶的人吗？"孔子说："当然有他们厌恶的人了。比如，厌恶宣扬别人坏处的人，厌恶那些做下级的毁谤他的上级的人，厌恶逞勇却没有礼貌的人，厌恶果断敢为却顽固不化的人。"

孔子问子贡："赐啊！你也有厌恶的人吗？"

子贡回答说："我厌恶那些抄袭别人却硬说自己如何聪明的人，厌恶那些不懂谦虚还自以为勇敢的人，厌恶揭人隐私还自以为直率的人。"

前一则说到道义，其实这一则里，我们可以看出圣人君子都是站在道义的高度做事、看问题的。他们对于不道德的行为是厌恶的，对于不道德的人是不屑一顾的。

我们也有厌恶，可能也被人厌恶，但是，这一刻我们要做到心知肚明才好。尤其是知道被别人厌恶，升起一颗羞耻心，就容易走出泥潭。

对于有些人，你要求他不恶心人，他也并不容易做到。如不闯红灯；如公共场合不随地吐痰、不大声说话；等等。这就是大千世界，这就是红尘俗世。

17.25　子曰："唯女子与小人为难养也，近之则不孙，远之则怨。"

孔子的这句话一直受人质疑，甚至责难，尤其是女权觉醒后，更是拿这句话诋毁孔子。其实，细想起来没有什么。孔子所处的时代是男权社会，女人身居下位，小人仆从同样也是在君子下位，在下位的人的心理有一些共同的东西，比如，你多表扬了他两句，他就自恃有功，容易得意忘形。你疏远了他，他就怨你或是奉承巴结你，这是一种普遍现象。所以，孔子说："唯有女子和小人最难相处，你与他们亲近点，他们就会显得无礼，不知道恭顺；你疏远他们，他们就会有怨气。"

杨绛先生在她《走到人生边上》的书里写道："从前我们可怜的女人被轻视是普遍现象，怪不得孔子。"杨绛先生是从旧时代走过来的女人，她懂得历史，她理解孔子。

再后来，女子们地位提高了，自立能力也强了，气度也大了，心胸也豁达了，尤其这些年，很少有人再说女人难养了。

17.26　子曰："年四十而见恶焉，其终也已。"

孔子说："四十而不惑。"人到四十岁，脑子、心理就不应该再混乱了。这个年龄还拎不清楚，确实让人无语。所以，这里孔子说："一个人活到四十岁还因为一身的毛病被人厌恶，他这辈子就算完了。"

孔子说："四十而不惑；五十而知天命。"是说一个人到了这个年龄段，就应该有这个年龄相应的境界和作为。就像小时候小伙伴一起玩游戏，别人都能做得来，你却做不来，你自己就知道该去一边儿猫着。

你境界不到，先不说让人家瞧不起你，你所谈的话题无聊俗气，甚至低级趣味，更甚者粗言秽语，人家只得无语。这跟身份地位、财富名气没关系。假如到了这步，这辈子也就这样了。孔子说："其终也已。"下辈子再说吧。

微子篇第十八

　　本篇记述的主要是孔子的处世状态，还记录了孔子周游列国期间遇到的四位隐士：接舆、长沮、桀溺和那个没名没姓的荷蓧丈人。

　　18.1　微子去之，箕子为之奴，比干谏而死。孔子曰："殷有三仁焉。"

　　"微子"是商纣王的庶兄。微子的母亲生他的时候还是个妾，等到生纣的时候，他父亲帝乙已把他母亲立为王后了。"微"是他的封地名，"子"是爵名。纣王无道，微子无奈，离纣王而去。

　　"箕子"是商纣王的叔叔，"箕"是他的封地名。箕子也向纣王进谏，纣王不听，他就披头散发装疯卖傻，被纣王降为奴隶。后来箕子跑到朝鲜半岛，把中原文明带到了那里，很多朝鲜人都认为自己是箕子的后代。过了好些年，武王把他请回来，还向他请教治理天下之道。箕子又专门来到旧都朝歌，所见都是残垣断壁、废弃的城池，一派凄凉，心灰意懒的箕子又回到朝鲜。

　　"比干"也是纣王的叔叔，"比"是他的封地名，"干"是他的名。他和箕子都是托孤重臣。当时，比干对纣王的谏阻力度最大，以致触怒了纣王。恼羞成怒的纣王说道："我听说圣人的心有七个孔。"于是把比干剖胸摘心。传说，比干果真有颗七窍玲珑心。

　　比干死的时候，他怀孕三个月的妻子逃出朝歌，为比干生有一子。周武王敬重比干，设法找到他们娘俩，赐比干之子林姓，名林坚。比干被称作林姓的太始祖。

　　以上是对商殷末期的三子的简单介绍。孔子的一句："殷有三仁焉。"算是给三位圣贤定了名分，这才有了"三子之心，始白于天下后世"。他们的忠君爱国之心实在是应该世世宣扬，万世留存。后人叹息："三仁去而殷国墟。"

　　如今的我们，只能跑到河南的郑州、安阳以及朝歌古城看看"商都遗址"和"殷墟"了。

　　18.2　柳下惠为士师，三黜。人曰："子未可以去乎？"曰："直道而事人，焉往而不三黜？枉道而事人，何必去父母之邦？"

　　柳下惠在鲁国做掌管刑罚、监狱的法官时，曾三次被罢免。有人就给他出主意，说："您不可以离开鲁国吗？"意思是你在鲁国还干个什么劲啊？一会儿官给撸了，一会儿官给撸了，伺候谁不是伺候啊！干吗非得伺候这帮孙子？柳下惠说："像我这种直道而行的人，去哪儿干都是这个样子，遇到谁都得把我撸了。我要是不走直道，也一味地溜须拍马，那也用不着往远处跑啊，还有必要离开我的父母之邦鲁国吗？"

这柳下惠算是遇见了一个聪明的糊涂人。说这人聪明是因为他还知道柳下惠是个干事的人，有些事只有他能做好，别人未必干得好，能够用他就不用别人，聪明。说他糊涂，是说他没能把柳下惠这样的人用好，用柳下惠总觉得不顺手，用两天又不想用了。他"黜"了柳下惠，伤了周围一圈人的心，实在不是什么真正明白事理的人。

18.3　齐景公待孔子，曰："若季氏，则吾不能，以季、孟之间待之。"曰："吾老矣，不能用也。"孔子行。

孔子一行来到齐国，在说到孔子享受什么待遇时，齐景公说："像鲁国国君给季氏那样的待遇我给不了你，给你个介于季氏和孟氏中间的待遇是可以的。"季氏是上卿，孟氏是下卿。其实，这样的礼节对于孔子来说是没有问题的。关键是后来景公又说："我老了，做不了什么了。"意思是说，你孔子来，我们欢迎，要搞什么礼乐治国就算了，我们齐国这样挺好的。孔子一听这话，走了。于是孔子一行就离开了齐国。

齐景公说的这两段话，朱熹认为是孔子不在场的情况下说的，后来通过使臣传递给孔子的。在程颐认为，季氏在鲁国属于"强臣"，他的待遇出格的高，孔子不可能如此在意对他的待遇。朱熹、程颐的话都只是说明孔子并不是因为待遇问题决定去留。孔子离开齐国的真正原因是景公说："吾老了，不能用也。"孔子认为景公已没了"豪情壮志""宏大理想"，无法与他共同描绘未来。

如果您一旦发现所做的事情跟您的目标、理想不一致，早拿主意。要学习孔子当断就断。

18.4　齐人归女乐，季桓子受之，三日不朝。孔子行。

上一则最后三个字是"孔子行"，这里也是"孔子行"，我们看看为什么。

这里"归"解作馈，赠送的意思。说齐国赠送给鲁国一个女子歌舞乐队，还说季桓子欣然接受，并且之后三日不上朝，不理朝政。孔子一看，为了一群歌舞艺伎竟然置国家百姓于不顾，这也太离谱了。"治大国若烹小鲜"，怎么还不如大锅熬菜呀?! 孔子无论如何也接受不了。于是就又有了"孔子行"。

后来我们才知道，利比亚总统卡扎菲也好，伊拉克总统萨达姆也好，都是妻妾成群，难怪国家都毁在他们手里。近两年咱们抓起来的那些个"大老虎"，也个个都是"美女"成群。他们哪还有心思干工作? 一定也是"不朝"吧! 老话讲：红颜祸水。掉祸水坑里，人就废了。

和一仁兄闲聊。他讲了一件他朋友的事。说这位朋友跟他一个多年的哥们不再来往了，理由是这哥们对自己的母亲不够孝顺、对自己的妻子不够忠诚。他的原话是："一个对待自己最亲最近的人是这样的表现，你还指望他对朋友好到哪儿去吗?"

孔子的隐意是，他对国家百姓都这样怠慢，你还指望他鲁定公、季桓子跟你一起实现理想吗? 指望他们跟你一起行"礼乐之治""为政以德"吗? 太让人失望了。走人了!

18.5　楚狂接舆歌而过孔子曰："凤兮! 凤兮! 何德之衰? 往者不可谏，来者犹可追。已而! 已而! 今之从政者殆而!"

孔子下，欲与之言。趋而辟之，不得与之言。

"接舆"是楚国的一个狂人、隐士。孔子带着子路、颜回、子贡等一行，在叶公的安排下前去拜会楚王时，在快要进城的一段路上，孔子见一人唱着歌从自己车旁走过。嘴里唱道："凤啊! 凤啊! 你怎么这么不走运哪? 过往的事情已无法挽回，未来的事情还能够挽救。算了吧! 算了吧! 如今从政可是个危险的职业啊!"孔子赶忙下车，想跟他交流一下，那人却急忙走开了，孔子没能跟他说上话。后来一打听，那人竟是传说中的狂人接舆。

传说，这凤凰是灵鸟，能审时度势，"有道则现，无道则隐"。接舆是在指责孔子，你这么一个圣贤，不知自重，不懂避险，在这无道的乱世，你出来干嘛? 难道仁德已经衰败到这种程度了吗? 那得多倒霉呀?

这避世的人和入世的人很难说到一块儿，大家方向不一致，目标不一致，道不同。像接舆这样的隐士，绝不会专门去找孔子这样的圣贤，路上偶遇，擦肩而过那一刻，吼两嗓子，提个醒，你听进去听不进去，他无所谓。

作为以推行周礼为使命的孔子，是"道不同，不相为谋"。你要聊就聊两句，不想聊也不勉强，这二位都是无可无不可的主。所以，我们在《论语》《孔子世家》也好，其他什么史书也好，找不到孔子与某位隐士攀谈、辩论的记录。双方都没这个意愿、需求。

18.6　长沮、桀溺耦而耕，孔子过之，使子路问津焉。

长沮曰："夫执舆者为谁？"

子路曰："为孔丘。"

曰："是鲁孔丘与？"

曰："是也。"

曰："是知津矣。"

问于桀溺。

桀溺曰："子为谁？"

曰："为仲由。"

曰："是鲁孔丘之徒与？"

对曰："然。"

曰："滔滔者天下皆是也，而谁以易之？且而与其从辟人之士也，岂若从辟世之士？"耰（yōu 翻土）而不辍。

子路行以告。

夫子怃然曰："鸟兽不可与同群，吾非斯人之徒与而谁与？天下有道，丘不与易也。"

孔子一行辞别叶公，离开楚地负函返回蔡国，在一条河边遇见长沮和桀溺两位隐士。这二位正在一起耕田种地，孔子的车从旁边经过，让子路前去打听渡口的方位。

长沮没有回答子路的问话，却反问道："那个持缰驾驭的人是谁呀？"

子路说："是孔丘。"

又问："是鲁国那个孔丘吗？"

子路说："是的。"

长沮说："他知道渡口在哪儿。"那时候，几乎无人不知孔子是何许人也。

这位叫长沮的隐士高人，略带讽刺意味地说，孔子能周游列国，哪里都去过，什么事都明白，世人都尊他为圣贤，他见识又广，寻个渡口还用打听吗？

子路一看，跟这人没话可说，转脸又问桀溺。这个桀溺也和长沮一个德行，不答话，也是反问子路，说："您是哪位？"

子路说："我乃子路是也。"

桀溺问："您是鲁国那个孔丘的徒弟吗？"

子路回答说："是的。"

桀溺说："天下如滔滔洪水，泛滥人世间，有谁能改变它？你与其跟着孔夫子做个躲避恶人的人，为什么不跟着我们做个躲避恶世的人呢？"说完这通话，又继续翻耕土地。看来不仅孔子名声在外，他的弟子们也是名气很大呀！一听你叫子路，人家就知道你是孔子的弟子。

这位叫桀溺的隐士观点很清楚，他认为这个世道无药可救，洪水滔滔谁人能够抵挡？他认为孔子周游列国是在躲避恶人，想找一个正人君子一起推行周礼，这不高明，不如像我跟长沮这样干脆躲避这个恶世，做个隐者，不跟这帮当世的执政者、当权派玩儿。反正邦国都是你们自个的，你们想怎么造就造吧！

子路垂头丧气地回来，把刚才发生的一切告诉了孔子。孔子慨然长叹："我们不能与鸟兽同群，你不让我们跟人相处，我们还能与谁相处呢？假如天下太平，我就不用到处寻找与谁一起来改变这个世界了。"孔子感叹这是不得已而为之的事。孔子被人嘲讽自然心里不舒服，他当然知道在这个礼崩乐坏的时代，和这群当政者打交道是一件多么辛苦的事。

前面有两则，在最后都是"孔子行"，能不"行"孔子干嘛非得"行"呢？回到家，老婆孩子热炕头，教个书育个人，岂不快哉！柳下惠都知道待在父母之邦好于远走他乡，孔子岂能不知此番道理。但是，对于理想，有一丝希望，孔子也会争取，使命感让他不能看到这个世界就这么衰败下去，这就是圣人孔子，这就是孔子的使命。"明知不可为而为之"的信念在孔子是笃定而不可动摇的。

18.7　子路从而后，遇丈人，以杖荷蓧（diào 竹编的耘田农具）。

子路问曰："子见夫子乎？"

丈人曰："四体不勤，五谷不分，孰为夫子？"植其杖而耘。

子路拱而立。

止子路宿，杀鸡为黍而食之，见其二子焉。

明日，子路行以告。

子曰："隐者也。"使子路反见之，至则行矣。

子路曰："不仕无义。长幼之节，不可废也；君臣之义，如之何其废之？欲洁其身，而乱大伦。君子之仕也，行其义也。道之不行，已知之矣。"

孔子一行人往前走着，子路落在了后面，迎面遇见一位老者，老人用拐杖挑着除草用的农具。

子路迎上去躬身施礼，问道："您看到我老师了吗？"

老人说："你这个四肢不劳动，五谷分不清的人，谁知道哪个是你老师。"说完，老人把拐杖往地上一插，就去除草去了。老人见子路是个不会干农活，又不缺营养的人，一肚子的不待见。

子路不知老师去向，一时间不知往哪儿走了，索性站在那里面对着老人，拱立于侧，恭敬地等老人指引。

老人见子路礼数周全，便留下子路过夜，杀鸡煮饭给子路享用，还把自己的两个儿子叫出来与子路相见。第二天，子路赶上了孔子一行人，把自己的经历告诉了孔子。孔子说："这是位隐士高人呀。"于是就让子路再回拜见，晓谕君臣义礼。子路到了老人家，老人已经出门走了。

子路对老人感慨道："不出来做官是不合道义的。既然知道长幼间的礼节不能废弃，君臣之间的大义又怎么能够废弃呢？他这是想洁身自保，却又乱了大伦。君子出来做官，是在行使大义，至于理想的道路是否行得通，这都是早有定数的事。"

儒家的原则是，发心于仁德，行止看道义。子路的意思是，老人家您把儿子叫出来与我相见，这是坚守长幼礼数，既然知道长幼礼数，怎么就忘了君臣也有礼数呀？您认为现如今乱世一个，想洁身自好，却忘了君臣大义，您这种行为乱了大伦啊！我们推行礼乐之治，努力实现理想，我们的所做能否行得通，其实我们心中是有数的。只是我们必须得这样做。这个荷蓧丈人如此这般，也许就是隐士们的通病吧。

18.8　逸民：伯夷、叔齐、虞仲、夷逸、朱张、柳下惠、少连。子曰："不降其志，不辱其身，伯夷、叔齐与！"谓："柳下惠、少连，降志辱身矣。言中伦，行中虑，其斯而已矣。"谓："虞仲、夷逸，隐居放言。身中清，废中权。

我则异于是，无可无不可。"

　　古今被遗落民间的高士有：伯夷、叔齐、虞仲、夷逸、朱张、柳下惠、少连。这里的虞仲、夷逸、朱张以及少连的事迹基本都属于不可考证。孔子对他们的评价很高，孔子说："不降低自己的志向，不辱没自己的身份，那是伯夷、叔齐吧！"又说："柳下惠、少连二人降低了志向，辱没了身份。但是他们说话有条理，做事深思熟虑，仅此而已吧。"

　　孔子接着说："虞仲、夷逸，这二位是避世隐居，说话随性，自身清白，放弃官位，其行为也属于符合权变的道理的。而我跟他们不一样，我是没有什么一定这样，也没有什么一定不这样。"有些后人认为孔子周游列国，就想当官，还四处碰壁，没人用他。孔子的这句"无可无不可"，就是最好的回答。"无可无不可"是孔子的境界，这种境界几乎没几个人能够踏足。

　　有一天，内人问我晚饭后可不可以陪她逛逛街，我还跟她开玩笑说："无可无不可。"

　　18.9　太师挚适齐，亚饭干适楚，三饭缭适蔡，四饭缺适秦，鼓方叔入于河，播鼗（táo 拨浪鼓）武入于汉，少师阳、击磬襄入于海。

　　按照周公所作礼乐制度，天子一日四餐，天子、诸侯飨宴用餐时需要音乐伴奏，每餐乐曲不同，乐师也不同，因为是吃饭时奏乐，所以乐师被称作"亚饭、三饭、四饭"，而"太师挚"是位名叫挚的乐师长。鼓、播鼗、击磬都是执掌乐器的官员。少师是辅佐太师的助理。齐、楚、蔡、秦、河、汉、海都是地名。

　　这则记述是说，鲁国的国家礼乐队解散了，乐师们各奔东西，"太师挚去了齐国，叫干的亚饭去了楚国，叫缭的三饭去了蔡国，叫缺的四饭去了秦国，打鼓的方叔入居在黄河之滨，摇鼓的武入居汉水之滨，少师阳和击磬的襄住到了海边"。

　　想想这事挺凄凉的。鲁国乃周公封地，周公当年制礼作乐，到了孔子所在的春秋末年，礼乐崩坏，乐师们四散谋生，一派衰败之象，鲁国国君用餐时，想奏个乐都已成了奢望。

　　去年去一位朋友的公司，在门前看到的是两盆枯死的花植，电梯按键处满是污垢，楼道两侧的踢脚线上布满了灰尘，会议室里的筒灯十个坏了五个。落座后，还没等我问，朋友就说最近公司遇到了很大的困难，我回了句：看出来了。

18.10　周公谓鲁公曰："君子不施其亲，不使大臣怨乎不以。故旧无大故，则不弃也。无求备于一人。"

这里"施"解作弛，废弃、疏远的意思。周公对刚被封为鲁公的儿子伯禽说："作为君子，不可以疏远他的亲族，不能让大臣埋怨没被任用。故交旧友没有大的过失，不要轻易遗弃。对任何一个人都不要求全责备。"周公对即将就任鲁国国君的儿子伯禽，提出了忠告。

伯禽是长子，是家族的继承人，他又是国君，一国的执政者。周公对他提出了四点告诫，对亲人、对大臣、对故交老友、对其他一切人。周公的告诫让我们感觉到，他要儿子仁心治国，厚道做人。这正是周朝立国的根本，要以忠厚之道"亲亲、任贤、录旧、用人"。忠厚背后是仁义。看来，孔子的一以贯之，还真是从周公那里传承下来的。

这让我想起了诸葛亮的《诫子书》："夫君子之行，静以修身，俭以养德。非淡泊无以明志，非宁静无以致远。夫学须静也，才须学也，非学无以广才，非志无以成学。淫慢则不能励精，险躁则不能治性。年与时驰，意与日去，遂成枯落，多不接世，悲守穷庐，将复何及！"

我们看到了，周公、诸葛亮对自己儿子的明确要求是做个君子。只有君子才可以委以重任，只有君子才能够担起重任。周公要儿子做个君子，孔明要儿子行君子之道。

古圣先贤是我们"思齐"的标准和方向。

18.11　周有八士：伯达、伯适、仲突、仲忽、叔夜、叔夏、季随、季骗（guā 黑嘴的黄马，这里用于人名）。

周朝有八位德才兼备的知名人士，他们是：伯达、伯适、仲突、仲忽、叔夜、叔夏、季随、季骗。

古代家里兄弟排序是按伯、仲、叔、季的顺序排的。顺序是顺序，这里怎么还都是俩俩的呀？原来是这样的，周朝有八兄弟，还是一母所生，头胎两个男孩，取名伯达、伯适；二胎又是两个男孩，取名仲突、仲忽；三胎还是俩男孩，取名叔夜、叔夏；四胎再生两个男孩，取名季随、季骐。连生四对双胞胎，还都是男孩。

　　古往今来全世界，也就是咱周天子脚下那块沃土能孕育出这样的奇迹吧！孔门弟子记录这件事是想告诉我们，周朝兴旺八百年是实实在在的，生儿子生得多，还个个有出息，而这些都跟文王武王周公以及他们老师孔子的盛德有关，因为至德可以感动天地的。天地要说不行，那一定生不出来。

子张篇第十九

本篇二十五则，全是记录孔门弟子的语录，其中子夏的语录多达十则。再就是子贡了。孔子去世后，有人出来贬损、诋毁孔子，由于子贡影响力大，每每都是子贡站出来维护孔子，维护孔门的声誉地位。

19.1　子张曰："士见危致命，见得思义，祭思敬，丧思哀，其可已矣。"

子张说："作为士人遇到危险时就应该敢于献出生命，看到所得就应该先想到道义，祭祀的时候要做到真诚恭敬，居丧的时候要感到悲哀，这样就算是可以了。"

士在等级社会的周朝，是级别最低的贵族。子张认为作为士，第一要做到临危不惧。贵族阶级都是受过良好教育的，即便是遇到危险时，作为士也要敢于挺身而出，不惧牺牲。商周的时候，披坚执锐走上战场的必是贵族，"野人"（农夫）、奴隶是没有资格参与战争的。那时的战场旁边总有"野人"观战看热闹。所以，士人必须勇敢，能"见危致命"。

我们现在的法治社会，只要是成年人都应该见义勇为，否则，你会被踩在道德的最底层被人唾骂，你会遭到舆论的谴责。谴责你的依据，翻翻《论语》就能找到。

法治社会的依据是法，礼乐社会讲究义。子张说的"见得思义"在当今社会是最不易实现的。某些人会告诉你"我又没违法"，于是乎"见得"还思什么义不义的。近些年来丢掉了传统文化，造成了我们社会最大的亏损。经济指标上去了，道德底线一路下滑，几近崩塌。这可能是我们重建社会信任最难克服的关碍。一个没了良心的商家，他再怎么说他的商品多么多么好，能信吗？

中原某城市刨人家祖坟那帮家伙实在可恶，你想让他"祭思敬"，那只能请教造物主了。中国人讲"慎终追远，诚敬祖先"，这是教化民众忠诚厚道的先决条件。他不认先人祖宗，血脉延续不延续无所谓，您指望他厚道待人？您得先教会猪上树。

19.2　子张曰："执德不弘，信道不笃，焉能为有？焉能为亡？"

子张还有话说。"道德之人不能弘扬道德，信仰道义不能行为笃定去执行，这道德、道义怎么能说你有，又怎么能说你没有呢？"子张的意思是说，道德是用来弘扬传播的，道义是用来践行的。你也不传播，也不去践行，道德、道义对于您来说，有与没有又有什么区别呢？

弘扬正能量是这个社会的舆论主流。社会良知一天天被主流声音唤醒。不义的行为一天天趋于零容忍，比如，机动车不让行人，就会被扣三分罚二百元；商品有问题自家主动召回；恶意制假就被清除市场；教师严重违规就将终身禁教；等等，这是这个民族在一天天觉醒。

其实你懂，需要行动。

19.3　子夏之门人问交于子张。子张曰："子夏云何？"

对曰："子夏曰：'可者与之，其不可者拒之。'"

子张曰："异乎吾所闻。君子尊贤而容众，嘉善而矜不能。我之大贤与，于人何所不容？我之不贤与，人将拒我，如之何其拒人也？"

前两则都是子张说，这一则子张不说了，又有人来向他请教，他还得说。这天子夏的弟子跑来问子张应该怎样与人交往，子张反问道："你师父子夏是怎么教你的呢？"来人说："我师父子夏是这么说的：'可以交往的就与他交往；不可以与他交往的就拒绝与他交往。'"子张说："这和我听说的不一样。我认为君子尊重贤德之人，也包容普通大众；赞美善良的人，也怜悯无能的人。"张居正说："子夏笃信谨守，子张才高意广，故其所见亦各有异。"

子张接着说："我如果是个大贤人，为什么不能包容更多的人呢？假如我不够贤明，人家拒绝和我交往，我有什么资格去拒绝别人呢？"子张的意思是，贤者是没有机会去拒绝别人的。这里明显有别于子夏所说的"其不可者拒之"。

观点不同，教学方向就不一样。"其不可者拒之。"子夏是教高端特殊人群、培养精英分子的，子张是针对广大民众、搞普及型教育的。

19.4　子夏曰："虽小道，必有可观者焉；致远恐泥，是以君子不为也。"

上一则出来的是子夏的门人，这里才是子夏本人。子夏说："即使是小的技艺，也一定有值得关注的地方。但是，这样让人担心是会影响实现远大理想，所以君子通常不会做'小道'那些事。"

子夏说的这个"小道"是指各种具体的方法、知识、技能。子夏在这之前比较擅长这些所谓的"小道",所以孔子曾经教导他:"汝为君子儒,无为小人儒。"

子夏明白了"君子儒"以后,就开始更多地思考君子"为不为"的问题。上一则里,子夏就说:"其不可者拒之。"意思是所遇之人不够君子,那就不用瞎耽误工夫。

努力进学,脱贫致富,早做不为"小道"的君子。以后,把"小道"都交给机器人,或是外星低等生物去做。

19.5   子夏曰:"日知其所亡,月无忘其所能,可谓好学也已矣。"

子夏说:"每天学到一些自己还没掌握的学问,一个月过去还能够不忘所学的学问,这就可以称作好学了。"学习就如梁启超先生所说:"如逆水行舟,不进则退。"子夏认为"日知其所亡,月无忘其所能"。这就是在逆水行舟,子夏说这种奋发努力的人就属于好学之人。

知识学问的确是要靠日积月累,即便是顿悟法门也需要悟后起修,正所谓"积土成山,积水成渊"。"不积跬步无以至千里,不积小流无以成江海。"

生而知之者毕竟是少数,学而知之才是需要我们铭记的金科玉律。

之前我们也说过,在孔子那里,孔子认为只有他自己和颜回算得上好学,其他人是否好学还没发现。孔子的标准非常高,不知道子夏说的这个标准他老师满意不。

其实,细想一下,子夏的"好学"标准也不低。只是想来,这标准再低,还叫好学吗?

19.6   子夏曰:"博学而笃志,切问而近思,仁在其中矣。"

子夏说:"要博学,还要坚持自己的志趣;恳切提出问题的时候,着眼于眼前的实际,这样,仁德就在里面了。"持志以学,近思切问,仁道自在心中,存心之功全靠学问滋养,所以子夏说,要"博学而笃志,切问而近思"。

学问之功首先在于仁德的修为,仁德之心使博学更容易通达。有博爱更容易博学,因为求仁是学问之本,"君子务本,本立而道生"嘛。

德艺双馨的人更容易被大家接受。这在人的一生里，该是一以贯之的东西。

19.7　子夏曰："百工居肆以成其事，君子学以致其道。"

子夏说："各种工匠都要在自己的作坊里完成他们的具体工作，君子通过学习才能达到一定的学问境界。"所谓"肆"是指工匠的工作场所，手工作坊。

自古就有一种说法，叫有恒产者有恒心，居有定所人自安。工匠做事需要有个安定的场所，才可以安心，才能专心致志。不专注难成好事，难出精品。

十年磨一剑，十年之内，要"居肆磨剑"，只有不断地磨才能出功夫，功夫深了才能出好剑。如今所说的"十万次定律""十万小时定律"其实说的都是一个道理。

子夏所说百工成其事和君子致其道，这百工君子，成其事也好，致其道也好，有其相似的道理。君子想要致其道，就要做学问，做学问就如"居肆"，也需要十年磨一剑，需要"铁杵磨成针"的功夫，才能"致其道"。

这其中既有"学而时习之，不亦说乎"的快乐，又有"朝闻道，夕死可矣"的快感。

学如逆水行舟不进则退，这是至诚致力的功夫。孔子还有没说出的话，应该是：不学，何以致其道？

19.8　子夏曰："小人之过也必文。"

子夏说："小人犯了错，一定会掩饰。"我们常说"人非圣贤孰能无过"。但是，君子总能思齐改过、迁善修德。

"文过饰非"这句成语的出处就在这里。"文过饰非"不仅是句成语，也是给小人贴的标签。小人们做事时做错了他要解释，单解释还不算还要掩饰。事情做错了不愿认账，其实明眼人早已看得明白，他也只能是自欺欺人罢了。

曾子在他的《大学》里说，小人常"掩其不善"，但君子"如见其肺肝然"。就像杀一口猪，开膛破肚，肝啦肺啦块儿最大，一目了然，怎么掩盖？

心理学家的结论是，这些人的行为背后就是私心太重。掩饰私欲，护短自是，最后是越涂越丑，越抹越黑。

我们得记住了，谁要是给我们贴个"文过饰非""知错不改"的标签时，那是在骂我们。

19.9　子夏曰："君子有三变：望之俨然，即之也温，听其言也厉。"

子夏说："君子看上去有三种变化状态：远看，他们矜持庄重；走近了再一看，温文尔雅；听他们讲话，却又严肃刚正而令人敬畏。"

子夏给君子画了个标准像。君子出门如临大宾，衣冠举止威严庄重。相遇相逢，礼貌周详，温和可亲，感觉就两个字——舒服。听君子讲话义正词严，是非曲直似早有定数。踏实！

当然，也有例外，"竹林七贤"之一，东晋的刘伶就相当随性，朋友去他家拜访，他光着身子就跑出来了，还指责客人说："天是我的房子，这房子是我的衣裳，你怎么跑到我裤子里来了？"

伪君子！

19.10　子夏曰："君子信而后劳其民，未信，则以为厉己也；信而后谏，未信，则以为谤己也。"

子夏说："作为君子，首先要建立信任，然后才好指使他人，如果没有建立信任，人们就会认为自己在受刁难。对待上级，必须赢得他的信任后再去进谏，否则，领导会认为你在诽谤他。"事上理上子夏都说得很清楚了，我们再从深层的逻辑上做一解释。

佛家做事有个逻辑性很强的思路——"信、愿、行"。关于信任、相信，子夏说得很到位。做一件事，先要解决信任的问题，再就是要郑重地发个愿，就像我们发誓一样，心理学上叫种个心锚，从此开始，你就会时时惦记着那个愿。

有了信和愿，还要制订个行动计划，然后认真执行，这样预期的结果才更容易实现。

"信、愿、行"是规律，也是道，遵循这个规律，路就更好走。九华山的地藏王菩萨，就是大愿菩萨，曾发大愿："地狱未空，誓不成佛。"

马云在刚开始创业的时候，他能看到二十年、三十年后的事，坚信阿里巴巴是可行的，他把他的"十八罗汉"请到家里给大家讲，让大家相信他、支持他，发誓一定带领大家奔向美好的未来，几十年坚持不懈的努力，换来了今天阿里庞大的商业帝国。

我们应该都看到过网上流传的那个，马云在 1999 年给十八罗汉演讲的视频，他自己信还不行，他要让大家都相信才行。他做到了。

19.11　子夏曰："大德不逾闲，小德出入可也。"

从前，院子的门是用木棍绑扎而成，叫栅栏门。"闲"字是"门"中间加一个"木"字，就是栅栏门的意思。把栅栏门的意思往下引申，就有界限的意思，你翻过人家家的栅栏门，就算你越界了，喊抓贼都没问题。

子夏说："君子与人交往时，要求其大的节操上不可以越界，小节上可以有些许出入。"

我们讲，在大是大非上不可以马虎从事，原则上的事情没有讨价还价的余地，是恶是错界限分明，是非善恶心知肚明，惩奸除恶立场鲜明。

但是，我们还要讲成大事不拘小节。是说不要在不关键、非重要的事情上纠缠，浪费时间、精力。这不同于"细节决定成败"。"细节决定成败"是说做事要精细，不得马虎，精细与否决定成败。

在单位谁是君子？领导，老板。作为老板、领导这样的老大，您"大德不逾闲""小德出入可也"，您需要有足够的容人之量，能容众，宽待下属，否则，"水至清则无鱼"。您水太清了，就没人愿意跟您混了。

但是，话又说回来，如果都那样了，也不好玩，都是"大德"，全是君子，待在这样的团队里，那得多无趣呀！一个团队，需要"大德"加"小德"。

19.12　子游曰："子夏之门人小子，当洒扫、应对、进退，则可矣，抑末也。本之则无，如之何？"

子夏闻之，曰："噫！言游过矣！君子之道，孰先传焉？孰后倦焉？譬诸草木，区以别矣。君子之道，焉可诬也？有始有卒者，其唯圣人乎！"

这一则所说的事，应该是在孔子过世以后发生的，孔子的弟子们都各自教授有自己的徒弟。

子游见子夏的弟子尽做些很初级的事情，就用讥讽的口吻说："我师兄（子夏长子游一岁）子夏的弟子们，干点洒扫、应对、进退的事还是可以的。但是，这些不过是礼仪方面的细枝末节，根本的学问还没有学到啊，这可怎么办呢?"假使确如子游所说，子夏教授弟子不负责任，该教的没教，误人子弟，作为师弟站出来说两句也不为过。事实是什么，咱们听听子夏怎么说。

子夏听说师弟批评自己，先是有些惊讶。"嗨! 子游搞错了呀!"知道是师弟误会自己了。

子夏继续说:"君子的学问，先传哪些，后教哪些，这就好比花草树木一样，如何播种培育，是有区别的。君子的学问怎么可以歪曲呢? 从始至终，次第传授，大概只有圣人能够做到吧。"

子夏是在解释他为什么这么做，道理在哪儿，要他的弟子们明白他没做错。每个人的水平、悟性都不同，要区别对待，"因材施教"是孔子一贯坚持的教学方针，需要一代代地传下去，子夏认为自己做得没错。

前面一则里，就记录有子夏和子张观点上的不同，这一则又再说子夏与子游在教学上的分歧。我们发现，子夏与其他师兄相比较，更为讲求实效，更实际，每走一步都要求稳妥扎实、循序渐进。

孔子时代，孩子从八岁（通常指的是虚岁）开始上小学。到了十五岁就开始学习大学，比如曾子的《大学》，学习三纲八目。所学内容由浅入深，循序渐进，次第进行。

19. 13　子夏曰:"仕而优则学，学而优则仕。"

子夏说:"做官如果有余力，就一定要去读书学习;读书做学问有余力的话，就去做官。"这个"优"解作余。子夏说的这种情况，如今很多人都在这么做了。

大学毕业上班，工作几年，感觉肚子里面装的东西不够用了，需要填充了，就又去学习，脱产的、半脱产的都有;自费的，单位、国家出钱的也都有，什么进修了、培训了形式很多。培训业这么火爆也正是基于这种情况下的情形。他们喊出口号是:投资在脖子以上才是最明智的投资。官员、商人，如今都明白了这个道理，动辄学费几万几十万几百万元。

子夏老师，您在天有灵的话，可以欣慰了。您的话大家都铭记在心，在躬身践行。

以上十则都是子夏的言论，能够这样集中地录入这么多子夏的论说，证明子夏的功力、影响力都已足够大了。后来，他的弟子及其再传弟子，如李悝、吴起以及商鞅都成了战国时期叱咤风云的人物。

19.14　子游曰："丧致乎哀而止。"

子游说："居丧，充分表达哀思也就可以了。"《礼记》记载，子游就曾为丧礼纠结。后来，在孔子循循善诱的教诲下，明白了居丧致哀须适度的道理。

亲人走了，感情上接受不了，丧亲打击下精神垮塌，甚至一蹶不振，什么"白发人送黑发人"的老年丧子了；什么"无处话凄凉"的中年丧偶了；什么少年丧母了，的确不幸。但活着的人还得活着，子游深有感悟地说："丧致乎哀而止。"哀伤不要过度，不要让走了的人走得不安。

你"丧致乎哀而止"了，再说"一路走好！"

19.15　子游曰："吾友张也，为难能也。然而未仁。"

子游说："我的朋友子张啊，他做的已经是难能可贵了，但是还没有达到仁的境界。"

我们熟悉的"恭、宽、信、敏、惠"，就是子张询问孔子什么是仁的时候，孔子告诉他的仁的标准。这说明子张有资格按照仁的标准一项一项去落实了，可以向着孔门学问的最高峰——"仁"攀登了。

如果不爬几座五六千米高的雪峰，人们是不会建议你去登珠穆朗玛峰的。这件事本身就说明，子张在孔子心里的地位，以及子张在孔门弟子中突出的表现。

但是，在《先进篇第十一》里，孔子说子张"师也过"，这个颛孙师就是子张，孔子的意思是子张做事往往容易过头。在《先进篇第十一》，孔子说："师也辟"，说他颛孙师偏激。子张的偏激、过头都不符合仁的标准。所以，子游说子张尽管非常努力、非常出色，别人很难做好的事，子张却能做得很好，但就是有偏激和过头的毛病，所以，还不能说他是达到仁的境界了。

子游长子张三岁。尽管是"吾友"，尽管已经难能可贵了，但是没达到仁就是没达到，不护短，不敷衍，君子之交，真诚无欺。

什么是友？有人会说朋友就是友呗！其实朋和友是有区别的，同门为朋，同志为友。

还有个很有趣的说法："狐朋狗友"，狐不是狗，同科不同类。同时，我们发现，人们不说"狗朋狐友"。狐狡猾，狗忠诚，狐狸只能以利相交，而狗是以义相交的。

有个寓言故事，说狐狸和狗成了非常好的朋友。一天，上帝对它俩说，就在明天，你们两个只能活一个，另一个必须死，今晚你们要做出个决定。于是狐狸和狗就开始争着自己去死，最后争执的结果是用锤子、剪子、布来解决，上帝也同意了。

晚上，狗跑到狐狸的家里，跟狐狸说，明天咱们两个都出锤子，打平了上帝总不能让咱俩都去死吧。于是说好了第二天都出锤子。狐狸狡猾呀！它想我不能出锤子，万一上帝说平局都得死怎么办，我明天得出布，想好以后就去睡了。狗回到家里想，我不能出锤子，这样有可能激怒上帝让我们都去死，我要保护好友，我得出剪子，想好后狗也去睡了。第二天的结局可想而知。

所以，不能结交朋党，朋狐会害人的。既称友人，当以义相交。否则，上帝都不会放过你的。

如果某一天，某人说您是狗，那可不一定是在骂您，兴许是在夸您义气呢。

19.16 曾子曰："堂堂乎张也，难与并为仁矣。"

曾子说："子张相貌堂堂，举止威仪，但其为人心驰于外，所以很难与别人一起修养仁德。"

还是曾子会说话，上来先夸这位师弟，"堂堂乎张！"然后，话锋一转，说：我很难跟您一起修行进学。

孔子说子张"辟"也好，"过"也好，子游也说子张"未仁"，这里曾参也说子张"难与并为仁"，这说明子张这个人优点明显，缺点也突出，以至于他的修为就卡在了那个坎儿上，差一步过不去。

看来子张是个有争议的人物。师兄弟们有个共识，都认为子张难以达到仁的境界。

子张是踩到了仁的门槛，相较于同门绝大多数师兄弟，他是"难能"可贵的，别人做不到的，他做得有板有眼、可圈可点，令人敬佩。但与颜回这样的"三月不违仁"的孔门高徒相比，也只是有个踩着门槛往里看一眼的资格，还未曾得仁。

子张小孔子四十八岁，孔子去世时他才二十五岁，如果再加孔子数年阳寿，让子张再在孔子身边待上几年，子张前途不可限量。作为师兄，子游、曾参都挺惋惜。

19.17　曾子曰："吾闻诸夫子：人未有自致者也，必也亲丧乎！"

曾子说："我听老师讲，人们情感极少能够充分发挥，如果有，那一定是在失去父母至亲的时候。"

我母亲去世的时候，是我一生最为伤心痛苦的时刻，我在极度痛苦中为母亲写了悼词。百日后，又为母亲写了一篇纪念文章，这里附上：

思念我的母亲

明天是我母亲的百日祭，这一天的一天天临近，令我总想写点什么，用来祭奠我的母亲。

母亲走得有些突然。她一直身体都很好，虽八十有七，可看上去却不像，精神矍铄，目光炯炯有神，头发也白得不多，思维反应很快，头脑清晰明辨，耄耋之年，可谓耳聪而目明。

她老人家生理器官也都很健康，只是类风湿关节炎留下的后遗症令她行动不便。她的牙齿不知什么时候几乎掉光了，一直戴的假牙，去年我还又重新给她换了副新的，母亲虽是戴了许多年的假牙，但你几乎从没见过她摘掉假牙的样子，而且把假牙打理得洁白美观，从没因此影响说话交流。

母亲最后一次住院是因为有一周时间的轻微咳嗽，哥还埋怨父亲，不该推着母亲去广场花园，有可能是花粉过敏引起的咳嗽。

那天一早，父亲打来电话，说咳嗽一周了去住院检查一下。当我和媳妇赶到时，哥弟嫂子弟媳、110 的救护车已经到了，母亲说："我不去医院，没必要，净花钱啦！"我们说去检查一下很有必要，医院那边有我侄女在，方便，查一下全家都放心了。

两天后检查结果出来，说是母亲得了一种我从未听说过的病——室壁瘤。就是在心脏的心室内壁上长了一个瘤子，而且瘤子已长到一厘米多了。转天正好是我值班（我父亲要求我们在母亲住院期间不允许请护工，于是，姐和我们兄弟三个轮流值班），主治医生拿来一个单子让我签字，我一看，"病危通知书"？脑子里"嗡"的一下，险些失去意识，几秒钟过后才恢复清晰意识。

大夫告诉我说，母亲的病非常危险，说这种病的唯一有效的治疗方案是手术，而母亲已是八十七岁的高龄，院方不建议手术，我和我弟又征询多家医院，得出的结论基本一致。

之后的几天，我又接连签署了两份病危通知书，在我们的要求下，母亲已从普通病房转到重症监护病房。因为心室里的瘤子影响心脏供血功能，需要药物促进，但药物的作用又可能造成瘤子破裂，一切都需要分寸的拿捏。

弥留之际的母亲，头脑一直都非常的清楚，情绪也十分稳定、平常，没有担心、没有忧虑、没有恐惧，需要给儿女交代的事情，一应安排，我们一一照办，儿孙们也都及时从各地赶回来。我儿子是长孙，还在国外留学，也专程回来送奶奶。

记得我儿子赶到医院奶奶的病房时，是母亲走的前一天上午，那天十点过后，母亲的眼睛已睁不开了，我在她耳边说，"您大孙子专程回来看您啦！"在她孙子的呼唤声中，母亲点点头，以示知道……

那天上午，弟弟把父亲接来，父亲坐在床边的凳子上，用手抚摸着母亲的脸，只说了一句："唉！怎么这么快！"那一刻，我看到父亲脸上的皱纹间积满了哀痛。

五月份是我父母结婚七十周年的纪念日，我们还在张罗着搞一个隆重的纪念活动……就差一个月。

在母亲最后的弥留之际，我似乎听到母亲的呼吸里有几份哀叹，我拉着弟弟走到病房门口，讲出我的感受，弟弟也说有这种感觉，这时我们话音未落，母亲粗重的呼吸骤然停止了，我两步过去，母亲已没了呼吸，我去扶她时，她只皱了皱眉，我理解为"不用动我"，之后，就这么，我的母亲在平静安详中睡着了……时间凝滞在了二〇一六年的四月十八号凌晨四点半……

母亲的灵堂设在了我家，前来祭奠的亲朋好友络绎不绝。母亲的追悼会简洁而凝重，悼词安排由我来写，悼词是我在一个多小时的悲痛哭泣中完成的。

失去母亲，让我真真切切体会到了什么是痛，那种痛，痛到了全身，痛到了最最深处……痛得不能自已……

悼词我是这样写的：

我代表我父亲及全家，对前来参加我母亲追悼会的亲朋挚友，表示万分感激。

母亲对于儿女都是伟大而神圣的。

母亲的神圣在于她给予了我们生命。母亲的伟大在于她抚育我们长大成人。

我母亲一生养育了我们姊妹四个。记得在那些食物极度匮乏的年代里，母亲做出了极大的牺牲，为了多省出一口饭食，母亲饿得双腿浮肿，走不成路。

母亲的节俭相伴了她一生，她常对我们说，浪费一粒粮食都是不应该。这种教育和影响甚至延续到了我们的下一代。我儿子在吃饭，甚至在饭店、食堂吃自助餐都从不浪费一粒米。

母亲从不麻烦和打扰儿女，即使她忍到极致都很难得向儿女开口。有一次她摔成骨折，还拦着我父亲，不让父亲告诉我们，最后还是在父亲一再坚持下，才通知我们。

母亲甚至在离我们而去的那一刻，也全然地隐忍和克制，在我们坚持送她去医院时，也一再地推辞。在住院期间，她思路清亮明晰，自知去日不多，尤其显得豁达而开明，只是说要我们照顾好父亲。

母亲，我们为有您这样的母亲而自豪和欣慰。

您放心，我们会很好地照顾好父亲；

您放心，我们姊妹会很好地团结和睦；

您放心，我们会很好地养育儿孙；

您放心，我们会很好地善待亲人、朋友；

您放心，我们会很好地珍惜您为我们积攒的福报；

母亲大人，您今生的善行善举，为您开启了天堂的大门，您一路走好！

19.18　曾子曰："吾闻诸夫子：孟庄子之孝也，其他可能也，其不改父之臣与父之政，是难能也。"

上一则，曾子开头也是这么说："吾闻诸夫子。"这些都是曾子跟随孔子学习所作的笔记，或是曾子的弟子记录曾子的话语。

孟献子是孟庄子的父亲，他在鲁国实行军赋改革赢得了人心。《左传》记载，孟庄子在他父亲去世后不仅继承了父亲的爵位，还沿用了父亲的执政方案。所以，曾子说："我从老师那里听说：孟庄子的孝，别的方面其他人都能做得到，父亲死后，都知道一朝君子一朝臣，他却不更换父亲所任用的人员，也不改变父亲的执政政策，在这一点上其他人是很难做到的。"

孟庄子不更换其人，不改变其政，这让我想起舜帝继承尧帝时基本沿用尧帝的施政政策，无为而治，不闹腾不翻腾不折腾，不去为自己搞什么政绩，不捞什么政治资本，不让百官民众因自己而劳心受累，心存仁者之心，就如老子所说："治大国若烹小鲜。"

孟子正是孟庄子的后人。

前任走了，后来继任者不进行人事变动，也不改动工作策略，一切原封不动，孔子竟然支持赞许这样的行为，这给后来人带来了很多误会。

其实，在孔子的时代，整个天下国家都在走下坡路，礼崩乐坏，秩序混乱，原有的体制崩塌，攻伐兼并，都在争抢利益，所有的一切变化都是为私利着想，假如还能坚守原有的做法就是一种无私为公的表现，是在挽救颓势，是维护良好秩序的作为。故此，孔子给予赞许。

如今有些人被提拔后，生怕别人说他无能，翻着番儿地折腾，劳民伤财，给大家添堵。他不是"为人民服务"、为了整体局面有个圆满的结果，而是一味地为着满足私心私利。实在是丑态百出，败坏世风。

19.19　孟氏使阳肤为士师，问于曾子。曾子曰："上失其道，民散久矣。如得其情，则哀矜而勿喜。"

"阳肤"是曾子的弟子，也就是孔子的再传弟子了。"士师"是掌管刑狱的长官。鲁国大夫孟氏任命阳肤为刑狱官，阳肤来找老师曾子请教为官之道。

曾子说："在上面做领导的人早已失去了道义，民心早已散了。如果你去了以后，掌握了一些实情，就要诚心地怜悯他们，不可以沾沾自喜无所作为。"曾子的意思是世道衰微，人心离散，官员们都不自重，百姓更是不走正道，作为一个刑狱官，握有生杀大权，定要有怜悯之心，不可存杀伐之气。要存仁心，依法度，息民怨，积极作为，以尽你"士师"的职责。

孔门的再传弟子也能够让我们感受得到，孔子那一以贯之的仁爱之道后继有人。

稻盛和夫先生一再说："要带着爱去工作。爱，是一切的原点。"难怪稻盛老先生那么喜爱《论语》。

19.20　子贡曰："纣之不善，不如是之甚也。是以君子恶居下流，天下之恶皆归焉。”

子贡说："商纣王的不善，不像传说中的那么严重。由于君子厌恶身败名裂的处境，所以一旦纣王沦落到了那一地步，普天之下所有的恶名都会集中到他的身上了。"

纣王在位时称作帝辛。帝辛对中国古代的统一和各族文化的交流与发展做出过相当的贡献。执政三十年，到最后不修仁德，暴虐施政，残害忠良，整日沉醉于"酒池肉林"，纠缠于妖姬妲己，以至于周武王大军一到，商殷灰飞烟灭。

纣是帝辛的谥号。《吕氏春秋·功名》里注解说："贱仁多累曰纣。"蔡邕解释说："残义损善曰纣。"道德败坏的意思。真是应了那句话：墙倒众人推，破鼓众人捶。

我们身边如今也发生了很大变化，人们开始注重自己的信誉了。银行要"征信"，征信不好不借给你钱；表现不好，信誉没了，民航不让乘飞机，铁路不让坐高铁。不知道共享单车让骑不。

这"征信"一词最早来源于《左传·昭公八年》中的"君子之言，信而有征，故怨远于其身"。其中，"信而有征"就是可验证所说信实，或征求、验证有信用。

现如今，不能只是"君子恶居下流"了，我等必须也得"恶居下流"才是。否则，离同流合污就不远了。

19.21　子贡曰："君子之过也，如日月之食焉：过也，人皆见之；更也，人皆仰之。"

子贡说："君子有了过错，就如同天上出现了日食月食：有了过错，人们都能看得见；错误改了，人们就会对你仰视。"子贡的意思是人群中卓立君子，大家视你所以、看你所为、依你而动，你的错误就如同天上的日食月食，要不了一顿饭的工夫，天下人就都知道了。日月在天上缺了圆了，就如同你错了改了，错了人们了然于心，改了人们举目敬仰。

君子之心是向善的，当然也能自觉迁善，这一切都是阳光的，人们看到了也自然心生敬仰，心向往之。

《弟子规》里有："过能改，归于无，倘掩饰，增一辜。"对错功过在每个人心里其实都是很清楚的，只是自己是否敢去面对。

有一种说法，叫是否有担当。是否有社会担当，是一个人是否有成长空间的一个标志。由于对自己修行重视不够，出了问题第一个想到的就是如何掩盖，这绝不是健康状态，这只能把小病拖成大病，最后成了不治之症。所以说，这叫："倘掩饰，增一辜。"错误上又加了个错，时间一长积重难返。

错上加错，好端端地把自个儿整成小人。

如今国学热需要真正明白人去引导，尤其是儒学，这可是一门导向君子的学问，是我们社会公共道德的基石，是人们言行举止的参照系，需要把握牢稳了。

19.22　卫公孙朝问于子贡曰："仲尼焉学？"子贡曰："文武之道，未坠于地，在人。贤者识其大者，不贤者识其小者。莫不有文、武之道焉。夫子焉不学？而亦何常师之有？"

"公孙朝"是卫国大夫，他向子贡问道："你老师仲尼的学问是从哪里学来的？"子贡告诉他说："周文王、周武王之道，并没有失传，而是散落于民间。贤能的人掌握其大旨，非贤者则掌握其细枝末节。天下到处都有文武之道，孔子在哪里不能学呢？为什么一定要有专门的老师传授才算呢？"

儒家的学问里，把人的悟性分成三个层次：生知安行、学知利行、困知勉行。孔子自认为是学知利行，意思是学而知之，利而行之。

可是，我们都知道孔子是圣人，圣人是生知安行，是生而知之，安而行之。所以，我们在《论语》里看到，孔子几乎是有问必答。尽管周游列国，依然能够"申申如也、夭夭如也"，安详自在。

孔子自己说："我非生而知之者"，子贡只得为老师圆场，说："夫子焉不学？"我老师哪里不能学呢？还得说文武之道"未坠于地"。

尽管这套说辞很勉强，好在圆过去了。

19.23　叔孙武叔语大夫于朝，曰："子贡贤于仲尼。"

子服景伯以告子贡。

子贡曰："譬之宫墙，赐之墙也及肩，窥见室家之好。夫子之墙数仞，不得其门而入，不见宗庙之美、百官之富。得其门者或寡矣。夫子之云，不亦宜乎！"

　　叔孙武叔在朝堂之上对大夫们说："子贡比他老师孔子强。"这个鲁国大夫叔孙武叔为什么这么说，我们不得而知，至少有拍子贡马屁的嫌疑。

　　孔子去世了，但维护孔子的人还在，大夫子服景伯就是其中之一，他把这事告诉了子贡，子贡听了以后说："就好比家里的院墙，我家的院墙齐肩高，站在墙外就能看到家里的一切器物之美。"子贡所说的家里的院墙齐肩高，的确是个事实。

　　墙齐肩高，门是栅栏门，古时候普通人家都是这样。说有人飞檐走壁，在院墙上行走不是我们想象的那样困难、危险。站在墙外往里面看，可以说是一目了然。

　　子贡接着说："同样作比方，我老师家的院墙就像宫殿的围墙，有数仞之高，假如你找不到门进去，就看不到里面宗庙的华美、房舍的富丽、器物的精巧。"

　　我们很多人去过北京故宫，站在宫墙外面，里面的景象那是什么也别想看到。子贡讲的不是孔子家真的如宫殿一样，是说孔子的思想之渊博，学问之高深，如深墙大院。

　　子贡继续说："能够找到孔子学问的宫门的人不多吧。武叔先生能这样说，不也很正常吗。"

　　子贡非常高明，做生意也好，宫廷衙门里走动也好，坊间交流也好，可谓人中俊杰。在这里他这样说，首先把他老师孔子恭敬到了极高的位置，同时告诉世人，想明白孔子，先要入门，你武叔还在门外而我子贡早已是登堂入室之人了，你不仅不要跟我老师比，你比我子贡都还差一大截呢。

　　子贡一不留神还把自己表彰了一番。

　　后来，人们在曲阜的孔庙外面，建了一道高高的围墙，上书"万仞宫墙"四个字，提醒世人早来孔门问道，早入儒门进学，登堂可观珍件，入室可获至宝。

　　19.24　叔孙武叔毁仲尼。子贡曰："无以为也！仲尼不可毁也。他人之贤者，丘陵也，犹可逾也；仲尼，日月也，无得而逾焉。人虽欲自绝，其何伤于日月乎？多见其不知量也。"

　　这个叔孙武叔在子贡那里马屁没拍成，还被子贡驳斥一番，心有不甘，又来诋毁孔子。后来，这事子贡知道了，就找到叔孙武叔对他说："不要做这样无谓的事啦！仲尼是不可以这样诋毁的。他人的贤能就好比丘陵，还可以翻越；仲尼就像日月，不可能跨越过去的。有的人不自知，想自绝于日月，这样的行为对日月又有什么损害呢？只不过显示出他的不自量力罢了。"

这次子贡对叔孙武叔可是不客气了。子贡必须站出来维护孔子，维护孔门圣学。子贡是追随孔子时间最久，学习收获最多的弟子之一。子贡能有今天，全靠拜在孔子门下跟随孔子学习所得，《论语》里他出场次数仅次于子路，多达三十八次。

《论语》记录的内容远没有真正显示孔子的全部学问。子贡所学也远不止《论语》里的内容。

如今我们已不可能全部再现孔子的学问了，这在以后南宋的陆九渊、明朝的王阳明那里可见一斑。

19.25　陈子禽谓子贡曰："子为恭也，仲尼岂贤于子乎？"

子贡曰："君子一言以为知，一言以为不知，言不可不慎也。夫子之不可及也，犹天之不可阶而升也。夫子之得邦家者，所谓立之斯立，道之斯行，绥之斯来，动之斯和。其生也荣，其死也哀。如之何其可及也？"

孔子去世后，子贡所做的一切，世人有目共睹，加之老师和子路、颜回两位师兄也都不在了，他在人们心中的地位更加凸显。

这天，一直不看好孔子学问的陈亢陈子禽对子贡说："您对孔子是刻意表现出恭敬的吧，难道仲尼真的比您强吗？"

子贡听到陈子禽这么说，知道他真的不了解孔子，就对他说："君子说话，一句就能表现出他的智慧，一句也能表现出他的无知，所以不可不言语谨慎。我老师孔夫子的不可触及，就好像天不能沿着梯子爬上去一样。"现在我们坐着飞机就上天了，可在古人解释不可能做到的事情，常拿"是比登天"做比喻，告诉你那是不可能的。

子贡可能是第一个这么比喻的古人，而且是比喻自己老师的学问修养。

子贡接着说："孔子假使到一个诸侯邦国或是大夫采邑来治理，他就能做到：把土地分给百姓，百姓可以自力更生；用善道教化百姓，百姓就会遵行善道；很好地安抚百姓，百姓们都会来投靠；动员百姓，百姓们就会附和响应。孔夫子真是生得光荣，死得可惜。像他这样的人有谁能与之相比呢？"

　　子贡是带着万分遗憾说这番话的，他认为老师不得其时，没能发挥出自有的光芒。认为孔子完全可以像周朝初期的文武周公那样，礼乐治天下。孔子值得兆民敬仰，万邦朝圣。

　　本篇最后三则，都是子贡在维护孔子，赞美孔子，他把孔子的境界比作"万仞宫墙"，甚至可与日月同辉。子贡认为，想真正明白、看清孔子是比登天。子贡还认为他老师孔子的学问完全可以协和万邦，教化万民，光耀千秋，造福万世。

　　"生子当如孙仲谋"，收徒当收端木赐。

尧曰篇第二十

本篇是整部书的结尾。尤其在最后，孔子提醒我们，要知命、知礼、知言。

　　20.1　尧曰："咨！尔舜！天之历数在尔躬，允执其中。四海困穷，天禄永终。"舜亦以命禹。

　　曰："予小子履，敢用玄牡，敢昭告于皇皇后帝：有罪不敢赦。帝臣不蔽，简在帝心。朕躬有罪，无以万方；万方有罪，罪在朕躬。"

　　周有大赉，善人是富。"虽有周亲，不如仁人。百姓有过，在予一人。"

　　谨权量，审法度，修废官，四方之政行焉。兴灭国，继绝世，举逸民，天下之民归心焉。

　　所重：民、食、丧、祭。

　　宽则得众，信则民任焉，敏则有功，公则说。

　　尧帝禅让天下给舜帝时说："啊！舜啊！天命即将降落到你的身上，你要持守中道。如果哪天天下四海陷入困苦贫穷，上天赐给你的禄位就将永远终结。"尧帝的意思是我将天下交给你了，你要带领天下百姓过富裕快乐的日子，一旦有一天你做不到了，让百姓受苦受穷，你就不配做天下的主了，上天也会来惩罚你的。

　　舜帝禅让天下给大禹时也是这么告诫他的。

　　商汤名履。商汤曾经说道："我小辈履，谨用黑色公牛来祭祀，明告皇天后土：对夏有罪之人，我不敢擅自赦免。天帝您的臣下有罪过，我也不敢隐瞒，这在您心中清晰可见。我自身如果有罪，不会牵连天下万方；天下万方有罪，罪过应该归到我一人身上。"

　　商汤作为一代圣君，何其高大伟岸！孔子作为商汤的后代，感到无比自豪。

　　这一段话，让我回忆起了电影《少林寺》里，少林方丈为保卫少林免遭劫难，甘愿蹈火自焚。被焚之前说了这么一段话："净土宏开，千秋功业，若云有罪，罪不在梵宫，若云当罚，罚不及僧众，老衲是一院住持，愿承担一切。"当老大的，承担一切是他的本分。

　　老方丈也一定读过《论语》。

　　殷商王朝延续将近六百年，即便是到了殷商行将灭亡的时候，尚有值得骄傲的商末三贤：微子、箕子、比干。周武王尚且向箕子问政。

周武王灭商后，大行赏赐，让善良的人先富裕起来。武王说："即使有至亲，也不如有仁人。如果百姓有罪过，责任全由我一人承担。"殷商的三位贤士，也都是纣王的至亲，但是，把人家当作仁人，又不去重用，还有什么意义呢？

作为天子就应该有自信有担当，没有管理好百姓，就是你没尽到责任。赏赐善行，让善良之人都能享受富裕的生活，这是文武周公实行"为政以德"的善行善举，他们能够营造这样的官场风气、社会风气，为开创周朝八百年基业奠定了坚实的基础。

检验并审定度量衡，修复已废弃的官府衙门，全国的行政命令也就行得通了。这是恢复天下国家行政管理的基本职能。

复兴灭亡的国家，接续断绝的世袭，举用隐逸的贤士，天下百姓都会前来归附。"兴灭国，继绝世"最大的好处就是延续了血脉、传承了文化、继承了道统、安定了人心。

国家治理最重要的事情是：百姓、粮食、丧事、祭祀。

作为天下之主、一方诸侯，宽厚就会得到百姓拥戴，诚信就会得到百姓信赖。勤敏就会有功绩，公平就会使民众高兴。在政府层面，宽、信、敏、公的治政方针，时至今日依然闪烁着智慧之光。

20.2　子张问于孔子曰："何如斯可以从政矣？"

子曰："尊五美，屏四恶，斯可以从政矣。"

子张曰："何谓五美？"

子曰："君子惠而不费，劳而不怨，欲而不贪，泰而不骄，威而不猛。"

子张曰："何谓惠而不费？"

子曰："因民之所利而利之，斯不亦惠而不费乎！择可劳而劳之，又谁怨？欲仁而得仁，又焉贪？君子无众寡，无小大，无敢慢，斯不亦泰而不骄乎！君子正其衣冠，尊其瞻视，俨然人望而畏之，斯不亦威而不猛乎！"

子张曰："何谓四恶？"

子曰："不教而杀谓之虐；不戒视成谓之暴；慢令致期谓之贼；犹之与人也，出纳之吝谓之有司。"

子张请教孔子说："怎样做才可以从政呢？"

孔子说："尊奉五种美德，摒除四种恶习，这样就可以去从政了。"

子张问道:"您说的'五美'是什么呢?"

孔子说:"君子给人恩惠却不破费;指使百姓却不会令百姓心生怨恨;有欲望却不贪心;泰然自得却不骄傲自大;威严却不凶猛。"时至今日,能够尊奉"五美",一定是个优秀的"人民公仆"。

子张又问:"什么叫给人恩惠却不破费呢?"

孔子说:"借着民众能够获取利益的事情让民众得到实惠,这不就是给人恩惠却不需要破费吗?选择情理上可以指使民众的事情去指使民众,这样做又有谁会怨恨呢?需要仁德就得到仁德,怎么能说是贪呢?君子无论众寡,无论大小,从不怠慢,这不就是泰然自得又不骄傲自大吗?君子衣冠整肃,外观尊贵、庄严的神情使人望而生畏,这不就是威严而不凶猛吗?"

惠而不费需要智慧;劳而不怨需要领导艺术和个人魅力;欲而不贪需要持守戒条;泰而不骄需要极好的心理素养和良好的心态;威而不猛需要养成高尚的品格和良好的个人修为。此"五美"真是君子之美、领袖之美,这才是领袖风采。

子张又问道:"什么是您说的四种恶习?"

孔子说:"不进行教育就开始杀戮,这叫作虐;不加申饬就检视成绩,这叫作暴;先期松懈,后又限期完成,这叫作贼;同样是给人财物,出手吝啬,就叫作小气。"

作为长官、领导,有此虐、暴、贼、小气的习惯,实在是恶习。有此恶习谁愿意为你承担?恶习不改岂能长久。

20.3 孔子曰:"不知命,无以为君子也。不知礼,无以立也。不知言,无以知人也。"

孔子说:"不懂得天命,就不能够成为君子;不懂得礼数,就无法在世上立身;不懂得分辨言语是非,就不能对人有一个真正的了解和认识。"人的吉凶祸福都是命中注定,知命了,就能安分循理。

张居正说:"若不知命,则见害必避,见利必趋,行险侥幸,将无所不为。"这就危险了。礼是立身之法,有了立身的依据,就能顺风顺水。孔子还曾说:"不患人之不己知,患不知人也。"孔子担心的是不知人,知人才能善任,善任才可能成事,这里孔子明确告诉我们,知人在知言,知言可以知人。

这里是《论语》结尾,结尾处放置的是孔子讲述的三知。最后告诉我们:做个君子,须知命、知礼、知言。

感　　谢

感恩祖上大德，感恩祖父祖母，感恩父母给我智慧；

感谢妻儿给予的支持和帮助；

感谢支持鼓励我的亲人和朋友；

感谢李文军大哥的启发，才有了"天不生仲尼，万古如长夜"的主题封面设计，以及杨冠好先生的专业呈现。

感谢好兄弟刘永强慷慨助印。

图书出版申报表

填报日期：_____年___月___日

书稿名称							
作　者					著作方式		
单　位					职务职称		
联系地址					联系电话		
字　数		千	开本	开	发稿时间		
页　码			印数		出版时间		
主要内容 （不少于300字）							
读者对象							
书稿特色							
作者简介 （不少于100字）	（含作者姓名、单位、职务职称及论文发表、著述等情况）						

　　如有出版意向，请认真填写申报表并扫描或拍照成电子文件，与其他材料（作者身份证正反扫描件、书稿样章、书稿图片等）一起发至邮箱：911820180@qq. com 或直接与编辑联系，电话：18439039999（微信同号）。